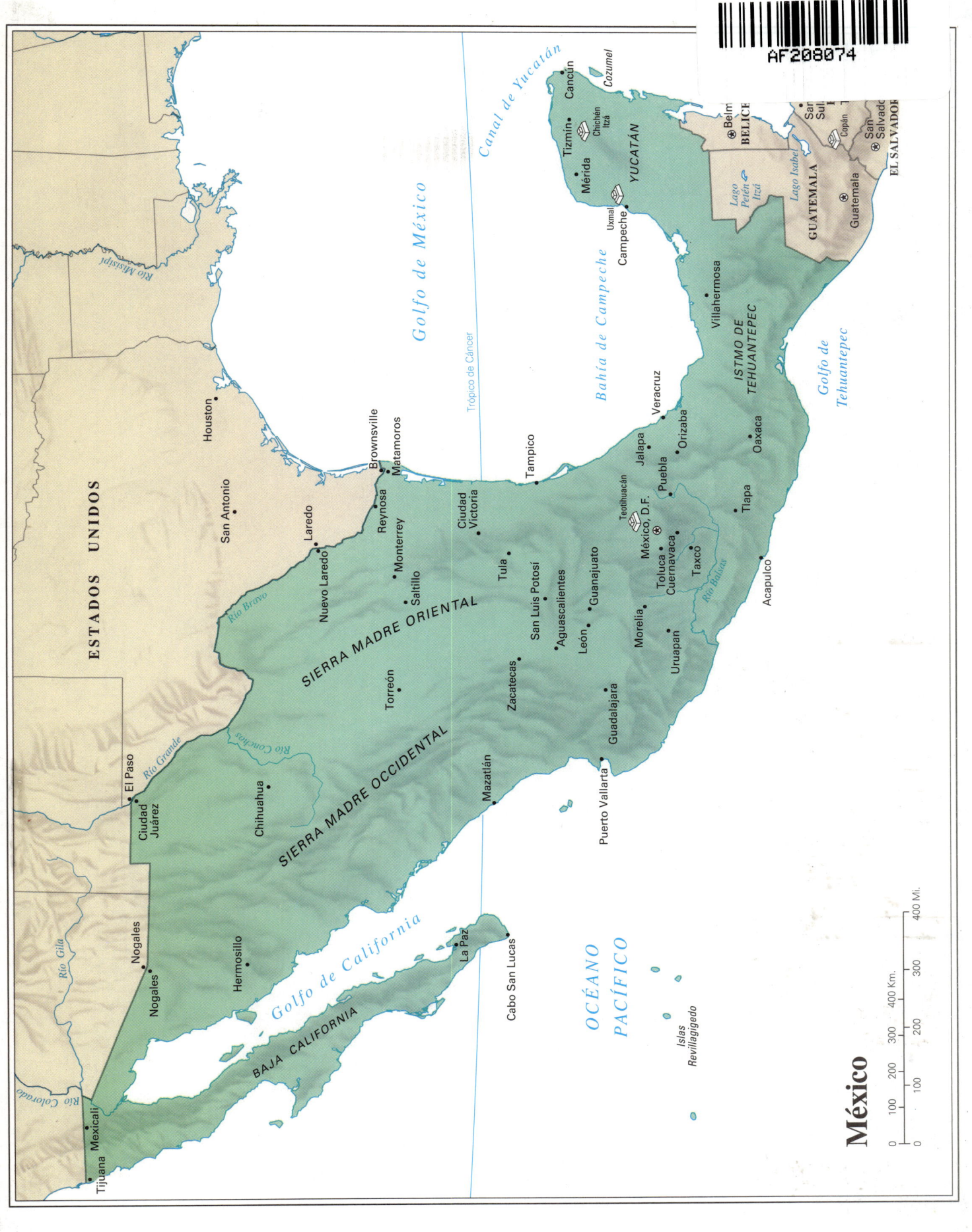

México

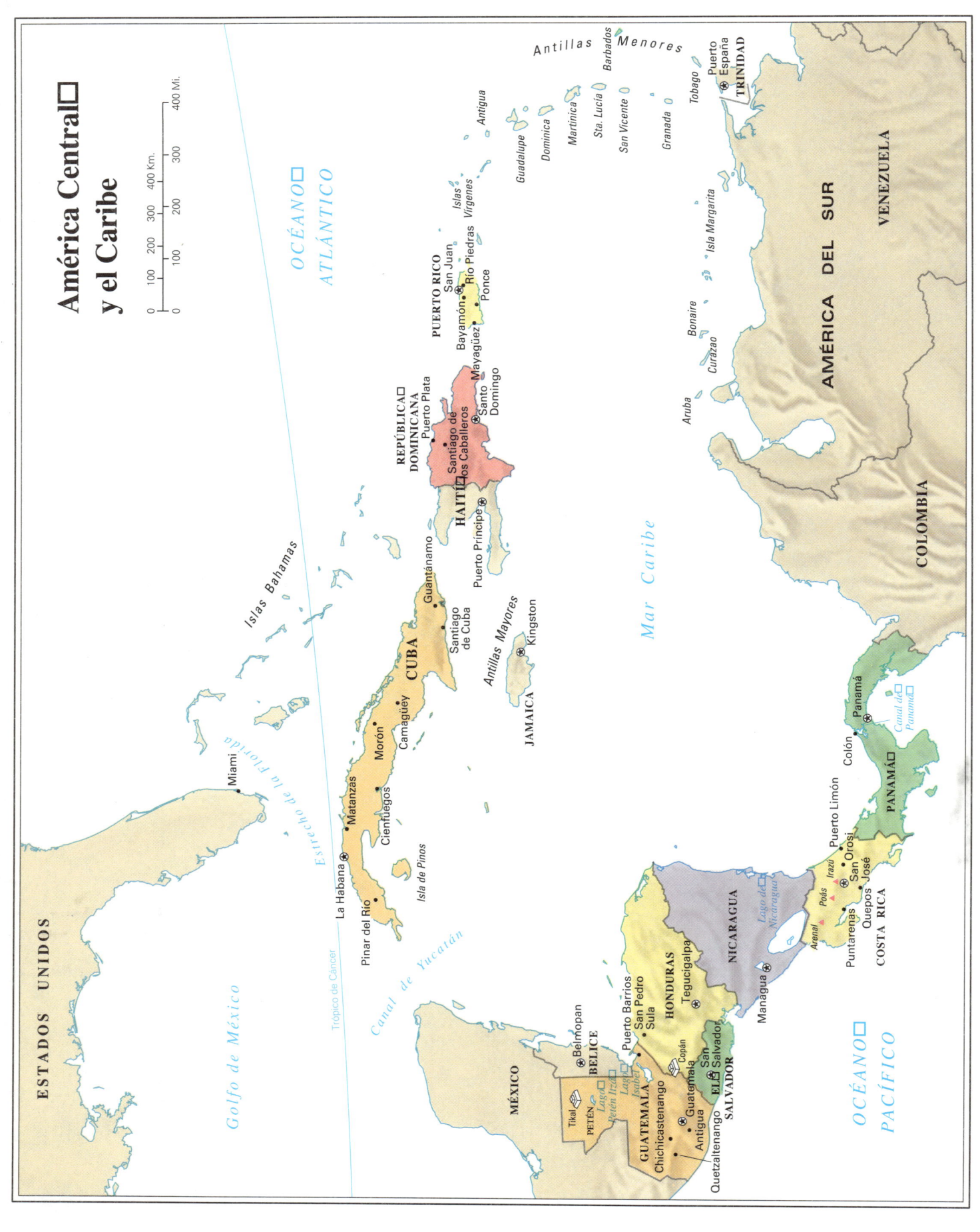

América Central y el Caribe

ESTADOS UNIDOS

Golfo de México

OCÉANO ATLÁNTICO

Miami

Islas Bahamas

Estrecho de la Florida

Trópico de Cáncer

La Habana
Pinar del Río
Matanzas
Cienfuegos
Isla de Pinos
Morón
Camagüey
CUBA
Santiago de Cuba
Guantánamo

Canal de Yucatán

MÉXICO

BELICE
Belmopan
Tikal
PETÉN
Lago Petén Itzá
Lago Isabel
GUATEMALA
Puerto Barrios
San Pedro Sula
HONDURAS
Copán
Tegucigalpa
Guatemala
Chichicastenango
Antigua
Quetzaltenango
EL SALVADOR
San Salvador
NICARAGUA
Managua
Lago de Nicaragua
Arenal
Poás
Irazú
Puntarenas
San Orosí
Quepos
San José
COSTA RICA
Puerto Limón
Colón
Panamá
PANAMÁ
Canal de Panamá

OCÉANO PACÍFICO

Mar Caribe

JAMAICA
Kingston
Antillas Mayores

HAITÍ
Puerto Príncipe
REPÚBLICA DOMINICANA
Puerto Plata
Santiago de los Caballeros
Santo Domingo
Mayagüez
Ponce
Bayamón
Río Piedras
San Juan
PUERTO RICO
Islas Vírgenes

Antillas Menores
Antigua
Guadalupe
Dominica
Martinica
Sta. Lucía
San Vicente
Barbados
Granada
Tobago
Puerto España
TRINIDAD

Aruba
Curazao
Bonaire
Isla Margarita

COLOMBIA

AMÉRICA DEL SUR

VENEZUELA

400 Mi.
300
200
100
0

400 Km.
300
200
100
0

¡Hola, amigos!

EIGHTH EDITION

¡Hola, amigos!

Ana C. Jarvis
Chandler-Gilbert Community College

Raquel Lebredo
California Baptist University

Francisco Mena-Ayllón
University of Redlands

HEINLE
CENGAGE Learning

Australia • Brazil • Japan • Korea • Mexico • Singapore • Spain • United Kingdom • United States

¡Hola, amigos! **Eighth Edition**
Ana C. Jarvis, Raquel Lebredo, and Francisco Mena-Ayllón

VP, Editorial Director: PJ Boardman

Publisher: Beth Kramer

Senior Acquisitions Editor: Heather Bradley Cole

Editorial Assistant: Daniel Cruse

Associate Media Editor: Patrick Brand

Executive Brand Manager: Ben Rivera

Market Development Manager: Courtney Wolstoncroft

Senior Content Project Manager: Aileen Mason

Senior Art Director: Linda Jurras

Manufacturing Planner: Betsy Donaghey

Rights Acquisition Specialist: Jessica Elias

Production Service: Nesbitt Graphics, Inc./Cenveo

Text and Cover Designer: Polo Barrera

Cover Images: ©Randy Faris/Corbis; ©Natalia Litovchenko/Shutterstock (pattern)

Compositor: Nesbitt Graphics, Inc./Cenveo

For product information and technology assistance, contact us at
Cengage Learning Customer & Sales Support, 1-800-354-9706

For permission to use material from this text or product,
submit all requests online at **www.cengage.com/permissions**.
Further permissions questions can be emailed to
permissionrequest@cengage.com.

Library of Congress Control Number: 2012949043

Student Edition:
ISBN-13: 978-1-133-95221-3
ISBN-10: 1-133-95221-6

Loose-leaf Edition:
ISBN-13: 978-1-133-95213-8
ISBN-10: 1-133-95213-5

Heinle
20 Channel Center Street
Boston, MA 02210
USA

Cengage Learning is a leading provider of customized learning solutions with office locations around the globe, including Singapore, the United Kingdom, Australia, Mexico, Brazil and Japan. Locate your local office at **international.cengage.com/region**

Cengage Learning products are represented in Canada by Nelson Education, Ltd.

For your course and learning solutions, visit **www.cengage.com**.

Purchase any of our products at your local college store or at our preferred online store **www.cengagebrain.com**.

Instructors: Please visit **login.cengage.com** and log in to access instructor-specific resources.

Printed in the United States of America
1 2 3 4 5 6 7 16 15 14 13 12

Estimados estudiantes,

¡Hola, amigos!, Eighth Edition, is designed to present the fundamentals of Spanish in order to achieve its goal of helping you attain linguistic proficiency. The Eighth Edition involves you in activities that require the communicative use of all four language skills (listening, speaking, reading, and writing). Special care has been devoted to providing practical insights into the cultural diversity of the Spanish-speaking world, because it is as essential to successful communication as linguistic competence.

As you embark on your journey to discovering the Spanish language, allow us to be your guides, together with your instructor, in offering you these tips to make the journey more productive, more interesting, and more enjoyable.

❯ Take every opportunity to hear, speak, read, and write Spanish.

❯ Try to relate everything you learn to your own experience and to the people around you, thinking of what you might say in different situations to express your ideas, opinions, needs, wants, and to ask for information or give directions or instructions.

❯ Try to be aware of the Spanish-speaking community around you: businesses, social organizations, and Spanish-speaking people in all walks of life.

❯ Create mental images of what you hear and read, always going from concept to Spanish and vice versa.

❯ Watch Spanish programs on TV, including the news, and yes, soap operas, or learn some songs in Spanish, because exposure to spoken Spanish will help you internalize the language.

❯ Remember that learning is not a passive pursuit, but an active one. It is the practice that will help you learn. Do not worry if you make mistakes. Your ability to understand and speak Spanish correctly will develop and improve as you practice it.

Lastly, don't forget, that learning Spanish takes time, but with commitment, enthusiasm, and dedication, you will achieve your goal.

Un cordial saludo y los mejores deseos de,

Ana C. Jarvis   Raquel Lebredo   Francisco Mena-Ayllón

SCOPE AND SEQUENCE

SCOPE AND SEQUENCE

SCOPE AND SEQUENCE

SCOPE AND SEQUENCE

SCOPE AND SEQUENCE

BRIEF CONTENTS

An Overview of Your Textbook's Main Features

¡Hola, amigos!, Eighth Edition, consists of fourteen lessons thematically organized into seven units, plus a preliminary lesson.

> **Provides focus for student learning.** Each Unit Opener presents the thematic topic and an outline of the unit's communicative goals and linguistic functions, as well as a visual cultural presentation.

> **Offers a natural setting for introducing language.** The Opening Dialogues serve as a lively, realistic context in which to learn the lesson's vocabulary and structures, and the **Hablemos** comprehension questions provide immediate reinforcement. All dialogues are recorded and accessible on the Premium Website.

> **Leads students to an understanding of the cultures of the Spanish-speaking world as well as their own.** Written in simple Spanish, the **Detalle cultural** culture notes convey information on cultural themes or points mentioned in the lesson's opening passage. To promote classroom discussion, cross-cultural reflection questions follow each note.

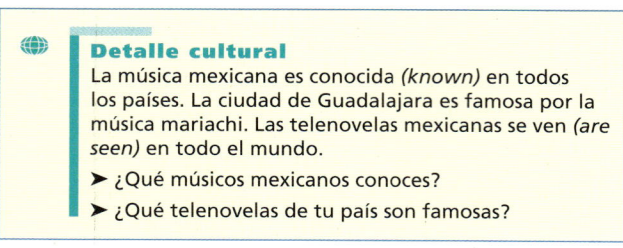

Detalle cultural

La música mexicana es conocida *(known)* en todos los países. La ciudad de Guadalajara es famosa por la música mariachi. Las telenovelas mexicanas se ven *(are seen)* en todo el mundo.

➤ ¿Qué músicos mexicanos conoces?

➤ ¿Qué telenovelas de tu país son famosas?

> **Provides a solid foundation for building students' communication skills.** The **Vocabulario** section lists all active vocabulary, new words, and expressions introduced in the opening dialogue, as well as other words and phrases related to the lesson theme in the **Más sobre el tema** section.

> **Familiarizes students with sounds, words, and expressions that are challenging.** Appearing in each lesson, the **Pronunciación** section is designed to acquaint students

with the basic Spanish sounds. This section is recorded and the recordings are posted on the Premium Website.

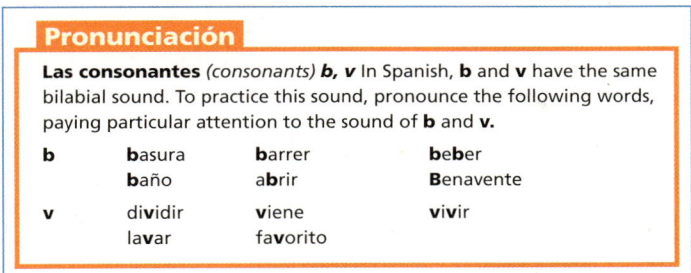

Pronunciación

Las consonantes *(consonants)* **b, v** In Spanish, **b** and **v** have the same bilabial sound. To practice this sound, pronounce the following words, paying particular attention to the sound of **b** and **v**.

b	**b**asura	**b**arrer	**b**eber
	baño	a**b**rir	**B**enavente
v	di**v**idir	**v**iene	**v**ivir
	la**v**ar	fa**v**orito	

⟩ **Presents grammar structures in a clear and succinct manner.** The **Puntos para recordar** section presents an average of four or five grammar points in English. Each structure is immediately followed by a **Práctica** or **Práctica y conversación** section that ranges from controlled drills to open-ended activities, including illustration-based activities.

⟩ **Reinforces learning while strengthening students' communication skills.** The activities in **Entre nosotros** (**Vamos a conversar** and **Vamos a escribir**) ask students to synthesize what they've learned in order to communicate in real-life situations.

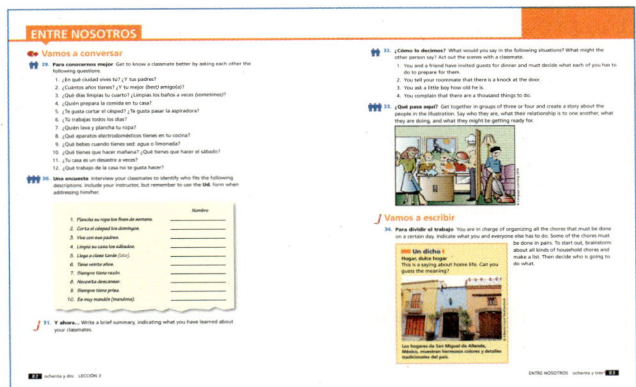

⟩ **Presents opportunities to actively use the language in the classroom. Vamos a conversar** consists of a series of open-ended activities, including personalized pair activities, activities for vocabulary review, and pair and small group activities. **Vamos a escribir** offers a writing activity on a topic related to the thematic goals of the lesson.

⟩ **Promotes the development of students' reading skills.** Appearing in the first lesson of each unit, **Vamos a leer** develops reading comprehension while reinforcing the structures and vocabulary introduced in the preceding lessons. Pre-reading questions focus students' attention on detail, and open-ended post-reading questions allow students to personalize topics related to the reading.

⟩ **Fosters student understanding of spoken language.** In the second lesson of each unit, the situational video clips, shot on location in Costa Rica, relate in theme and language level to the unit. Pre-viewing and post-viewing activities help students to develop their listening and comprehension skills.

> **Reinforces understanding of the cultures of the Spanish-speaking world.** Appearing in the second lesson of each unit, a longer cultural section, **El mundo hispánico,** provides unit-level cultural information with detailed visual presentations for many Hispanic countries. This section presents in more detail the Hispanic cultures introduced throughout the unit.

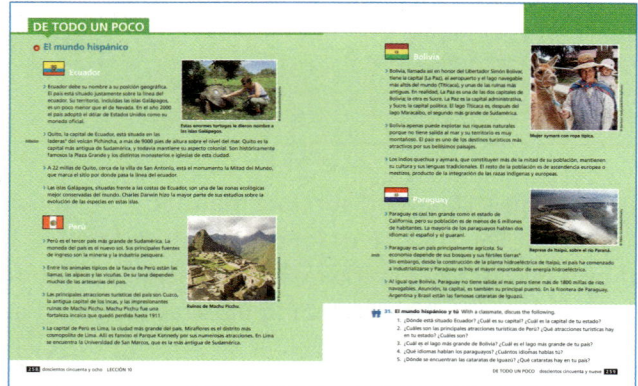

> **Encourages self-assessment of learning objectives.** Following each unit, the **Compruebe cuánto sabe** section contains exercises designed to review the vocabulary and structures of the two lessons in the previous unit. The Answer Key is available in Appendix D.

Preface

¡Hola, amigos!, Eighth Edition, continues to be the complete, flexible program that has made it a successful introduction to Spanish for beginning college and university students throughout seven editions. It presents the basics of Spanish grammar using a balanced, eclectic approach that stresses all four skills—listening, speaking, reading, and writing. The program has always emphasized the active, practical use of Spanish for communication in high-frequency situations. The completely redesigned Eighth Edition features a streamlined, color-coded layout and a new design. A special effort has been made to enhance the cultural presentation and integration by focusing on culture on a unit level, and giving more substance to the smaller culture notes throughout each lesson. The program's goal is to help you achieve linguistic proficiency and cultural awareness, and to motivate you to continue your study of the Spanish language and the many cultures in which it is spoken.

The Student Text

¡Hola, amigos!, Eighth Edition, has been reorganized into a preliminary lesson followed by seven units, each unit containing two thematically related lessons. Each of the seven units contains the following features:

Unit-Opener Spread

Each unit begins with a list of communicative and structural objectives for the two lessons included in that unit. This list serves to focus your attention on important linguistic functions and vocabulary you will encounter and to help you gain a sense of accomplishment when you finish a unit. Captioned photos and maps give you a first impression of the countries presented in each unit.

Diálogos

New vocabulary and grammatical structures are first presented in the context of several brief conversations in idiomatic Spanish dealing with high-frequency situations that reflect the lesson's central themes. Each dialogue or e-mail is accompanied by photos of the characters in the text and recorded. A headphone icon will remind you of recorded text. You can access the recordings on the Premium Website, listen to them, and check your comprehension by doing the **Hablemos** activities that follow the dialogues. The dialogues are also recorded as part of the *SAM Audio Program,* where additional practice is available.

› *Detalle cultural* These short culture notes written in easy-to-read Spanish promote cultural awareness in the language-learning process. They can be found throughout the entire unit and will give you important and interesting cultural information that helps integrate the learning of language with the learning of culture.

Vocabulario

All new words and expressions introduced in the conversations are listed by parts of speech or under the general headings **Cognados** and **Otras palabras y expresiones**. You should learn the entries in these lists for active use. The **Más sobre el tema** section that follows expands on the thematic vocabulary introduced in the dialogues.

Para practicar el vocabulario

This practice section immediately follows the vocabulary presentation and encourages you to use the expressions you have just learned in a meaningful way.

› *Pronunciación* The section ends with a pronunciation feature to present and practice the sounds of the Spanish language with special attention to features that pose difficulty for most English speakers. An audio icon indicates that the section is recorded; the recordings are available on the Premium Website.

Puntos para recordar

Each new grammatical structure featured in the lesson-opening dialogue is explained clearly and concisely in English so that the explanations may be used independently as an out-of-class reference. All explanations include examples of practical use in natural Spanish and some explanations are illustrated by a cartoon.

› *Práctica* and *Práctica y conversación* After each grammar explanation, the activities in **Práctica** and **Práctica y conversación** offer immediate reinforcement through a variety of structured and communicative exercises. These activities are flexible in format so that you can do them in class or your instructor can assign them as written practice outside of class. Answers to these exercises are available at your instructor's discretion.

> *Summary* The Summary boxed sections in Lessons 7, 13, and 14 summarize and practice major grammatical topics such as pronouns, commands, and the indicative and subjunctive moods.

Entre nosotros

This section provides for the recombination and synthesis of each lesson's new vocabulary and grammatical structures in a series of communicative activities. Because language is best learned through interpersonal communication, most of these exercises are designed to be done orally and require interactions with your classmates.

> *Vamos a conversar* features personalized activities such as pair interviews and class surveys that ask you to interact with your peers. Also included in this end-of-lesson cumulative section are activities that involve photos, realia, or illustrations, providing additional communicative practice based on authentic materials. This section has been expanded in the Eighth Edition to provide more interactive, communicative practice.

> *Vamos a escribir* guides you to express yourself in writing in a variety of formats, such as e-mails, lists, and descriptions.

> *Un dicho* or *Un proverbio,* a thematically related popular saying or proverb, provides cultural enrichment. All sayings are accompanied by culture-related photographs.

De todo un poco

Vamos a escuchar is a listening section and **Vamos a leer** is a reading section at the end of the first lesson in each unit. **Vamos a leer** contains authentic, theme-related material from newspapers or magazines from the Spanish-speaking world, as well as literary selections. Pre-reading activities emphasize the development of reading strategies, and the selections are followed by comprehension and personalized questions for writing practice or discussion.

The **Vamos a ver** section, at the end of the second lesson in each unit, includes new video activities that prepare the students to view the video and assess their comprehension, and permits them to use their imagination to "create" what the characters do after each episode. The **El mundo hispánico** section, written in easy-to-read Spanish, provides an integrated cultural presentation of the countries and regions presented in the unit opener and throughout the lessons. It offers an overview of the locale in which the introductory dialogues were set, with attention to such details as climate, points of interest, customs, politics, economy, and inhabitants. It will also inform you about prevailing customs in the Spanish-speaking world that relate to the lesson themes. A map highlighting important geographic locations can be found in the unit opener spread. Color photos visually depict the country or custom(s) discussed.

Compruebe cuánto sabe

After each unit, these self-tests review and synthesize important vocabulary and grammatical structures you have learned in that unit. Because cultural awareness is as important as linguistic competence, the self-tests will also check your knowledge of cultural concepts. Organized by lesson, the self-tests quickly enable you to determine what material you have already mastered and which concepts you need to target for further review. An answer key for immediate verification is provided in Appendix D of the student textbook.

Reference Materials

The following sections provide you with useful reference tools throughout the course.

> **Maps.** Up-to-date maps of the Hispanic world appear on the inside front and back covers of the textbook for quick reference.

> **Appendices.** Appendix A summarizes the sounds and key pronunciation features of the Spanish language, with abundant examples. Conjugations of high-frequency regular, stem-changing, and irregular Spanish verbs constitute Appendix B. Appendix C is a glossary of all grammatical terms used in the text, with examples. Appendix D is the answer key to the **Compruebe cuánto sabe** self-tests.

> **Vocabularies.** Spanish-English and English-Spanish glossaries list all active core vocabulary introduced in the dialogues and the **Amplíe su vocabulario** and grammar sections, as well as the passive vocabulary employed in the readings and the **El mundo hispánico** section. The number following each entry indicates the lesson in which it first appears.

> **Index.** An index provides ready access to all grammatical structures presented in the text.

Supplementary Materials for the Student

🔊 In-Text Audio Program

A free 90-minute In-Text *Audio Program* containing recordings of all the lesson-opener dialogues and pronunciation sections is available in mp3 format on the Premium Website. These recordings are designed to maximize your exposure to the sounds of natural spoken Spanish and to help improve pronunciation.

Student Activities Manual (SAM)

Each lesson of the *Student Edition* is correlated to the corresponding lesson in the *Student Activities Manual (SAM)*. The *Workbook* section offers a variety of writing activities—sentence completion, matching, sentence transformation, and illustration-based exercises—that provide further practice and reinforcement of concepts presented in the textbook. Each lesson includes activities for vocabulary review and a reading comprehension passage. Writing strategies and topics appear in each lesson to further writing skills. In the Eighth Edition extra activities have been added to the workbook sections and new attention has been given to the cultural targets of each lesson. An answer key for all written exercises is available for purchase at your instructor's discretion. *The Laboratory Manual* section opens with an Introduction to Spanish Sounds designed to make learners aware of the differences between Spanish and English pronunciation. Each regular lesson of the *Laboratory Manual* includes pronunciation, structure, listening and speaking practice, illustration-based listening comprehension, and dictation exercises to be used in conjunction with the audio program.

SAM Audio Program

Pronunciation exercises at the beginning of each lesson feature practice of isolated sounds; global pronunciation practice is also provided. The textbook dialogues and e-mails then appear as listening and pronunciation exercises in each lesson. They are followed by comprehension questions on the dialogues, structured grammar exercises (one for each point in the lesson), a listening comprehension activity, and a dictation.

▶ Video

The footage in each lesson consists of two parts, each part being approximately two to four minutes long. In the first part you will view a situational dialogue featuring recurring characters demonstrating everyday life. In the second part you will be able to see and hear country-specific footage for selected countries, ethnic groups, and regions presented in the units. Both parts are designed to develop your listening skills and cultural awareness as you view diverse images of the Hispanic world and Hispanic life and lifestyles. The video segments are available as mp4s on the Premium Website.

🌐 Premium Website (www.cengagebrain.com)

The *Premium Website* includes the following components:

> *Vocabulary flashcards:* Flashcards help students learn the chapter's new vocabulary.

> *Web Search activities:* These activities are designed to give you further practice with lesson vocabulary and grammar while exploring existing Spanish-language websites.

> *Web links:* These pre-researched URLs offer more information on the cultural topics covered within each lesson.

> *Tutorial quizzes:* Practice activities covering the vocabulary and grammar in each lesson.

> *Grammar tutorials:* Video tutorials provide an engaging review of key grammar topics.

> *In-Text audio:* Audio files provided in mp3 format.

> *SAM audio:* Audio files provided in mp3 format.

> *Video:* Video clips provided in mp4 format.

Acknowledgments

As always, we wish to express appreciation to the users of *¡Hola, amigos!* who have provided feedback on their experience with the program and to the following colleagues for the many valuable suggestions they offered in their reviews of this and previous editions of *¡Hola, amigos!*

Geoffrey Acker, *Jackson State University*
Dr. Johanna Alberich, *Troy University*
Dr. Susan Bangs, *Central Pennsylvania's Community College*
Patricia Bazán Figueras, *Fairleigh Dickinson University*
Diana Cochran, *Covenant College*
Michaela Cosgrove, *Keuka College*
Cathleen Cuppett, *Coker College*
Angela De La Cruz, *University of Mary*
Christopher "Kit" Decker, *Piedmont Virginia Community College*
Conxita Domenech, *University of Wyoming*
Monyshka Harpalani, *Shawnee Community College*
Dr. Julie Kling, *Northwest State Community College*
Dr. Ryan LaBrozzi, *Bridgewater State University*
Jeff Longwell, *New Mexico State University*
Pedro Lopes, *Henderson State University*
Peter Matallana, *Kentucky Community & Technical College System*
Vicki Mathews, *Copiah-Lincoln Community College*
Marco Mena, *MassBay Community College*
Madeline Millán, *Fashion Institute of Technology*
Lee Mitchell, *Henderson State University*
Charles H. Molano, *Lehigh Carbon Community College*
Nick Morrow, *Arkansas State University-Mountain Home*
Connie Palylyk, *Jamestown College*
Henry Perez, *Henderson State University*
Dolores Pons, *University of Michigan-Flint*
Anita Renteria, *Southeastern Community College*
Esteban Rodriguez, *Touro College*
Susana Ruelas, *Brookhaven College*
Maria Ruiz, *St. Mary's College of California*
Greg Schelonka, *Louisiana Tech University*
Victor Segura, *University of Tennessee at Chattanooga*
Ruthanne Simms, *Walsh University*
Connie Tchir, *Jamestown College*
Juan A. Thomas, *Utica College*
Lisa Thomas, *Shawnee Community College*
Kathleen R. Twite, *University of Minnesota-Crookston*
Kimberly Vitchkoski, *University of Massachusetts-Lowell*
Edmund Wong, *Jefferson County Community & Technical College*
Jennifer Zachman, *Saint Mary's College*
Linda Zee, *Utica College*

We also extend our sincere appreciation to the World Language Staff at Heinle Cengage Learning: Beth Kramer, Publisher; Heather Bradley Cole, Senior Acquisitions Editor; Aileen Mason, Senior Content Project Manager; Patrick Brand, Associate Media Editor; Dan Cruse, Editorial Assistant; and Ben Rivera, Executive Marketing Manager. We also thank the freelancers involved in the project: development editor Carlos Calvo, project manager Natalie Hansen, copy editor Peggy Hines, proofreader Sarah Link, indexer Francine Cronshaw, image researcher Poyee Oster, text researcher Melissa Flamson, and photographer Jon Chomitz.

Ana C. Jarvis
Raquel Lebredo
Francisco Mena-Ayllón

Saludos y despedidas

—Buenos días, señora Vega.

—Buenos días, doctor.

© vgstudio/Shutterstock

—Carlos Montoya. Mucho gusto.

—El gusto es mío, señor Montoya.

© Golden Pixels LLC/Shutterstock

—Buenas tardes, profesora.

—Buenas tardes, señorita.

© Fiona Jackson-Downes/Cultura/Glow Images

—Buenas noches, señora. ¿Cómo está usted?

—Bien, gracias. ¿Y usted?

—Muy bien, gracias.

© Ebby May/Photodisc/Getty Images

[1] Brief exchanges

—Hola, Luis. ¿Qué tal?

—Bien, gracias. ¿Y tú?

—Muy bien.

—¿Cómo te llamas?

—Me llamo Gustavo. ¿Y tú?

—Yo me llamo Laura.

—¿Cuál es su número de teléfono, señor Paz?

—Ocho-cuatro-cero-dos-uno-tres-seis.

—Hasta mañana, Eva.

—Chau, Julio. Nos vemos.

Detalle cultural
Se usa **hola** con personas conocidas *(known)*, no con extraños *(strangers)*.

➤ ¿Cómo saludan Uds. *(do you greet)* al profesor?

VOCABULARIO

Saludos *(Greetings)*

Buenas noches.	*Good evening.*
Buenas tardes.	*Good afternoon.*
Buenos días.	*Good morning.*
Hola.	*Hello.*
Mucho gusto.*	*Nice to meet you.*

Preguntas *(Questions)*

¿Cómo está usted?	*How are you?*
¿Cómo te llamas?	*What's your name?*
¿Cuál es su[1] número de teléfono?	*What's your phone number?*
¿Qué tal?*	*How is it going?*
¿Y usted[2]? (¿Y tú?)	*And you?*

Despedidas *(Farewells)*

Chau.	*Bye.*
Hasta mañana.	*(I'll) see you tomorrow.*
Nos vemos.	*(I'll) see you.*

Títulos *(Titles)*

doctor(a)*	*doctor*
profesor(a)*	*professor*
señor*	*Mr., mister, sir*
señora*	*Mrs., ma'am*
señorita*	*Miss, young lady*

Respuestas *(Answers)*

Bien, gracias.	*Fine, thank you.*
(Yo) me llamo…	*My name is…*
Muy bien.	*Very well.*

Números *(Numbers)*

0	cero
1	uno
2	dos
3	tres
4	cuatro
5	cinco
6	seis
7	siete
8	ocho
9	nueve
10	diez

De país a país

¿Qué tal? *(informal)*
¿Qué hubo? *(Colombia, México)*
¿Qué pasa? *(España)*
Mucho gusto. *(formal)*
Encantado(a). *(Argentina, Cuba)*
Un placer. *(Centroamérica)*
  Response: Igualmente.

© Helder Almeida/Shutterstock

* Spanish is spoken in more than 20 countries, and different countries may use different words to refer to the same thing. The section **De país a país** includes variations corresponding to the words marked with asterisks in the vocabulary sections throughout the book.

[1] su: *your* (formal); tu: *your* (familiar)
[2] usted: *you* (formal); tú: *you* (familiar)

¡Vamos a conversar!

 1. **Saludos y despedidas** Read all exchanges with a classmate.

2. **La clase de español** *(The Spanish class)* You find yourself in the following situations. What do you say? What will the other person say?

1. It's morning. You greet two of your classmates and ask them how it's going.
2. It's 4 P.M. Greet your instructor and ask how he/she is.
3. It's 8 P.M. Greet three of your classmates and ask them what their names are. Ask them also what their phone number is.
4. Introduce yourself to three of your classmates. Mention your full name.
5. Say good-bye to three of your classmates, whom you'll see tomorrow.

© Monkey Business Images

3. **Minidiálogos** With a classmate, complete the following minidialogues.

1. —Hola, Anita. ¿Qué _____?
   —Bien, _____. ¿Y _____?
2. —¿Cómo se _____ Ud., Srta. Montes?
   —Me _____ Graciela.
3. —Mucho _____, señora.
   —El gusto es _____.
4. —¿Cuál es tu _____ de teléfono?
   —432-3890.
5. —Hasta _____, Sarah.
   —Nos _____.

UNIDAD 1

LOS ESTUDIANTES UNIVERSITARIOS

LECCIÓN 1: EN LA UNIVERSIDAD

OBJETIVOS

> Introduce yourself
> Greet and say good-bye to others
> Name colors
> Describe your classroom
> Describe people
> Give and request information about origin and place of residence

ESTRUCTURAS

1 Gender and number of nouns
2 Definite and indefinite articles
3 Subject pronouns
4 Present indicative of **ser**
5 Forms of adjectives and agreement of articles, nouns, and adjectives
6 The alphabet
7 Numbers 11 to 39

LECCIÓN 2: ESTUDIANTES Y PROFESORES

OBJETIVOS

> Discuss college courses
> Express possession
> Order beverages
> Request and give the correct time
> Name the days of the week, months, and seasons
> Talk about your activities and what you need to do

ESTRUCTURAS

1 Present indicative of **-ar** verbs
2 Interrogative and negative sentences
3 Possessive adjectives
4 Gender of nouns, part II
5 Numbers 40 to 200
6 Telling time
7 Days of the week, and months and seasons of the year

Unos estudiantes universitarios preparan un trabajo en grupo.
© Erik Dreyer/Getty Images

LOS MEXICOAMERICANOS
Celebración del Cinco de Mayo en Los Ángeles, California.

© Kevork Djansezian/Getty Images

LOS PUERTORRIQUEÑOS
Festival Puertorriqueño en las calles de Chicago.

© Richard Cummins/Corbis

LOS CUBANOAMERICANOS
Tres amigas toman café cubano en Miami.

© Veer/MediaBakery

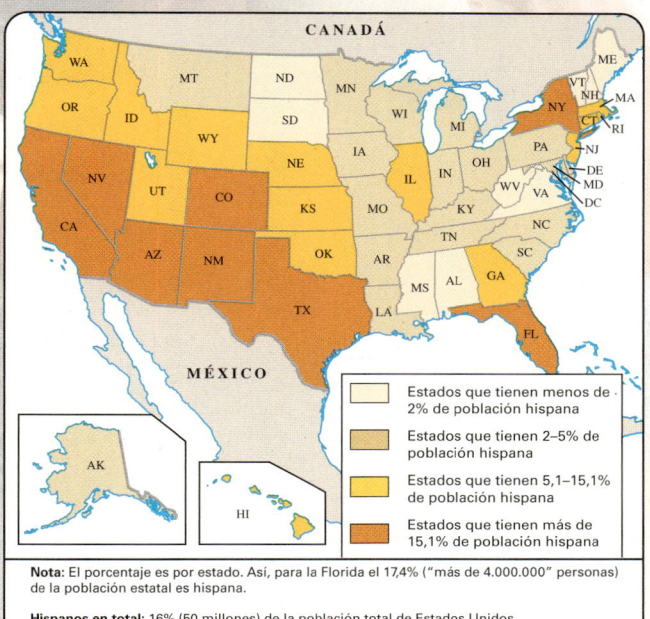

CANADÁ

MÉXICO

Estados que tienen menos de 2% de población hispana

Estados que tienen 2–5% de población hispana

Estados que tienen 5,1–15,1% de población hispana

Estados que tienen más de 15,1% de población hispana

Nota: El porcentaje es por estado. Así, para la Florida el 17,4% ("más de 4.000.000" personas) de la población estatal es hispana.

Hispanos en total: 16% (50 millones) de la población total de Estados Unidos

© Cengage Learning 2014; data from *U.S. Census 2010*

7

En la universidad

 1-2 David, un muchacho estadounidense, habla con Teresa, una chica mexicana.

DAVID Hola, Teresa, ¿cómo estás?

TERESA Más o menos… ¿Qué hay de nuevo?

DAVID No mucho. Oye, ¿cuál es tu dirección?

TERESA Calle Olmos, número veintiocho.

DAVID ¿Cuál es tu número de teléfono?

TERESA Cinco-ocho-cero-nueve-dos-siete-uno.

DAVID Gracias. Nos vemos esta noche.

TERESA Sí, nos vemos en la biblioteca.

DAVID Hasta luego, Teresa.

TERESA Chau.

 1-3 La profesora Rojas habla con los estudiantes en la clase de español.

PROFESORA Buenas tardes. ¿Cómo están ustedes?

ESTUDIANTES Bien, gracias.

JOHN Profesora, ¿cómo se dice el color *orange* en español?

PROFESORA Se dice "anaranjado".

JOHN ¿Cómo? Más despacio, por favor.

PROFESORA Lo siento. A-na-ran-ja-do.

SARA Perdón, profesora. ¿De dónde es usted?

PROFESORA Yo soy de Costa Rica. ¿De dónde eres tú?

SARA Yo soy de California.

PROFESORA ¿Y tú, John? ¿De dónde eres?

JOHN Yo soy de Nueva York.

1-4 Armando y María Inés son dos estudiantes. Ellos conversan en la cafetería.

© Media Bakery

MARÍA INÉS Oye, tu compañero de cuarto es muy guapo… ¿De dónde es?

ARMANDO ¿Roberto? Él es de Texas. Es un muchacho muy simpático.

MARÍA INÉS Y muy inteligente. ¡Es perfecto!

ARMANDO Sí, pero tiene novia: una chica muy bonita… ¡y rica!

MARÍA INÉS ¡Qué lástima! Bueno, me voy. Hasta la vista, Armando.

ARMANDO Adiós, María Inés.

Detalle cultural

María es un nombre muy popular en España y en Latinoamérica: **María Inés, Ana María.** También *(Also)* se usa como segundo nombre *(middle name)* para los hombres: **José María.**

➤ ¿Qué nombres son populares en este país *(this country)*?

Hablemos

1. **Sobre el diálogo** With a classmate, take turns asking and answering the following questions. Base your answers on the dialogues.

   1. ¿David es estadounidense? ¿Y Teresa?
   2. ¿Cuál es la dirección de Teresa?
   3. ¿Cuál es el número de teléfono de Teresa?
   4. ¿La profesora Rojas habla con un profesor o con los estudiantes?
   5. ¿Cómo se dice el color *orange* en español?
   6. ¿De dónde es la profesora?
   7. ¿De dónde es Sara?
   8. ¿Dónde conversan Armando y María Inés?
   9. ¿De dónde es Roberto?
   10. ¿Roberto tiene novia? ¿Es una chica bonita? ¿Es rica?

VOCABULARIO

Cognados (Cognates)

la cafetería
la clase
el (la) estudiante
  [el (la) alumno(a)]
inteligente
la lección
mexicano(a)
perfecto(a)
la universidad

Nombres (Nouns)

la biblioteca	library
la chica, muchacha	girl
el chico, muchacho	young man
la clase	class
_____ de español*	Spanish class
el (la) compañero(a) de cuarto	roommate
la dirección*	address
el español	Spanish (language)
la novia	girlfriend
el novio	boyfriend
el (la) profesor(a)	professor

Verbo (Verb)

ser	to be

Adjetivos (Adjectives)

anaranjado(a)	orange
bonito(a)	pretty
estadounidense, norteamericano(a)	American (from the U.S.)
guapo(a)	handsome, good-looking
inteligente	intelligent
rico(a)	rich
simpático(a)	nice, charming
universitario(a)	(related to) college

Otras palabras y expresiones (Other words and expressions)

adiós	bye, good-bye
bueno…	well…
¡Caramba!	Gee!, Darn!
con	with

conversan	they talk
de	from, of
¿Dónde?	Where?
él	he
en	at, in
es	(he/she) is
esta noche	tonight, this evening
habla	(he/she) speaks
Hasta la vista.	See you around.
Hasta luego.	(See you) later.
hay	there is, there are
Lo siento.	I'm sorry.
más despacio	more slowly
Me voy.	I'm leaving.
muy	very
no	no, not
oye	listen
Perdón.	Sorry. Pardon me.
pero	but
por favor	please
¡Qué lástima!	What a pity!
tiene	(he/she) has
tu	your
un, una	a
Yo soy…	I am…

Preguntas y respuestas útiles (Useful questions and answers)

¿Cómo?*	Pardon me?
¿Cómo están ustedes?	How are you? (plural)
¿Cómo estás?	How are you? (familiar)
Más o menos.	More or less.
¿Cómo se dice… ?	How does one say…?
Se dice…	One says…
¿Cuál es tu[1] dirección?	What's your (street) address?
Calle… número…	_____, _____ Street
¿Cuál es tu número de teléfono?	What's your telephone number?
¿De dónde eres tú?	Where are you from? (familiar)
¿De dónde es usted?	Where are you from? (formal)
Soy de…	I am from…
¿Qué hay de nuevo?	What's new?
No mucho.	Not much.

* Spanish is spoken in more than 20 countries, and different countries may use different words to refer to the same thing. The section **De país a país,** on the next page, includes variations corresponding to the words marked with asterisks.

[1] Formal: *su*

Más sobre el tema *(More about the topic)*[1]

Más expresiones de cortesía *(More polite expressions)*

De nada.*	*You're welcome.*	Saludos a…	*Say hi to…*
Muchas gracias.	*Thank you very much.*	Tome asiento.	*Have a seat.*
Pase.	*Come in.*		
Permiso.	*Excuse me. (e.g., when going through a crowded room)*		

Colores *(Colors)*

amarillo

azul

blanco

gris

marrón*

morado

negro

rojo

rosado

verde

Vocabulario para la clase *(Vocabulary for the class)*

© Cengage Learning 2014

De país a país

la clase de español la clase de castellano *(España, Cono Sur)*

la dirección el domicilio *(México)*

de nada por nada *(México)*

¿Cómo? ¿Mande? *(México)*

marrón café *(México)*; carmelita *(Cuba)*

la computadora el ordenador *(España)*, el computador *(Colombia)*

la pizarra el pizarrón *(Cono Sur)*

[1] This vocabulary is *active.*

VOCABULARIO

2. **Preguntas y respuestas** Match the questions in column A with the answers in column B.

A

1. ¿Cómo se dice *clock* en español? _____
2. ¿De dónde es la profesora? _____
3. ¿Dónde conversan Ana y Luis?, ¿en la clase? _____
4. ¿Inés tiene novio? _____
5. ¿Qué hay de nuevo? _____
6. ¿Cuál es tu dirección? _____
7. ¿Dónde nos vemos esta noche? _____
8. ¿Cómo están ustedes? _____
9. ¿Irene es bonita? _____
10. ¿Raúl es estadounidense? _____

B

a. Sí, y es un chico muy guapo.
b. En la biblioteca.
c. No, mexicano.
d. Sí, y muy simpática.
e. Se dice "reloj".
f. Bien, gracias.
g. De Texas.
h. Calle Paz, número 10.
i. No, en la cafetería.
j. No mucho.

3. **Yo soy el anfitrión (la anfitriona)** *(I'm the host/hostess)* You are having a party in the evening. What are you going to say to the following people in each situation?

1. You open the door to one of your guests. Greet him and ask him to come in and have a seat.
2. You go back to the kitchen, walking through your crowded living room. You accidentally push someone.
3. You didn't understand a word that one of your guests said. She is talking very fast.
4. One of your guests brings you flowers. You thank him.
5. Three of your guests are leaving: your best friend, an acquaintance that you'll probably see again, and a lady who will be returning to the party.

4. **¡Somos pintores!** *(We are painters!)* You are explaining to a group of children what colors you need to mix to get the following colors.

1. anaranjado
2. verde
3. morado
4. gris
5. rosado

👥 5. **¿Qué color te gusta?** To ask someone whether he or she likes something, you say: "**¿Te gusta… ?**"[1] To say that you like something, say: "**Me gusta…**" Conduct a survey of your classmates to find out which color is the most popular in class, following the model.

Modelo —¿Qué color te gusta?
—Me gusta el color rojo.

El color más popular es el _____.

[1] When addressing someone as **usted**, use "**¿Le gusta…?**"

6. ¿Qué necesitamos? *(What do we need?)* Explain what object or objects you and your classmates need for each purpose listed. Begin each sentence with **Necesitamos** *(We need)*.

1. to write on
2. to see when the room is dark
3. to write with and to erase with
4. to sit in class
5. to place or post ads, notices, or bits of news
6. to throw away used papers
7. to carry books and notebooks
8. to study geography
9. to send e-mail
10. to know what time it is
11. to get in or out of the classroom
12. to see what's going on outside

7. ¿Necesitas algo? *(Do you need anything?)* With a classmate, ask each other whether you need certain objects. Name ten items. When asking, point to the item or offer it. When answering, tell what you do need if you answer **no.** Follow the model.

Modelo —¿Necesitas el mapa? *(Do you need the map?)*
—Sí, necesito el mapa. *(Yes, I need the map.)*
　(No, necesito la pizarra.) *(No, I need the board.)*

Pronunciación *(Pronunciation)*

1-5

Las vocales *(vowels)* **a, e, i, o, u**[1] Spanish vowels are constant, clear, and short. To practice the sound of each vowel, repeat the following words.

a	m**a**p**a**	s**á**b**a**do	h**a**st**a** m**a**ñ**a**na
	h**a**bl**a**r	tr**a**b**a**j**a**r	de n**a**d**a**
e	m**e**s	l**e**ch**e**	**e**studiant**e**
	est**e**	P**e**p**e**	s**e**m**e**str**e**
i	s**i**lla	l**i**bro	un**i**vers**i**dad
	t**i**za	láp**i**z	señor**i**ta
o	d**o**ct**o**r	S**o**t**o**	l**o**s pr**o**fes**o**res
	d**o**nde	b**o**rrad**o**r	d**o**ming**o**
u	m**u**jer	al**u**mno	**u**niversidad
	g**u**sto	l**u**nes	comp**u**tadora

[1] See Appendix A for a complete introduction to Spanish pronunciation.

1 Gender and number of nouns *(Género y número de los nombres)*

Gender, part I

❯ In Spanish, all nouns—including those denoting nonliving things—are either masculine or feminine in gender.[1]

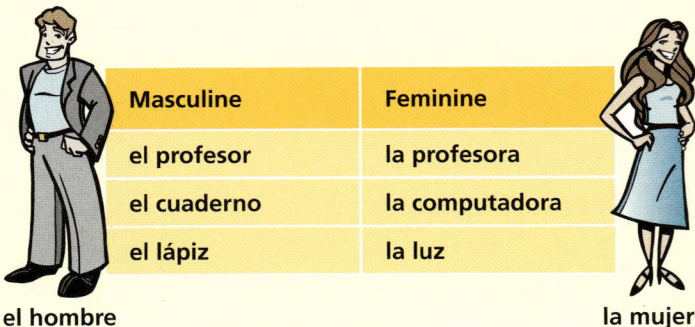

el hombre

Masculine	Feminine
el profesor	la profesora
el cuaderno	la computadora
el lápiz	la luz

la mujer

❯ Most nouns that end in **-o** or denote males are masculine: **cuaderno, hombre** *(man).*

❯ Most nouns that end in **-a** or denote females are feminine: **ventana, mujer** *(woman).*

¡Atención! Some common exceptions include the words **día** *(day)* and **mapa** *(map),* which end in **-a** but are masculine, and **mano** *(hand),* which ends in **-o** but is feminine.

❯ Here are some helpful rules to remember about gender.

■ Some masculine nouns ending in **-o** have a corresponding feminine form ending in **-a:** **el secretario / la secretaria.**

■ When a masculine noun ends in a consonant, you often add **-a** to obtain its corresponding feminine form: **el doctor / la doctora.**

■ Some nouns have the same form for both genders: **el estudiante / la estudiante.** In such cases, gender is indicated by the article **el** (masculine) or **la** (feminine).

---

[1] See Appendix C for a glossary of grammatical terms.

Práctica (Practice)

8. ¿Masculino o femenino? Place **el** or **la** before each noun.

1. _____ mapa
2. _____ escritorio
3. _____ secretaria
4. _____ silla

5. _____ mujer
6. _____ ventana
7. _____ hombre
8. _____ día

9. _____ secretario
10. _____ mano
11. _____ computadora
12. _____ profesor

Plural forms of nouns

Spanish singular nouns are made plural by adding **-s** to words ending in a vowel and **-es** to words ending in a consonant. When a noun ends in **-z,** change the **z** to **c** and add **-es**.

Singular	*Plural*	*Singular*	*Plural*
silla	sillas	borrador	borradores
estudiante	estudiantes	lápiz	lápices
profesor	profesores	libro	libros

¡Atención! When an accent mark falls on the *last* syllable of a word that ends in a consonant, it is omitted in the plural form:

le**cción** ⟶ lec**ciones**[1]

Práctica

9. ¿Cuál es el plural? You need different things. Indicate how many of these items you need.

1. 8
2. 10
3. 4

4. 6
5. 8
6. 7

10. ¿Qué hay en la clase? With a classmate, take turns asking and answering these questions. (Affirmative: **Sí, hay…**; Negative: **No, no hay…**)

1. ¿Hay tres relojes en la clase?
2. ¿Hay mapas en la clase?
3. ¿Hay dos tablillas de anuncios en la clase?

[1] For an explanation of written accent marks, refer to Appendix A.

2 Definite and indefinite articles (Artículos determinados e indeterminados)

The definite article[1]

Spanish has four forms that are equivalent to the English definite article *the*.

	Singular	Plural
Masculine	el	los
Feminine	la	las

el profesor	**la** profesora
el lápiz	**la** pluma
los profesores	**las** profesoras
los lápices	**las** plumas

¡Atención! Always learn new nouns with their corresponding definite articles—this will help you remember their gender.

The indefinite article[2]

The Spanish equivalents of *a (an)* and *some* are as follows:

	Singular		Plural	
Masculine	un	a, an	unos	some
Feminine	una	a, an	unas	some

un libro	**unos** libros
un profesor	**unos** profesores
una silla	**unas** sillas
una ventana	**unas** ventanas

[1] See Appendix C.
[2] See Appendix C.

🌐 Práctica

11. ¿Qué es? For each of the following illustrations, identify the noun together with its corresponding definite and indefinite articles.

1. _____

2. _____

3. _____

4. _____

5. _____

6. _____

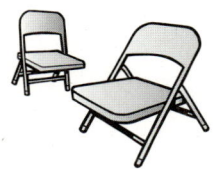

7. _____

8. _____

9. _____

10. _____

12. ¿Qué necesitas? With a classmate, go back to **Vocabulario para la clase** and, using indefinite articles, take turns indicating what you need. Name twelve items.

Modelo —*Necesito una silla.*

3 Subject pronouns *(Pronombres personales usados como sujetos)*[1]

Singular		Plural	
yo	I	**nosotros**	we *(m.)*
		nosotras	we *(f.)*
tú	you *(familiar)*	**vosotros**	you *(m., familiar)*
		vosotras	you *(f., familiar)*
usted	you *(formal)*	**ustedes**	you *(formal, familiar[2])*
él	he	**ellos**	they *(m.)*
ella	she	**ellas**	they *(f.)*

❯ Use the **tú** form as the equivalent of *you* when addressing a close friend, a relative, or a child. Use the **usted** form in *all* other instances. In most Spanish-speaking countries, young people tend to call each other **tú,** even if they have just met.

❯ In Latin America, **ustedes** (abbreviated **Uds.**) is used as the plural form of both **tú** and **usted** (abbreviated **Ud.**). In Spain, however, the plural form of **tú** is **vosotros(as)**.

❯ The masculine plural forms **nosotros, vosotros,** and **ellos** can refer to the masculine gender alone or to both genders together:

Juan y Roberto ⟶ **ellos**   Juan y María ⟶ **ellos**

❯ Unlike English, Spanish does not generally express *it* or *they* as separate words when the subject of the sentence is a thing.

Es una mesa.   *It is a table.*

🌐 Práctica

13. Pronombres Read each sentence, then write the corresponding pronoun to the underlined words.

1. <u>Carmen y Leo</u> estudian en la universidad.
2. <u>Mirta</u> es estadounidense.
3. Me llamo <u>Ricardo</u>.
4. <u>Hola</u>, Ana, ¿cómo estás?
5. <u>Mauro y yo</u> somos de Arizona.

[1] See Appendix C.
[2] In Latin America.

14. ¿Quiénes son? What subject pronouns do the following pictures suggest to you?

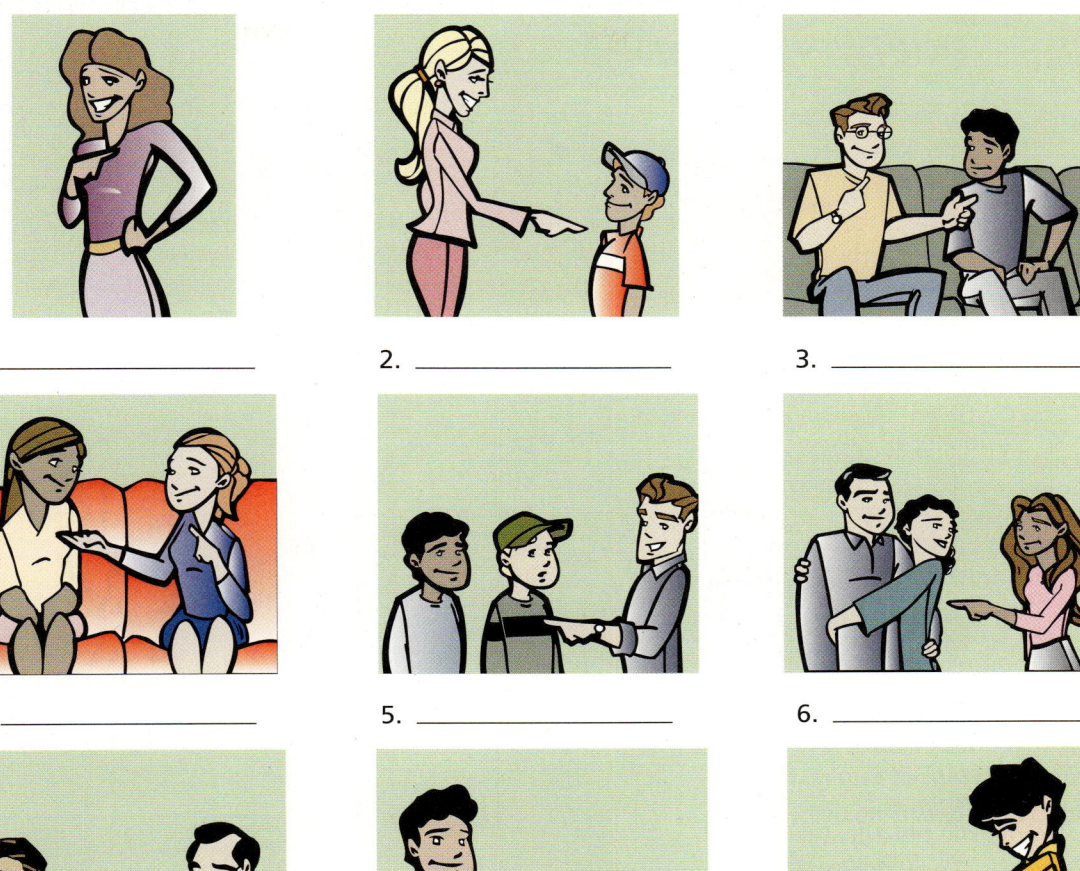

1. _____

2. _____

3. _____

4. _____

5. _____

6. _____

7. _____

8. _____

9. _____

15. ¿Tú, Ud. o Uds.? What pronoun would you use to address the following people?

1. the president of the university _____
2. two strangers _____
3. your best friend _____
4. your mother _____
5. a new classmate _____
6. your neighbor's children _____

Illustrations © Cengage Learning 2014

4 Present indicative of *ser* (*Presente de indicativo del verbo ser*)[1]

The verb **ser** *(to be)* is irregular. Its forms must therefore be memorized.

yo	**soy**	I am	nosotros(as)	**somos**	we are
tú	**eres**	you *(fam.)* are	vosotros(as)	**sois**	you *(fam.)* are
Ud. ⎫		you *(form.)* are	Uds. ⎫		you are
él ⎬	**es**	he is	ellos ⎬	**son**	they *(masc.)* are
ella ⎭		she is	ellas ⎭		they *(fem.)* are

The verb **ser** is commonly used to express identity, place of origin, occupation, characteristics, and nationality.

—¿Ud. **es** la doctora Vega?   —**Are you** Dr. Vega?

—No, **soy** la profesora Díaz.   —No, **I'm** Professor Díaz.

—¿De dónde **son** Uds.?   —Where **are you** (all) from?

—**Somos** de California.   —**We are** from California.

¿De dónde **eres** tú?   Where **are you** from?

—Yo **soy** de Arizona.   —**I am** from Arizona.

—¿El profesor **es** mexicano?   —**Is** the professor Mexican?

—No, él **es** estadounidense.   —No, **he is** American.

—¿Tu novia **es** bonita?   —**Is** your girlfriend pretty?

—Sí, y **es** muy simpática.   —Yes, and **she is** very nice.

Y..., ¿Ud. es residente...?

© Cengage Learning 2014

🌐 Práctica y conversación

16. ¿De dónde son? Miss Soto works in the Admissions Office, and these out-of-state students are telling her where they are from. Using the verb **ser,** complete what they are saying.

1. David / Arizona
2. Yo / Colorado
3. Ana y Eva / Utah
4. Guadalupe / Nuevo México
5. Nosotros / Oregón
6. Raúl y Ángel / Idaho

Now indicate what Miss Soto would say to a girl, an older gentleman, and two young men to ask them where they are from.

👥 17. Compañeros de clase *(Classmates)* In groups of three or four, ask each other where you are from. Be prepared to have one person report to the class.

[1] See Appendix C.

5 Forms of adjectives and agreement of articles, nouns, and adjectives (La formación de adjetivos y la concordancia de artículos, nombres y adjetivos)

Forms of adjectives[1]

> Most adjectives in Spanish have two basic forms: the masculine form ending in **-o** and the feminine form ending in **-a**. Their corresponding plural forms end in **-os** and **-as,** respectively.

profesor mexican**o**	profesores mexican**os**
profesora mexican**a**	profesoras mexican**as**
chico simpátic**o**	chicos simpátic**os**
chica simpátic**a**	chicas simpátic**as**

> When an adjective ends in **-e** or a consonant, the same form is normally used with both masculine and feminine nouns.

muchacho inteligent**e**	muchacha inteligent**e**
libro difíci**l** *(difficult)*	clase difíci**l**

> The only exceptions are as follows:

> ■ Adjectives of nationality that end in a consonant have feminine forms ending in **-a**.

señor españo**l** *(Spanish)*	señora español**a**
señor inglé**s** *(English)*	señora ingle**sa**

> In forming the plural, adjectives follow the same rules as nouns.

mexican**o** ⟶ mexican**os**
feli**z** *(happy)* ⟶ feli**ces**
difíci**l** ⟶ difíci**les**

Position of adjectives

> In Spanish, adjectives that describe qualities *(pretty, smart,* and so on) generally *follow* nouns, while adjectives of quantity precede them: Hay **dos** chicas **bonitas**.

Agreement of articles, nouns, and adjectives

> In Spanish, the article, the noun, and the adjective agree in gender and number.

El muchach**o** es simpátic**o**.	**Los** muchach**os** son simpátic**os**.
La muchach**a** es simpátic**a**.	**Las** muchach**as** son simpátic**as**.

[1] See Appendix C.

🌐 Práctica y conversación

Study these common adjectives that may be used to describe people.

18. ¡A describir! With a classmate, take turns asking each other questions about the illustrations.

Modelo 1 —S1: ¿Beto es alto o bajo?
—S2: Beto es alto.

Modelo 2 —S1: ¿Quién es delgada?
—S2: Sara es delgada.

alto (tall)   baja (short)

Beto   Nora

gordo (fat)   delgada (thin)

Aldo   Sara

antipático (unpleasant)   feo (ugly)

el suéter

Lolo

joven (young)   viejo (old)

Marta   Sr. Pino

grande (big)   pequeña (small)

Luis   Eva

19. Para conversar *(To talk)* With a classmate, take turns asking each other what these people are like. For example: **¿Cómo es...?** *(What is... like?)*

1. Brad Pitt
2. Danny DeVito
3. Hugh Grant
4. Jennifer López
5. Roseanne
6. Jennifer Aniston
7. Penélope Cruz
8. Meg Ryan

20. Nacionalidades *(Nationalities)* With a classmate, take turns matching these famous people with their nationalities. Be sure to make any necessary changes to the adjectives.

puertorriqueño   español   inglés   colombiano
norteamericano   dominicano   mexicano

1. Shakira
2. Tony Blair y Gordon Brown
3. Antonio Banderas
4. Sammy Sosa
5. Jane Austen
6. Sandra Bullock y Julia Roberts
7. Felipe Calderón
8. Jennifer López

PUNTOS PARA RECORDAR

6 The alphabet (El alfabeto)[1]

¡Atención! All letters are feminine: la **a**, la **b**, and so on.

Letter	Name	Letter	Name	Letter	Name
a	a	j	jota	r	erre
b	be	k	ca	s	ese
c	ce	l	ele	t	te
d	de	m	eme	u	u
e	e	n	ene	v	uve (ve corta)
f	efe	ñ	eñe	w	doble u (doble ve)
g	ge	o	o	x	equis
h	hache	p	pe	y	i griega (ye)
i	i	q	cu	z	zeta

Práctica y conversación

21. Siglas *(Acronyms)* With a classmate, take turns reading the following acronyms in Spanish.

1. FBI
2. PTA
3. IBM
4. D. C.
5. NAACP
6. NBA

22. Apellidos *(Last names)* In groups of three or four, ask each person in the group what his/her last name is and how to spell it.

Modelo —*¿Cuál es tu apellido?*
—*Mi apellido es Shaw.*
—*¿Cómo se deletrea?*
—*Ese-hache-a-doble u*

---

[1] For a complete introduction to Spanish sounds, see Appendix A, which also will appear online.

7 Numbers 11 to 39 *(Números del 11 al 39)*

Learn the Spanish numbers from eleven to thirty-nine.

11 once	21 veintiuno	31 treinta y uno
12 doce	22 veintidós	32 treinta y dos
13 trece	23 veintitrés	33 treinta y tres
14 catorce	24 veinticuatro	34 treinta y cuatro
15 quince	25 veinticinco	35 treinta y cinco
16 dieciséis	26 veintiséis	36 treinta y seis
17 diecisiete	27 veintisiete	37 treinta y siete
18 dieciocho	28 veintiocho	38 treinta y ocho
19 diecinueve	29 veintinueve	39 treinta y nueve
20 veinte	30 treinta	

¡Atención! **Uno** changes to **un** before a masculine singular noun: **un libro** *(one book)*. **Uno** changes to **una** before a feminine singular noun: **una silla** *(one chair)*.

Práctica y conversación

23. Sumas y restas *(Additions and subtractions)* Learn the following mathematical terms; then, with a classmate, take turns adding and subtracting.

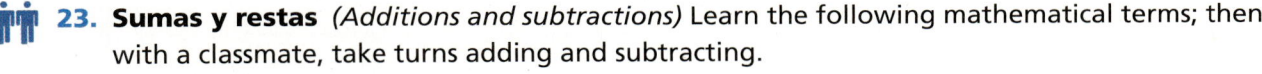

+ más   – menos   = son

Modelo   7 + 4 = 11   *(Siete más cuatro son once.)*
           20 – 6 = 14   *(Veinte menos seis son catorce.)*

1. 20 + 15 =
2. 16 – 11 =
3. 17 – 13 =
4. 11 + 16 =
5. 19 + 11 =
6. 13 – 8 =
7. 30 – 12 =
8. 18 + 18 =
9. 23 – 14 =
10. 17 + 13 =

ENTRE NOSOTROS

💬 Vamos a conversar

24. Para conocernos mejor *(To get to know each other better)* Get to know your classmate better by asking him/her the following questions.

1. ¿Cómo te llamas? ¿Cómo estás?
2. ¿Eres estadounidense? ¿De dónde eres?
3. ¿Cuál es tu dirección?
4. ¿Quién es tu profesor(a) favorito(a)?
5. ¿Cómo es tu mejor amigo(a) *(best friend)*?
6. ¿Tu papá *(dad)* es alto o bajo? ¿Cómo es tu mamá *(mom)*?
7. ¿Te gusta el amarillo, el azul o el rojo?
8. ¿Cuántos libros hay en tu mochila?

25. Una encuesta *(A survey)* Interview your classmates to identify who fits the following descriptions. Include your instructor, but remember to use the **Ud**. form when addressing him/her.

Nombre

1. *Es muy paciente.* _____
2. *Es muy inteligente.* _____
3. *Es muy liberal.* _____
4. *Es conservador(a).* _____
5. *Es popular.* _____
6. *Es eficiente.* _____
7. *Es perfeccionista.* _____
8. *Es atlético(a).* _____
9. *Es optimista.* _____
10. *Es pesimista.* _____
11. *Es tímido(a).* _____
12. *Es paciente.* _____

26. Y ahora... Write a brief summary, indicating what you have learned about your classmates.

27. ¿Cómo lo decimos? *(How do we say it?)* With a classmate, take turns indicating what you would say in the following situations.

1. You ask a young man whether he is a college student.
2. You ask Professor Mena how to say "I'm sorry" in Spanish.
3. You tell a friend you're leaving.
4. You ask a classmate what his/her roommate is like.
5. You ask a classmate where he/she is from.
6. You say good-bye to someone you expect to see at some point in the future.
7. You ask a friend how he is and what's new with him.
8. You ask Miss Lara to please have a seat and then ask her what her address is.
9. You didn't understand what someone said. He/She is speaking too fast.
10. You are going through a crowded room. You stepped on someone's foot.
11. Someone thanks you for a favor.
12. Someone tells you he can't do something he would like to do. You respond.

✎ Vamos a escribir *(Let's write)*

28. Un correo electrónico *(An e-mail)* A new cyber friend wants to know what you are like. Write him/her an e-mail, describing yourself with as much detail as you can. At the end, ask your new friend for a description.

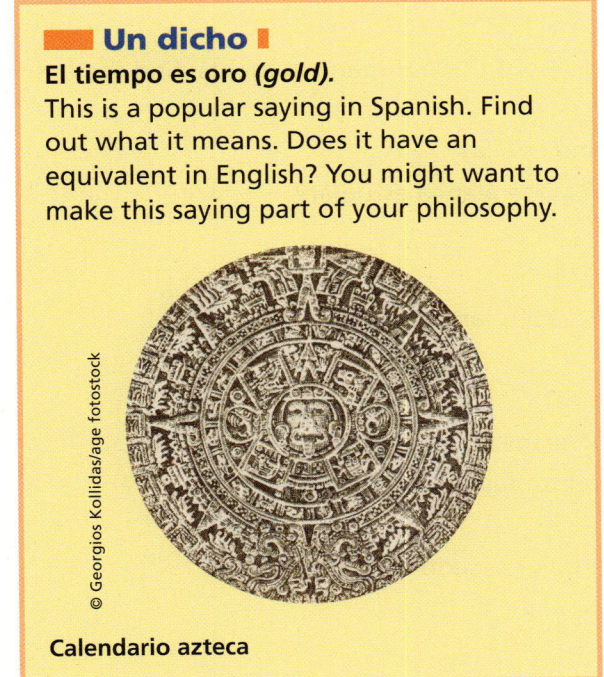

▬ Un dicho ▮

El tiempo es oro *(gold).*
This is a popular saying in Spanish. Find out what it means. Does it have an equivalent in English? You might want to make this saying part of your philosophy.

© Georgios Kollidas/age fotostock

Calendario azteca

DE TODO UN POCO

🔊 Vamos a escuchar

1-6

29. ¿Verdadero o falso? You will hear María Luisa Rojas and Mario Enrique Vera Acosta talking about themselves. Pay close attention to what they say. You will then hear six statements about what you have heard. On a sheet of paper, write the numbers one through six and indicate whether each statement is true **(V)** or false **(F)**.

1. María Luisa es mexicana.	V	F
2. María Luisa es estudiante.	V	F
3. María Luisa es alta y gorda.	V	F
4. Mario Enrique es de Chile.	V	F
5. Mario Enrique es estudiante.	V	F
6. Mario Enrique es viejo.	V	F

📖 Vamos a leer

Estudiantes hispanos en la Universidad de California

> ▶ **ESTRATEGIA** **Cognados** When you read, it is very useful to be aware of cognates. Cognates are words that are similar in spelling and meaning in two languages. Some Spanish cognates are identical to English words. In other instances, the words vary only in minor or predictable ways.
>
> As you scan the information about these four students, find the cognates used.

30. Al leer As you read the information about these Hispanic students, find the answer to each of the following questions.

1. ¿De dónde es María Isabel? ¿Cómo es ella?
2. ¿Cuál es su *(her)* especialización? ¿Qué planea estudiar?
3. ¿De dónde es Gustavo Serrano?
4. ¿Qué dicen de Gustavo las chicas?
5. ¿Cuál es su *(his)* especialización? ¿Qué planea ser?
6. Según él, ¿cómo es?
7. ¿De dónde es Ana Luisa? ¿Cómo es?
8. ¿Cuál es su especialización? ¿Qué planea hacer *(to do)*?
9. ¿Qué le gusta? ¿Quién es su novelista favorita?
10. ¿De dónde es Isabel Allende?
11. ¿Juan Carlos Calvo es un estudiante graduado? ¿Qué planea ser?
12. ¿Dónde trabaja Juan Carlos?

according to
major
planea… *plans to study*

María Isabel Fuentes, de San Antonio, Texas, es una chica inteligente y, según° ella, muy optimista. Su especialización° es biología y planea estudiar° medicina.

say

Gustavo Serrano es de Los Ángeles, California. Las chicas dicen° que Gustavo es guapo y muy simpático. Su especialización es matemáticas y planea ser ingeniero. Según él, es perfeccionista, pero no es muy paciente.

to teach /
Le…
she likes

Ana Luisa Carreras, de Phoenix, Arizona, es estudiosa y muy eficiente. Su especialización es español y planea enseñar°. Le gusta° la literatura y su novelista favorita es Isabel Allende, de Chile.

lawyer
he works

Juan Carlos Calvo es un estudiante graduado y planea ser abogado°. Es de Nuevo México. Trabaja° en la biblioteca.

31. ¿Y tú? Write a brief essay, providing information about yourself with respect to the following: your birthplace, two or three personal characteristics, your major, what you plan to be (profession), what subject you like, your favorite novelist, and where (which city) and what days you work. You will need a dictionary. Use the following phrases for help.

1. Yo soy de…
2. Soy…
3. Mi especialización es…
4. Planeo ser…
5. Me gusta la…
6. Mi novelista favorito(a) es…
7. Yo trabajo (*I work*) en…

Estudiantes y profesores

© Image Source/Getty Images

1-7 Rebeca, una chica puertorriqueña, conversa con su amiga Olga, una muchacha cubanoamericana. Las dos estudian en la Universidad Internacional de La Florida, en Miami.

REBECA ¿Cuántas clases tomas tú este semestre?

OLGA Tomo cinco clases: inglés, matemáticas, física, psicología y biología. ¿Y tú?

REBECA Yo tomo historia, literatura, química, ciencias políticas y administración de empresas. No son clases fáciles.

OLGA No, las dos tomamos clases muy difíciles.

REBECA ¡Sí! ¡Por eso nuestra vida es muy aburrida! ¿A qué hora terminan tus clases?

OLGA A las tres de la tarde. Después, Alberto y yo estudiamos juntos.

REBECA ¡Ajá! ¡Muy interesante!

Detalle cultural

En los países de habla hispana, muchos estudiantes estudian con un(a) compañero(a) o en grupos. Generalmente viven con su familia o en pensiones. Hay muy pocas residencias universitarias *(dormitories)*.

➤ ¿Cómo estudian los estudiantes en este país?

© Image100/Alamy

1-8 Ana Sandoval y José Santos conversan en la cafetería de la universidad. Él es profesor de contabilidad y ella trabaja en la oficina de administración.

JOSÉ ¿Deseas tomar café?

ANA No, gracias. Yo no tomo café. Oye, ¿tú enseñas solamente por la mañana?

JOSÉ No, también enseño los martes y jueves por la noche, y los lunes por la tarde.

ANA Trabajas mucho…

JOSÉ ¡Necesito dinero! Por eso trabajo horas extras.[1] Gano cincuenta dólares por hora. Oye… ¿Qué hora es?

ANA Es la una y media. ¿Por qué?

JOSÉ Porque a las dos hay un programa muy importante en la tele.

ANA ¿El partido de fútbol entre Argentina y Brasil?

JOSÉ ¡Sí! ¡Me voy! Nos vemos.

[1] The singular form **extra** may also be used here.

Hablemos

 1. **Sobre el diálogo** With a classmate, take turns asking and answering the following questions. Base your answers on the dialogues.

1. ¿Rebeca es puertorriqueña o cubanoamericana?
   ¿Y Olga?
2. ¿Dónde estudian las dos chicas?
3. ¿Qué clases toma Olga este semestre?
   ¿Y Rebeca?
4. ¿A qué hora terminan las clases de Olga?
   ¿Con quién estudia ella después?
5. ¿Dónde conversan Ana y José?
6. ¿Qué enseña José?
7. ¿Dónde trabaja Ana?
8. ¿Ana desea tomar café o no desea tomar café?
9. ¿José enseña solamente por la mañana?
   ¿Por qué trabaja horas extra?
10. ¿Qué hay en la tele a las dos?

 2. **Entrevista a un(a) compañero(a)** Take turns asking and answering these questions.

1. ¿Dónde estudias tú? (Yo estudio…)
2. ¿Qué clases tomas este semestre? (Yo tomo…)
3. ¿A qué hora terminan tus clases? (Mis clases…)
4. ¿Tú estudias después? *(Answer in the affirmative.)*
5. ¿Con quién cenas tú? (Yo ceno…)
6. ¿Con quién conversas tú? (Yo converso…)
7. ¿Dónde trabajas tú? (Yo trabajo…)
8. ¿Tú deseas tomar café o agua *(water)*? (Yo deseo…)

© ARENA Creative/Shutterstock

VOCABULARIO

Cognados

administración
¡Ajá!
la biología
cubanoamericano(a)
el dólar
extra
la historia
importante
imposible
interesante
internacional
la literatura
las matemáticas
el programa
la psicología
la tele, la televisión

Nombres

la administración de empresas	business administration
el (la) amigo(a)	friend
el café	coffee
las ciencias políticas	political science
la contabilidad	accounting
el dinero*	money
la física	physics
el fútbol*	soccer
la hora	time, hour
el inglés	English (language)
el jueves	Thursday
el lunes	Monday
la mañana	morning
el martes	Tuesday
la noche	night
la oficina	office
_____ de administración	administration office
el partido	game
la química	chemistry
la tarde	afternoon
la vida	life

Verbos

cenar	to have dinner
conversar*	to talk, to converse
desear	to wish, to want
enseñar	to teach
estudiar	to study
ganar	to earn
necesitar	to need
terminar	to end, to finish
tomar	to take (a class); to drink
trabajar	to work

Adjetivos

aburrido(a)	boring
¿Cuántos(as)?	How many?
difícil	difficult
fácil	easy
juntos(as)	together
nuestro(a)	our
puertorriqueño(a)	Puerto Rican

Otras palabras y expresiones
(Other words and expressions)

a veces	sometimes
¿A qué hora...?	(At) What time...?
después	after, aferwards
entre	between
este semestre	this semester
hay	there is, there are
or	o
oye	listen
por	per
por la mañana	in the morning
por la noche	in the evening
por la tarde	in the afternoon
por eso	that's why
¿Por qué?	Why?
porque	because
¿Qué?	What?
¿Qué hora es?	What time is it?
solamente, solo[1]	only
su	his, her
también	also, too
tus	your

[1] Some publications still use the adverb **sólo** with an accent. The Real Academia Española does not require the accent unless there is a possiblity of confusion with the adjective **solo**.

Más sobre el tema

Más asignaturas* *(More course subjects)*

la antropología	anthropology	la geología	geology
el arte	art	la informática	computer science
el cálculo	calculus	la música	music
la geografía	geography	la sociología	sociology

Para pedir bebidas *(To order drinks)*

Deseo una taza de

café	
té	tea
chocolate caliente	hot chocolate
café con leche	coffee with milk

Deseo un vaso de

agua con hielo	ice water
leche	milk
cerveza	beer
té helado/frío	iced tea

Deseo jugo* de

manzana	apple
naranja*	orange
tomate	
toronja	grapefruit
uvas	grapes

Deseo una copa de vino
(wine)

blanco	
rosado	rosé
tinto	red

Deseo una botella
(bottle)

de agua mineral.

De país a país

la asignatura la materia *(Arg., Esp.)*
el fútbol el balompié *(Esp.)*
conversar platicar *(Méx.)*
el dinero la plata *(Cono Sur, Cuba)*
el jugo el zumo *(Esp.)*
la naranja la china *(Puerto Rico)*

VOCABULARIO

🌐 Para practicar el vocabulario

3. ¿Qué es? Write the words or phrases that correspond to the following.

1. persona de Puerto Rico
2. asignatura donde estudiamos *(we study)* novelas y poemas
3. seis meses *(months)*
4. opuesto de **por la mañana**
5. hablar
6. Lo tomamos con leche.
7. tele
8. La necesito para tomar el café.
9. solo
10. *Budweiser,* por ejemplo
11. idioma de Shakespeare
12. asignatura donde estudiamos a Freud

4. En la universidad Circle the word or phrase that best complete each sentence.

1. Yo (trabajo / enseño) contabilidad.
2. La clase de geología es (imposible / aburrida).
3. Él necesita (vida / dinero); por eso trabaja.
4. La antropología es una asignatura muy (difícil / amiga).
5. Carlos y yo cenamos en la cafetería (por la mañana / por la noche).
6. ¿A qué hora (necesitan / terminan) tus clases?
7. Nosotros (ganamos / conversamos) en la cafetería.
8. El (vaso / partido) de fútbol es entre Argentina y Perú.
9. ¿Tú deseas (tomar / estudiar) jugo de toronja?
10. La (manzana / cerveza) es una bebida.

5. ¿Qué deciden? With a classmate, take turns offering each other something to drink. Choose what you will have to drink according to the circumstances described in each case. Then indicate your choice, using **Voy a tomar...**

1. You are allergic to citrus fruit.
   a. un vaso de jugo de toronja
   b. un vaso de jugo de manzana
   c. un vaso de jugo de naranja

2. You are very hot and thirsty.
   a. una taza de chocolate caliente
   b. un vaso de té helado
   c. una taza de café

3. You don't drink alcohol.

   a. una botella de agua mineral

   b. una botella de cerveza

   c. una copa de vino tinto

4. You're having breakfast in Madrid.

   a. una copa de vino rosado

   b. un vaso de agua con hielo

   c. una taza de café con leche

5. It's a cold winter night.

   a. un vaso de jugo de uvas

   b. una taza de chocolate caliente

   c. un vaso de leche fría

6. **¿Qué clases necesito?** With a classmate, take turns saying what class(es) you need according to the following situations. Start by saying **Necesito tomar…**

   1. You want to learn about famous painters

   2. You would like to get a job in the business world.

   3. You need two humanities classes.

   4. You need three social science classes.

   5. You know very little about other countries.

   6. You need to learn about computers.

   7. You need an advanced Math class.

7. **Dos estudiantes** You and a classmate use your imagination to answer the questions about these two students, Nora and Esteban.

¿De dónde es Nora? ¿De dónde es Esteban? ¿Cuántas clases toma *(takes)* Nora este semestre? ¿Y Esteban? ¿Qué asignaturas toma Nora? ¿Y Esteban? ¿Las clases de Nora son fáciles o difíciles? ¿Las clases de Esteban son por la mañana, por la tarde o por la noche? ¿Esteban y Nora estudian juntos a veces o no estudian juntos? ¿Ellos estudian en la biblioteca o en la cafetería? En la cafetería, ¿qué toma Nora? ¿Qué toma Esteban? ¿Qué toman por la noche?

© Royalty-Free/Getty Images

Pronunciación *(Pronunciation)*

1-9

Linking[1] Practice linking by reading aloud the following sentences.

1. Habla‿en la‿universidad.

2. Esteban‿habla con‿Nora‿Andino.

3. Termino‿a la‿una.

4. ¿A qué‿hora es‿su clase de‿español?

5. Deseo‿un vaso de‿agua.

[1] See Appendix A for an explanation of linking.

1 Present indicative of -ar verbs (Presente de indicativo de los verbos terminados en -ar)

> Spanish verbs are classified according to their endings. There are three conjugations: **-ar, -er,** and **-ir.**[1]

The following is an example of **-ar** verb.

hablar (to speak) Singular		
	Stem Ending	
yo	habl- **o**	Yo **hablo** español.
tú	habl- **as**	Tú **hablas** español.
Ud.	habl- **a**	Ud. **habla** español.
él	habl- **a**	Juan **habla** español. Él **habla** español.
ella	habl- **a**	Ana **habla** español. Ella **habla** español.
Plural		
nosotros(as)	habl- **amos**	Nosotros(as) **hablamos** español.
vosotros(as)	habl- **áis**	Vosotros(as) **habláis** español.
Uds.	habl- **an**	Uds. **hablan** español.
ellos	habl- **an**	Ellos **hablan** español.
ellas	habl- **an**	Ellas **hablan** español.

—Rosa, tú **hablas** inglés, ¿no?	"Rosa, you **speak** English, don't you?"
—Sí, **hablo** inglés y español.	"Yes, **I speak** English and Spanish."
—¿Qué idioma **hablan** Uds. con el profesor?	"What language **do you speak** with the professor?"
—**Hablamos** español.	"**We speak** Spanish."

> Native speakers usually omit subject pronouns in conversation because the ending of each verb form indicates who is performing the action described by the verb. The context of the conversation also provides clues as to whom the verb refers. However, the forms **habla** and **hablan** are sometimes ambiguous even in context. Therefore, the subject pronouns **usted, él, ella, ustedes, ellos,** and **ellas** are used in speech with greater frequency than the other pronouns.

---

[1] The infinitive (unconjugated form) of a Spanish verb consists of a stem and an ending. The stem is what remains after the ending (**-ar, -er,** or **-ir**) is removed from the infinitive.

> Regular verbs ending in **-ar** are conjugated like **hablar**. Other verbs conjugated like **hablar** are **conversar, desear, estudiar, necesitar, terminar, tomar,** and **trabajar**.

—¿A qué hora **terminan** Uds. hoy?	*"What time **do you finish** today?"*
—**Terminamos** a las tres.	*"**We finish** at three o'clock."*
—¿Qué **necesitas**?	*"What **do you need**?"*
—**Necesito** dinero.	*"**I need** money."*

¡Atención! In Spanish, as in English, when two verbs are used together, the second verb remains in the infinitive.[1]

Deseo **hablar** con Roberto.   *I want **to speak** with Roberto.*

> The Spanish present tense has three equivalents in English.

	I speak.
Yo hablo.	*I am speaking.*
	I do speak.

🌐 Práctica y conversación

8. Olga habla con Sergio Complete the following conversation between two students. Use the present indicative of the verbs in the list. Then act it out with a classmate.

desear   necesitar   tomar (2)   estudiar (2)   trabajar (2)   terminar (2)

OLGA: ¿Cuántas clases _____ tú este semestre?

SERGIO: _____ cuatro clases.

OLGA: Tú y Álvaro _____ en la cafetería, ¿no?

SERGIO: Sí, nosotros _____ en la cafetería los martes y jueves. Oye, ¿tú _____ tomar un vaso de agua?

OLGA: Sí, gracias. ¿A qué hora _____ tú hoy?

SERGIO: Mis clases _____ a las 4 de la tarde.

OLGA: ¿Tú y Álvaro _____ juntos en la biblioteca?

SERGIO: Sí, _____ por la noche. Ah, (yo) _____ tu número de teléfono.

OLGA: Es el siete-treinta-veinticinco-doce.

9. Entrevista a un(a) compañero(a) Interview a classmate, using the following questions.

1. ¿Cuántas clases tomas este semestre?
2. ¿Qué asignaturas tomas? ¿Son fáciles o difíciles?
3. ¿Estudias en la biblioteca o en tu casa *(house)*?
4. ¿Trabajas en la universidad?
5. ¿Cuántas horas *(hours)* trabajas?
6. ¿Trabajas en el verano *(summer)*?
7. ¿Deseas un vaso de jugo o una botella de agua mineral?
8. ¿Tú tomas café o chocolate caliente? ¿Tú tomas vino?

[1] Except after auxiliary verbs or other verbs used as auxiliaries

2 Interrogative and negative sentences *(Oraciones interrogativas y negativas)*

Interrogative sentences

> In Spanish, there are three ways of asking a question to elicit a *yes/no* response.

¿**Elena** habla español? ⎫
¿Habla **Elena** español? ⎬ Sí, Elena habla español.
¿Habla español **Elena**? ⎭

> The three questions above ask for the same information and have the same meaning. The subject may be placed at the beginning of the sentence, after the verb, or at the end of the sentence. Note that written questions in Spanish begin with an inverted question mark.

—¿**Trabajan Uds.** en la biblioteca?	"***Do you work*** *in the library?*"
—No, trabajamos en la cafetería.	"*No, we work in the cafeteria.*"
—¿**Habla** español **la profesora**?	"***Does the professor speak*** *Spanish?*"
—Sí, y también habla inglés.	"*Yes, and she also speaks English.*"
—¿**Carmen es** bonita?	"***Is Carmen*** *pretty?*"
—Sí, y muy simpática.	"*Yes, and very charming.*"

¡Atención! Spanish does not use an auxiliary verb, such as *do* or *does,* in an interrogative sentence.

¿**Habla Ud.** inglés?	***Do you speak*** *English?*
¿**Necesita él** el libro?	***Does he need*** *the book?*

Detalle cultural
Español y **castellano** son sinónimos. En muchos países de habla hispana, para referirse al idioma no usan el término **español;** usan **castellano.** Este término también se usa para referirse al español como una asignatura en las escuelas *(schools).*

➤ En su universidad, ¿cuál de los dos términos usan?

Negative sentences

❯ To make a sentence negative in Spanish, simply place the word **no** in front of the verb.

Yo tomo café.	*I drink coffee.*
Yo **no** tomo café.	***I don't** drink coffee.*

❯ If the answer to a question is negative, the word **no** appears twice: once at the beginning of the sentence, as in English, and again before the verb.

—¿Trabajan Uds. en la cafetería?	*"Do you work in the cafeteria?"*
—**No,** nosotros **no** trabajamos en la cafetería.	*"**No,** we **don't** work in the cafeteria."*

¡Atención! Spanish does not use an auxiliary verb, such as *do* or *does,* in a negative sentence.

Ella no estudia física.	***She does not study** physics.*
Yo no estudio hoy.	***I do not study** today.*
Nosotros no estudiamos en la biblioteca.	***We do not study** at the library.*
Tú no hablas español.	***You do not speak** Spanish.*

© Cengage Learning 2014

Práctica y conversación

10. ¿Qué preguntó? *(What did he ask?)* Complete the following dialogues by supplying the questions that would elicit the responses given.

1. —¿ _____?
   —Sí, estudiamos en la biblioteca.

2. —¿ _____?
   —No, este semestre tomo sociología.

3. —¿ _____?
   —No, deseamos agua mineral.

4. —¿ _____?
   —Sí, ellos trabajan en el verano.

5. —¿ _____?
   —No, tomo jugo.

6. —¿ _____?
   —No, deseo una taza de chocolate caliente.

11. ¿Quiere saber? This person wants to know many things. Use the cues provided to give him the information.

Modelo —¿Ud. es de Miami? (Nueva York)
        —No, no soy de Miami; soy de Nueva York.

1. ¿Tú necesitas el libro? (el cuaderno)
2. ¿Tú tomas café? (té frío)
3. ¿Necesitamos muchos libros? (dos)
4. ¿Rebeca es puertorriqueña? (cubanoamericana)
5. ¿Elsa termina a las ocho? (a las siete)
6. ¿Ellos hablan español? (inglés)
7. ¿Es difícil la clase de geografía? (fácil)
8. ¿Tú tomas contabilidad? (informática)

12. Sobre el diálogo With a classmate, reread the dialogues on page 30. Then ask each other questions that you know will elicit negative answers about the people in the dialogues.

Modelo —¿Rebeca es mexicana?

        —No, Rebeca no es mexicana; es puertorriqueña.

3 Possessive adjectives (*Adjetivos posesivos*)

Forms of the Possessive Adjectives

Singular	Plural	
mi	mis	my
tu	tus	your *(fam.)*
su	sus	your *(form.)* his her its their
nuestro(a)	nuestros(as)	our
vuestro(a)	vuestros(as)	your *(fam. pl.)*

> Possessive adjectives[1] always precede the nouns they introduce. They agree in number (singular or plural) with the nouns they modify.

Yo	necesito	**mi**	libro. mochila.

Yo	necesito	**mis**	libros. mochilas.

> **Nuestro** and **vuestro** are the only possessive adjectives that have the feminine endings **-a** and **-as.** The others take the same endings for both genders.

Nosotros	necesitamos	**nuestro** **nuestra**	libro. computadora.

Nosotros	necesitamos	**nuestros** **nuestras**	libros. computadoras.

> Possessive adjectives agree with the thing possessed and *not* with the possessor. For instance, two male students would refer to their female professor as **nuestra profesora,** because **profesora** is feminine.

> Because **su** and **sus** have several possible meanings, the forms **de él, de ella, de ellos, de ellas, de Ud.,** or **de Uds.** can be substituted to avoid confusion. Use this pattern: *article + noun +* **de** *+ pronoun.*

> —¿Es **la amiga de él**? *"Is she **his** friend?"*
> —Sí, es **su** amiga. *"Yes, she is **his** friend."*

---

[1] See Appendix C.

PUNTOS PARA RECORDAR

🌐 Práctica y conversación

13. Minidiálogos Complete the following exchanges with the appropriate possessive adjectives. Then act them out with a classmate.

1. Anita, ¿tus clases son por la mañana o por la tarde?

   _____ clases son por la tarde.

   —¿Cuál (Which) es tu clase favorita (favorite)?

   — _____ clase favorita es la química.

2. —¿De dónde es la profesora de Uds.?

   — _____ profesora es de México.

   —¿A qué hora es la clase de ella?

   — _____ clase es a las tres de la tarde.

3. —¿Quién (Who) es el profesor favorito de Uds.?

   — _____ profesor favorito es el Dr. Peña.

   —Las clases de él son los lunes?

   —No, _____ clases son los martes y jueves.

4. —Juan es de California.

   —¿Y de dónde son _____ amigos? (Juan's friends)

   —_____ amigo es de México.

   —Y _____ amiga es de Argentina.

14. Entrevista a un(a) compañero(a) Interview a classmate, using the following questions.

1. ¿De dónde es tu mejor (best) amigo(a)?
2. ¿Tus padres (parents) son de Miami?
3. ¿Necesitas tus libros hoy?
4. ¿Son interesantes tus clases?
5. ¿Es simpático(a) tu compañero(a) de cuarto?
6. ¿Tú y tus amigos estudian juntos?
7. ¿Dónde estudian tus compañeros de clase?
8. ¿Las clases de Uds. son fáciles o difíciles?
9. ¿Tus clases son por la mañana o por la tarde?
10. ¿Necesitas tus lápices o tus bolígrafos?

4 Gender of nouns, part II
(Género de los nombres, parte II)

Here are practical rules to help you determine the gender of those nouns
that do not end in -o or -a. There are also a few important exceptions.

› Nouns ending in -ción, -sión, -tad, and -dad are feminine.

la lec**ción**	*lesson*
la televi**sión**	*television*
la liber**tad**	*liberty*
la universi**dad**	*university*

› Many words that end in -ma are masculine.

el progra**ma**	*program*
el siste**ma**	*system*
el te**ma**	*theme*
el idio**ma**	*language*
el cli**ma**	*climate*
el proble**ma**	*problem*
el poe**ma**	*poem*

› The gender of nouns that have other endings and that
do not refer to males or females must be learned.
Remember that it is helpful to memorize a noun
with its corresponding article.

el español	**el** borrador	**la** noche	**la** clase
el inglés	**el** reloj	**la** tarde	**la** leche
el café	**el** té	**la** luz	**la** calle

● Práctica

15. ¿Masculino o femenino? Add **el, la, los,** or **las** before each noun.

1. _____ universidad
2. _____ programas
3. _____ televisión
4. _____ libertad
5. _____ relojes
6. _____ poema
7. _____ leche
8. _____ ciudades
9. _____ borrador
10. _____ idiomas
11. _____ clima
12. _____ lecciones
13. _____ inglés
14. _____ luces
15. _____ ilusiones
16. _____ problemas

16. **Preguntas** You and a classmate take turns asking and answering the following questions.

1. ¿La lección 2 es fácil?
2. El sistema de educación de este país *(this country)*, ¿es bueno?
3. ¿Cuál es la mejor *(best)* universidad de este país?
4. ¿La educación es importante? ¿Y la libertad?
5. ¿Cuál es el idioma de los argentinos?
6. Tu programa de televisión favorito es por la mañana, por la tarde o por la noche? ¿El programa es en inglés o en español?

5 Numbers 40 to 200 *(Números del 40 al 200)*

Learn the Spanish numbers from forty to two hundred.

40 cuarenta
41 cuarenta y uno
45 cuarenta y cinco
50 cincuenta
60 sesenta
70 setenta
80 ochenta
90 noventa
100 cien[1]
101 ciento uno
115 ciento quince
175 ciento setenta y cinco
180 ciento ochenta
200 doscientos

Práctica y conversación

 17. **Sumas y restas** With a classmate, take turns solving the problems. Say the numbers and the solution.

1. $123 + 14 =$
2. $102 + 80 =$
3. $90 + 15 =$
4. $85 + 33 =$
5. $196 - 20 =$
6. $200 - 40 =$
7. $198 - 44 =$
8. $189 - 40 =$

[1] When counting beyond 100, **ciento** is used: **ciento uno**.

18. Números de teléfono In Los Angeles there are many businesses that are owned by Mexican Americans. Take turns with a classmate reading the telephone numbers that a Spanish-speaking person would call, according to his/her needs. To give a phone number, say the first number alone and the rest in pairs. This pattern is common in many Spanish-speaking countries.

Modelo Sara wants to buy a necklace.
—¿Cuál es el número de teléfono de la joyería?
—Es el ocho—sesenta y cuatro—noventa—quince.

Apartamentos amueblados
203-4968

Taller de mecánica San Carlos
472-9530

Librería Cervantes
573-9086

Joyería El rubí
864-9015

Restaurante Don José
935-8207

Florería La Rosa
397-4250

Farmacia Sandoval
972-0586
Rx

Fotografía Esmeralda
495-7209

© Cengage Learning 2014

1. Carlos wants to have his picture taken.
2. Sergio wants to send flowers to his wife.
3. Elena is having car trouble.
4. Lupe needs to have a prescription filled.
5. Fernando needs to make a dinner reservation.
6. Eva and Luis need an apartment.
7. Antonio wants to know if a bookstore is open on Sundays.

6 Telling time *(La hora)*

> The following word order is used for telling time in Spanish:

Es la *or* **Son las** + *hour*   + **y** *or* **menos** + *minutes*

Es la una y veinte.

Son las cinco menos diez.

> **Es** is used with **una.**

Es la una y cuarto.   *It is a quarter after one.*

> **Son** is used with all the other hours.

Son las dos y cuarto.   *It is a quarter after two.*
Son las cinco y diez.   *It is ten after five.*

> The feminine definite article is always used before the hour, since it refers to **la hora.**

Es **la** una menos veinticinco.   *It is twenty-five to one.*
Son **las** cuatro y media.   *It is four-thirty.*

> The hour is given first, then the minutes.

Son las **cuatro** y **diez.**   *It is **ten** after **four.*** (literally, "four and ten")

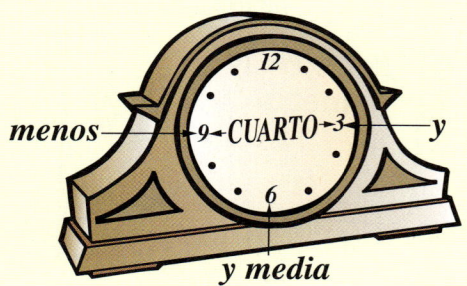

menos — *y*

y media

> The equivalent of *past* or *after* is **y.**

Son las doce **y** cinco.   *It is five **after** twelve.*

> The equivalent of *to* or *till* is **menos.** It is used with fractions of time up to a half hour.

Son las ocho **menos** veinte.   *It is twenty **to** eight.* (literally, "eight minus twenty")

¡Atención! To find out at what time an event will take place, use **¿A qué hora… ?** as shown below. Observe that in the responses the equivalent of *at* + *time* is **a** + **la(s)** + *time.*

—¿**A qué hora** es la clase de música?   "***What time*** *is the music class?*"
—**A la** una.   "***At*** *one o'clock.*"
—¿**A qué hora** termina Julio hoy?   "***What time*** *does Julio finish today?*"
—**A las** cinco y media.   "***At*** *five-thirty.*"

> Note the difference between **de la** and **por la** in expressions of time.

> When a specific time is mentioned, **de la (mañana, tarde, noche)** should be used. This is the equivalent to the English A.M. and P.M.

Estudiamos a las **cuatro de la tarde.**   *We study at **4 P.M.***

> When no specific time is mentioned, **por la (mañana, tarde, noche)** should be used.

Yo trabajo **por la mañana** y ella trabaja   *I work **in the morning** and she*
por la noche.   *works **at night**.*

Detalle cultural

Para los horarios de aviones *(planes)* y trenes y algunas *(some)* invitaciones, se usa el sistema de 24 horas. También se usa en las guías de programas de televisión *(TV guide)*. Por ejemplo, las 4:00 de la tarde son las 16:00 horas.

➤ ¿Hay un sistema similar en este país?

Práctica y conversación

19. **¿Qué hora es?** Give the time indicated on the following clocks, writing out the numerals in Spanish. Start with clock number one; then read the times aloud.

20. Entrevista a un(a) compañero(a) Interview a classmate, asking the following questions.

1. ¿A qué hora llegas *(arrive)* a la universidad?
2. ¿A qué hora es tu primera *(first)* clase?
3. ¿A qué hora termina?
4. ¿A qué hora termina tu última *(last)* clase?
5. ¿Estudias por la mañana, por la tarde o por la noche?
6. ¿Mañana estudiamos juntos(as)? ¿A qué hora deseas estudiar?
7. ¿A qué hora trabajas?
8. ¿A qué hora terminas de trabajar?
9. ¿A qué hora es tu programa de televisión favorito?
10. ¿A qué hora cenas?

 21. Nuestros horarios With a classmate, talk about your class schedule. Indicate whether your classes are in the morning, afternoon, or evening.

22. El horario de Luisa Read Luisa's schedule on the next page. Then answer the following questions.

1. ¿Qué día es la clase de tenis de Luisa?
2. ¿Con quién *(With whom)* estudia Luisa el viernes 2 de agosto?
3. ¿Qué hay el 15 de agosto?
4. ¿Qué mes es?
5. ¿Qué tiene Luisa el 28 de agosto?
6. ¿Qué año es?
7. ¿Cuándo hay una fiesta?
8. ¿Qué clase tiene Luisa el 30 de agosto?
   ¿Qué día de la semana es?
9. ¿Qué día es el programa religioso?
10. ¿Qué tiene Luisa el lunes 5 de agosto?

7 Days of the week, and months and seasons of the year (*Los días de la semana, y los meses y las estaciones del año*)

	AGOSTO 2013					
lunes	martes	miércoles	jueves	viernes	sábado	domingo
				Estudiar con Ana 1	¡Fiesta! 2	3	4
Examen de arte 5	6	7	8	9	10	11
12	Clase de tenis 13	14	Conferencia 15	16	17	Programa religioso 18
19	20	21	22	23	24	25
26	27	Examen de inglés 28	29	Clase de yoga 30	31	

© Cengage Learning 2014

Days of the week

› In Spanish-speaking countries, the week begins on Monday.

■ Note that the days of the week are not capitalized in Spanish.

■ The days of the week are masculine in Spanish. The masculine definite articles **el** and **los** are used with them to express *on:* **el lunes, los martes,** etc.

■ To ask: "What day is today?" say: **"¿Qué día es hoy?"**

Months of the year

enero	*January*	mayo	*May*	septiembre[1]	*September*
febrero	*February*	junio	*June*	octubre	*October*
marzo	*March*	julio	*July*	noviembre	*November*
abril	*April*	agosto	*August*	diciembre	*December*

[1] **Septiembre** is also written **setiembre.**

PUNTOS PARA RECORDAR

¡Atención! In Spanish, months are not capitalized.

Seasons of the year

| la primavera | el verano | el otoño | el invierno |

> Note that all the seasons are masculine except **la primavera.**

> To ask for the date, say:

    ¿Qué fecha es hoy?   *What's the date today?*

> When telling the date, always begin with the expression **Hoy es…**

    Hoy es el 20 de mayo.   *Today is May 20.*

> Note that the number is followed by the preposition **de** (*of*), and then the month.

    el 15 de mayo   *May 15*
    el 10 de septiembre   *September 10*
    el 12 de octubre   *October 12*

> The ordinal number **primero** (*first*) is used when referring to the first day of the month.[1]

    el primero de febrero   *February 1*
    —¿Qué fecha es hoy, **el primero**   *What's the date today,*
      de octubre?   *October 1?*
    —No, hoy es el **2 de octubre.**   *No, today is October 2.*

🌐 Práctica y conversación

23. **Mi calendario** With a classmate, look at the calendar on page 49. Imagine that is your own calendar and take turns asking each other on which day each event takes place.

    Modelo   —¿*Cuándo estudio con Ana?*
              —*El viernes 2.*

[1] In Spanish today, many people say **el uno de febrero.**

24. **Fechas importantes** On what dates do the following annual events take place?

   1. Independence Day

   2. Halloween

   3. New Year's Day

   4. Washington's birthday

   5. Christmas

   6. the first day of spring

   7. April Fool's Day

   8. Veteran's Day

25. **Las estaciones del año** In which season does each of these months fall in the Northern Hemisphere?

   1. febrero   5. octubre

   2. agosto   6. julio

   3. mayo   7. abril

   4. enero   8. noviembre

Detalle cultural

Las estaciones ocurren en épocas opuestas en los dos hemisferios. Por ejemplo, cuando en el hemisferio norte es verano; en el hemisferio sur es invierno.

➤ ¿Cuál es su estación favorita?

26. **Estaciones y países** With a classmate, take turns indicating which season it is in the following countries in the indicated months.

   1. Estados Unidos; febrero   5. El Salvador; octubre

   2. Argentina; agosto   6. Colombia; julio

   3. Chile; mayo   7. Uruguay; abril

   4. Canadá; enero   8. Perú; octubre

27. **¿Cuándo es?** On what dates do the following events occur?

   1. your mother's birthday   4. your birthday

   2. your father's birthday   5. the first day of classes this semester

   3. your best friend's birthday   6. the end of classes

Detalle cultural

Los hispanos generalmente celebran, además *(besides)* del día de su cumpleaños, el día de su santo, que corresponde al santo de su nombre en el calendario católico. Por ejemplo, Patricio celebra su santo el 17 de marzo *(St. Patrick's Day)*.

➤¿Celebran el Día de San Patricio en este país?

ENTRE NOSOTROS

💬 Vamos a conversar

28. **Para conocernos mejor** Get to know your classmate better by asking each other the following questions. Answer in complete sentences.

1. ¿Qué asignaturas tomas tú este semestre? ¿Cuál es tu clase favorita?
2. ¿Qué días tomas clases? ¿Tus clases son por la mañana o por la tarde?
3. ¿Conversas con tu amigos en la cafetería? ¿Tomas café con ellos?
4. ¿Cuántas horas estudias? ¿Cuántas horas trabajas?
5. ¿Tú trabajas los sábados? ¿Y los domingos? ¿Tu vida es aburrida?
6. En el verano, ¿tomas clases o trabajas?
7. ¿Qué clases deseas tomar el próximo *(next)* semestre?
8. ¿Qué estación te gusta?
9. ¿Deseas tomar café, leche o té?
10. ¿Deseas agua con hielo o jugo de naranja?

29. **Una encuesta** Interview your classmates to identify who does the following activities. Be sure to change the statements to questions. Include your instructor, but remember to use the **Ud.** form when addressing him/her.

	Nombre
1. Trabaja por la noche.	_____
2. Trabaja cuatro horas al día (per day).	_____
3. Toma clases en el verano.	_____
4. Toma mucho café.	_____
5. Toma cerveza o vino.	_____
6. Estudia los domingos.	_____
7. Estudia en la biblioteca.	_____
8. Toma una clase de informática.	_____

© Cengage Learning 2014

30. **Y ahora...** Write a brief summary, indicating what you have learned about your classmates.

31. **¿Cómo lo decimos?** What would you say in the following situations? What might the other person say? Act out the scenes with a classmate.

1. You ask a friend what subjects he/she is taking this semester.
2. You tell someone what subjects you are taking.
3. You ask someone where he or she works.
4. You order something to drink.
5. You want to know the time.
6. You ask a classmate if his/her classes are easy or difficult.

32. ¿Qué dice aquí? With a classmate, study Virginia's schedule and take turns asking each other the following questions.

1. ¿Qué días tiene *(has)* Virginia la clase de historia? ¿A qué hora?
2. ¿Cuántas clases tiene Virginia por la noche?
3. ¿Qué clases tiene ella los lunes, miércoles y viernes a las ocho?
4. ¿Qué idioma estudia Virginia? ¿Qué días?
5. ¿Cuándo estudia con el grupo?
6. ¿A qué hora almuerza *(has lunch)* Virginia? ¿Dónde?
7. ¿Dónde trabaja Virginia?
8. ¿Cuántas horas trabaja por semana *(per week)*?
9. ¿Qué clases incluyen laboratorio?
10. ¿Qué estudia Virginia los sábados?

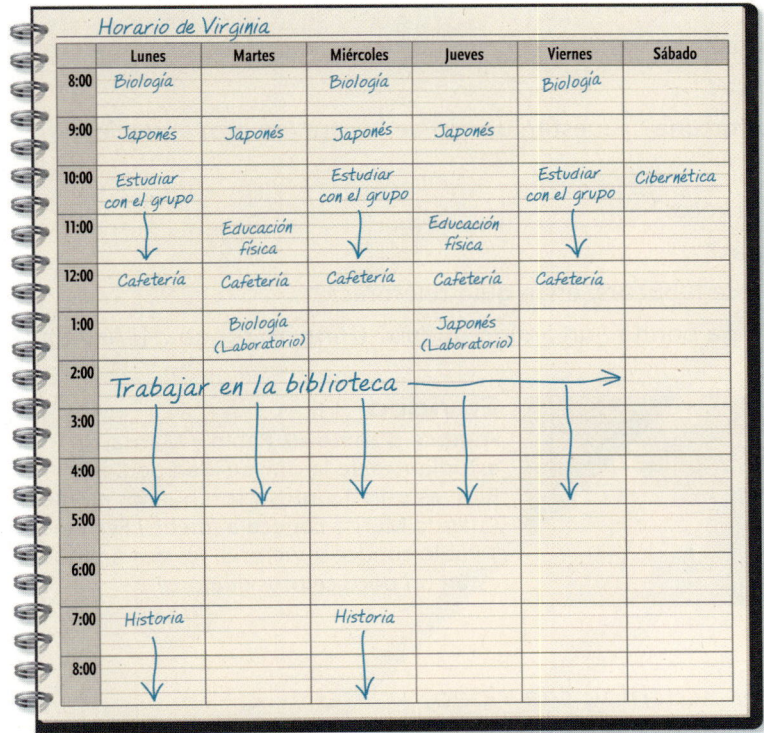

Horario de Virginia

	Lunes	Martes	Miércoles	Jueves	Viernes	Sábado
8:00	Biología		Biología		Biología	
9:00	Japonés	Japonés	Japonés	Japonés		
10:00	Estudiar con el grupo		Estudiar con el grupo		Estudiar con el grupo	Cibernética
11:00	↓	Educación física	↓	Educación física	↓	
12:00	Cafetería	Cafetería	Cafetería	Cafetería	Cafetería	
1:00		Biología (Laboratorio)		Japonés (Laboratorio)		
2:00	Trabajar en la biblioteca →					
3:00						
4:00						
5:00	↓	↓	↓	↓	↓	
6:00						
7:00	Historia		Historia			
8:00	↓		↓			

© Cengage Learning 2014

Un dicho

El saber no ocupa lugar.
This is a popular saying in Spanish; find out what it means. It doesn't have an equivalent in English. Can you make up one?

Universidad Autónoma de México (U.N.A.M.)

© Escudero Patrick/age fotostock

Vamos a escribir

33. Tu horario With a classmate, create a schedule for him/her. Use the following questions to ask about your classmate's schedule.

¿Qué clases tomas?

¿Qué días es la clase de...? ¿A qué hora?

¿Trabajas? ¿Qué días? ¿A qué hora?

¿Cuándo estudias? ¿A qué hora? ¿Dónde? ¿Con quién?

DE TODO UN POCO

 Vamos a ver

Dos amigos

> ▶ **ESTRATEGIA** Before doing the first activity with a classmate, be aware of glossed words and their meaning, and also the use of **ir a +** *infinitive* and expressions with **tener,** included in the questions. Then read the **Avance,** to see what the video is about. Try to anticipate what is going to take place.

Antes de ver el video *(Before watching the video)*

34. Preparación With a classmate, take turns asking and answering the following questions.

1. ¿En qué universidad estudias tú?
2. ¿Estudias para enfermero(a) *(nurse)*?
3. ¿Tú estudias para abogado(a) *(lawyer)*?
4. ¿Conversas con tus amigos(as) por teléfono?
5. ¿Tú necesitas libros o bolígrafos?
6. ¿Tú tomas una clase de biología?
7. ¿Los libros cuestan *(cost)* una fortuna? ¿Cuestan un ojo de la cara *(an arm and a leg)*?
8. ¿A qué hora estudias tú?
9. ¿Estudias con un(a) amigo(a) a veces?
10. ¿Hasta *(Until)* qué hora trabajas?
11. ¿Tu número de teléfono aparece *(appears)* en la guía telefónica?
12. ¿Tienes *(Do you have)* una amiga bonita / un amigo guapo? *(Hint:* Yo tengo... [*I have*])

El video
Avance *(Preview)* Pablo y Marisa, estudiantes de la Universidad de Costa Rica, estudian juntos y son buenos amigos. Cuando Marisa conoce a *(meets)* Fernando y Pablo conoce a Victoria, los dos amigos están un poco celosos *(jealous)*.

Después de ver el video *(After watching the video)*

 35. ¿Quién lo dice? *(Who says it?)* With a classmate, take turns saying who says the following.

Marisa   Pablo   Victoria   Fernando

1. Necesito comprar los libros para mi clase de biología. ¡Cuestan una fortuna!
2. ¡Hola! Marisa, este es Fernando Rivas.
3. Oye, ¡Pablo es muy guapo! ¿Tienes su número de teléfono?
4. Pablo..., Marisa es muy bonita... ¿Tienes su número de teléfono?
5. Oye, Pablo... Victoria es muy bonita... ¿verdad?
6. Bueno, no es mi tipo.

36. ¿Qué pasa? *(What happens?)* With a classmate, take turns asking and answering the following questions. Base your answers on the video.

1. ¿Pablo y Marisa son estudiantes?
2. ¿En qué universidad estudian?
3. ¿Son amigos?
4. ¿Estudian juntos a veces?
5. ¿Pablo estudia para abogado o para profesor?
6. ¿Marisa estudia para enfermera o para profesora?
7. ¿Hoy conversan en la clase o por teléfono?
8. ¿Qué necesita comprar Marisa?
9. ¿Qué clase toma Marisa?
10. ¿Los libros cuestan mucho dinero?
11. Esta noche, ¿estudian en la universidad o en el apartamento de Marisa?
12. ¿A qué hora estudian?
13. ¿Hasta qué hora trabaja Marisa?
14. ¿Pablo es guapo? ¿Marisa es bonita?
15. El número de teléfono de Marisa, ¿figura o no figura en la guía?

37. Más tarde Following are exchanges between Pablo and Fernando, between Victoria and Marisa, and between Pablo and Marisa afterward. You and a classmate supply the questions that elicited the answers that follow.

Fernando y Pablo

FERNANDO: _____

PABLO: Sí, Marisa y yo somos muy buenos amigos.

FERNANDO: _____

PABLO: Sí, estudiamos juntos.

Victoria y Marisa

VICTORIA: _____

MARISA: Sí, Pablo estudia para abogado.

VICTORIA: _____

MARISA: No, Pablo no es mi novio.

Pablo y Marisa

PABLO: _____

MARISA: No, yo no trabajo mañana.

PABLO: _____

MARISA: No, no necesito más libros.

PABLO: _____

MARISA: Sí, nos vemos mañana. ¡Chau!

DE TODO UN POCO

El mundo hispánico: Hispanos en los Estados Unidos

  ### Los mexicoamericanos

> En los Estados Unidos hay unos 50 millones de hispanos. El 63 por ciento (%) es de origen mexicano. La mayoría de ellos están° concentrados principalmente en California, Texas, Nuevo México y Arizona.

are

> Una ciudad texana que tiene influencia mexicana es San Antonio. Allí están El Álamo y el mercado mexicano más grande° de los Estados Unidos. Junto al° río San Antonio, que cruza la ciudad, hay restaurantes y otros negocios°.

biggest/Next to
business

Misión El Álamo, San Antonio, Texas

Paseo del Río, San Antonio, Texas

  ### Los cubanoamericanos

Tienda de productos cubanos en La Pequeña Habana, Miami

> Más de medio° millón de cubanos viven en Miami, donde tienen una gran influencia cultural y económica. Miami es hoy un centro industrial y comercial de primer orden° y el puente° que une° la economía de los Estados Unidos con la de Latinoamérica y con la de España.

a half

first-class

bridge/unites

> Los cubanos son el 4 por ciento de los hispanos de este país, y como buena parte de ellos vinieron° por razones políticas, no económicas, son los inmigrantes hispanos más conservadores, con más educación y mayor ingreso° per cápita.

came

income

> En La Pequeña Habana, un barrio° cubano de Miami, el español es el idioma más hablado°.

neighborhood

spoken

  ## Los puertorriqueños

second > Los puertorriqueños son el segundo° grupo más grande de hispanos en los Estados Unidos.
country Puerto Rico es un Estado Libre Asociado a este país°; los puertorriqueños son ciudadanos
estadounidenses y no necesitan pasaporte ni visa para entrar en el país. En total, unos 3.000.000
live de puertorriqueños viven° en los Estados
Unidos, el 70 por ciento de ellos en Nueva
York (La Gran Manzana) y Nueva Jersey. En
Nueva York hay más puertorriqueños que
en San Juan, la capital de Puerto Rico. En
las últimas décadas, muchos profesionales,
businesspeople/ artistas y gente de negocios° han llegado°
have arrived de Puerto Rico.

> Otros grupos numerosos de
latinoamericanos que viven en Nueva York
son los dominicanos y los colombianos.

Festival Puertorriqueño de Nueva York

©Monika Graff/The Image Works

38. El mundo hispánico y tú With a classmate, answer these questions about the different
Hispanic groups found in this country.

1. ¿Cuál es el grupo más numeroso de hispanos en este país? ¿Hay muchos
   mexicoamericanos en este estado *(state)*? ¿Hay muchos estudiantes mexicoamericanos
   en esta *(this)* universidad?
2. ¿Qué se encuentran en San Antonio? En este estado, ¿hay lugares *(places)* turísticos con
   influencia mexicana?
3. ¿Por qué razones vinieron *(came)* la mayor parte de los cubanos a este país? ¿Hay
   restaurantes cubanos en tu ciudad?
4. ¿Qué idioma es el más hablado en La Pequeña Habana?
5. ¿En qué ciudad norteamericana viven más puertorriqueños que en San Juan, Puerto
   Rico? ¿Cómo se dice *The Big Apple* en español?
6. ¿Qué otros grupos de latinoamericanos viven en Nueva York? ¿Conoces *(Do you know)* a
   personas de Latinoamérica? *(Hint:* Yo [no] conozco…)

COMPRUEBE CUÁNTO SABE

Lección 1

A. Gender and number of nouns, plural forms of nouns, and definite articles
Place **el, la, los,** or **las** before each noun.

1. _____ hombres
2. _____ cafetería
3. _____ clases
4. _____ lección
5. _____ universidad
6. _____ profesores
7. _____ reloj
8. _____ luces
9. _____ papel
10. _____ sillas
11. _____ mujeres
12. _____ chicos
13. _____ novia
14. _____ manos
15. _____ marcador
16. _____ borradores
17. _____ mochila
18. _____ computadora
19. _____ mapa
20. _____ días

B. Indefinite articles Place **un, una, unos,** or **unas** before each noun.

1. _____ pizarra
2. _____ bolígrafo
3. _____ lápices
4. _____ días
5. _____ lecciones
6. _____ universidad
7. _____ mano
8. _____ chicas
9. _____ profesor
10. _____ relojes
11. _____ puerta
12. _____ libros

C. Subject pronouns and the verb *ser* Complete the following exchanges with the appropriate forms of the present indicative of the verb **ser**.

1. —¿De dónde _____ tú, Anita?

   —Yo _____ de California, señora. ¿De dónde _____ usted?

   —De Arizona.

2. —¿Ustedes _____ de Texas?

   —No, nosotros _____ de Nuevo México.

3. —¿De dónde _____ Luis y Olga?

   —Él _____ de San Antonio y ella _____ de Austin.

4. —¿Usted y Lucía _____ de Colorado?

   —No, nosotras _____ de Nevada.

D. Forms of adjectives and agreement of articles, nouns, and adjectives Complete the following, by giving the Spanish equivalent of the words in parentheses.

1. Las lecciones 1 y 2 son _____. *(very difficult)*

2. Roberto es _____; Laura y Mary
   son _____. *(Spanish/English)*

3. Raquel es _____. *(a very intelligent girl)*

4. Mariana es _____. *(a tall, slender girl)*

5. El Sr. Feliú es _____. *(a very old man)*

6. Las chicas no son _____. *(unpleasant)*

7. Los lápices no son _____ *(blue)*; son _____. *(red)*

8. Las profesoras son _____. *(Mexican)*

E. El alfabeto Add the names of the missing consonants.

1. Fox _____ o _____

2. Kent _____ e _____ _____

3. Wilson _____ i _____
   _____ o _____

4. Beck _____ e _____ _____

5. Cade _____ a _____ e

6. Hunter _____ u _____ _____ e _____

7. Jules _____ u _____ e _____

8. Miles _____ i _____ e _____

9. Perry _____ e _____ _____

F. Numbers 0–39 Write the following numbers in Spanish.

1. 6 _____
2. 17 _____
3. 20 _____
4. 11 _____
5. 19 _____
6. 30 _____

7. 26 _____
8. 12 _____
9. 38 _____
10. 10 _____
11. 13 _____
12. 14 _____

13. 21 _____
14. 15 _____
15. 23 _____
16. 34 _____
17. 18 _____
18. 25 _____

G. Vocabulario Match the questions in column **A** with the answers in column **B**.

A

1. ¿Cuál es tu número de teléfono? _____
2. ¿Qué color forman el azul y el amarillo? _____
3. ¿Quién es Nora? _____
4. ¿Gloria es mexicana? _____
5. ¿Eva es bonita y simpática? _____
6. ¿Roberto habla inglés? _____
7. ¿Cómo se dice *orange*? _____
8. ¿Qué hay de nuevo? _____
9. ¿Son profesores? _____
10. ¿Nos vemos esta noche? _____
11. ¿Cómo están ustedes? _____
12. ¿Es un bolígrafo? _____
13. ¿Hay un escritorio? _____
14. ¿Es morado? _____

B

a. Anaranjado.
b. No, estadounidense.
c. No, son estudiantes universitarios.
d. No mucho.
e. Sí, hasta luego.
f. 482-9530
g. Bien, gracias.
h. Sí. ¡Es perfecta!
i. No, es un lápiz.
j. El verde.
k. No, es marrón.
l. No, pero hay sillas.
m. Mi compañera de cuarto.
n. No. ¡Qué lástima!

H. Cultura Complete the following sentences based on the **Detalle cultural** sections that you have read.

1. El nombre _____ es muy popular en los países hispanos.

2. Se usa _____ con personas conocidas, no con extraños.

Lección 2

A. Present indicative of -ar verbs Complete the following exchanges with the appropriate **-ar** verb.

1. —Ernesto, ¿qué días _____ tú en la oficina de administración?

   —Yo _____ los lunes y los jueves.

2. —¿Uds. _____ contabilidad?

   —No, nosotros _____ administración de empresas.

3. —¿Qué _____ tomar Uds.?

   —Yo _____ tomar jugo de manzana y Olga _____ tomar leche.

4. —A qué hora _____ las clases hoy?

   —_____ a las doce.

B. Interrogative and negative sentences Convert the following statements first into questions and then into negative statements.

1. Ellos hablan inglés con los estudiantes.

   a. _____

   b. _____

2. Ella es de México.

   a. _____

   b. _____

3. Ustedes terminan hoy.

   a. _____

   b. _____

C. Possessive adjectives Complete the following exchanges, using the Spanish equivalent of the word in parentheses.

1. —¿Tú necesitas _____ libro? *(your)*

   —Sí, yo necesito _____ libro. *(my)*

2. —¿De dónde es la profesora de Uds.?

   —_____ profesora es de Puerto Rico. *(Our)*

3. —¿A qué hora es la clase de Silvia?

   —_____ clase es a las once. *(her)*

4. —Rosa, ¿de dónde son _____ amigos? *(your)*

   —_____ amigos son de México. *(My)*

5. —¿Cuál es la clase favorita de Carlos?

   —_____ clase favorita es matemáticas. *(His)*

6. —¿Qué necesitan los estudiantes?

   —Necesitan hablar con _____ profesor. *(their)*

D. Gender of nouns (Part II) Write **el, la, los,** or **las** before each of the following nouns.

1. _____ lecciones
2. _____ relojes
3. _____ idioma
4. _____ unidades
5. _____ problemas
6. _____ café
7. _____ libertad
8. _____ televisión

E. Numbers 40–200 Write the following phrases in Spanish. (Write the numbers in words.)

1. *80 ballpoint pens*
2. *46 backpacks*
3. *72 clocks*
4. *33 windows*
5. *200 books*
6. *115 notebooks*
7. *68 students*
8. *50 maps*
9. *95 computers*

F. Telling time Write the Spanish equivalent of the words in parentheses.

1. Oye, ¿qué hora es? ¿_____? *(Is it one o'clock?)*
2. Luis toma química _____. *(at nine-thirty in the morning)*
3. Estudiamos español _____. *(in the afternoon)*
4. _____ las ocho. *(It's)*
5. La clase es _____. *(at a quarter to three)*

G. Days of the week, and months and seasons of the year Write the names of the missing days, following the order in the week.

lunes, _____, _____, jueves, _____, _____, domingo

Give the following dates in Spanish.

1. *March 1* _____
2. *June 10* _____
3. *August 13* _____
4. *December 26* _____
5. *September 3* _____
6. *October 28* _____
7. *July 17* _____
8. *April 4* _____
9. *January 2* _____
10. *February 5* _____

In what seasons do these months fall in the Northern Hemisphere?

febrero _____   abril _____   octubre _____   julio _____

H. Vocabulario Match the questions in column **A** with the answers in column **B**.

A

1. ¿Cuánto gana Teresa por hora? _____
2. ¿Tus clases son por la mañana? _____
3. ¿Deseas tomar café? _____
4. ¿Cómo es tu vida? _____
5. ¿Tú trabajas horas extra? _____
6. ¿Qué asignatura enseña el Dr. Vega? _____
7. ¿Raúl es tu amigo? _____
8. ¿Dónde cenan Uds. hoy? _____
9. ¿Eva toma química este semestre? _____
10. ¿Qué hay en la tele a las dos? _____
11. ¿Qué desean tomar Uds.? _____
12. Las clases de Mario, ¿son fáciles? _____

B

a. Muy aburrida.
b. El partido de fútbol.
c. Sí, nosotros estudiamos juntos.
d. En la cafetería.
e. Cincuenta dólares.
f. No, muy difíciles.
g. No, chocolate caliente.
h. Vino tinto.
i. Ciencias políticas.
j. No, administración de empresas.
k. No, por la tarde.
l. Sí, necesito dinero.

I. El mundo hispánico Select the correct answer, based on what you have read.

1. En los Estados Unidos hay unos (30 / 50) millones de hispanos. La mayoría son de origen (mexicano / cubano).
2. En La Pequeña Habana, el idioma más hablado es el (español / inglés).
3. Los puertorriqueños (son / no son) ciudadanos americanos.

EN FAMILIA

LECCIÓN 3: LOS TRABAJOS DE LA CASA

OBJETIVOS

› Talk about family
› Talk about household chores
› Talk about how you feel

ESTRUCTURAS

1 Present indicative of **-er** and **-ir** verbs
2 Possessive with **de**
3 Present indicative of **tener** and **venir**
4 Expressions with **tener**
5 Demonstrative adjectives and pronouns
6 Numbers from 300 to 1,000

LECCIÓN 4: UNA FIESTA DE CUMPLEAÑOS

OBJETIVOS

› Extend, accept, and decline invitations
› Discuss plans for a party
› Handle informal social situations
  such as parties

ESTRUCTURAS

1 Verbs with irregular first-person forms
2 **Saber** vs. **conocer**
3 Personal **a**
4 Contractions **al** and **del**
5 Present indicative of **ir, dar,** and **estar**
6 **Ir a** + infinitive

Una familia hispana a la hora de comer.
© Golden Pixels LLC / Alamy

MÉXICO
Plaza de las Tres Culturas, en México, D.F.

EL SALVADOR
El volcán Izalco, el más joven del país.

© Mark Karrass/Corbis

© Stefano Paterna / Alamy

GUATEMALA
Estos turistas admiran un templo en Tikal, Guatemala.

© Jordi Camí/age fotostock

© Cengage Learning 2014

Los trabajos de la casa

Image provided by Jon Chomitz Photography; © Cengage Learning 2014

1-10 Hoy es un día muy ocupado para Susana, Alicia y Héctor, tres hermanos que viven con sus padres en la Ciudad de México.

ALICIA Esta noche vienen papá y mamá de Guadalajara y esta casa es un desastre.

SUSANA Sí, especialmente el cuarto de Héctor. ¡Héctor! Tienes que limpiar tu recámara.

ALICIA Y también tienes que sacar la basura y cortar el zacate.

HÉCTOR Ustedes dos son muy mandonas. Yo siempre tengo que hacer todo el trabajo en esta casa.

SUSANA ¡Ja! Tu ocupación favorita es comer, porque siempre tienes hambre.

ALICIA Yo creo que lo mejor es dividir el trabajo: yo limpio la cocina y los baños, Susana sacude los muebles de la sala y Héctor barre el garaje.

HÉCTOR ¡Yo hago todo eso! No tengo tiempo porque Carlos viene para estudiar conmigo.

SUSANA Tú siempre tienes excusas para no trabajar.

Image provided by Jon Chomitz Photography; © Cengage Learning 2014

1-11 Esa tarde.

ALICIA Todavía tenemos que lavar y planchar la ropa y lavar los platos.

SUSANA ¡Hay mil cosas que hacer!

HÉCTOR ¿Por qué no descansamos un rato y bebemos una limonada? Yo tengo mucha sed.

ALICIA Tienes razón. Hay limonada en el refrigerador.

SUSANA Bueno... descansamos un momento, pero después debemos pasar la aspiradora y preparar la comida.

HÉCTOR Yo hago la ensalada y ustedes preparan las enchiladas.

ALICIA ¿Y quién pone la mesa?

SUSANA Yo. Oye, Héctor. Tocan a la puerta.

HÉCTOR Debe ser Carlos. *(Héctor corre a abrir.)*

Esa noche, cuando llegan los padres, todos cenan y conversan en el comedor y después la mamá y las chicas miran su telenovela favorita.

Detalle cultural

La música mexicana es conocida *(known)* en todos los países. La ciudad de Guadalajara es famosa por la música mariachi. Las telenovelas mexicanas se ven *(are seen)* en todo el mundo.

➤ ¿Qué músicos mexicanos conoces?

➤ ¿Qué telenovelas de tu país son famosas?

Hablemos

1. **Sobre el diálogo** With a classmate, take turns asking and answering the following questions. Base your answers on the dialogues.

   1. ¿Dónde viven Susana y sus hermanos? ¿Viven solos *(alone)* o con sus padres?
   2. ¿De dónde vienen los padres de los chicos?
   3. Según *(According to)* Héctor, ¿cómo son sus hermanas?
   4. Según Susana, ¿cuál es la ocupación favorita de Héctor?
   5. ¿Qué es lo mejor, según Alicia?
   6. ¿Quién sacude los muebles de la sala?
   7. ¿Quién viene a estudiar con Héctor?
   8. ¿Qué desea beber Héctor? ¿Él tiene sed?
   9. ¿Dónde hay limonada?
   10. ¿Qué preparan los chicos para cenar?
   11. ¿Dónde cenan todos? ¿Conversan mientras *(while)* cenan?
   12. ¿Qué miran la mamá y las chicas?

2. **Entrevista a un(a) compañero(a)** With a classmate, take turns asking and answering the following questions.

   1. ¿Tú tienes hermanos? (Hint: *Yo tengo…*) ¿Son mandones?
   2. En tu casa, ¿quién tiene razón siempre? ¿Y en la clase?
   3. ¿Qué trabajos de la casa te gusta hacer? ¿Qué trabajos no te gusta hacer?
   4. Menciona *(Mention)* dos trabajos de la casa que tienes que hacer hoy. (Hint: *Tengo que…*)
   5. ¿Tu cuarto está limpio *(is clean)* o es un desastre?
   6. En tu casa, ¿quién saca la basura? ¿Quién corta el césped?
   7. ¿Quién prepara la cena en tu casa?
   8. ¿Tú estudias con un(a) compañero(a) de clase?

VOCABULARIO

Cognados

el desastre
la ensalada
la excusa
la familia
favorito(a)
el garaje
la limonada
el momento
la ocupación
el refrigerador*

Nombres

el baño, el cuarto de baño	bathroom
la basura	garbage
la casa	house
el césped*	lawn
la ciudad	city
la cocina	kitchen
el comedor	dining room
la comida	meal, food
la cosa	thing
el cuarto	room
el dormitorio*	bedroom
la hermana	sister
el hermano	brother
la mamá	mom
los muebles	furniture
los padres	parents
el papá	dad
el plato	plate, dish
la ropa	clothes[1]
la sala	living room
la telenovela	soap opera
el tiempo	time
el trabajo	work
los trabajos de la casa*	housework

Verbos

abrir	to open
ayudar	to help
barrer	to sweep
beber	to drink
cenar	to dine
comer	to eat
correr	to run
cortar	to cut, to mow
deber	to have to, must
descansar	to rest
dividir	to divide
hacer (yo hago)	to do, to make
lavar	to wash
limpiar	to clean
llegar	to arrive
mirar	to watch, to look at
planchar	to iron
preparar	to prepare
sacar	to take out
sacudir*	to dust
tener	to have
venir	to come
vivir	to live

Adjetivos

este(a)	this
mandón (mandona)	bossy
ocupado(a)	busy

Otras palabras y expresiones

conmigo	with me
cortar el césped	to mow the lawn
cosas que hacer	things to do
cuando	when
después	after
eso	that
especialmente	especially
lo mejor	the best thing
mil	a thousand
para	for, in order to
pasar la aspiradora	to vacuum
poner la mesa	to set the table
¿Quién(es)?	Who?
siempre	always
tener hambre	to be hungry
tener que + infinitivo	to have to + infinitive
tener razón	to be right
tener sed	to be thirsty
tocar (llamar) a la puerta	to knock at the door
todavía	still
todo(a)	all
un rato	a while
siempre	always

[1] **Ropa** is always singular in Spanish.

Más sobre el tema

Aparatos electrodomésticos y batería de cocina *(Home appliances and kitchen utensils)*

el horno de microondas

el colador

el tazón

la cacerola

la licuadora

la cafetera

la tostadora

la sartén

la lavadora

la plancha

el horno

el lavaplatos

la secadora

© Cengage Learning 2014

De país a país

el refrigerador la heladera *(Méx., Cono Sur)*, la nevera *(Esp.)*

el dormitorio la recámara *(Méx.)*, la pieza *(Arg.)*

el césped el zacate *(Méx.)*, el pasto *(Arg.)*, la hierba *(Esp.)*

sacudir limpiar el polvo *(Esp.)*

los trabajos de la casa las tareas domésticas *(Cono Sur)*, los quehaceres de la casa *(muchos países)*

VOCABULARIO

Para practicar el vocabulario

3. **En casa** *(At home)* Select the word or phrase that best completes each sentence.

   1. Raúl no (ayuda, llega) con los trabajos de la casa. (Siempre, Después) tiene una excusa.
   2. El dormitorio de Aurora es un (desastre, tiempo).
   3. Tú tienes que limpiar el cuarto de (baño, sala).
   4. Mi mamá mira su (sartén, telenovela) favorita.
   5. La ensalada está en el (césped, refrigerador).
   6. (Tocan, Abren) a la puerta. ¿Quién es?
   7. Todavía tenemos muchas (cosas, tablas de planchar) que hacer.
   8. Elisa no come porque no tiene (hambre, razón).
   9. Este es un día muy (mandón, ocupado).
   10. Mi hermana (vive, prepara) conmigo.

4. **¡Hay mil cosas que hacer!** Complete these exchanges, using vocabulary from **Lección 3.** Then act them out with a classmate.

   1. —¿Qué (nosotros) _____ que hacer hoy?
      —Tenemos que _____ los muebles, _____ los platos y _____ el baño y la cocina.
   2. —Tengo que _____ la aspiradora y _____ la comida.
      —Yo tengo que _____ el garaje, _____ el césped y _____ la basura.
   3. —Oye, Sara. Tienes que planchar la _____ y _____ la mesa.
      —Un _____, mamá. Tengo mucha _____ y deseo _____ una limonada.

5. **Cosas y lugares** Choose the word or phrase that does not belong in each group.

   1. el baño, la cocina, la comida
   2. el tiempo, el dormitorio, el cuarto
   3. la lavadora, la cacerola, la ciudad
   4. el garaje, la sartén, el horno
   5. la recámara, el colador, la cacerola
   6. el comedor, la tabla de planchar, la plancha

6. **¿Qué necesitas?** With a classmate, look at the following list and take turns asking each other whether you need certain items.

   Modelo   —¿Necesitas la lavadora?
   　　　　　　 —Sí, porque tengo que lavar la ropa.

   1. secar *(dry)* la ropa
   2. planchar
   3. lavar los platos
   4. tostar el pan *(bread)*
   5. preparar un batido *(shake)*
   6. hacer sopa *(soup)*

7. preparar una ensalada

8. colar *(strain)* espaguetis

9. hacer café

 7. **Los trabajos de la casa** With a classmate, play the roles of two family members trying to divide the housework by negotiating.

Modelo —*Si tú preparas la ensalada, yo lavo los platos.*

 8. **Para la cocina** You and a classmate are planning a wedding shower for one of your friends. Discuss what kitchen utensils and small appliances the couple need.

 9. **¡Hay mucho que hacer!** With a classmate, use your imagination to answer these questions.

La Sra. Rojas y sus hijas *(daughters)*, Eva y Ana, tienen mucho que hacer hoy.

¿Cómo dividen el trabajo?

¿Quién trabaja más: la mamá o las chicas?

¿Descansan un rato?

¿Tienen sed? ¿Qué beben?

Tocan a la puerta. ¿Quién es?

© Royalty-Free/Corbis

1-12

Pronunciación

Las consonantes *(consonants)* **b, v** In Spanish, **b** and **v** have the same bilabial sound. To practice this sound, pronounce the following words, paying particular attention to the sound of **b** and **v.**

b	**b**asura	**b**arrer	**b**e**b**er
	baño	a**b**rir	**B**enavente
v	di**v**idir	**v**iene	**v**i**v**ir
	la**v**ar	fa**v**orito	

1 Present indicative of *-er* and *-ir* verbs (*Presente de indicativo de los verbos terminados en -er y en -ir*)

comer (to eat)		vivir (to live)	
yo	com**o**	yo	viv**o**
tú	com**es**	tú	viv**es**
Ud.		Ud.	
él	com**e**	él	viv**e**
ella		ella	
nosotros(as)	com**emos**	nosotros(as)	viv**imos**
vosotros(as)	com**éis**	vosotros(as)	viv**ís**
Uds.		Uds.	
ellos	**comen**	ellos	viv**en**
ellas		ellas	

❯ Regular verbs ending in **-er** are conjugated like **comer**. Other regular -er verbs are **barrer, beber, correr** *(to run)*, **creer, leer** *(to read)*, and **deber.**

—Uds. **beben** café, ¿no?	"**You drink** coffee, don't you?"
—No, **bebemos** limonada.	"No, **we drink** lemonade."
—¿Nosotros **debemos** poner la mesa?	"**Do we have to** set the table?"
—No, Uds. **deben** preparar la comida.	"No, **you must** prepare the food."

❯ Regular verbs ending in **-ir** are conjugated like **vivir**. Other regular -ir verbs are **abrir, escribir** *(to write)*, **recibir** *(to receive)*, **sacudir**, and **dividir.**

—Tú **escribes** en inglés, ¿no?	"**You write** in English, don't you?"
—No, **escribo** en español.	"No, **I write** in Spanish."
—¿Uds. **viven** en el D.F.[1]?	"**Do you live** in D.F.?"
—No, nosotros **vivimos** en Guadalajara.	"No, **we live** in Guadalajara."
—¿Qué **sacudes** tú?	"What do **you dust**?"
—Yo **sacudo** los muebles de la sala.	"**I dust** the living room furniture."

Vivo en un apartamento.

© Cengage Learning 2014

[1] Distrito Federal (Mexico City)

Práctica y conversación

10. Minidiálogos Complete the following exchanges appropriately, using the present indicative of the verb. Then act them out with a classmate.

1. vivir

   —¿Dónde _____ Uds.?

   —Nora y yo _____ en Guanajuato y Pablo _____ en Puebla.

2. comer

   —¿A qué hora _____ tú?

   —Yo _____ a las dos.

3. leer

   —¿Qué libro _____ Uds.?

   —Nosotros _____ *El Quijote*[1].

4. beber

   —¿Ud. _____ vino tinto?

   —No, yo _____ vino blanco.

5. correr

   —¿Uds. _____ por la mañana?

   —Sí, nosotros _____ por la mañana, pero Carlos _____ por la tarde.

6. sacudir

   —¿Tú _____ los muebles de la sala?

   —No, yo _____ los muebles del dormitorio.

7. deber

   —¿Qué _____ limpiar Uds.?

   —Yo _____ limpiar el baño y Alicia _____ limpiar la cocina.

8. barrer

   —¿Quién _____ la cocina? ¿Tú?

   —No, Teresa y yo _____ el garaje.

11. Entrevista a un(a) compañero(a) Interview a classmate, using the following questions.

1. ¿Tú vives cerca de *(near)* la universidad? ¿Dónde vives?

2. ¿Bebes café por la mañana? Y por la tarde, ¿bebes té?

3. ¿Comes en la cafetería de la universidad? ¿A qué hora comes?

4. ¿Tú corres por la mañana?

5. ¿Tú escribes en inglés o en español? ¿Lees mucho?

6. ¿Tú abres la ventana de tu dormitorio por la noche?

7. ¿Qué días sacudes los muebles? ¿Qué días barres la cocina?

8. ¿Tú debes cortar el césped hoy? ¿Debes sacar la basura?

---

[1] *El ingenioso hidalgo don Quijote de la Mancha,* Miguel de Cervantes's famous novel

2 Possessive with *de* (*El caso posesivo*)

The **de** + *noun* construction is used to express possession or relationship. Unlike English, Spanish does not use the apostrophe.

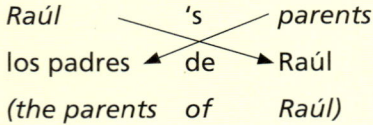

Raúl   's   parents
los padres   de   Raúl
(the parents of   Raúl)

—¿Ellos son **los hermanos de** Rafael?   "*Are they Rafael's brothers?*"
—No, son **los hijos de** Oscar.   "*No, they are Oscar's children.*"
—¿Dónde viven Uds.?   "*Where do you live?*"
—En **la casa de Pedro.**   "*At Pedro's house.*"

¡Atención! Note the use of the definite article before the words **hijos** and **casa**.

Hola... soy el papá de Paco...

© Cengage Learning 2014

© mangostock/Shutterstock

Estas chicas son las hermanas de Carlos. Ellas no viven en la casa de sus padres; viven en un apartamento.

🌐 Práctica y conversación

12. ¿Posesión o relación? Express the relationship of the people and/or objects in each illustration, using **de** + *noun* (i.e., the Spanish equivalent of *Marta's son*).

el hijo   *Marta*

la señorita Martínez

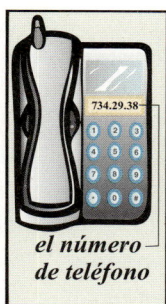

el número de teléfono

1. _____   2. _____

los libros

Elena

la profesora

el escritorio

3. _____   4. _____

 **13. ¿Quiénes son?** According to the information given, you and a classmate ask each other who everyone is. Answer expressing the relationship that exists among the people named.

Modelo   La señora López tiene *(has)* dos estudiantes: Eva y Ana.
—*¿Quiénes son Eva y Ana?*
—*Eva y Ana son las estudiantes de la señora López.*

1. Elena tiene un hermano: Roberto.
2. La profesora Fernández tiene tres alumnos: Sergio, Daniel y Luis.
3. Jorge tiene una hermana: Marisa.
4. La señora Gutiérrez tiene una secretaria: Alicia.
5. Diana tiene un amigo: Fernando.
6. Eva tiene dos profesoras: la doctora Vélez y la doctora Mena.
7. José Luis tiene un compañero de clase: David.
8. Marta tiene dos compañeras de cuarto: Silvia y Mónica.

14. Mis parientes y mis amigos Whose brother or sister, cousin *(primo[a])*, nephew or niece *(sobrino[a])*, or friend are you? Get together with a classmate, and tell each other about your relatives and your friends. Describe what they are like.

3 Present indicative of *tener* and *venir* (*Presente de indicativo de* **tener** *y* **venir**)

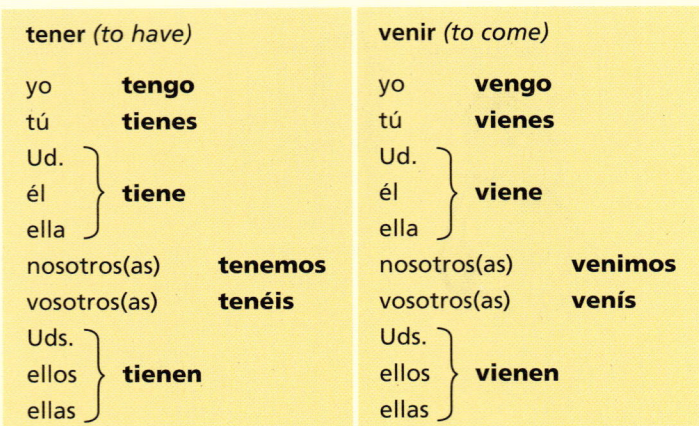

tener *(to have)*		venir *(to come)*	
yo	**tengo**	yo	**vengo**
tú	**tienes**	tú	**vienes**
Ud. él ella	**tiene**	Ud. él ella	**viene**
nosotros(as)	**tenemos**	nosotros(as)	**venimos**
vosotros(as)	**tenéis**	vosotros(as)	**venís**
Uds. ellos ellas	**tienen**	Uds. ellos ellas	**vienen**

—¿**Tienes** la sartén?
—Sí, **tengo** la sartén y la cacerola.
—¿Cuántos platos **tienen** Uds.?
—**Tenemos** ocho platos.
—¿Uds. **vienen** a la universidad
   los martes y jueves?
—No, nosotros **venimos** los lunes,
   miércoles y viernes.

"**Do you have** the frying pan?"
"Yes, **I have** the frying pan and the saucepan."
"How many dishes **do you have**?"
"**We have** eight dishes."
"**Do you come** to the university on Tuesdays
   and Thursdays?"
"No, **we come** on Mondays, Wednesdays,
   and Fridays."

¡Atención! **Tener que** means *to have to,* and it is followed by an infinitive: **Elsa** *tiene que limpiar* **la casa hoy.** *(Elsa has to clean the house today.)*

Práctica y conversación

15. Minidiálogos Supply the missing forms of **tener** and **venir** to complete the dialogues. Then act them out with a classmate.

1. —¿Cuándo _____ Uds.?
   —Pedro _____ el sábado y yo _____ el domingo.

2. —¿Tú _____ a mi casa mañana?
   —No, yo _____ el viernes.

3. —¿Uds. _____ una licuadora?
   —Sí, y también _____ una cafetera.

4. —¿Cuándo _____ tú de Guadalajara?
   — _____ el jueves.

5. —¿Tú _____ que lavar la ropa hoy?
   —No, yo no _____ que lavar hoy.

16. Preguntas para Ud. (Questions for you) With a classmate, take turns answering the following questions, using the cues provided.

> **Modelo** —¿Qué días vienes tú a la universidad? (los lunes y miércoles)
> —*Yo vengo a la universidad los lunes y miércoles.*

1. ¿Cuántas clases tienes tú? (cinco)
2. ¿Tú y tus amigos vienen a la universidad los sábados? (no)
3. ¿Qué días tienen ustedes clases? (los martes y jueves)
4. ¿Tú tienes que trabajar los domingos? (no)
5. ¿Qué tienes que hacer hoy? (estudiar)
6. ¿Uds. tienen que limpiar la casa? (sí)

17. ¿Qué tenemos que hacer? You and a classmate take turns saying who has to do what.

> **Modelo** yo / la ensalada
> —*¿Qué tienes que hacer tú?*
> —*Tengo que preparar la ensalada.*

1. Elsa / los muebles
2. Ana y Eva / los platos
3. nosotros / la ropa
4. Marta / la aspiradora
5. Roberto / la basura
6. Sergio / el césped

18. ¿Hay mucho trabajo? With a classmate, ask each other five questions about what you have to do at different times and on different days. Follow the model.

> **Modelo** —*¿Qué tienes que hacer el sábado?*
> —*Tengo que barrer el garaje.*

Horacio tiene que lavar la ropa porque su esposa trabaja fuera y él siempre ayuda con los trabajos de la casa.

◆ **Los hombres de su familia, ¿ayudan con los trabajos de la casa?**

4 Expressions with *tener* (*Expresiones con* *tener*)

The following idiomatic expressions are formed with **tener**.

tener (mucho) frío	*to be (very) cold*
tener (mucha) sed	*to be (very) thirsty*
tener (mucha) hambre	*to be (very) hungry*
tener (mucho) calor	*to be (very) hot*
tener (mucho) sueño	*to be (very) sleepy*
tener prisa	*to be in a hurry*
tener miedo	*to be afraid, scared*
tener razón	*to be right*
no tener razón	*to be wrong*
tener… años (de edad)	*to be… years old*

—¿**Tienes hambre?** — ***"Are you hungry?"***

—No, pero **tengo** mucha **sed.** — *"No, but **I am** very **thirsty.**"*

—¿Cuántos **años tiene** Eva? — *"How **old is** Eva?"*

—**Tiene** veinte **años.** — ***"She is** twenty **years old.**"*

🌐 Práctica y conversación

19. ¿Qué tienen? Describe the following people according to the illustrations below, using an expression with **tener.**

1. Elena _____

2. Yo _____

3. Nosotros _____

4. Él _____

5. Ellos _____

6. Tú _____

20. ¿Cómo se sienten? How do these people feel? Answer, using expressions with **tener,** according to the information given.

1. Carlos and Daniel are in the middle of the Sahara desert.
2. Luis hasn't had a bite to eat for fifteen hours.
3. Marta sees a snake near her feet.
4. Darío and Eva have to get to the airport in a few minutes.
5. Rosa is in South Dakota in February.
6. Carmen woke up at 6 A.M. today. It's midnight.
7. Juan says that 2 + 2 = 4.
8. My parents haven't eaten yet.

21. ¿Por qué...? With a classmate, take turns indicating why you are or are not doing the following, using an expression with **tener.**

1. ¿Por qué no abres las ventanas?
2. ¿Por qué corres?
3. ¿Por qué no comes ensalada?
4. ¿Por qué no tomas un vaso de limonada?
5. ¿Por qué cierras la puerta?
6. ¿Por qué bostezas? *(Do you yawn?)*

22. Entrevista a un(a) compañero(a) Interview a classmate, using the following questions.

1. ¿Cuántos años tienes? ¿Cuántos años tiene tu mamá? ¿Y tu papá?
2. ¿Qué comes cuando tienes hambre?
3. ¿Qué bebes cuando tienes frío? ¿Y cuando tienes calor?
4. ¿Tienes sueño en este momento?
5. ¿Tú tienes miedo a veces *(sometimes)*?
6. ¿Tú siempre tienes razón?
7. Cuando tienes sed, ¿bebes agua o limonada?
8. ¿Tienes prisa, a veces, cuando vienes a la universidad?

© puhha/Shutterstock

Alina tiene mucha sed, ¿qué crees tú que está bebiendo *(is drinking)*?

5 Demonstrative adjectives and pronouns
(Adjetivos y pronombres demostrativos)

Demonstrative adjectives

Demonstrative adjectives point out persons and things. Like all other adjectives, they agree in gender and number with the nouns they modify. The forms of the demonstrative adjectives are as follows.

Masculine		Feminine		English Equivalent	
Sing.	*Pl.*	*Sing.*	*Pl.*	*Sing.*	*Pl.*
este	estos	esta	estas	this	these
ese	esos	esa	esas	that	those
aquel	aquellos	aquella	aquellas	that (over there)	those (at a distance)

—¿Qué necesitas?   *"What do you need?"*
—**Estos** vasos y **aquellas** tazas.   *"**These** glasses and **those** cups (over there)."*

Demonstrative pronouns

The forms of the demonstrative pronouns are the same as the demonstrative adjectives.

Each demonstrative pronoun has a neuter form. The neuter forms have no gender and refer to unspecified situations, ideas, or things: *this, this matter; that, that business.*

Note that the demonstrative pronouns replace a noun.

—¿Qué libro desea Ud.,   *"Which book do you want,*
  este[1] o **ese**?   *this one or that one?"*
— Deseo **aquel**.   *"I want that one over there."*

— ¿Qué es **esto**?   *"What is this?"*
— Es una plancha.   *"It's an iron."*

—¿Dividimos el trabajo?   *"Do we divide the work?"*
—Sí, **eso** es lo mejor.   *"Yes, that's the best (thing)."*

aquella mesa

esa mesa

esta mesa

© Cengage Learning 2014

---

[1] Some publications still use the demonstrative pronouns with an accent (e.g., **éste**). The Real Academia Española does not require the accent unless there is a possibility of confusion.

⊕ Práctica y conversación

23. Este, ese y aquel Describe in Spanish the following illustrations, using the suggested demonstrative adjectives.

1. this, these:

a. _____

b. _____

c. _____

d. _____

2. that, those:

a. _____

b. _____

c. _____

d. _____

3. that (over there); those (over there):

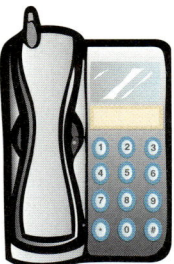

a. _____

b. _____

c. _____

d. _____

24. Ud. está aquí Say what you need according to the objects in the illustration, using the corresponding demonstrative adjectives.

25. Minidiálogos Complete the following exchanges with the Spanish equivalent of the demonstrative pronouns in parentheses. Then act them out with a classmate.

Ud. está aquí.

1. —¿Necesitas estos platos?

   —No, necesito _____. *(those)*

2. —¿Cuál de las mesas necesitan Uds.?

   — _____. *(This one)*

3. —¿Cuáles son tus tazas? ¿_____ o _____? *(These / those over there)*

   — _____. *(Those)*

4. —¿Cuál es tu casa? ¿_____ o _____? *(This one / that one)*

   — _____. *(That one over there)*

26. Nuestros compañeros You and a classmate take turns asking each other who the people in your class are. According to the relative distance, use the appropriate demonstrative adjectives.

   Modelo   —¿Quién es John?

   —Ese muchacho que está cerca de *(near)* la pizarra.

6 Numbers from 300 to 1,000 *(Números de 300 a 1.000)*

300 trescientos	600 seiscientos	900 novecientos
400 cuatrocientos	700 setecientos	1.000 mil
500 quinientos	800 ochocientos	

In Spanish, one does not count in hundreds beyond one thousand; thus 1,100 is expressed as **mil cien.** Note that Spanish uses a comma where English uses a decimal point to indicate values below one: 1.095,99 (Spanish) = 1,095.99 (English). Generally, Spanish publications start using a point after ten thousands (10.348) rather than thousands (1560).

When a number from 200 to 900 is used before a feminine noun, it takes a feminine ending: **doscient*as* mes*as*.**[1]

Práctica y comunicación

 27. Sumas y restas With a classmate, solve the following mathematical problems in Spanish.

1. 308 + 70 = _____
2. 500 – 112 = _____
3. 653 + 347 = _____
4. 892 – 163 = _____
5. 216 + 284 = _____

6. 1.000 – 450 = _____
7. 700 + 280 = _____
8. 125 + 275 = _____
9. 900 – 520 = _____
10. 230 + 725 = _____

 28. ¿Cuánto cuesta? With a classmate, take turns asking each other how much everything costs in Mexico.

> **Modelo** —¿Cuánto cuesta el refrigerador? (13.650)
> —Cuesta trece mil seiscientos cincuenta pesos.[2]

1. ¿Cuánto cuesta la pluma?
2. ¿Cuánto cuesta el vino?
3. ¿Cuánto cuesta la silla?
4. ¿Cuánto cuesta la computadora?
5. ¿Cuánto cuesta el reloj?
6. ¿Cuánto cuesta la mesa?
7. ¿Cuánto cuesta el escritorio?
8. ¿Cuánto cuesta el libro?

© Cengage Learning 2014

---

[1] This is also true for higher numbers that incorporate the numbers 200–900: **mil doscientas treinta sillas, dos mil ochocientos libros.**

[2] Mexican currency: 1 dollar = 10 to 15 pesos (more or less). Rate of exchange subject to change.

💬 Vamos a conversar

29. Para conocernos mejor Get to know a classmate better by asking each other the following questions.

1. ¿En qué ciudad vives tú? ¿Y tus padres?
2. ¿Cuántos años tienes? ¿Y tu mejor *(best)* amigo(a)?
3. ¿Qué días limpias tu cuarto? ¿Limpias los baños a veces *(sometimes)*?
4. ¿Quién prepara la comida en tu casa?
5. ¿Te gusta cortar el césped? ¿Te gusta pasar la aspiradora?
6. ¿Tú trabajas todos los días?
7. ¿Quién lava y plancha tu ropa?
8. ¿Qué aparatos electrodomésticos tienes en tu cocina?
9. ¿Qué bebes cuando tienes sed: agua o limonada?
10. ¿Qué tienes que hacer mañana? ¿Qué tienes que hacer el sábado?
11. ¿Tu casa es un desastre a veces?
12. ¿Qué trabajo de la casa no te gusta hacer?

30. Una encuesta Interview your classmates to identify who fits the following descriptions. Include your instructor, but remember to use the **Ud.** form when addressing him/her.

		Nombre
1.	Plancha su ropa los fines de semana.	_____
2.	Corta el césped los domingos.	_____
3.	Vive con sus padres.	_____
4.	Limpia su casa los sábados.	_____
5.	Llega a clase tarde *(late)*.	_____
6.	Tiene veinte años.	_____
7.	Siempre tiene razón.	_____
8.	Necesita descansar.	_____
9.	Siempre tiene prisa.	_____
10.	Es muy mandón *(mandona)*.	_____

31. Y ahora... Write a brief summary, indicating what you have learned about your classmates.

32. ¿Cómo lo decimos? What would you say in the following situations? What might the other person say? Act out the scenes with a classmate.

1. You and a friend have invited guests for dinner and must decide what each of you has to do to prepare for them.
2. You tell your roommate that there is a knock at the door.
3. You ask a little boy how old he is.
4. You complain that there are a thousand things to do.

33. ¿Qué pasa aquí? Get together in groups of three or four and create a story about the people in the illustration. Say who they are, what their relationship is to one another, what they are doing, and what they might be getting ready for.

© Cengage Learning 2014

Vamos a escribir

34. Para dividir el trabajo You are in charge of organizing all the chores that must be done on a certain day. Indicate what you and everyone else has to do. Some of the chores must be done in pairs. To start out, brainstorm about all kinds of household chores and make a list. Then decide who is going to do what.

Un dicho

Hogar, dulce hogar
This is a saying about home life. Can you guess the meaning?

Los hogares de San Miguel de Allende, México, muestran hermosos colores y detalles tradicionales del país.

© Alberto Loyo/ Shutterstock

DE TODO UN POCO

🔊 Vamos a escuchar

35. **¿Qué hacemos hoy?** You will now hear a conversation between Amelia and her husband, Jorge, about what they have to do today. Pay close attention to what they say.

You will then hear ten statements about what you heard. On a sheet of paper, write the numbers one to ten, and indicate whether each statement is true **(V)** or false **(F)**.

📖 Vamos a leer

> ▶ **ESTRATEGIA** **Buscar vocabulario nuevo** This is a note that a mother writes to her daughter, Nora, about things she and her brother have to do around the house. Think about all the vocabulary you have learned about this topic and, as you scan the note, look for additional words or expressions that are new to you.

36. **Al leer** As you read the note, answer the following questions.

1. ¿Dónde deja la Sra. Peña la nota?
2. ¿Hasta qué hora tiene que trabajar la Sra. Peña?
3. ¿Adónde tiene que ir después? ¿Para qué?
4. ¿A qué hora llega a su casa?
5. ¿Quién tiene que ayudar a Nora?
6. ¿Dónde tienen que poner los platos sucios?
7. ¿Dónde tienen que poner la ropa que está en la lavadora?
8. ¿Qué tienen que limpiar?
9. ¿Qué tienen que sacudir?
10. ¿Qué tienen que preparar?
11. ¿Tienen que llevar a caminar al gato *(cat)* o al perro?
12. ¿Qué hay en el refrigerador?
13. ¿La mamá de Nora tiene mucho que hacer en la oficina?

Una nota de mamá

Esta es una nota que la Sra. Peña, la mamá de Nora, deja para su hija en la mesa de la cocina.

Nora,

until / store / to buy
present / a... at about
lo... the following

Hoy tengo que trabajar hasta° las seis de la tarde y después tengo que ir a la tienda° para comprar° un regalo° para tu papá. Llego a casa a eso de° las siete. ¡Necesito ayuda! Tú y tu hermano tienen que hacer lo siguiente°:

put / dirty
1. Poner° los platos sucios° en el lavaplatos.

2. Poner la ropa que está en la lavadora en la secadora.

hang / shirts
3. Sacar la ropa de la secadora y colgar° las camisas° de tu papá.

4. Sacudir los muebles y barrer la cocina.

5. Pasar la aspiradora y limpiar los baños.

dinner
6. Preparar una ensalada para la cena°.

7. Cortar el césped.

caminar...
walk the dog
8. Llevar a caminar al perro°.

9. Poner la mesa.

chicken
Si tienen hambre, hay pollo° en el refrigerador. Me voy porque tengo mil cosas que hacer en la oficina.
¡Gracias!
Mamá

37. **¿Y tú?** Indicate what you have to do, with respect to the following. Write a brief essay explaining what chores you usually do and when. Do you do that alone or does anybody help you?

1. los platos sucios
2. la ropa
3. los baños
4. los muebles
5. la cocina
6. la cena
7. el césped
8. el perro
9. la mesa
10. tu cuarto

Una fiesta de cumpleaños

Antes de la fiesta

🔊 1-14

Silvia y Esteban deciden dar una fiesta para celebrar el cumpleaños de Mónica, una chica guatemalteca que ahora vive en San Salvador con la familia de Silvia.

ESTEBAN ¿A quiénes vamos a invitar?

SILVIA A todos nuestros amigos, a mis primos, al novio de Mónica y a Yolanda.

ESTEBAN Yo no conozco a Yolanda. ¿Quién es?

SILVIA Es la hermana del novio de Mónica.

ESTEBAN ¿Ah, sí? ¿Es bonita? ¿Es rubia, morena o pelirroja? No es casada, ¿verdad?

SILVIA Es morena, de ojos castaños, delgada, de estatura mediana… encantadora… y es soltera.

ESTEBAN Bueno, si baila bien, ya estoy enamorado.

SILVIA Oye, tenemos que planear la fiesta. ¿Dónde va a ser?

ESTEBAN Va a ser en la casa de mis abuelos. Ellos están en Costa Rica con mi madrina y yo tengo la llave de la casa.

SILVIA ¡Perfecto! Yo traigo la torta de cumpleaños.

ESTEBAN Yo traigo las bebidas, los discos compactos y el lector MP3. Yo sé que mis abuelos no tienen música para bailar. Oye… Yolanda no tiene novio, ¿verdad? ¡Ojalá que no!

SILVIA No sé… Creo que no.

En la fiesta

🔊 1-15

Cuando Mónica, su novio y Yolanda llegan a la casa, todos gritan: ¡Feliz cumpleaños!

MÓNICA *(Contenta)* ¡Qué sorpresa!

SILVIA ¿Qué deseas tomar? ¿Champán, cerveza…? ¿O deseas comer algo?

MÓNICA Una copa de champán para brindar con todos mis amigos.

SILVIA *(Levanta su copa)* ¡Un brindis! ¡Por Mónica! ¡Salud!

TODOS ¡Salud!

ESTEBAN *(A Yolanda)* Hola, soy Esteban Campos. Tú eres Yolanda, ¿verdad?

YOLANDA Sí, mucho gusto.

ESTEBAN ¿Bailamos? ¿Te gusta bailar salsa?

YOLANDA Sí, me gusta, aunque no sé bailar muy bien.

Esteban y Yolanda bailan y conversan. Todos los invitados lo pasan muy bien.

SILVIA *(A Mónica)* Veo que Yolanda y Esteban están muy animados.

MÓNICA Sí, hacen una buena pareja. Oye, Silvia, la fiesta es todo un éxito. ¡Muchas gracias!

Después de la fiesta, Esteban lleva a Yolanda a su casa. Ella está cansada pero muy contenta. Esteban… ¡está en la gloria!

Detalle cultural

La palabra **salsa** *(sauce* o *spice)* se usa para referirse a la música caribeña, basada en la música afrocubana.

➤ ¿Cuáles son los ritmos típicos de este país?

Hablemos

1. **Sobre el diálogo** With a classmate, take turns asking and answering the following questions. Base your answers on the dialogues.

   1. ¿Quiénes van a dar una fiesta? ¿Para quién es la fiesta?
   2. ¿Qué celebra Mónica? ¿Dónde vive ella ahora?
   3. ¿A quiénes van a invitar Silvia y Esteban?
   4. ¿Quién es Yolanda? ¿Cómo es ella?
   5. ¿Dónde va a ser la fiesta?
   6. ¿Dónde están los abuelos de Esteban? ¿Con quién están?
   7. ¿Qué va a traer Silvia para la fiesta? ¿Y Esteban?
   8. ¿Con quiénes llega Mónica a la fiesta? ¿Qué gritan todos?
   9. ¿Con qué va a brindar Mónica?
   10. ¿Yolanda desea bailar salsa? ¿Ella sabe bailar bien?
   11. Según *(According to)* Mónica, ¿quiénes hacen una buena pareja?
   12. ¿Quién está en la gloria, Yolanda o Esteban?

2. **Entrevista a un(a) compañero(a)** With a classmate, take turns asking and answering the following questions.

   1. ¿Tú eres casado(a) o soltero(a)?
   2. ¿Tú estás cansado(a) hoy? ¿Estás contento(a)?
   3. ¿Tienes hermanos? ¿Cuántos? ¿Cómo son?
   4. ¿Dónde viven tus abuelos? ¿Viven cerca de *(near)* tu casa?
   5. ¿Cuándo es tu cumpleaños? ¿Celebras tu cumpleaños en tu casa o en un club?
   6. ¿Tú das muchas fiestas? ¿A quiénes invitas?
   7. Cuando hay una fiesta en casa de un amigo(a), ¿qué llevas tú?
   8. En una fiesta, ¿te gusta bailar o conversar con tus amigos(as)?
   9. ¿Sabes bailar bien? ¿Sabes bailar salsa?
   10. ¿Tú tienes discos compactos con música para bailar?

VOCABULARIO

Cognados

el champán
la sorpresa

Nombres

la bebida	beverage
el brindis	toast (i.e., at a celebration)
el cumpleaños	birthday
el disco compacto	CD
el éxito	success
la fiesta	party
el (la) invitado(a)	guest
el lector MP3	MP3 player
la llave	key
la madrina[1]	godmother
la novia	girlfriend
el novio	boyfriend
los ojos	eyes
la pareja	couple
el (la) primo(a)	cousin
la torta*	cake

Verbos

bailar	to dance
brindar	to toast
celebrar	to celebrate
conocer	to know, to be acquainted
dar	to give
decidir	to decide
estar	to be
gritar	to shout
invitar	to invite
levantar	to raise
llevar	to take (someone or something someplace)
planear	to plan
saber	to know
traer	to bring
ver	to see

Adjetivos

animado(a)	enthused
cansado(a)	tired
casado(a)	married
castaño	brown (eyes, hair)
contento(a)	happy, content
enamorado(a)	in love
encantador(a)	charming
feliz	happy
guatemalteco(a)	Guatemalan
moreno(a)*	dark, brunet(te)
pelirrojo(a)	red-haired
rubio(a)	blond(e)
soltero(a)	single

Otras palabras y expresiones

¿A quién(es)?	Whom?
ahora	now
aunque	although
¿Bailamos?	Shall we dance?
comer algo	to have something to eat
Creo que no.	I don´t think so.
de estatura mediana	of medium height
de ojos castaños	with brown eyes
estar en la gloria	to be in heaven
¡Ojalá que no!	I hope not!
pasarlo bien	to have a good time
¡Qué sorpresa!	What a surprise!
¡Salud!	Cheers!
todo un éxito	quite a success
¿Verdad?	Right?
ya	already

De país a país

la **torta** la tarta (Esp.), el pastel (Méx.)
moreno(a) trigueño(a) (Cuba, Par.)

---

[1] **el padrino** godfather

Más sobre el tema

La familia

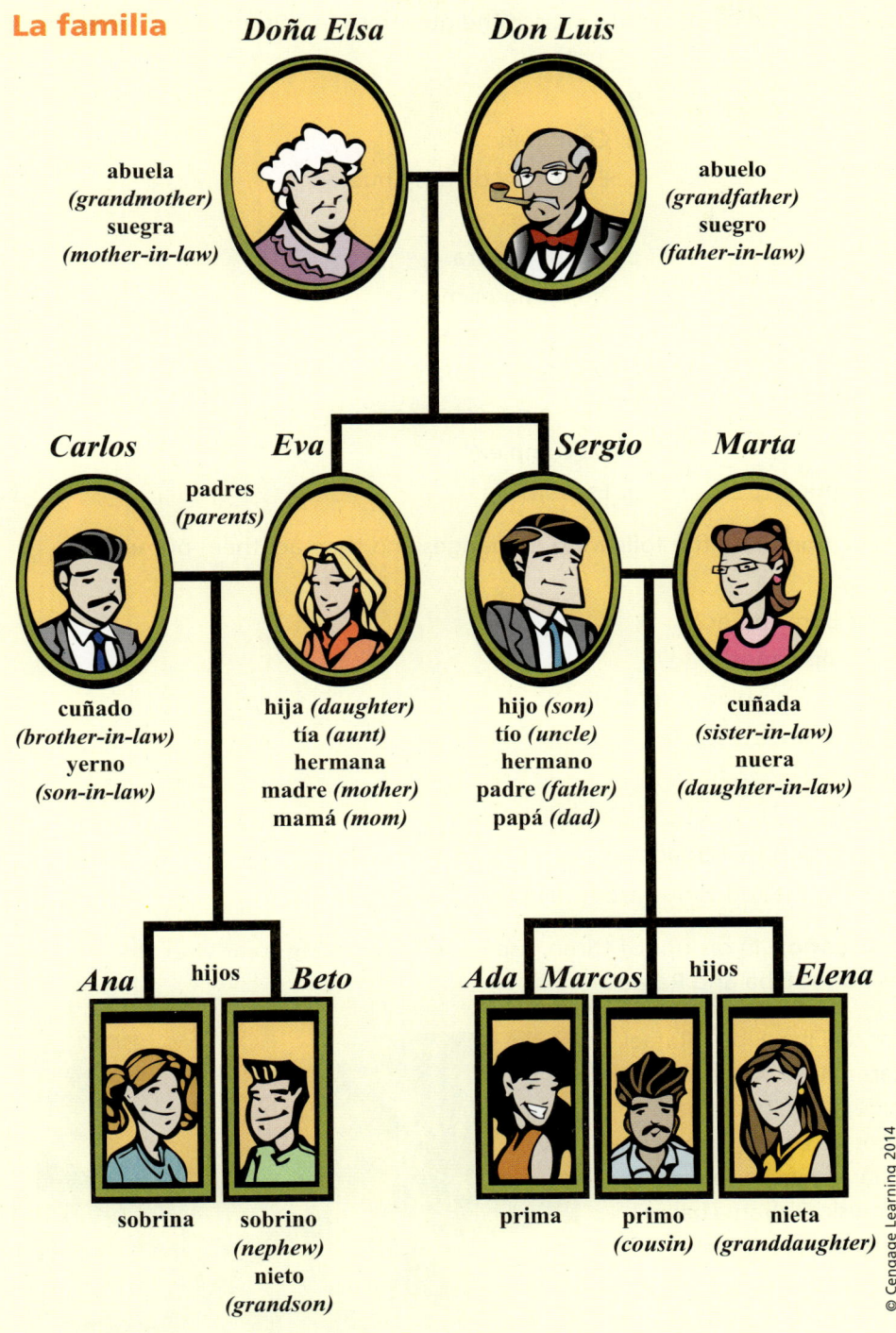

Doña Elsa
abuela *(grandmother)*
suegra *(mother-in-law)*

Don Luis
abuelo *(grandfather)*
suegro *(father-in-law)*

Carlos
cuñado *(brother-in-law)*
yerno *(son-in-law)*

Eva
padres *(parents)*
hija *(daughter)*
tía *(aunt)*
hermana
madre *(mother)*
mamá *(mom)*

Sergio
hijo *(son)*
tío *(uncle)*
hermano
padre *(father)*
papá *(dad)*

Marta
cuñada *(sister-in-law)*
nuera *(daughter-in-law)*

Ana hijos **Beto**
sobrina
sobrino *(nephew)*
nieto *(grandson)*

Ada Marcos hijos **Elena**
prima
primo *(cousin)*
nieta *(granddaughter)*

© Cengage Learning 2014

Detalle cultural

Cuando los hispanos hablan de su "familia", incluyen a sus tíos, primos, abuelos, etc. Generalmente, la relación entre ellos es muy estrecha *(close)*.

➤ ¿La relación entre Ud. y su familia es muy estrecha?

VOCABULARIO

🌐 ## Para practicar el vocabulario

 3. **Preguntas y respuestas** With a classmate, match the questions in column A with the answers in column B.

A

1. ¿Bailamos? _____
2. ¿Es casada? _____
3. ¿Es rubia o morena? _____
4. ¿Qué bebida tienen? _____
5. ¿Qué celebran hoy? _____
6. ¿Silvia tiene novio? _____
7. ¿Luis es tu novio? _____
8. ¿Dónde es la fiesta? _____
9. ¿Es alta? _____
10. ¿Ana es de El Salvador? _____

B

a. Champán.
b. En la casa de mis abuelos.
c. Creo que no.
d. No, es soltera.
e. No, es mi primo.
f. No, es guatemalteca.
g. No, de estatura mediana.
h. Ahora no; estoy cansada.
i. Mi cumpleaños.
j. Es pelirroja.

 4. **Planes para la fiesta** Complete the following exchanges and then act them out with a classmate.

1. —¿Qué vas a traer para comer?

   La _____ de cumpleaños.

2. —Los invitados lo _____ bien, ¿verdad?

   —Sí, la fiesta es todo un _____.

3. —¿Vamos a brindar?

   —Sí. (_____ su copa.) ¡Un _____! ¡Salud!

4. —¿Uds. _____ una fiesta el sábado?

   —Sí, y vamos a _____ a todos nuestros amigos.

5. **Una fiesta de cumpleaños** In groups of three, use your imagination to answer the following questions about Elba and Rafael.

Hoy es el cumpleaños de Elba. Elba y Rafael, ¿son novios o son hermanos? ¿Cómo están ellos hoy? ¿Qué decide hacer Rafael para celebrar el cumpleaños de Elba? ¿Dónde va a ser la fiesta? ¿Cuántos invitados van a tener? ¿Van a tener música? ¿Van a bailar? ¿Qué van a comer? ¿Qué van a beber? ¿Con qué van a brindar? La fiesta, ¿va a ser una sorpresa para Elba? ¿Cómo va a estar ella después de la fiesta? Rafael y Elba, ¿hacen una buena pareja?

 Now write one or two paragraphs about Elba´s birthday.

6. Los parientes *(The relatives)* With a classmate, take turns saying what the relationship of one person to another is in the family tree. Mention eight to ten relationships.

Modelo —*Doña Elsa es la mamá de Eva.*

Doña Elsa   Don Luis

Carlos   Eva   Sergio   Marta

Ana   Beto   Ada   Marcos   Elena

© Cengage Learning 2014

7. De mi álbum de fotos Bring photos of family members and share information about them in small groups. Be prepared to present your family photos to the class.

🔊 1-16

> ## Pronunciación
>
> **La consonante c** In Spanish, **c** has two different sounds: [s] and [k]. The [s] sound occurs in **ce** and **ci,** the [k] sound in **ca, co, cu, cl,** and **cr.** Read the following words aloud.
>
> | [s] | | [k] | |
> |---|---|---|---|
> | **ce**rveza | **ci**en**ci**as | **Ca**rmen | **cu**ándo |
> | gra**ci**as | ne**ce**sito | **ca**nsado | **cl**ub |
> | invita**ci**ón | **ce**lebrar | **có**mo | **cr**eo |

PUNTOS PARA RECORDAR

1 Verbs with irregular first-person forms
(Verbos irregulares en la primera persona)

❯ The following verbs are irregular in the first-person singular of the present tense.

Verb	*yo* form	Regular forms
salir *(to go out)*	**salgo**	sales, sale, salimos, salís, salen
hacer *(to do, make)*	**hago**	haces, hace, hacemos, hacéis, hacen
poner *(to put, place)*	**pongo**	pones, pone, ponemos, ponéis, ponen
traer *(to bring)*	**traigo**	traes, trae, traemos, traéis, traen
conducir *(to drive, to conduct)*	**conduzco**	conduces, conduce, conducimos, conducís, conducen
traducir *(to translate)*	**traduzco**	traduces, traduce, traducimos, traducís, traducen
conocer *(to know)*	**conozco**	conoces, conoce, conocemos, conocéis, conocen
caber *(to fit)*	**quepo**	cabes, cabe, cabemos, cabéis, caben
ver *(to see)*	**veo**	ves, ve, vemos, veis, ven
saber *(to know)*	**sé**	sabes, sabe, sabemos, sabéis, saben

Práctica y conversación

 8. Olga y yo... With a classmate, take turns comparing what Olga does to what you do.

Modelo   Olga traduce del inglés al español.
Yo traduzco del español al inglés.

Olga...
1. sale de su casa a las ocho de la mañana.
2. pone su dinero en el Banco de América.
3. conoce Guatemala.
4. sabe bailar salsa.
5. trae a su amiga a la universidad.
6. conduce un Ford.
7. ve a sus abuelos los domingos.
8. hace ejercicio *(exercises)* por la mañana.

9. ¿Y los otros...? Now get together with another pair and compare your answers to theirs.

2 Saber vs. conocer

The verb *to know* has two Spanish equivalents, **saber** and **conocer,** which are used to express distinct types of knowledge.

> **Saber** means *to know something by heart, to know how to do something* (a learned skill), or *to know a fact* (information).

—¿**Sabes** el poema "The Raven" de memoria?	"**Do you know** the poem 'The Raven' by heart?"
—¡No!	"No!"
—¿Ana **sabe** bailar salsa?	"**Does** Ana **know how** to dance salsa?"
—No muy bien…	"Not very well…"
—¿Ud. **sabe** el número de teléfono de David?	"**Do you know** David's phone number?"
—Sí, es 8-26-49-30.	"Yes, it's 8-26-49-30."

> **Conocer** means *to be familiar or acquainted with a person, a thing, or a place.*

—¿**Conoces** a Hugo?	"**Do you know** Hugo?"
—Sí, es el primo de Alberto.	"Yes, he's Alberto's cousin."
—¿**Conocen** Uds. todas las novelas de Cervantes?	"**Are you acquainted with** all of Cervantes's novels?"
—No, no todas.	"No, not all of them."
—¿**Conoces** San Salvador?	"**Do you know** (Have you been to) San Salvador?"
—Sí, es una ciudad muy bonita.	"Yes, it is a very pretty city."

🌐 Práctica y conversación

 10. **¿Qué sabes y qué conoces?** With a classmate, take turns interviewing each other, using the **tú** form. Decide whether to use **saber** or **conocer** to ask if your classmate *knows* the following.

> **Modelo**   bailar salsa
> —¿Sabes bailar salsa?
> —Sí, yo sé bailar salsa. (No, no sé bailar salsa.)

1. el número de teléfono de la universidad
2. Guatemala
3. las novelas de Hemingway
4. hablar italiano
5. a los padres *(parents)* del profesor (de la profesora)
6. el poema "Invictus" de memoria
7. dónde vive el profesor (la profesora) de español
8. preparar enchiladas

11. **Queremos saber…** With a classmate, use **saber** and **conocer** to prepare five or six questions to ask your instructor.

PUNTOS PARA RECORDAR

3 Personal *a* (*La a personal*)

> The preposition **a** is used in Spanish before a direct object (recipient of the action expressed by the verb) referring to a specific person or persons. When the preposition **a** is used in this way, it is called the *personal* **a** and has no English equivalent.

		(Direct object)
Yo conozco	**a**	Roberto.
I know		*Roberto.*

—¿Tú conoces **a** Ana y **a** Eva?   *"Do you know Ana and Eva?"*
—Conozco **a** Ana, pero no conozco **a** Eva.   *"I know Ana, but I don't know Eva."*

¡Atención! When there is a series of direct object nouns referring to people, the personal **a** is repeated:
¿Tú conoces *a* **Ana** y *a* **Eva?**

> The personal **a** is *not* used when the direct object is a thing or place.

Yo conozco Los Ángeles.   *I know Los Angeles.*

> The personal **a** is seldom used following the verb **tener** even if the direct object is a person or persons.

Tengo dos hermanas.   *I have two sisters.*

> The personal **a** is also used when referring to pets.

Yo llevo **a** mi perro a la veterinaria.   *I take my dog to the vet.*

🌐 Práctica y conversación

12. Minidiálogos Complete the following exchanges, using the personal **a** when appropriate. Leave the space blank if **a** is not needed.

a. —¿Tú conoces _____ Silvia y _____ Mónica?

   —Conozco _____ Mónica, pero no conozco _____ Silvia.

b. —¿ _____ quién llevas a la fiesta?

   —Llevo _____ mi suegra y _____ mi cuñada.

c. —¿Tienes _____ hermanos?

   —Sí, tengo _____ un hermano y _____ dos hermanas.

d. —¿Qué tienes que hacer?

   —Tengo que llevar _____ mi perro a caminar *(for a walk)*.

e. —¿Tú traes _____ los libros a la clase?

   —Sí, yo traigo _____ los libros a la clase.

13. Los sábados With a classmate, take turns asking whom you call (**llamar**), visit (**visitar**), or see (**ver**) on Saturdays.

   Modelo —¿A quién llamas todos los sábados?
          —Yo llamo a mi abuela.

4 Contractions *al* and *del* (*Contracciones: al y del*)[1]

❯ The preposition **a** and the article **el** contract to form **al.**

Llevamos	**a + el**	profesor.
Llevamos	**al**	profesor.

❯ Similarly, the preposition **de** and the definite article **el** contract to form **del.**

Tiene los libros	**de + el**	profesor.
Tiene los libros	**del**	profesor.

¡Atención! A + el and de + el must *always* be contracted to **al** and **del.**

—¿Vienes **del** club?	*"Are you coming **from the** club?"*
—No, vengo **de la** biblioteca.	*"No, I'm coming **from the** library."*
—¿Vamos **al** cine?	*"Shall we go **to the** movies?"*
—Sí, vamos.	*"Yes, let's go."*

❯ None of the other combinations of preposition and definite article (**de la, de los, de las, a la, a los, a las**) is contracted.

El esposo **de la** profesora viene **a la** clase de español.

¿Vamos al laboratorio de lenguas?

[1] See Appendix C.

PUNTOS PARA RECORDAR

🌐 Práctica y conversación

14. ***Ir y venir*** Using the list provided, you and a classmate will take turns mentioning where everyone is going and whom everyone is taking.

Modelo Teresa / concierto / Sr. López
*Teresa **va al** concierto. Lleva **al** señor López.*

1. Inés / restaurante / Sra. Vigo
2. El doctor Rojas / fiesta / profesor Vega
3. Fernando / club / Srta. Acosta
4. Paloma / zoológico / niños
5. Ramiro / parque / perro
6. Sara / biblioteca / estudiantes

Now you both use the same list to mention where everyone is coming from.

Modelo *Teresa y el Sr. López vienen **del** concierto.*

15. Entrevista a un(a) compañero(a) You and a classmate take turns asking each other the following questions.

1. ¿Tú conoces a los amigos del profesor (de la profesora)?
2. ¿Tú vienes a la universidad antes de *(before)* las ocho de la mañana?
3. ¿Tú llamas al profesor (a la profesora) a veces *(sometimes)*?
4. ¿Tú tienes el libro del profesor (de la profesora)?
5. ¿Tú vienes a la universidad los domingos?
6. ¿Tú ves al profesor (a la profesora) los sábados?
7. ¿Cuándo vas al cine?
8. ¿Vas a la biblioteca todos los días?
9. ¿Cuál es el número de teléfono de la universidad?
10. ¿Sabes el nombre del autor de *Don Quijote?*

© Veer/Meda Bakery

5 Present indicative of *ir*, *dar*, and *estar* (*Presente de indicativo de* **ir, dar** *y* **estar**)

	ir *(to go)*	**dar** *(to give)*	**estar** *(to be)*
yo	**voy**	**doy**	**estoy**
tú	**vas**	**das**	**estás**
Ud. él ella	**va**	**da**	**está**
nosotros(as)	**vamos**	**damos**	**estamos**
vosotros(as)	**vais**	**dais**	**estáis**
Uds. ellos ellas	**van**	**dan**	**están**

—¿Dónde **está** Aurora?   *"Where **is** Aurora?"*

—**Está** en el teatro.   *"**She is** at the theater."*

—¿No **da** una fiesta hoy?   *"**Isn't she giving** a party today?"*

—No, yo **doy** una fiesta.   *"No, **I'm giving** a party."*

—¿Adónde **vas**?   *"Where **are you going** (to)?"*

—**Voy** al cine.   *"**I'm going** to the movies."*

—¿No **estás** cansada?   *"**Aren't you** tired?"*

—No, no **estoy** cansada.   *"**No, I am** not tired."*

¡Atención! The verb **estar** is used to indicate location and to describe condition at a given moment in time. **Estar** and **ser** are not interchangeable.

Location: Aurora está en el club.

Current condition: Estoy cansada.

Práctica y conversación

16. **Fiestas y más fiestas** Complete the following statements about Mónica's birthday party, using the appropriate forms of **dar, ir,** and **estar.**

   a. Todos los amigos de Silvia _____ a la fiesta que ella y Esteban _____ para Mónica. Esteban _____ dinero para la fiesta.

   b. La abuela de Esteban no _____ a la fiesta; ella _____ en Costa Rica.

   c. En la fiesta, Mónica _____ muy contenta y los invitados _____ muy animados.

   d. Las bebidas y la torta _____ en la mesa.

   e. Yo no _____ a la fiesta porque no _____ invitado.

   f. Yo no _____ muchas fiestas en mi casa, pero mis amigos y yo _____ fiestas en el club.

17. **Entrevista a un(a) compañero(a)** You and a classmate take turns interviewing each other, using the following questions.

a. ¿Adónde vas los viernes? ¿Vas al cine los sábados? ¿Con quién?

b. ¿Vas a la iglesia *(church)* los domingos? ¿A qué hora vas?

c. ¿Tú y tus amigos van a muchas fiestas? ¿Estás invitado(a) a una fiesta esta noche?

d. ¿Das muchas fiestas en tu casa? ¿Tus padres dan muchas fiestas también?

e. ¿Estás cansado(a) hoy? ¿Estás contento(a)?

f. ¿Dónde están tus padres ahora? ¿Dónde están tus abuelos?

g. ¿Estás enamorado(a)? ¿De quién *(with whom)*?

h. ¿Dónde planeas estar mañana?

Now, you and a classmate are interviewing Miss Muñoz. How would you ask her the same questions? Use the **Ud.** form.

18. **¿Adónde van?** With a classmate, look at the photo and answer the following questions, using your imagination.

1. ¿Adónde van las personas de la foto?

2. ¿De dónde viene la chica?

3. ¿De dónde viene el chico?

4. ¿A quién van a llamar después?

© altrendo images/Getty Images

6 Ir a + infinitive (Ir a + el infinitivo)

The **ir a** + *infinitive* construction is used in Spanish to express future time in the same way English uses the expression *to be going to* + *infinitive*.

ir (conjugated)	+ a +	infinitive
Voy	a	**estudiar.**
I am going		*to study.*

—¿Tú **vas a bailar** con Ana?　　　　"**Are you going to dance** with Ana?"

—No, **voy a bailar** con Eva.　　　　"No, **I'm going to dance** with Eva."

—¿Uds. **van a estudiar** en la biblioteca?　　　　"**Are you going to study** in the library?"

—No, nosotros no **vamos a estudiar** en la biblioteca.　　　　"No, **we are** not **going to study** in the library."

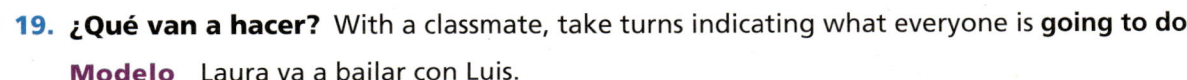 Práctica y conversación

19. ¿Qué van a hacer? With a classmate, take turns indicating what everyone is **going to do.**

Modelo　Laura va a bailar con Luis.

1. Sr. Paz

2. Srta. Vega

3. Marcelo

4. Tú

Madrina

bla, bla, bla

5. Mi amiga y yo

6. Las chicas

20. **¿Y Uds. dos?** Now, take turns telling each other what you are **going to do.**

Modelo *Yo voy a bailar con…*
or *Yo no voy a bailar con…*

21. **¿Qué vamos a hacer?** What will be the result of each of the following situations? Indicate what is going to happen.

Modelo Yo tengo hambre.
Voy a comer algo.

1. Ud. tiene un examen mañana.
2. Ud. y yo tenemos sed.
3. Tú vas a dar una fiesta.
4. Raquel y Luis van a ir a una fiesta.
5. Anita está cansada.
6. Marcelo quiere celebrar su cumpleaños.

22. **Un fin de semana** *(weekend)* In groups of three, use your imagination to answer these questions about these four young people.

Estos son Sandra, Sergio, Arturo y Patricia.

1. ¿Qué planes tienen estos estudiantes para el fin de semana?
2. ¿Adónde van a ir?
3. ¿Van a estar siempre juntos?
4. ¿Van a tener que trabajar?
5. ¿Qué va a comer y qué va a beber cada uno de ellos?
6. ¿Quién va a estudiar?
7. ¿Quién va a dar una fiesta?
8. ¿Sandra va a salir con Sergio o con otro muchacho?
9. ¿A quiénes va a ver Arturo el sábado?
10. ¿Quiénes van a ir a la iglesia el domingo?
11. ¿Patricia va a conocer a otros chicos?

© Royalty-Free/Getty Images

Now write one or two paragraphs about the four friends' weekend.

ENTRE NOSOTROS

💬 Vamos a conversar

23. Para conocernos mejor Get to know your classmate better by asking each other the following questions.

1. ¿Cuándo planeas dar una fiesta? ¿Dónde va a ser?
2. ¿Tu lector MP3 tiene música para bailar o para escuchar *(to listen to)*? ¿Tienes discos compactos en español? ¿Sabes cantar *(to sing)* "Feliz cumpleaños" en español? ¿Cantas bien?
3. ¿Qué haces los sábados por la tarde? ¿Y por la noche?
4. ¿A qué hora sales de tu casa? ¿Conduces tu coche o no te gusta conducir?
5. ¿Siempre traes tu libro de español a la clase?
6. ¿Cuántas llaves de tu casa tienes?
7. ¿Vas a comer algo después de la clase? ¿Dónde vas a comer?
8. ¿Ves a tus abuelos frecuentemente? ¿Ellos viven cerca de *(near)* tu casa?
9. ¿Los ojos de tu mamá son azules, verdes o castaños? ¿Y los ojos de tu papá?

24. Una encuesta Interview your classmates to identify who fits the following descriptions. Include your instructor, but remember to use the **Ud.** form when addressing him/her.

	Nombre
1. Tiene un esposo muy guapo (una esposa muy bonita).	_____
2. Es la nieta favorita de su abuela.	_____
3. Visita a sus tíos frecuentemente.	_____
4. Da muchas fiestas en su casa.	_____
5. Va a muchas fiestas.	_____
6. Sabe bailar salsa.	_____
7. Conoce Canadá.	_____
8. Va a comer en la cafetería mañana.	_____
9. Está enamorado(a).	_____
10. Es soltero(a).	_____

25. Y ahora… Write a brief summary, indicating what you have learned about your classmates.

26. ¿Cómo lo decimos? What would you say in the following situations? What might the other person say? Act out the scenes with a classmate.

1. You and a friend are planning a party. You ask him what beverages he is going to bring. Tell him what you are going to bring.
2. Someone asks you whether you are happy. Tell him you are in heaven.
3. You talk to a friend about some members of your family.

27. **¿Qué pasa aquí?** Get together in groups of three or four, and create a conversation among the people in the picture. You might have them introduce one another and discuss their friends, their activities, the occasion, or the party itself.

© Morgan Davide de Lossy/Corbis

✏️ Vamos a escribir

28. **Un mensaje electrónico** You are sending an e-mail to a friend, inviting him/her to a birthday party you are giving for someone.

Brainstorm about the place, the day, and the time, whom you are going to invite, what you are going to serve, and what you are going to do. Now make a list of all the details and then organize the e-mail.

▮ Un dicho ▮

Come y bebe, porque la vida es breve.
This piece of advice reminds us of a similar one in English. Do you know what it is? Is it good advice? Memorize the Spanish saying!

© Kayte Deioma / PhotoEdit

Mujeres salvadoreñas cocinando pupusas.

DE TODO UN POCO

▶ Vamos a ver

¡Qué sorpresa!

> **ESTRATEGIA** **Check glossed words** Before doing the first activity with a classmate, be aware of the glossed words and phrases in the questions. Then read the **Avance** *(preview)*, to know what the video is about, and try to anticipate what is going to happen.

Antes de ver el video

 29. Preparación With a classmate, take turns asking and answering the following questions.

1. ¿Tú estudias en la biblioteca?
2. ¿A qué hora vienes a la universidad?
3. ¿Tú tienes mil cosas que hacer?
4. ¿Tú vas a lavar los platos, vas a limpiar el baño o vas a pasar la aspiradora?
5. ¿Tú tienes hambre? ¿Hay algo para comer *(Is there something to eat)* en tu refrigerador?
6. ¿Qué bebes tú cuando tienes sed?
7. Cuando limpias tu casa o apartamento, ¿sacudes los muebles?
8. ¿Tú vas a trabajar después de la clase o estás cansado(a)?
9. ¿Tú eres un poco *(a little)* mandón (mandona) a veces?
10. Cuando tú das una fiesta, ¿tienes muchos invitados?
11. ¿Qué tomas cuando tienes dolor de cabeza *(headache)*: aspirinas o Tylenol?
12. ¿Tú necesitas dormir *(to sleep)* más?

El video

Marisa

Teresa

Pablo

Victoria

Avance Los amigos de Marisa están en el apartamento de la muchacha, muy ocupados preparando una fiesta sorpresa para celebrar su cumpleaños. Cuando la muchacha regresa más tarde y ellos se esconden *(they hide)*, la sorpresa de Marisa es realmente grande…

Después de ver el video

30. **¿Quién lo dice?** With a classmate, take turns saying who says the following.

Marisa   Teresa   Pablo   Victoria

1. ¡Ay, no, ¡qué horrible! ¿Dónde están las aspirinas…?
2. En el cuarto de Marisa. Son de ella. ¡Pablo! ¡Apúrate! Después de pasar la aspiradora, tienes que sacudir los muebles…
3. Pero estoy un poco cansado… Victoria es muy mandona…
4. ¡Sorpresa! ¡Feliz cumpleaños!
5. ¡Tenemos mil cosas que hacer! Yo voy a limpiar el baño.
6. Sí… ¡Qué sorpresa! ¡Que me trague la tierra!

31. **¿Qué pasa?** You and a classmate take turns asking and answering the following questions. Base your answers on the video.

1. ¿Dónde está Marisa? ¿A qué hora viene?
2. ¿Qué va a limpiar Teresa? ¿Qué tiene que hacer Pablo?
3. ¿Dónde está la aspiradora?
4. ¿Qué problema tiene Pablo?
5. ¿Para qué son los bocadillos que están en el refrigerador?
6. ¿Dónde debe poner Pablo los libros?
7. ¿Qué tiene que hacer Pablo después de pasar la aspiradora?
8. ¿Qué piensa *(thinks)* Pablo de Victoria?
9. ¿Qué va a buscar Teresa?
10. ¿Qué problemas tiene Marisa?

32. **Más tarde** Following the exchange between Pablo and Marisa and between Teresa and Victoria afterwards, you and a classmate supply the questions that elicited the answers that follow.

Pablo y Marisa

PABLO: _____?

MARISA: Son las once.

PABLO: _____?

MARISA: No, no necesito dormir. Estoy bien.

Teresa y Victoria

TERESA: _____?

VICTORIA: Sí, yo voy a lavar los platos.

TERESA: _____?

VICTORIA: Sí, Teresa. Es necesario pasar la aspiradora.

TERESA: _____?

VICTORIA: No sé… creo que está en el cuarto de Marisa.

DE TODO UN POCO

El mundo hispánico

México

› México, con más de cien millones de habitantes, ocupa por su población el primer lugar entre los países del mundo hispano. Su capital, la Ciudad de México, D.F. (Distrito Federal), con unos 24 millones de habitantes, es el centro urbano más grande del mundo.

Catedral Metropolitana, México, D.F.

› La economía tradicional del país está basada en el petróleo y la agricultura, pero en las últimas décadas la industria, el turismo y el dinero que los emigrantes en los Estados Unidos envían a sus casas, son la principal fuente de *source of income* ingreso°.

is due to › La importancia del turismo se debe a° la abundancia de bellezas naturales y de reliquias históricas y al servicio eficiente de sus centros turísticos. Playas famosas como Acapulco, Cancún y Puerto Vallarta; ruinas arquitectónicas como Teotihuacán, Chichén Itzá y Tulum; y la

Trío de mariachis de Guadalajara.

arquitectura de muchas ciudades atraen a turistas de todo el mundo. En México, D.F., coexisten restos arquitectónicos de la ciudad prehistórica Tenochtitlán, fundada en 1325 por los aztecas, edificios coloniales y modernas estructuras.

› Otras ciudades de gran interés turístico son Guadalajara, la segunda ciudad más grande del país, origen del mariachi y del tequila, Guanajuato, famosa por sus momias.

stand out › En el mundo del arte, se destacan° pintores como Diego Rivera, José Clemente Orozco, David Alfaro Siqueiros y Frida Kahlo.

Guatemala

was ❯ Guatemala es uno de los países centroamericanos que fue° parte del imperio maya. Es un país de volcanes, montañas y bellos paisajes. Su clima es muy agradable y por eso se conoce como "el país de la eterna primavera". Tiene selvas *jungles* tropicales°, hermosas playas e innumerables centros arqueológicos. Uno de los más famosos es la ciudad maya de Tikal.

Monasterio de los Capuchinos. Antigua, Guatemala.

birds ❯ La economía del país se basa en la agricultura. En sus bosques hay numerosos pájaros°, entre *currency* ellos el quetzal, que le da nombre a la moneda° del país.

❯ Una ciudad muy interesante de este país es Antigua, que fue la capital hasta 1776. Ciudad de Guatemala, la capital actual, es una ciudad moderna que tiene algunas construcciones antiguas.

El Salvador

❯ El Salvador es el país más pequeño de Centroamérica, pero es el más densamente poblado.

land ❯ El Salvador se conoce como "la tierra° de los volcanes". El país tiene unos 300 kilómetros de costa, y en sus hermosas *sport* playas el "surfing" es el deporte° que más se practica.

Parque Libertad. San Salvador, El Salvador.

❯ La capital de El Salvador es San Salvador, la ciudad más industrializada de Centroamérica.

---

33. El mundo hispánico y tú You and a classmate take turns asking and answering the following questions. Base your answers on the **El mundo hispánico** you have read.

1. ¿Cuántos habitantes tiene México? ¿Y su capital? ¿Cuántos habitantes tiene tu ciudad?
2. ¿A qué se debe la importancia del turismo en México? ¿El turismo es importante en tu estado?
3. ¿Cuál es la segunda ciudad más grande de México? ¿Y la de tu estado?
4. ¿Cómo es Guatemala? ¿Cómo es su clima? ¿Cuál fue su capital hasta 1776? ¿Y su capital actual? ¿Qué lugares (*places*) interesantes hay en tu estado?
5. ¿Qué sabes de El Salvador? ¿Cómo lo llaman? ¿Dónde hay volcanes en este país?

COMPRUEBE CUÁNTO SABE

Lección 3

A. Present indicative of -er and -ir verbs Use the verbs in the list to complete the following.

abrir	comer	deber	leer
barrer	correr	dividir	recibir
beber	creer	escribir	sacudir

1. ¿Uds. _____ café o limonada? ¿_____ en el comedor o en la cocina?
2. Nosotras _____ el trabajo. Elsa _____ el garaje y yo _____ los muebles.
3. ¿Tú _____ que los chicos _____ limpiar el baño?
4. Para hacer ejercicio *(To exercise)*, Eva y yo _____ por la mañana.
5. ¿Tú _____ tu ventana por la noche?
6. ¿Ud. _____ muchos libros, señorita? ¿_____ muchas cartas *(letters)*? ¿_____cartas de sus amigos?

B. Possession with *de* Complete the following, using the words in parentheses.

1. Tengo que lavar _____ *(my brothers' clothes)*.
2. Eva vive en _____ *(my mom's house)*.
3. Carlitos está en _____ *(my parents' room)*.
4. Teresa es _____ *(Silvia's sister)*.

C. Present indicative of *tener* and *venir* Complete the following paragraph, using the present indicative of **tener** or **venir,** as appropriate.

Mariana y yo _____ que limpiar la casa porque nuestros padres _____ esta noche. Yo _____ que limpiar el baño y ella _____ que cortar el césped. Mi hermana _____ con ellos. Yo trabajo hoy, pero _____ a casa a las once. ¿A qué hora _____ tú?

D. Expressions with *tener* Complete the following, giving the Spanish equivalent of the words in parentheses.

1. Anita _____. *(is ten years old)*
2. Yo _____, pero _____. *(am not hungry / I'm very thirsty)*
3. Las chicas _____. *(are very sleepy)*
4. ¿Tú _____? ¡Nosotros _____! *(are cold / are hot)*
5. Carlitos _____ cuando está solo *(alone)*. *(is afraid)*
6. Ud. _____, señora. *(are right)*

E. Demonstrative adjectives and pronouns Place the correct demonstrative adjective before each noun.

this	that	these	that (over there)
_____ cacerola	_____ lavaplatos	_____ cafeteras	_____ señor
_____ tazón	_____ secadora	_____ coladores	_____ señora

F. Numbers from 300 to 1,000 Write the following numbers in Spanish.

1. 315 _____
2. 920 _____
3. 480 _____
4. 860 _____
5. 750 _____
6. 590 _____

7. 630 _____
8. 500 _____
9. 375 _____
10. 816 _____
11. 947 _____
12. 1.000 _____

G. Vocabulario Choose the word or phrase that does not belong in each group.

1. sala	comedor	césped
2. descansar	comer	cenar
3. dormitorio	plato	cuarto de baño
4. vivir	lavar	planchar
5. cacerola	sartén	plancha
6. basura	cafetera	tostadora
7. tocar a la puerta	pasar la aspiradora	poner la mesa
8. un rato	todo	después
9. desastre	refrigerador	horno
10. cosas que hacer	ocupado	conmigo

H. Cultura Answer the questions based on the **Detalles culturales** you have read.

1. Actualmente, ¿quiénes ayudan con los trabajos de la casa en los países hispanos?
2. ¿Dónde es popular la comida mexicana?
3. ¿En qué países, además de en Latinoamérica, son populares las telenovelas mexicanas?

Lección 4

A. Irregular first person in the present indicative Answer the following questions in complete sentences.

1. ¿A qué hora sales de tu clase de español?
2. ¿Qué coche conduces?
3. ¿Siempre traes todos los libros a la clase?
4. En la clase, ¿traduces del inglés al español?
5. ¿Haces la tarea *(homework)* todos los días?
6. ¿Conoces México?
7. ¿Sabes esquiar *(to ski)*?
8. ¿Ves a tus padres todos los días?
9. ¿En qué banco *(bank)* pones tu dinero?

B. *Saber* vs. *conocer* Write a sentence with each group of words, adding **saber** or **conocer** as necessary.

1. nosotros / que ella / es / su novia
2. yo / a Teresa / pero no / dónde vive
3. Cindy / México / pero no / hablar español
4. los chicos no / los poemas de memoria
5. ¿tú / al novio de Sara?
6. tú / hablar español / muy bien
7. Raúl no / ese restaurante
8. Uds. / las novelas / de Cervantes

C. Personal *a* Write a sentence with each group of words, adding any necessary words.

1. yo / conocer / la tía / Julio
2. Luis / tener / tres tíos / dos tías
3. Ana / llevar / su prima / fiesta
4. Uds. / conocer / San Salvador
5. el profesor / tener / veinte estudiantes
6. Aurora / conocer / Rita / Carlos y / María
7. nosotros / invitar / Teresa / y su familia
8. ellas / llamar / un taxi

D. Contractions *al* and *del* Rewrite the following sentences, replacing the words in italics with the words in parentheses. Make all necessary changes.

1. No conocemos a la *señora* Vega. (señor)
2. Es la hermana de la *profesora*. (profesor)
3. Venimos del *club*. (fiesta)
4. Voy a la *biblioteca*. (laboratorio)
5. Vengo del *parque*. (playa)
6. Yo conozco a los hijos de la *Dra. Ruiz*. (Dr. Mena)
7. ¿Van al *teatro*? (cafetería)
8. ¿Vas a la *universidad*? (concierto)

E. Present indicative of *estar, ir,* and *dar* Complete the following exchanges, using the present indicative of **dar, ir,** and **estar**.

1. —¿Tú _____ una fiesta el sábado?

   —No, yo no _____ una fiesta. Elena _____ una fiesta el sábado.

2. —¿Adónde _____ Uds. hoy?

   —Yo _____ a la universidad y mi novio _____ a trabajar.

3. —¿Cómo estás?

   —_____ bien, gracias.

4. —¿Cuánto dinero _____ Uds. para la fiesta?

   —Nosotros _____ 50 dólares.

5. —¿Uds. _____ cansados?

—No, nosotros no _____ cansados.

6. —¿Con quién _____ tú al club?

—Yo _____ con Ricardo. ¿Y ustedes?

—Nosotros _____ con Elsa.

F. *Ir a + infinitive* Write the question that originated each response, using the cues in italics.

1. _____ Yo voy a estudiar *en el laboratorio*. (Use **tú**.)

2. _____ Nosotros vamos a comer *sándwiches*.

3. _____ Roberto va a ir *con Teresa*.

4. _____ Yo voy a terminar *a las cuatro*. (Use **Ud**.)

5. _____ Ellos van a trabajar *el sábado*.

G. Vocabulario Complete the following sentences, using vocabulary from **Lección 4**.

1. Tenemos muchos _____ compactos.

2. Vamos a comer _____.

3. Mi madrina es morena de ojos _____.

4. ¿Es rubia, morena o _____?

5. Es de _____ mediana.

6. Dan una fiesta de _____ para Ana hoy.

7. Elena no es casada; es _____.

8. Paco y Rosa hacen una buena _____, ¿verdad?

9. Ellos traen la _____ para comer en la fiesta.

10. ¿Quieres bailar _____?

11. Todos _____ su copa y brindan: ¡Salud!

12. La fiesta es todo un _____. Todos los invitados lo _____ muy bien.

H. Más vocabulario. Choose the word that best completes the following.

1. Olga es la (hermana, nieta, prima) favorita de sus abuelos.

2. Carlos es mi cuñado. Es el (hijo, hermano, esposo) de mi hermana.

3. La mamá de mi esposo es mi (nuera, suegra, sobrina).

4. El hermano de mi mamá es mi (yerno, abuelo, tío).

5. La esposa de mi hijo es mi (prima, sobrina, nuera).

6. El hijo de mi tío es mi (sobrino, primo, nieto).

I. El mundo hispánico y tú Select the correct answer based on the **El mundo hispánico** you have read.

1. Diego Rivera es un famoso pintor (guatemalteco / mexicano).

2. Guanajuato es famosa por sus (momias / mariachis).

3. Guatemala es conocida como el país de la eterna (selva / primavera).

4. San Salvador es la ciudad (más / menos) industrializada de Centroamérica.

UNIDAD 3

¿QUÉ COMEMOS HOY?

LECCIÓN 5: ¿QUÉ VAS A PEDIR?

OBJETIVOS
> Order meals at cafés and restaurants
> Request and pay your bill
> Talk about what is going on
> Describe people and things
> Make comparisons

ESTRUCTURAS
1 Present progressive
2 Uses of **ser** and **estar**
3 Stem-changing verbs: **e > ie**
4 Comparative and superlative of adjectives, adverbs, and nouns
5 Pronouns as objects of prepositions

LECCIÓN 6: EN EL MERCADO

OBJETIVOS
> Shop for groceries in supermarkets and specialty stores
> Avoid repetition
> Contradict what someone else is saying
> Talk about how long something has been going on

ESTRUCTURAS
1 Stem-changing verbs: **o > ue**
2 Stem-changing verbs: **e > i**
3 Direct object pronouns
4 Affirmative and negative expressions
5 **Hace… que**

Una pareja comprando frutas y verduras en el supermercado.
© Media Bakery

COSTA RICA
Turistas admirando la selva desde un puente en el Parque Selvatura.

HONDURAS
Ruinas mayas en Copán.

PANAMÁ
Fuerte de Portobelo.

NICARAGUA
Volcán Concepción, el más alto de Nicaragua, en la isla de Ometepe.

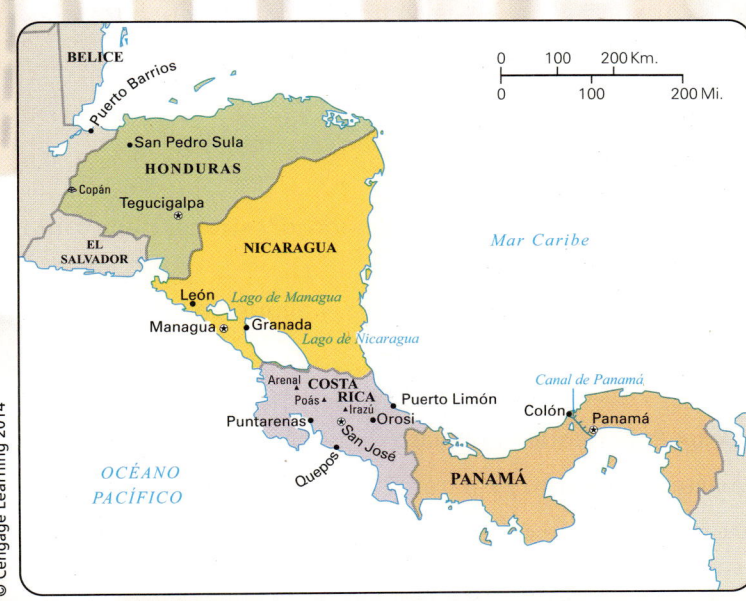

¿Qué vas a pedir?

Image provided by Jon Chomitz Photography;
© Cengage Learning 2014

1-17 Sergio Villarreal, su esposa, Marisa, y sus dos hijos, Amanda y Carlitos, de Panamá, están de vacaciones en San José, la capital de Costa Rica. Están en uno de los mejores hoteles de la ciudad. El hotel tiene servicio de habitación. Ahora están leyendo el menú.

MARISA *(Lee.)* Pollo a la parrilla con ensalada y una papa al horno… langosta… pescado… sopa de verduras… camarones… Yo quiero pescado.

SERGIO *(Lee también.)* Bistec con puré de papas… arroz con albóndigas… chuletas de cerdo con papas fritas…

MARISA ¡Ay, Sergio! ¡Eso no es lo que debes comer, con tu colesterol alto! Debes seguir tu dieta especial.

SERGIO Hoy no pienso seguir dietas. Mañana empiezo otra vez. ¡Niños! ¿Quieren postre? Hay flan, torta de chocolate, pastel, helado, arroz con leche… Bueno, voy a llamar al servicio de habitación.

MARISA ¿Qué vas a pedir?

SERGIO ¡Es un secreto!

Image provided by Jon Chomitz Photography;
© Cengage Learning 2014

1-18 Al día siguiente, la familia Villarreal está en un restaurante, donde van a desayunar. Este restaurante no es tan bueno como otros, pero sirve comida muy sabrosa. Ahora están hablando con el camarero.

MARISA Tráigame huevos revueltos con jamón y pan tostado. Para beber, jugo de naranja y café con leche.

CAMARERO Sí, señora. ¿Y para usted, señor?

SERGIO Chorizo, huevos fritos y pan con mantequilla y mermelada.

MARISA ¡¿Después de la cena de anoche?! ¡Debes pedir fruta y una taza de té!

SERGIO ¡Eso no es un desayuno! En el almuerzo, voy a comer ensalada.

CAMARERO ¿Y para usted, señorita?

AMANDA Panqueques y un vaso de leche.

CAMARERO Muy bien. ¿Y para ti?

CARLITOS Chocolate caliente y galletas. Las galletas son más sabrosas que los panqueques.

Sergio paga la cuenta y deja una buena propina. Marisa piensa que, después del desayuno, deben ir a caminar… ¡o a correr por toda la ciudad!

Detalle cultural
Cada país latinoamericano tiene platos típicos, pero la mayoría de los restaurantes de las grandes ciudades sirve también comida internacional.

➤ ¿Es fácil encontrar comida internacional en tu ciudad? ¿De qué países?

Detalle cultural
En los países de habla hispana el café se sirve después del postre, nunca durante la comida. Generalmente es café tipo expreso y se sirve en tazas muy pequeñas.

➤ ¿Se bebe mucho café en este país? ¿Qué tipo de café prefiere beber Ud.?

Hablemos

1. **Sobre el diálogo** With a classmate, take turns asking and answering the following questions. Base your answers on the dialogues.

    1. ¿Dónde está la familia Villarreal?
    2. El hotel donde están Sergio, Marisa y sus dos hijos de vacaciones, ¿es bueno? ¿Tiene servicio de habitación?
    3. ¿Qué están leyendo Sergio y Marisa?
    4. ¿Marisa quiere comer pollo, langosta, pescado o camarones?
    5. Sergio tiene el colesterol alto. ¿Qué debe seguir? ¿Cuándo empieza a seguir su dieta otra vez?
    6. ¿Qué postres tiene el restaurante del hotel?
    7. ¿Qué quiere Marisa para desayunar?
    8. ¿Qué quiere comer Sergio? ¿Qué va a comer en el almuerzo?
    9. ¿Qué quiere Amanda? ¿Qué quiere Carlitos?
    10. ¿Qué piensa Marisa que deben hacer después del desayuno?

2. **Entrevista** With a classmate, take turns asking and answering the following questions.

    1. ¿Adónde vas tú cuando estás de vacaciones?
    2. ¿Tú prefieres ensalada o sopa de verduras? *(Hint: Yo prefiero…)*
    3. ¿Prefieres una papa al horno, puré de papas o papas fritas?
    4. ¿Prefieres comer arroz con albóndigas o chuletas de cerdo?
    5. ¿Prefieres comer flan, torta de chocolate o arroz con leche?
    6. Si tú y un(a) amigo(a) van a un restaurante, ¿quién paga la cuenta? ¿Quién deja la propina?
    7. ¿Cuál es tu restaurante favorito?
    8. En el desayuno, ¿prefieres comer huevos revueltos con jamón o chorizo y huevos fritos?
    9. ¿Prefieres comer panqueques o galletas?
    10. ¿Prefieres caminar o correr?

VOCABULARIO

Cognados

la capital
el colesterol
la dieta*
la ensalada
especial
la fruta
el hotel
la lista
el menú*
el panqueque*
el restaurante*
el secreto
la sopa*

Nombres

la albóndiga	meatball
el almuerzo	lunch
el arroz	rice
_____ con leche	rice pudding
el bistec	steak
el (la) camarero(a)	waiter, waitress
los camarones*	shrimp
la cena	dinner
el chorizo	sausage
la chuleta de cerdo	pork chop
la cuenta	check, bill
el desayuno	breakfast
el flan	caramel custard
la galleta, la galletita	cookie
el helado*	ice cream
el huevo*	egg
_____ revuelto	scrambled egg
el jamón	ham
la langosta	lobster
la mantequilla*	butter
la mermelada	jam
el pan	bread
_____ tostado	toast
la papa*	potato
_____ al horno	baked potato
el pescado	fish

el pollo	chicken
el postre	dessert
la propina	tip
el puré de papas	mashed potatoes
el servicio	service
_____ de habitación	room service
la torta*	cake
la verdura, el vegetal	vegetable

Verbos

caminar	to walk
dejar	to leave (behind)
desayunar	to have breakfast
empezar (e > ie), comenzar (e > ie)	to begin, to start
llamar	to call
pagar	to pay
pedir (e > i)	to order (at a restaurant)
pensar (e > ie)	to think, to plan
preferir (e > ie)	to prefer
querer (e > ie)	to want, to wish
seguir (e > i)	to follow

Adjetivos

asado(a)	baked
bueno(a)	good
frito(a)	fried
mejor	better, best
otro(a)	other, another
sabroso(a), rico(a)	tasty

Otras palabras y expresiones

a la parrilla	grilled
al día siguiente	the next day
anoche	last night
de vacaciones	on vacation
lo que	what, that which
otra vez	again
por toda la ciudad	all through the city
tráigame	bring me

Más sobre el tema

Para poner la mesa *(To set the table)*

la pimienta   la sal

las copas

la taza

el platillo

la servilleta

el cuchillo

el plato

la cucharita

el tenedor

la cuchara

el mantel

© Cengage Learning 2014

De país a país

el panqueque[1] el panqué *(Méx., Cuba)*
la sopa el caldo *(Méx.)*
el (la) camarero(a) el mozo *(Cono Sur)*, el (la)
   salonero(a) *(Costa Rica)*, el (la) mesonero(a)
   (Ven.), el (la) mesero(a) *(Méx.)*
los camarones las gambas *(Esp.)*
el helado la nieve *(Méx.)*
el huevo el blanquillo *(Méx.)*
la mantequilla la manteca *(Arg.)*
la papa la patata *(Esp.)*
la torta el pastel *(Méx.)*
la dieta el régimen *(Cono Sur)*
el menú la carta *(Esp.)*

[1] In the Southern Cone, pancakes are made like the French-style crepe.

VOCABULARIO

Para practicar el vocabulario

3. En el restaurante Choose the word or phrase that does not belong in each group.

1. arroz   albóndiga   bistec
2. al día siguiente   otra vez   anoche
3. vegetal   flan   arroz con leche
4. langosta   camarero   camarones
5. postre   jamón   helado
6. asado   frito   bueno
7. mejor   sabroso   rico
8. empezar   comenzar   llamar

4. Preguntas y respuestas Match the questions in column A with the answers in column B.

A

1. ¿A qué hora es el almuerzo? _____
2. ¿Quieres pan tostado? _____
3. ¿Quieres pollo? _____
4. ¿Qué quiere comer? _____
5. ¿A qué hora es el desayuno? _____
6. ¿Necesita un cuchillo? _____
7. ¿Tienes que trabajar? _____
8. ¿Quieres sopa? _____
9. ¿A qué hora es la cena? _____
10. ¿Van a caminar? _____

B

a. Sí, a la parrilla.
b. Sí, de verduras.
c. No, estoy de vacaciones.
d. A las siete de la mañana.
e. Sí, por toda la ciudad.
f. A la una.
g. A las ocho de la noche.
h. Tráigame chuletas de cerdo.
i. No, una cuchara.
j. Sí, con mantequilla.

5. ¿Qué van a pedir? With a classmate, take turns indicating what each person is going to order, according to the information given. Include drinks and dessert.

1. El Sr. Vigo: *He has high cholesterol and is trying to be careful.*
2. Ana: *She loves seafood.*
3. Eva: *She is a vegetarian.*
4. Tito: *He loves meat and rice.*
5. Julio: *He likes to order breakfast food for lunch or dinner sometimes.*
6. Lisa: *She loves potatoes.*
7. Mirta: *She is a model and has to count calories.*

6. Para poner la mesa With a classmate, decide what items you are going to need to set the table, according to what is going to be served. Start out with a tablecloth and napkins.

You will serve soup, salad, steak and lobster, dessert, water, red wine, and coffee.

© Cengage Learning 2014

Pronunciación

1-19

Las consonantes _g, j, h_

1. Practice the sound of Spanish **g** in the following words.

pa**g**ar	**g**racias
gambas	**g**uapo
lan**g**osta	trái**g**anos

2. Practice the sound of Spanish **j** (or **g** before **e** and **i**) in the following words.

ba**j**o	pare**j**a	**J**ulio
giro	anaran**j**ado	**J**avier
Gerardo	me**j**or	ve**g**etales

3. Repeat the following words. Remember that the Spanish **h** is silent.

a**h**ora	**h**asta	**h**elado
hoy	**h**ola	**h**amburguesas
hora	**h**istoria	**h**uevo

1 Present progressive (*Estar* + *gerundio*)

The present progressive describes an action that is in progress. It is formed with the present tense of **estar** and the **gerundio** (equivalent to the English *-ing* form) of the verb. Study the formation of the **gerundio** in the following chart.

Infinitive	habl**ar**	com**er**	escrib**ir**
Gerundio	habl- **ando**	com- **iendo**	escrib- **iendo**

Yo	**estoy**	**comiendo.**
I	*am*	*eating.*

—**¿Estás estudiando?**	*"Are you studying?"*
—No, **estoy escribiendo.**	*"No, I am writing."*

> The following forms are irregular. Note the change in their stems.

pedir	→	p**i**diendo	*asking for*
decir	→	d**i**ciendo	*saying*
servir	→	s**i**rviendo	*serving*
dormir	→	d**u**rmiendo	*sleeping*
traer	→	tra**y**endo	*bringing*
leer	→	le**y**endo	*reading*

> Note also that the **i** of **-iendo** becomes **y** between vowels.

—¿Qué **están haciendo** las chicas?	*"What **are** the girls **doing**?"*
—Ana **está leyendo** y	*"Ana **is reading** and*
Eva **está durmiendo.**	*Eva **is sleeping**."*

¡Mamá! ¡Mamá! ¿Estás durmiendo?

© Cengage Learning 2014

¡Atención! In Spanish, the present progressive is *never* used to indicate a future action. The present tense is used in future expressions that would require the present participle in English.

> Some verbs, such as **ser, estar, ir,** and **venir,** are rarely used in the progressive construction.

Práctica y conversación

 7. En casa de los Carreras With a classmate, say what is happening, using the cues provided.

    1. tú / preparar / una ensalada

    2. Javier / traer / los manteles

    3. Luisito y Anita / pedir / dinero

    4. yo / decir / que es tarde

    5. Andrea y yo / desayunar / la cocina

8. ¿Qué están haciendo? Describe what the following people are doing.

1. Tú…

2. Yo…

3. Ellos…

4. Eva…

5. La profesora…

6. Nosotros… y el chico…

9. ¿Qué están haciendo? In groups, you will use the present progressive and the cues given to say what you are doing *(good things!)* and to accuse one of your classmates of doing something not so good.

    Modelo   Yo estoy lavando los platos, pero _____ está fumando.

1. trabajar	a. mirar la tele
2. estudiar	b. comer dulces *(sweets)*
3. leer un libro	c. fumar *(smoke)*
4. poner la mesa	d. dormir
5. barrer la cocina	e. beber vodka
6. lavar los platos	f. decir malas palabras *(bad words)*
7. limpiar el baño	g. hablar con su novio(a)
8. servir la comida	h. bailar en la mesa
9. escribir una carta *(letter)*	i. dar problemas
10. sacudir los muebles	j. gritar

2 Uses of *ser* and *estar* (*Usos de ser y estar*)

The English verb *to be* has two Spanish equivalents, **ser** and **estar**, which have distinct uses and are *not* interchangeable.

Uses of *ser*

Ser expresses a fundamental quality and identifies the essence of a person or thing: *who* or *what* the subject is.

> It describes the basic nature or inherent characteristics of a person or thing. It is also used with expressions of age that do not refer to a specific number of years.

Anita **es** tímida.	Anita **is** shy.
Estela **es** joven.	Estela **is** young.

> It is used with **de** to indicate origin and with adjectives denoting nationality.

Carmen **es** cubana; **es** de La Habana.	Carmen **is** Cuban; she **is** from Havana.

> It is used to identify professions and jobs.

Yo **soy** profesor de francés.	I **am** a French professor.

> With **de**, it is used to indicate possession or relationship.

El vaso **es** de Ana.	The glass **is** Ana's.
Ellas **son** las hermanas de Javier.	They **are** Javier's sisters.

> With **de**, it describes the material that things are made of.

El teléfono **es** de plástico.	The telephone **is** (made of) plastic.
La mesa **es** de metal.	The table **is** (made of) metal.

> It is used with expressions of time and with dates.

Son las cuatro y media.	It **is** four-thirty.
Hoy **es** jueves, primero de julio.	Today **is** Thursday, July first.

> It is used with events as the equivalent of "taking place."

La fiesta **es** en mi casa.	The party **is (taking place)** at my house.

Uses of *estar*

Estar is used to express more transitory qualities than **ser** and often implies the possibility of change.

> It indicates place or location.

Ana **está** en casa.	Ana **is** at home.

> It indicates a condition, often the result of an action, at a given moment in time.

Él **está** cansado.	He's tired.
La puerta **está** cerrada.	The door **is** closed.

> With personal reactions, it describes what is perceived through the senses, that is, how a subject tastes, feels, looks, or seems.

¡Estás muy bonita hoy!　　　　　　　　**You look** very pretty today!

La sopa **está** muy sabrosa.　　　　　　The soup **is** very tasty.

> In present progressive constructions, it describes an action in progress.

Estoy desayunando.　　　　　　　　　**I am** having breakfast.

🌐 Práctica y conversación

 10. Entrevista a un(a) compañero(a) Interview a classmate, using the following questions.

1. ¿Eres estadounidense? ¿De dónde eres?
2. ¿Estás cansado(a)? ¿Estás aburrido(a)?
3. Tu mejor amigo(a), ¿es alto(a), bajo(a) o de estatura mediana?
4. Tu mejor amiga, ¿es rubia, morena o pelirroja?
5. ¿Dónde están tus padres ahora? ¿Están trabajando?
6. ¿Tu papá es profesor? ¿Tu mamá es profesora?
7. Las sillas que están en la clase, ¿son de madera *(wood)*?
8. ¿Qué día es hoy? ¿Qué hora es?
9. ¿Tus padres son estadounidenses? ¿De dónde son?
10. ¿De dónde es tu mejor amigo(a)? ¿Y sus padres?

11. Carlos Alberto y Nora Complete the following story about Carlos Alberto and his girlfriend, Nora, using the present indicative of **ser** or **estar,** as appropriate.

Carlos Alberto _____ joven, alto y delgado. _____ estudiante de la Universidad Central. Él _____ de Panamá, pero ahora _____ en Costa Rica. _____ las nueve de la noche y Carlos Alberto decide ir a la casa de Nora. Nora _____ su novia y _____ una chica muy inteligente y simpática. —¡Qué bonita _____ hoy, Nora! —exclama Carlos Alberto cuando ella abre la puerta. Los dos van a una fiesta. La fiesta _____ en la casa de Andrea y Javier. Andrea _____ de El Salvador y Javier _____ de Argentina. Los dos _____ estudiantes de la universidad de Massachusetts. Los padres de Andrea _____ en Miami. La madre de Javier también _____ en Miami, pero su esposo _____ en Buenos Aires porque tiene que trabajar. Carlos Alberto y Nora _____ muy contentos porque _____ muy amigos de Andrea y Javier. Los cuatro _____ planeando un viaje a Miami.

PUNTOS PARA RECORDAR

12. **Ser o estar** With a classmate, take turns making statements about each illustration, using **ser** or **estar** as needed.

Modelo Pedro _____ y Luis _____.
Pedro es alto y Luis es bajo.

1. Mario _____ moreno y Ana _____ rubia.

2. Eva _____.

3. El doctor Torres _____.

4. Yo _____.

5. Hoy _____.

6. Los estudiantes _____.

7. _____.

8. Nosotros _____.

13. **En un restaurante mexicano** You and a classmate are at a Mexican restaurant. Use your imagination to answer the following questions.

¿Es un buen restaurante? ¿Qué están comiendo? ¿Está sabroso? ¿Qué bebidas están sirviendo los camareros? ¿De dónde son ustedes? ¿Qué hora es? ¿Cómo están?

3 Stem-changing verbs: *e > ie* (*Verbos que cambian en la raíz: e > ie*)

As you have already seen, Spanish verbs have two parts: a stem and an ending (**-ar, -er,** or **-ir**). Some Spanish verbs undergo a change in the stem in the present indicative tense. When **e** is the last stem vowel and it is stressed, it changes to **ie** as shown below.

preferir *(to prefer)*			
yo	pref**ie**ro	nosotros(as)	preferimos
tú	pref**ie**res	vosotros(as)	preferís
Ud.		Uds.	
él	pref**ie**re	ellos	pref**ie**ren
ella		ellas	

❯ Note that the stem vowel is not stressed in the verb forms used with **nosotros(as)** and **vosotros(as);** therefore, the **e** does not change to **ie**.

❯ Stem-changing verbs have the same endings as regular **-ar, -er,** and **-ir** verbs.

❯ Other verbs that also change from **e** to **ie** are **cerrar** *(to close),* **comenzar, empezar, entender**[1] *(to understand),* **pensar**[2] *(to think),* and **querer.**

—¿**Quieres** bistec?	*"**Do you want** steak?"*
—No, **prefiero** pollo.	*"No, **I prefer** chicken."*
—¿A qué hora **comienzan** Uds. a trabajar?	*"At what time **do you begin** to work?"*
—**Comenzamos** a las diez.	*"**We begin** at ten."*

Práctica y conversación

14. No están de acuerdo Alicia and Sergio cannot agree on anything. Supply the correct form for each verb and act out the conversation with a classmate.

Alicia ¿Tú (pensar) _____ ir a la fiesta de Olga?

Sergio Yo no (querer) _____ ir a fiestas; (preferir) _____ ir a un restaurante con los muchachos.

Alicia ¡Ellos también (querer) _____ ir a la fiesta!

Sergio ¿A qué hora (empezar) _____ la fiesta?

Alicia (Comenzar) _____ a las nueve, pero Beatriz y yo (querer) _____ estar allí *(there)* a las ocho porque tenemos que llevar las bebidas.

---

[1] For a complete list of stem-changing verbs, see Appendix B.

[2] When followed by an infinitive, **pensar** means *to plan:* **Pienso** estudiar hoy.

Sergio Carlos y yo (pensar) _____ ir a la biblioteca.

Alicia ¡¿Uds. (pensar) _____ ir a la biblioteca hoy?!
Entonces yo voy a la fiesta con Roberto.

Sergio ¡Magnífico! Yo voy al restaurante con Ana María.

 15. Dime... *(Tell me...)* With a classmate, take turns asking and answering the following questions with complete sentences, using the illustrations as cues.

1. ¿Qué quieres tomar?

2. ¿A qué hora empieza la clase?

3. ¿Adónde quieren ir Uds.?

4. ¿Qué prefiere comer Adela?

5. ¿Cuándo comienzan las clases?

6. ¿A qué hora cierran la biblioteca?

7. ¿Qué prefieren beber Uds.: ponche o vino?

8. ¿En qué mes empieza el invierno?

9. ¿Con quién piensas ir?

 **16. Quiero saber...** Write five original questions to ask a classmate, using *e > ie* stem-changing verbs. Your classmate will, in turn, ask you five questions.

Illustrations © Cengage Learning 2014

4 Comparative and superlative of adjectives, adverbs, and nouns (Comparativo y superlativo de adjetivos, adverbios y nombres)

Comparisons of inequality

> In Spanish, the comparative of inequality of most adjectives, adverbs, and nouns is formed by placing **más** *(more)* or **menos** *(less)* before the adjective, the adverb, or the noun and **que** *(than)* after it.

		adjective		
más		*or*		
	+	*adverb*	+	**que**
menos		*or*		
		noun		

—¿Tú eres **más alta que** Ana?   *"Are you **taller than** Ana?"*

—Sí, ella es mucho **más baja que** yo.   *"Yes, she is much **shorter than** I."*

¡Atención! De is used instead of **que** before a numerical expression of quantity or amount.

Luis tiene **más de** treinta años.   *Luis is **over** thirty years old.*

Hay **menos de** veinte   *There are **fewer than** twenty*
estudiantes aquí.   *students here.*

Comparisons of equality

> To form comparisons of equality with adjectives, adverbs, and nouns in Spanish, use the adjectives **tanto(a)(os)(as),** or the adverb **tan… como.**

When comparing adjectives or adverbs:

tan *(as)* ⟨ bonita / tarde ⟩ **+ como**

When comparing nouns:

tanto *(as much)* dinero
tanta plata *(money)*   **+ como**
tantos *(as many)* libros
tantas plumas

—¿Tu hermana habla bien el español?   *"Does your sister speak Spanish well?"*

—Sí, habla español **tan bien como** nosotros.   *"Yes, she speaks Spanish as well as we do."*

—Tú das muchas fiestas.   *"You give many parties."*

—Sí, pero no doy **tantas fiestas como** ustedes.   *"Yes, but I don't give as many parties as you do."*

—¿Eva tiene muchos amigos?   *"Does Eva have many friends?"*

—Sí, pero no tiene **tantos amigos como** Ana.   *"Yes, but she doesn't have as many friends as Ana."*

The superlative

› The superlative construction is similar to the comparative. It is formed by placing the definite article before the person or thing being compared.

definite + (noun) + **más** or **menos** + adjective + **de**
article

—¿Quién es **el estudiante más inteligente de** la clase?

"Who is **the most intelligent student in** the class?"

—Mario es **el[1] más inteligente de** todos.

"Mario is **the most intelligent** of all."

—¿Quién es **la más alta de** tus hermanas?

"Who is **the tallest** of your sisters?"

—Nora y Ada son **las más altas.**

"Nora and Ada are **the tallest.**"

¡Atención! Note that the Spanish **de** translates to the English *in* or *of* after a superlative.

Ellos son los más inteligentes **de** la clase. *They are the most intelligent ones **in** the class.*

Irregular comparative forms

› The following adjectives and adverbs have irregular comparative and superlative forms in Spanish.

Adjective	Adverb	Comparative	Superlative
bueno *(good)*	bien *(well)*	**mejor** *(better)*	**el (la) mejor** *(the best)*
malo *(bad)*	mal *(badly)*	**peor** *(worse)*	**el (la) peor** *(the worst)*
grande *(big)*		**mayor**	**el (la) mayor**
pequeño *(small)*		**menor**	**el (la) menor**

› When the adjectives **grande** and **pequeño** refer to size, the regular comparative forms are generally used.

Tu clase es **más grande que** la de Antonio. *Your class is **bigger than** Antonio's.*

› When these adjectives refer to age, the irregular comparative forms **mayor** and **menor** are used.

—¿Felipe es **mayor que** tú? *"Is Felipe **older than** you?"*

—No, es **menor que** yo. *"No, he's **younger than** I (am)."*

Práctica y conversación

17. Más o menos… Complete the following sentences, giving the Spanish equivalent of the words in parentheses.

1. ¿Tu esposo tiene _____ cuarenta años? *(less than)*

2. Mi primo baila _____ yo. *(as badly as)*

3. Mi amigo es _____ tú. *(less intelligent than)*

4. Andrea es _____ su hermana. *(much younger than)*

[1] The noun may be omitted in the superlative construction to avoid repetition when meaning is clear from context.

5. Tú eres _____ ella. *(much thinner than)*

6. Luis es _____ Ariel. *(as nice as)*

7. Yo no tengo _____ tú. *(as many books as)*

8. Nosotros damos _____ Uds. *(as many parties as)*

9. Este restaurante es _____ todos. *(the best of)*

10. La langosta es _____ el pollo. *(tastier than)*

18. Comparaciones Establish comparisons between the following people and things, using the adjectives provided and adding any necessary words.

1. Hotel Hilton / Motel 6 / mejor

2. Einstein / yo / inteligente

3. Penélope Cruz / Meg Ryan / bonita

4. Maine / Texas / pequeño

5. Antonio Banderas / Danny DeVito / alto

6. Anita / Luisito / mayor

7. Brasil / Venezuela / grande

8. Jane Fonda / Jennifer López / menor

Es un poco mayor que yo, pero...

© Cengage Learning 2014

19. Ustedes y Sergio You and a classmate make comparisons between you and Sergio.

Sergio...

1. ... mide seis pies, cuatro pulgadas *(is six feet, four inches)*.

2. ... baila muy bien.

3. ... tiene veinte años.[1]

4. ... tiene diez mil dólares en el banco *(bank)*.

5. ... tiene muy buenas notas *(grades)*: "A" en todas sus clases.

6. ... tiene cinco hermanos.

7. ... es extremadamente inteligente.

8. El papá de Sergio tiene cincuenta y cinco años.

20. En mi familia With a classmate, ask each other questions to find out how you compare to members of your family with respect to height, age, intelligence, etc.

[1] la misma edad = *the same age*

5 Pronouns as objects of prepositions (*Pronombres usados como complemento de preposición*)

The object of a preposition[1] is the noun or pronoun that immediately follows it.

La fiesta es *para María (ella).*   **Ellos van *con nosotros.***

Singular		Plural	
mí	me	nosotros(as)	us
ti	you (fam.)	vosotros(as)	you (fam.)
Ud.	you (form.)	Uds.	you (form. / fam.)
él	him	ellos	them (masc.)
ella	her	ellas	them (fem.)

> Only the first- and second-person singular, **mí** and **ti,** are different from regular subject pronouns.

> When used with the preposition **con, mí** and **ti** become **conmigo** and **contigo,** respectively. The other forms do not combine: **con él, con ella, con ustedes,** and so on.

—¿El café es para **mí**?   *"Is the coffee for **me**?"*

—No, no es para **ti;**   *"No, it's not for **you**;*
es para **él.**   *it's for **him**."*

—¿Vas a la fiesta   *"Are you going **with***
conmigo?   ***me** to the party?"*

—No, no voy **contigo;**   *"No, I'm not going **with you**;*
voy con **ellos.**   *I'm going with **them**."*

—¿El profesor está   *"Is the professor talking*
hablando de Sara?   *about Sara?*

—No, está hablando de **ti.**   *"No, he's talking about **you**."*

Es para ti.

© Cengage Learning 2014

[1] See Appendix C.

Práctica y conversación

21. Entre amigos Complete the following sentences with the correct forms of the pronouns and prepositions in parentheses.

1. Elena no va _____, Anita. *(with you)*
2. Esas servilletas son para _____ y el mantel es para _____. *(me / her)*
3. Teresa está hablando de _____. *(us)*
4. Elsa va a venir con _____. *(them, masc.)*
5. Olga no va a ir al restaurante _____; va a ir _____. *(with you, pl. / with me)*
6. El vino no es para _____, Paco; es para _____. *(him / you)*
7. El postre es para _____, señorita. *(you)*
8. El café es para _____. *(them, fem.)*

 22. Entrevista a un(a) compañero(a) Interview a classmate, using the following questions.

1. Cuando tú vas a un restaurante, ¿quién va contigo generalmente?
2. De postre, el camarero trae flan con crema; ¿es para ti?
3. Tú vas a preparar dos postres para tus padres: arroz con leche y pastel. ¿Cuál es para él y cuál es para ella?
4. ¿Qué idioma hablan tú y tu familia entre *(among)* Uds.?
5. ¿Quiénes hablan bien (mal) de ti?
6. ¿Quieres ir al restaurante conmigo hoy?
7. Tú tienes un helado de chocolate. ¿Es para mí?
8. ¿Tú vas a ir de vacaciones con tus amigos o prefieres no ir con ellos?

🗣 Vamos a conversar

23. Para conocernos mejor Get to know your classmate better by asking each other the following questions.

1. ¿Cuál es el mejor restaurante de esta ciudad? ¿Cuál es la especialidad de la casa? ¿A qué hora empiezan a servir el almuerzo?

2. Cuando pagas la cuenta en un restaurante, ¿dejas una buena propina?

3. ¿A qué hora es el almuerzo en tu casa? ¿A qué hora desayunas?

4. ¿Dónde piensas desayunar mañana? ¿Qué vas a desayunar?

5. ¿Prefieres tomar café con crema o café negro?

6. ¿Tú prefieres pollo a la parrilla, cordero asado o pescado frito? Generalmente, ¿qué comes de postre?

7. Si la cuenta del restaurante es cien dólares, ¿cuánto dejas de propina?

8. ¿Tu mamá es mayor o menor que tu papá?

9. ¿Tú tienes tanto dinero como tus padres?

10. ¿Tú cocinas tan bien como tu mamá?

🌐 Detalle cultural

En la mayoría de los países de habla hispana, el desayuno generalmente es café con leche y pan con mantequilla. El almuerzo *(lunch),* que es la comida principal del día, se sirve entre la una y las dos de la tarde; la cena generalmente no se sirve antes de las ocho o las nueve de la noche. La mayoría de los restaurantes no empiezan a servir la cena antes de las nueve de la noche.

➤ Generalmente, ¿qué desayunan en este país? ¿A qué hora empiezan a servir la cena en este país?

24. Una encuesta Interview your classmates to identify who fits the following descriptions. Be sure to change the statements to questions. Include your instructor, but remember to use the **Ud.** form when addressing him/her.

	Nombre
1. Es de otro estado.	_____
2. Es soltero(a).	_____
3. Es el (la) más inteligente de la familia.	_____
4. Es tan alto(a) como su padre.	_____
5. Siempre está cansado(a).	_____
6. Piensa ir a comer más tarde.	_____
7. Está leyendo un buen libro.	_____
8. Comienza a trabajar a las ocho.	_____
9. Tiene más de un mes de vacaciones.	_____
10. Es el mayor (la mayor) de sus hermanos.	_____

25. Y ahora... Write a brief summary, indicating what you have learned about your classmates.

26. ¿Cómo lo decimos? What would you say in the following situations? What might the other person say? Act out the scenes with a classmate.

1. You are at a café having breakfast. You are very hungry. Order a big breakfast. Include two drinks.
2. You are having lunch with a friend. Suggest a few things he or she can have to eat and drink. You ask him/her what he/she prefers.
3. Call a restaurant and make reservations for dinner.
4. You have invited some friends to a party. Tell them it's at your house, and what time it starts.
5. Your friend has suggested having dinner at a restaurant you dislike. Tell him that it's the worst restaurant in town. Suggest a different restaurant.

 27. ¿Qué pasa aquí? Get together in groups of three or four and create a conversation among some of the people in the picture. They discuss the menu, what they want to order, their preferences, etc.

© Christopher Robbins/Getty Images

✏ Vamos a escribir

28. En un restaurante Following the style of the dialogues in this lesson, write a dialogue describing a dinner in a restaurant you may have had recently. Give as many details as you can.

▬ Un dicho ▮

Donde hay hambre no hay pan duro.
If we tell you that **pan duro** refers to bread that's old and hard, what does the saying mean to you? Don't forget to learn all the sayings, and use them when applicable.

© Danita Delimont/Getty Images

El casabe es un pan típico de Honduras.

DE TODO UN POCO

🔊 Vamos a escuchar

29. Teresa y Mario You will hear a conversation between Teresa and Mario. Pay close attention to what they say. You will then hear ten statements about what you have heard. On a sheet of paper write the numbers 1 to 10, and indicate whether each statement is true **(V)** or false **(F)**.

📖 Vamos a leer

> ▶ **ESTRATEGIA** **Expanding your vocabulary through reading** One of the purposes of reading is to increase your vocabulary. Here you are going to read the menu of a restaurant. Look for the new words that you are going to find when you read it, and make them part of your vocabulary.

30. Al leer You and a classmate read the menu and take turns asking and answering the following questions.

1. ¿Cuál es la especialidad del restaurante Miramar?
2. En el menú, ¿qué sopas hay?
3. ¿Qué tipos de ensaladas hay?
4. ¿Con qué se sirven todos los platos?
5. ¿Qué mariscos *(shellfish)* hay en el menú?
   ¿Cuál cuesta *(cost)* más?
6. ¿Qué tipos de pescado hay?
   ¿Cuál es el más caro?
7. En la sección de las carnes, ¿hay solamente pollo?
   ¿Qué más *(What else)* hay?
8. ¿Hay muchos o pocos *(few)* tipos de postres?
9. ¿Cuánto cuesta el cordero?
10. ¿Cuál es el postre que tiene menos calorías?
11. En el restaurante, ¿sirven *(serve)* bebidas alcohólicas *(alcoholic)*?
    ¿Cuáles son?
12. ¿Que es más caro, el vino blanco o el vino tinto?
13. ¿Qué más hay en el menú para beber?
14. ¿Cuál es la más cara de las bebidas?
    ¿Cuánto cuesta?

Restaurante Miramar

Especialidad en carnes y mariscos

SOPAS

Sopa de pollo..........$ 3,95   Sopa de pescado..............$ 4,00
Sopa de verduras.....$ 3,95   Sopa de cebolla *(onion)*.....$ 5,00

ENSALADAS

Ensalada de tomate......................$ 4,00   Ensalada mixta......$ 4,50
Ensalada de lechuga *(lettuce)*...........$ 4,00   Ensalada de papas..$ 4,50

Todos los platos se sirven *(are served)* con arroz, con puré de papas o con papas fritas o asadas).

CARNES

Pollo (asado o frito)................$ 9,95
Pavo *(turkey)* al horno.............$ 10,00
Bistec..................................$ 13,50   Cordero *(lamb)*..............$ 14,50
Chuletas de cerdo................$ 13,00   Albóndigas.................$ 10,00

PESCADOS Y MARISCOS

Trucha *(trout)* frita.....................$ 12,00
Camarones.............................$ 12,50
Salmón..................................$ 14,00
Cangrejo *(crab)* ....$ 15,00
Bacalao *(cod)* ....$ 14,50
Langosta a la parrilla....................$ 18,00

POSTRES

Arroz con leche..............$ 4,00   Flan con crema..............$ 5,50
Pudin...........................$ 4,50   Helado.........................$ 5,00
Torta de chocolate...........$ 4,50   Frutas..........................$ 5,00

BEBIDAS

Cervezas nacionales..........$ 4,00   Agua mineral................$ 2,50
Vino blanco (copa)............$ 6,00   Jugo de frutas...............$ 3,00
Vino tinto (copa)..............$ 8,00
Champán (copa)............$ 15,00
Café..............................$ 2,50
Té.................................$ 2,50

31. **A comer con un(a) amigo(a)** Now you and a classmate imagine that you are dining at the Miramar restaurant. Select from the menu something to drink, something to eat, and a dessert. How much is each person going to pay? Decide how much you are going to leave as a tip.

32. **¿Y ustedes?** You and a classmate take turns asking and answering the following questions.

1. ¿Tú prefieres comer en tu casa o en un restaurante? ¿Cuál es tu comida favorita?
2. ¿Prefieres comer pollo, carne o pescado? ¿Te gustan los mariscos? ¿Cuál prefieres?
3. ¿Comes postre después de las comidas o estás contando calorías? ¿Cuál es el postre que más te gusta?
4. En las comidas, ¿bebes café, té o refrescos *(soft drinks)*? ¿Prefieres tomar agua?
5. ¿Estás a dieta o comes toda la comida que te gusta?

En el mercado

© Erin Ryan/Corbis

🔊 2-1 Marta y Ariel son una pareja de recién casados. Ellos son de Honduras, pero hace un mes que viven en Managua, la capital de Nicaragua, en un apartamento que está cerca de la universidad.

MARTA No hay nada en el refrigerador, excepto un poco de carne. Tenemos que ir al supermercado.

ARIEL ¿Podemos almorzar antes de ir? Yo estoy muerto de hambre.

MARTA Bueno, puedes llevarme a comer algo antes…

Más tarde, en el supermercado.

ARIEL Necesitamos azúcar, una docena de huevos, mantequilla, papel higiénico, detergente, lejía… ¿qué más? ¿Dónde está la lista?

MARTA Yo la tengo. A ver… papas, zanahorias, brócoli, apio, pimientos…

ARIEL ¡Caramba! ¡Tantos vegetales! ¿Quién los va a comer?

MARTA ¡Tú y yo! Mi mamá dice que debemos comer cuatro vegetales y cuatro frutas al día.

© Allison Michael Orenstein/Getty Images

🔊 2-2 Don José y doña Ada, los padres de Ariel, están en un mercado al aire libre.

DON JOSÉ ¿Cuánto cuestan las chuletas de cerdo?

DOÑA ADA Son un poco caras, pero podemos comprarlas, si tú quieres. ¿Quieres chuletas de cerdo o chuletas de ternera?

DON JOSÉ Las dos, y también chuletas de cordero.

DOÑA ADA ¡No, no! Tienes que elegir una.

DON JOSÉ Está bien… elijo las chuletas de cerdo. Después tenemos que ir a la pescadería y a la panadería.

DOÑA ADA Sí, pero antes voy a comprar pepinos, tomates y cebollas.

DON JOSÉ También necesitamos salsa de tomate porque quiero preparar mis famosos espaguetis con albóndigas.

DOÑA ADA Buena idea. Tu hermana vuelve a las seis y puede cenar con nosotros.

DON JOSÉ ¡Perfecto! La criada tiene el día libre hoy, de modo que yo soy el cocinero.

DOÑA ADA ¡Y tú cocinas mejor que ella!

Detalle cultural

En los países hispanos, la gente mayor *(elderly)*, especialmente las mujeres que no tienen esposo, generalmente viven en casa de un pariente *(relative)*.

➤ En este país, ¿dónde viven, generalmente, los ancianos *(old people)* y las mujeres mayores que no son casadas?

Detalle cultural

Muchas familias hispanas tienen criadas. Algunas viven en la casa donde trabajan.

➤ ¿Tiene Ud. criada? ¿Alguien lo (la) ayuda a Ud. con los trabajos de la casa?

Hablemos

1. **Sobre el diálogo** With a classmate, take turns asking and answering the following questions. Base your answers on the dialogues.

   1. ¿De dónde son Marta y Ariel? ¿Dónde viven ahora? ¿Viven en una casa?
   2. ¿Por qué quiere ir al mercado Marta?
   3. ¿Por qué quiere Ariel almorzar antes de ir al supermercado?
   4. ¿Qué van a comprar los recién casados para lavar la ropa? ¿Quién tiene la lista de lo que necesitan comprar?
   5. ¿Por qué van a comprar muchos vegetales?
   6. ¿Quiénes son los padres de Ariel y dónde están ellos ahora?
   7. ¿Qué quiere comprar don José? ¿Por qué tiene que elegir una?
   8. ¿Qué quiere comprar doña Ada?
   9. ¿Por qué necesitan comprar salsa de tomate?
   10. ¿Por qué va a cocinar hoy don José? Según *(According to)* doña Ada, ¿don José es un buen cocinero?

2. **Entrevista** You and a classmate take turns asking and answering the following questions.

   1. ¿Qué días vas al supermercado? ¿Tú vas al supermercado cuando estás muerto(a) de hambre?
   2. ¿Qué necesitas para lavar la ropa? ¿Y para el baño? ¿Llevas una lista cuando vas al mercado?
   3. ¿Qué vegetales necesitas comprar?
   4. ¿Cuántos vegetales y cuántas frutas comes al día?
   5. ¿Prefieres comer chuletas de cerdo o chuletas de ternera?
   6. ¿Tú cocinas a veces? ¿Qué tipo de salsa usas para preparar espaguetis?
   7. ¿Qué haces tú cuando tienes el día libre? ¿Sales con tus amigos?
   8. ¿Tú conoces a una pareja de recién casados? ¿Viven cerca de tu casa?

VOCABULARIO

Cognados

el apartamento*
el brócoli
el detergente
la docena
los espaguetis
excepto
famoso(a)
la salsa

Nombres

el apio	celery
el azúcar	sugar
la carne	meat
la cebolla	onion
la chuleta	chop
_____ de cerdo	pork chop
_____ de cordero	lamb chop
_____ de ternera	veal chop
el (la) cocinero(a)	cook
el (la) criado(a)	servant
la lejía*	bleach
el mercado	market
_____ al aire libre	outdoor market
la panadería	bakery
el papel higiénico	toilet paper
el pepino	cucumber
la pescadería	fish market
el pimiento, el ají	pepper
el supermercado	supermarket
la zanahoria	carrot

Verbos

almorzar (o > ue)	to have lunch
cocinar	to cook
comprar	to buy
costar (o > ue)	to cost
decir (e > i)	to say, to tell
elegir (e > i), escoger	to choose
poder (o > ue)	to be able to, can
volver (o > ue)	to return, to go (come) back

Adjetivos

caro(a)	expensive
tantos(as)	so many

Otras palabras y expresiones

a ver	let's see
al día	a day
antes (de)	before
cerca (de)	near, close
de modo (manera) que	so
don	a title of respect, used with a man's first name
doña	a title of respect, used with a lady's first name
el día libre	day off
está bien	all right, O.K.
estar muerto (a) de hambre	to be starving
nada	nothing
¿qué más?	what else?
los recién casados	newlyweds
un poco (de)	a little

Más sobre el tema

Más comestibles

Additional vocabulary: habichuelas, judías verdes*, guisantes, champiñones, frijoles*

las frutas

los mariscos

la piña

las cerezas

la sandía*

el plátano*

las fresas*

el melocotón*

la pera

la langosta

el cangrejo

la lechuga

el aguacate*

© Cengage Learning 2014

Para el cuidado personal *(For personal grooming)*

el acondicionador	*conditioner*	**el hilo dental**	*dental floss*
el cepillo de dientes	*toothbrush*	**la pasta de dientes,**	*toothpaste*
el champú	*shampoo*	**la pasta dentífrica**	
la crema para las manos	*hand cream*	**el peine**	*comb*
el desodorante	*deodorant*		

De país a país

el apartamento el departamento *(Méx., Arg.)*, el piso *(Esp.)*

el aguacate la palta *(Arg.)*

el plátano la banana *(Cono Sur)*

la fresa la frutilla *(Cono Sur)*

el frijol el poroto *(Cono Sur)*

la judía verde la arveja *(Cono Sur)*, el chícharo *(Cuba)*

la lejía la lavandina *(Cono Sur)*

el melocotón el durazno *(Méx., Cono Sur)*

la sandía el melón de agua *(Cuba, Puerto Rico)*, la patilla *(Col., Puerto Rico, R. Dom., Ven.)*

VOCABULARIO

Para practicar el vocabulario

3. ¿Qué es? Write the words or phrases that correspond to the following.

1. lo usamos para lavar _____
2. pimiento _____
3. la usamos para hacer espaguetis _____
4. se lo ponemos al café _____
5. lugar donde compramos pan _____
6. persona que cocina _____
7. opuesto de **después** _____
8. elegir _____
9. de modo que _____
10. cangrejos, por ejemplo _____

4. ¿Lógico o ilógico? With a classmate, indicate whether each of the following statements is logical **(L)** or illogical **(I)**.

1. Siempre compro brócoli y zanahorias porque no me gustan los vegetales.
2. Antes de tomar café, le pongo leche y azúcar.
3. Voy a almorzar a las nueve de la noche.
4. No quiere comer porque está muerto de hambre.
5. Necesito comprar salsa de tomate para preparar los espaguetis.
6. Como langosta y cangrejo porque me gustan los mariscos.
7. Vamos a la pescadería para comprar papel higiénico.
8. Necesitamos apio, pepinos y lechuga para hacer una ensalada de frutas.
9. Carlos es un excelente cocinero; cocina muy bien.
10. Hoy no tengo que trabajar porque tengo el día libre.

5. Dime... You and a classmate take turns interviewing each other, using the following questions.

1. ¿Vives en una casa o en un apartamento?
2. ¿Vives cerca de la universidad? ¿Vives solo(a)?
3. ¿Sabes cocinar?¿Eres buen(a) cocinero(a)?
4. En el desayuno, ¿tomas el café solo o con azúcar?
5. ¿Te gusta más comer carne o pescado?
6. ¿A veces comes mariscos? ¿Cuál prefieres?
7. ¿Qué frutas te gustan más?
8. ¿Prefieres comprar en un mercado al aire libre o en un supermercado? ¿Por qué?

6. En el supermercado You and a classmate play the roles of two friends who are shopping at a supermarket. Talk about all the groceries that you need to buy for a week.

7. La lista de Maribel You and a classmate talk about the following.

Maribel está haciendo una lista. ¿Qué tiene que comprar para el cuidado personal?

1. 3 cosas para el pelo *(hair)*
2. 3 cosas para los dientes *(teeth)*
3. 1 cosa para las manos
4. Y una cosa más…

¿Qué marcas *(brands)* creen Uds. que Maribel va a elegir? ¿Cuánto va a costar cada una de estas cosas? ¿Cuáles van a ser más caras? ¿Va a ir al supermercado antes o después de almorzar? ¿A qué hora va a volver a su casa?

© Yuri Arcurs/Shutterstock

2-3

Pronunciación

Las consonantes *ll, ñ*

1. Practice the sound of Spanish **ll** in the following words.

llegar	cebo**ll**a	si**ll**a
llamar	A**ll**ende	a**ll**í
ca**ll**e	e**ll**os	mantequi**ll**a
se**ll**o	mi**ll**a	**ll**ave

2. Practice the sound of Spanish **ñ** in the following words.

se**ñ**or	se**ñ**ora	ni**ñ**o
a**ñ**o	oto**ñ**o	Pe**ñ**a
espa**ñ**ol	ma**ñ**ana	Espa**ñ**a
pi**ñ**a	do**ñ**a	se**ñ**orita

PUNTOS PARA RECORDAR

1 Stem-changing verbs: *o > ue* (*Verbos que cambian en la raíz: o > ue*)

› As you learned in **Lección 5**, some Spanish verbs undergo a stem change in the present indicative tense. When **o** is the last stem vowel and it is stressed, it changes to **ue**, as shown below.

poder *(to be able to)*			
yo	p**ue**do	nosotros(as)	podemos
tú	p**ue**des	vosotros(as)	podéis
Ud.		Uds.	
él	p**ue**de	ellos	p**ue**den
ella		ellas	

› Note that the stem vowel is not stressed in the verb forms used with **nosotros(as)** and **vosotros(as)**; therefore, the **o** does not change to **ue**.

Some other verbs that undergo the **o > ue** changes:[1]

almorzar		**encontrar**	*(to find)*
costar		**recordar**	*(to remember)*
dormir	*(to sleep)*	**volver**	

—¿A qué hora **pueden** Uds.
  ir a la panadería?   *"What time **can you**
  go to the bakery?"*

—**Podemos** ir a las dos.   *"**We can** go at two o'clock."*

—¿A qué hora **vuelves**
  tú del mercado?   *"At what time **do you return**
  from the market?"*

—**Vuelvo** a las tres.   *"**I return** at three o'clock."*

Detalle cultural

Hoy los supermercados son muy populares en los países de habla hispana, pero todavía es costumbre *(custom)* comprar uno o dos productos en pequeñas tiendas especializadas: panaderías, pescaderías, fruterías, etcétera.

➤¿Hay tiendas especializadas en este país?

¿En qué puedo servirle?

Banco Nacional

© Cengage Learning 2014

---

[1] For a complete list of stem-changing verbs, see Appendix B.

🌐 Práctica y conversación

8. Minidiálogos Complete the following exchanges appropriately, using the present indicative of the verbs given. Then act them out with a classmate.

1. —¿A qué hora (almorzar) _____ Uds.?

   —Nosotros (almorzar) _____ a las dos y (volver) _____ a casa a las cuatro. ¿A qué hora (volver) _____ tú?

   —Yo (volver) _____ a las cinco.

2. —¿Ud. (poder) _____ ir conmigo al supermercado?

   —Sí, yo (poder) _____ ir contigo esta tarde.

   —¿Ud. sabe cuánto (costar) _____ el detergente?

   —No.

3. —Jorge no (encontrar) _____ el número de teléfono de Nora. ¿Tú sabes cuál es?

   —No, no (recordar) _____ su número de teléfono, pero (poder) _____ buscarlo *(look it up)*.

4. —¿Dónde (dormir) _____ los niños?

   —En mi cuarto; yo (dormir) _____ en el sofá de la sala.

9. Entrevista a un(a) compañero(a) Interview a classmate, using the following questions.

1. ¿Puedes ir al mercado conmigo? ¿Qué día puedes ir?
2. ¿Qué cuesta más, el pollo o el pescado? ¿Sabes cuánto cuestan los cangrejos?
3. ¿Dónde puedo comprar frutas?
4. ¿A qué hora almuerzas tú? ¿Dónde? ¿Con quién?
5. ¿A qué hora vuelves a tu casa hoy?
6. ¿Recuerdas el número de teléfono de todos tus amigos?
7. Generalmente, ¿cuántas horas duermes? ¿Duermes bien?
8. ¿Encuentras fácil o difícil la clase de español?

10. Nosotros(as) tres... Get together in groups of three and talk about the following.

1. Whether or not you sometimes have lunch in the cafeteria, and how much lunch costs.
2. Things that you want to do every day but cannot do, and why. Give details.
3. What time you return home on different days and what time you return when you go to a party.
4. How many hours you generally sleep.

2 Stem-changing verbs: *e > i* (*Verbos que cambian en la raíz: e > i*)

› Some **-ir** verbs undergo a stem change in the present indicative. For these verbs, when **e** is the last stem vowel and it is stressed, it changes to **i** as shown below.

servir *(to serve)*			
yo	**si**rvo	nosotros(as)	servimos
tú	**si**rves	vosotros(as)	servís
Ud. ⎫		Uds. ⎫	
él ⎬	**si**rve	ellos ⎬	**si**rven
ella ⎭		ellas ⎭	

› Note that the stem vowel is not stressed in the verb forms used with **nosotros(as)** and **vosotros(as)**; therefore, the **e** does not change to **i**.

Some other verbs that undergo the **e > i** change:

conseguir[1]		pedir[4]	
decir[2]	*(to say, to tell)*	seguir	*(to follow, to continue)*
elegir[3]	*(to choose)*		

—¿A qué hora **sirven** Uds. el almuerzo?   *"What time **do you serve** lunch?"*
—**Servimos** el almuerzo a las doce.   *"**We serve** lunch at twelve o'clock."*

—¿Dónde **consigues** libros en español?   *"Where **do you get** books in Spanish?"*
—**Consigo** esos libros en la biblioteca.   *"**I get** those books at the library."*

Práctica y conversación

11. Minidiálogos Complete the following exchanges, using the present indicative of the appropriate verb from the list. Then act them out with a classmate.

servir	pedir	conseguir	decir	seguir

1. —Yo nunca *(never)* _____ carne buena. ¿Y Uds.?

   —Nosotros _____ carne muy buena en el Mercado Central.

2. —¿Marta y Ariel _____ viviendo en Managua?

   —Sí, ellos _____ que es una ciudad muy bonita.

3. —¿Qué _____ Uds. en sus fiestas?

   —Nosotros _____ hamburguesas y perros calientes.

---

[1] Verbs like **conseguir** drop the **u** before **a** or **o: yo consigo.**
[2] First person: **yo digo.**
[3] First person: yo **elijo.**
[4] **Pedir** also means *to order* (at a restaurant).

4. —¿Qué _____ tú cuando vas a ese restaurante?

—Yo _____ langosta. ¿Y Uds.?

—Nosotros _____ camarones.

—Yo siempre _____ que en ese restaurante (ellos) _____ los mejores mariscos.

5. —Generalmente, qué _____ la gente que va al Restaurante Miramar?

—Todos _____ mariscos.

—¿Y tú? ¿Qué _____?

—Yo _____ pescado.

6. —¿Qué _____ los camareros en tu restaurante favorito?

—_____ bistec, pescado y pollo.

—Tú y Sergio siempre _____ pescado, ¿no?

—Bueno, a veces _____ pollo.

12. **Más preguntas** Interview a classmate, using the following questions.

1. Cuando vas a un restaurante mexicano, ¿qué pides para comer? ¿Qué eliges para beber?
2. ¿La comida mexicana es mejor que la italiana? ¿Qué dices tú?
3. ¿Dónde consigues mariscos frescos *(fresh)*?
4. ¿Qué sirves tú en tus fiestas para comer?
5. ¿Qué sirven tus padres el Día de Acción de Gracias *(Thanksgiving)*?
6. Cuando tú y tus amigos dan una fiesta, ¿sirven cerveza o refrescos?
7. ¿Tú consigues discos compactos en español? ¿Dónde?
8. ¿Qué tipo de música consigues por Internet?
9. ¿En qué librería *(bookstore)* consiguen los estudiantes libros en español?
10. Generalmente, ¿tú sigues la moda *(fashion)*?

© Nikada/iStockphoto

3 Direct object pronouns *(Pronombres usados como complemento directo)*

❯ In addition to a subject, most sentences have an object[1] that directly receives the action of the verbs.

> Él compra **el café.**   *He buys **the coffee.***
> s.   v.   d.o.

In the preceding sentence, the subject **él** performs the action, while **el café,** the direct object, directly receives the action of the verb. (The direct object of a sentence can be either a person or a thing.)

The direct object can be easily identified as the answer to the questions *whom?* and *what?*

> Él compra **el café.**   *(**What** is he buying?)*
> s.   v.   d.o.

> Alicia llama **a Luis.**   *(**Whom** is she calling?)*
> s.   v.   d.o.

❯ Direct object pronouns are used in place of direct objects. The forms of the direct object pronouns are as follows.

Singular		Plural	
me	me	**nos**	us
te	you *(fam.)*	**os**	you *(fam.)*
lo	him, you *(masc. form.)*, it *(masc.)*	**los**	them *(masc.)*, you *(masc. form. / fam.)*
la	her, you *(fem. form.)*, it *(fem.)*	**las**	them *(fem.)*, you *(fem. form. / fam.)*

> Yo tengo **las sillas.**   ¿Ustedes **las** necesitan?
> *I have the **chairs.***   *Do you need **them**?*

❯ Position of direct object pronouns

▪ In Spanish, object pronouns are normally placed before a conjugated verb.

> Yo compro **el café.**   *I buy **the coffee.***
> Yo   **lo**   compro.   *I buy **it.***

❯ In a negative sentence, **no** must precede the object pronoun.

> Yo compro **el café.**   *I buy **the coffee.***
> Yo   **lo**   compro.   *I buy **it.***
> Yo **no lo** compro.   *I **don't** buy **it.***

[1] See Appendix C.

> When a conjugated verb and an infinitive appear together, the direct object pronoun is either placed before the conjugated verb or attached to the infinitive. This is also the case in a negative sentence.

| **La** | voy a llamar. | } *I'm going to call **her**.* |
| | Voy a llamar**la**. | |

| No **la** | voy a llamar. | } *I'm not going to call **her**.* |
| No | voy a llamar**la**. | |

> In the present progressive, the direct object pronoun can be placed either before the verb **estar** or after the present participle.[1]

| **Lo** | está leyendo. | } *He's reading **it**.* |
| | Está leyéndo**lo**. | |

¡Atención! Note the use of the written accent on present participles that have pronouns attached: **está leyéndolo, estamos mirándola.**

Práctica y conversación

13. **Minidiálogos** Complete the following exchanges, supplying the missing direct object pronouns. Then act them out with a classmate.

1. —¿Tú tienes la lejía?

   —No, yo no _____ tengo. ¿Quién tiene el detergente?

   —Julián _____ tiene.

2. —¿A qué hora cierran el supermercado?

   — _____ cierran a las diez. ¿Tú vas a comprar las frutas?

   —Sí, yo _____ voy a comprar esta noche.

3. —Ariel, ¿Carlos _____ va a llevar a ti o a mí?

   — Él _____ va a llevar a mí.

4. —¿Tú conoces a los hermanos de Marta?

   —No, yo no _____ conozco.

5. —¿Ellos _____ invitan a Uds. a sus fiestas?

   —Sí, ellos siempre _____ invitan.

6. —¿Uds. están leyendo ese libro?

   —Sí, nosotros _____ estamos leyendo.

Detalle cultural

La mayoría de los pueblos hispanos tiene un mercado central, con pequeñas tiendas. Mucha gente compra en estos mercados, donde los precios generalmente son más bajos y los clientes pueden regatear *(bargain)* con los vendedores *(merchants)*.

➤¿Es costumbre regatear aquí o los precios son fijos *(set)*?

[1] *Present participle* is **gerundio** (**-ando** and **-iendo** forms) in Spanish.

PUNTOS PARA RECORDAR

14. Susana dice que sí Susana has a car and her teacher and her friends often need rides. Susana always says yes. What does she say to the following people?

1. *Ana* —¿Puedes llevarme a casa?
2. *Raúl y Jorge* —¿Puedes llevarnos a la biblioteca?
3. *Profesora* —¿Puedes llevarme a mi apartamento?
4. *Teresa* —¿Puedes llevar a Rosa y a Carmen a casa?
5. *Sergio* —¿Puedes llevar a Pedro y a Luis al restaurante?
6. *Marta y Raquel* —¿Puedes llevarnos al Mercado Central?

15. ¿Qué hacemos? Use the appropriate direct object pronouns to say what we do with respect to the following people or things.

Modelo el café   *Lo bebemos.*

1. las cartas *(letters)*
2. las sandías
3. el pan
4. el coctel de camarones
5. los libros
6. la ensalada
7. el taxi

16. ¡Sí, podemos! People keep telling you and a classmate that you cannot do certain things. Take turns saying that you can, and say why. Use direct object pronouns in your answers.

Modelo —Uds. no pueden comprar las frutas.
        —*Sí, podemos comprarlas porque vamos a ir al mercado.*

1. Uds. no pueden llamarme esta noche.
2. Uds. no pueden traer el pescado.
3. Uds. no pueden limpiar la casa.
4. Uds. no pueden preparar la ensalada.
5. Uds. no pueden llevarnos a Luis y a mí a la universidad.
6. Uds. no pueden pagar la cuenta.
7. Uds. no pueden abrir la puerta.

17. Planes You and your friends Gustavo and Jaime are making plans to go out for the evening. Answer Gustavo's questions, using direct object pronouns and the cues provided.

1. ¿A qué hora me llamas? (a las cinco)
2. ¿Adónde nos llevas? (a un restaurante)
3. ¿Recuerdas el número de teléfono de Jaime? (no)
4. ¿Tienes tu licencia de conducir *(driver's license)*? (sí)
5. ¿Cuándo vas a llamar a Teresa y a Susana? (más tarde)
6. ¿El novio de Teresa los conoce a Uds.? (no)
7. ¿Estás leyendo la cartelera *(movie section)*? (no)

18. Necesitamos información With a classmate, take turns answering the following questions, basing your answers on the illustrations. Use direct object pronouns in your responses.

1. ¿A qué hora llama Sara a Luis?
2. ¿Cuándo tiene que llamar Luis a Sara?

3. ¿Pepe puede llevar a los chicos a casa?
4. ¿Dónde tiene Pepe los libros?

5. ¿Quién sirve el café?

6. ¿Quién bebe el refresco?

7. ¿Quién tiene las cartas (letters)?

8. ¿Quién abre la puerta?

4 Affirmative and negative expressions
(Expresiones afirmativas y negativas)

Affirmative		Negative	
algo	*something, anything*	**nada**	*nothing*
alguien	*someone, anyone*	**nadie**	*nobody, no one*
algún		**ningún**	*none, not any*
alguno(a)	*any, some*		*no one,*
algunos(as)		**ninguno(a)**	*nobody*
siempre	*always*	**nunca**	
alguna vez	*ever*		*never*
algunas veces, a veces	*sometimes*	**jamás**	
también	*also, too*	**tampoco**	*neither*
o... o	*either... or*	**ni... ni**	*neither... nor*

—¿Uds. **siempre** van a Tegucigalpa? "Do you **always** go to Tegucigalpa?"

—No, **nunca** vamos. "No, we **never** go."

—Nosotros **tampoco**. "**Neither** do we."

—¿Conoces a **alguien** de Honduras? "Do you know **anyone** from Honduras?"

—No, no conozco a **nadie** de Honduras. "No, I don't know **anyone** from Honduras."

› **Alguno** and **ninguno** drop the final **-o** before a masculine singular noun, but **alguna** and **ninguna** keep the final **-a**.

—¿Hay **algún** libro o **alguna** pluma en la mesa? "Is there **any** book or pen on the table?"

—No, no hay **ningún** libro ni **ninguna** pluma. "No, there is **no** book or pen."

› **Alguno(a)** can be used in the plural form, but **ninguno(a)** is used only in the singular.

—¿Necesita mandar **algunas** cartas? "Do you need to send **some** letters?"

—No, no necesito mandar **ninguna** carta. "No, I don't need to send **any** letters."

› Spanish sentences frequently use a double negative. In this construction, the adverb **no** is placed before the verb. The second negative word either follows the verb or appears at the end of the sentence. **No** is never used, however, if the negative word precedes the verb.

—¿Habla Ud. francés siempre? "Do you always speak French?"

—No, yo **no** hablo francés **nunca**. "No, I **never** speak French."

or:

—No, yo **nunca** hablo francés.

—¿Compra Ud. algo aquí? "Do you buy anything here?"

—No, **no** compro **nada nunca**. "No, I **never** buy **anything**."

or:

—No, yo **nunca** compro **nada**.

In fact, Spanish often uses several negatives in one sentence.

Yo **nunca** pido **nada tampoco**. *I **never** ask for **anything either**.*

Práctica y conversación

19. No estoy de acuerdo *(I don't agree)* Contradict the following statements by saying that just the opposite is true.

Modelo Eva quiere comer algo.
*Eva **no** quiere comer **nada.***

1. Jorge siempre va a ese mercado al aire libre.
2. Ellos tienen algunas verduras.
3. Ana siempre come langosta o cangrejo.
4. Pedro siempre va a ese restaurante y Eva también va.
5. Ella quiere hablar con alguien.
6. Luis tiene algunas amigas españolas.
7. Paco siempre compra algo.
8. Ella nunca habla con nadie.

20. Entrevista a un(a) compañero(a) Interview a classmate, using the following questions.

1. ¿Vas al mercado por la mañana a veces?
2. En el mercado, ¿siempre compras vegetales?
3. ¿Siempre llevas dinero contigo?
4. ¿Necesitas comprar algo en la panadería?
5. Yo nunca voy a la pescadería los domingos. ¿Y tú?
6. ¿Comes algunas frutas tropicales? ¿Cuáles?
7. ¿Alguien va contigo al mercado?
8. ¿Algunas veces vas a un mercado al aire libre?
9. A mí me gusta comer melocotones, ¿y a ti?
10. ¿Tú comes pan tostado o panqueques por la mañana?

21. Siempre… a veces… nunca… In groups of three, tell your classmates two things you always do, two things you sometimes do, and two things you never do.

5 Hace… que

› To express how long something has been going on, Spanish uses the following formula.

Hace + length of time + **que** + verb *(in the present tense)*

Hace dos años **que** vivo aquí.
I have been living here for two years.

—Oye, ¿dónde está Eva? "Listen, where is Eva?"

—No sé. **Hace dos días que** "I don't know. **She hasn't come**
no viene a clase. to class **for two days.**"

› The following construction is used to ask how long something has been going on.

¿Cuánto tiempo hace que + verb *(present tense)*?[1]

—¿**Cuánto tiempo hace** "How long has she been
que ella trabaja aquí? working here?"

—**Hace una semana que** "She has been working here
trabaja aquí. for a week."

🌐 Práctica y conversación

22. ¿Cuánto tiempo hace? In complete sentences, tell how long each action depicted below has been going on. Use **hace… que** and the length of time specified.

1. veinte minutos

2. tres años

3. una hora

4. dos horas

5. seis meses

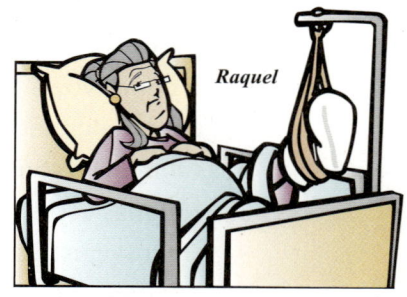

6. cinco días

[1] Note that English uses the present perfect progressive or the present perfect tense to express the same concept.

23. Más preguntas Interview one of your classmates and then report to the class.

1. ¿Cuánto tiempo hace que vives en esta ciudad?
2. ¿Cuánto tiempo hace que estudias en esta universidad?
3. ¿Cuánto tiempo hace que trabajas en esta ciudad?
4. ¿Cuánto tiempo hace que no comes?
5. ¿Cuánto tiempo hace que no ves a tus abuelos?
6. ¿Cuánto tiempo hace que no hablas con tus padres?
7. ¿Cuánto tiempo hace que no vas a la biblioteca?
8. ¿Cuánto tiempo hace que hablas español?
9. ¿Cuánto tiempo hace que conduces?
10. ¿Cuánto tiempo hace que conoces a tu profesor(a)?

24. ¿Dónde están? In groups of three or four, mention three or four friends and relatives that you haven't seen for a while.

Modelo *Hace dos años que no veo a mi prima Eva.*

25. La familia Vargas You and a classmate use your imagination to talk about what's going on with this family.

© Royalty-Free/Corbis

1. Esta es una reunión familiar, pero el abuelo no está aquí. ¿Cuánto tiempo hace que no lo ven?
2. ¿Cuánto tiempo hace que la abuela está con la familia?
3. El niño está de vacaciones. ¿Cuánto tiempo hace que no va a la escuela *(school)*?
4. Una de las chicas es vegetariana. ¿Cuánto tiempo hace que no come carne?
5. Los padres del niño viven a dos casas de sus padres. ¿Cuánto tiempo hace que viven cerca de ellos?
6. El muchacho es muy guapo, ¿verdad? ¿Cuánto tiempo hace que tiene novia?

Now write a couple of paragraphs about the Vargas family, based on what you talked about.

Vamos a conversar

26. Para conocernos mejor Get to know a classmate better by asking each other these questions.

1. Generalmente, cuando almuerzas en la cafetería, ¿cuánto te cuesta el almuerzo?
2. ¿Prefieres la comida italiana, la comida china o la comida mexicana?
3. ¿Qué prefieres: la ternera, la carne de cerdo o el pescado?
4. ¿Qué vegetales comes? ¿Cuáles no comes?
5. ¿Tú desayunas en tu casa o en la cafetería? ¿A qué hora?
6. Generalmente, ¿qué días vas al mercado? ¿Vas por la mañana?
7. Cuando das una fiesta, ¿sirves bebidas alcohólicas? ¿Cuáles?
8. ¿Cuánto tiempo hace que no tienes vacaciones?
9. ¿Hay alguien en tu casa ahora?
10. ¿Tus amigos te llaman por teléfono todos los días?

27. Una encuesta Interview your classmates to identify who fits the following descriptions. Include your instructor, but remember to use the **Ud.** form when addressing him/her.

	Nombre
1. Conoce a una pareja de recién casados.	_____
2. Vive cerca de la universidad.	_____
3. Tiene el día libre mañana.	_____
4. Está muerto(a) de hambre.	_____
5. Come cuatro vegetales y cuatro frutas al día.	_____
6. A veces va a la pescadería.	_____
7. Sabe preparar espaguetis con albóndigas.	_____
8. Es buen(a) cocinero(a).	_____
9. Cocina mejor que su madre.	_____
10. No bebe ni vino ni cerveza.	_____

28. Y ahora... Write a brief summary indicating what you have learned about your classmates.

29. ¿Cómo lo decimos? What would you say in the following situations? What might the other person say? Act out the scenes with a classmate.

1. You are telling a friend that you need many things from the supermarket. Tell him/her what they are.
2. You are at an outdoor market in Managua and you need vegetables, fish, meat, and bread. You inquire about prices and so on.

3. You are telling someone what ingredients you need to make a salad.

4. You tell someone what you serve to eat and to drink when you give a party.

5. You tell a friend what fruits you need to prepare a fruit salad (**ensalada de frutas**).

30. **¿Qué pasa aquí?** Working with classmates in groups of three or four, describe what is happening in the picture. Create a story, naming the characters and explaining who is who, and what these people plan to buy. Each group will compare its story with those of the rest of the class.

© Corrie Wingate Photography

Vamos a escribir

31. **Un invitado importante** Write one or two paragraphs about the following. Imagine that next Saturday you are hosting a very important guest. Who is the guest? What are you going to do to prepare for the occasion? What housework do you have to do? What do you need to buy and prepare for dinner? What else are you going to do in honor of your guest's arrival?

▌ Un proverbio ▌

No solo de pan vive el hombre.
You have probably heard this proverb before. Do you know where it comes from? What does it mean to you? Memorize it!

© Bill Bachmann / Danita Delimont Photography/Newscom

En un restaurante, una empleada hace pan.

▶ Vamos a ver

Marisa en la cocina

> ▶ **ESTRATEGIA** **Being aware of new vocabulary** Before you do the first activity with a classmate, be aware of all the glossed words used in the questions, as well as all vocabulary related to food. Read the **Avance** to see what the video is about, and try to anticipate what will happen.

Antes de ver el video

 32. Preparación With a classmate, take turns asking and answering the following questions.

1. ¿Tú siempre comes lo mismo *(the same thing)* o te gusta probar *(to taste)* diferentes comidas?
2. ¿Cuál es tu comida favorita?
3. Cuando tú haces una ensalada, ¿usas lechuga? ¿Usas pepinos? ¿Usas cebolla?
4. ¿Qué es más sabroso: el brócoli o el pepino?
5. ¿Quieres comer papas, zanahorias o brócoli?
6. ¿Tú comes a veces guiso *(stew)* de carne con verduras?
7. ¿Tú comes tocino *(bacon)* con huevos a veces?
8. ¿Tú comes pizza frecuentemente?
9. Vamos a comer pizza. ¿Tú quieres una pizza de pepperoni o de verduras?
10. ¿Tú cocinas a veces? ¿Quién cocina mejor: tú, tu mamá o tu papá?

El video

Teresa

Marisa

Pablo

Avance Marisa está preparando una cena para el cumpleaños de Pablo. No tiene los ingredientes necesarios para el guiso y usa otros, con el resultado que podemos imaginar.

Después de ver el video

33. ¿Quién lo dice? With a classmate, take turns indicating who says the following.

Teresa   Marisa   Pablo

1. Siempre comemos pizza, pero… yo sé que él cocina mejor que yo…
2. ¡¿Qué?! ¡No puedes cocinar la lechuga!
3. Necesito una cebolla… ¿Puedo usar un pepino?
4. ¡Tengo una idea! ¿Por qué no sirves mi comida favorita?
5. ¡Mmm! ¡Qué sabroso! ¿Qué es?
6. ¿Quieres probarlo? Fernando y Victoria van a estar aquí a las ocho…

34. ¿Qué pasa? With a classmate, take turns asking and answering the following questions. Base your answers on the video.

1. ¿Qué está haciendo Marisa?
2. ¿Hoy es el cumpleaños de Pablo o de Fernando?
3. ¿Qué usa Marisa en vez de (*instead of*) brócoli? ¿Qué usa en vez de carne?
4. ¿Cuánto tiempo tiene que cocinar el guiso?
5. ¿Cuánto tiempo hace que Marisa conoce a Pablo?
6. ¿Marisa cocina para Pablo a veces?
7. Según (*According to*) Teresa, ¿quién cocina mejor que Marisa?
8. ¿Qué tiene que hacer Teresa?
9. ¿Qué usa Marisa en vez de una cebolla?
10. ¿A qué hora van a estar Victoria y Fernando en el apartamento de Marisa?
11. ¿Cuál es la comida favorita de Pablo?
12. ¿Marisa pide una pizza mediana, grande o extra grande?

35. Más tarde You and a classmate use your imagination to say what Teresa, Marisa, Victoria, Fernando, and Pablo do the next day.

1. ¿Marisa hace guiso otra vez (*again*)?
2. ¿Marisa y Pablo desayunan juntos?
3. ¿Pablo invita a almorzar a Marisa?
4. Pablo prepara una ensalada. ¿Cuáles son los ingredientes?
5. ¿Pablo cocina para Marisa o llama por teléfono a la pizzería y pide una pizza?
6. ¿Teresa toma el examen o decide no tomarlo?
7. ¿Teresa trae un libro de recetas (*recipes*) para Marisa?
8. ¿Marisa celebra el cumpleaños de otro amigo?
9. Victoria y Fernando van a un restaurante a cenar. ¿Qué comen y qué beben?
10. Marisa va a dar una fiesta en su casa. ¿Qué va a servir?

DE TODO UN POCO

El mundo hispánico

Costa Rica

Bosque tropical Jardines de La Paz.

> Costa Rica, uno de los países más pequeños del continente americano, contiene un 5% de la biodiversidad del planeta. Está situado en Centroamérica y su capital es San José. De todos los países centroamericanos, Costa Rica es el que tiene el menor número de analfabetos°. Tiene el mayor ingreso° per cápita y un gobierno democrático con muy pocos problemas políticos. Este país tiene excelentes programas para proteger la ecología, especialmente la selva°.

illiterates
income

rainforest

Panamá

Dos barcos de carga pasan por el Canal de Panamá.

isthmus/ joins

> Panamá está situado en el istmo° que une° Sudamérica con Norteamérica. El país, que está dividido por el Canal de Panamá, tiene una población de más de dos millones y medio de habitantes. Su cultura es una mezcla° de las tradiciones españolas, africanas, indígenas y norteamericanas. El idioma oficial del país es el español pero también se usa mucho el inglés.

mixture

source of income

> La principal fuente de ingresos° del país está asociada con las operaciones del Canal, que es administrado por Panamá desde el año 2000. Junto al Canal están las dos ciudades más grandes del país: Ciudad de Panamá, la capital, una ciudad cosmopolita, y Colón, la segunda ciudad más importante del país.

 ## Honduras

> En Honduras floreció el imperio maya unos 500 años antes de la llegada de los conquistadores. Hoy Honduras, un país pequeño, tiene casi seis millones de habitantes, en su mayoría mestizos.

> Es el único país centroamericano que no tiene volcanes, pero esto no es favorable para el país pues las tierras volcánicas son, por lo general, fértiles. Como la economía del país se basa en la agricultura, Honduras es hoy uno de los países más pobres de América.

Vista de San Antonio Oriente, del artista hondureño José Antonio Velásquez, muestra la región agrícola de Honduras.

> La capital de Honduras es Tegucigalpa. La mayor atracción turística del país es Copán, una ciudad maya que existió hace unos dos mil años.

 ## Nicaragua

> Nicaragua es el país más extenso de Centroamérica, pero menos de una décima parte de su territorio es cultivable. Nicaragua es la tierra de los lagos y de los volcanes. Uno de los lagos, el Nicaragua, es el mayor lago de agua dulce de Centroamérica.

Catedral de Managua.

> Las tres ciudades más importantes del país son Managua (la capital), León y Granada.

> La economía del país se basa en la agricultura. Nicaragua tiene una selva virgen mucho más extensa que la de Costa Rica.

36. El mundo hispánico y tú With a classmate, discuss the following.

1. ¿Qué sabes de Costa Rica en cuanto a la educación y al gobierno? ¿Y de este país?
2. ¿Dónde está situado Panamá? ¿Cuál es su principal fuente de ingreso? ¿Dónde está situado el estado donde tú vives?
3. ¿Son muy fértiles las tierras de Honduras? ¿Por qué? ¿Y las de tu estado?
4. ¿Qué sabes tú del lago Nicaragua? ¿Qué lugares de este país tienen lagos famosos?

COMPRUEBE CUÁNTO SABE

Lección 5

A. Present progressive Use the verbs in the list in the **present progressive** to indicate what is going at the moment.

pagar	estudiar	decir	leer
servir	desayunar	beber	dormir

1. Julio _____ que tiene hambre.
2. Yo _____ un buen libro.
3. ¿Tú _____ café o té?
4. El camarero _____ la comida.
5. Nosotros _____ en la biblioteca.
6. Carlitos _____ en su cuarto.
7. Sergio y su esposa _____ en un restaurante.
8. Alina _____ la cuenta.

B. Uses of *ser* and *estar* Write sentences, using the given cues and the present indicative of **ser** or **estar**.

1. Sergio y Sandra / muy inteligentes
2. la mesa / de plástico
3. los estudiantes / en la universidad
4. Carolina / profesora de inglés
5. ¡Mumm! este bistec / muy sabroso
6. Roberto / pidiendo el postre
7. hoy / lunes
8. nosotros / de Nicaragua
9. Elsa / la hermana / Julio
10. los chicos / muy contentos

C. Stem-changing verbs: e > ie Answer the following questions, using the cues provided.

1. ¿Tú prefieres comer galletas o panqueques? (panqueques)
2. ¿Ustedes entienden la lección cinco? (no)
3. ¿A qué hora empieza la fiesta? (a las ocho)
4. ¿Qué quieren comer ustedes? (pescado)
5. ¿Cuándo comienzan las clases? (en agosto)
6. ¿Adónde piensan ir tus padres? (a México)

D. Comparative and superlative of adjectives, adverbs, and nouns Give the Spanish equivalent of the words in parentheses.

1. El hotel Azteca es _____ la ciudad. *(the best in)*
2. Roberto es _____ la familia. *(the most intelligent in)*
3. Ana es _____ su mamá. *(as tall as)*
4. ¿Tú eres _____ tu hermano? *(older or younger than)*

5. Ese restaurante es _____ todos. *(the worst of)*

6. Ellos tienen _____ mil dólares. *(more than)*

E. Pronouns as object of prepositions Answer the following questions in the negative. Use pronouns in your answers.

1. ¿Los libros son para mí? *(Use the **tú** form in your answer.)*
2. ¿Estás hablando de Isabel?
3. ¿Yo tengo que trabajar con ustedes?
4. ¿Las galletas son para los chicos?
5. ¿Tú vas a estudiar conmigo?

F. Vocabulario Choose the word or phrase that best completes each sentence.

1. De postre voy a pedir (albóndigas, arroz con leche, chorizo).
2. Voy a pagar la (cuenta, verdura, papa).
3. ¿Tú vas a (dejar, caminar, llamar) la propina?
4. Quiero pollo (al día siguiente, a la parrilla, de vacaciones).
5. ¿El hotel tiene servicio de (torta, galletas, habitación)?
6. Mi (jamón, pescado, helado) favorito es el salmón.
7. ¿Tú quieres puré de (pan, huevos, papas)?
8. Quiero pan con (mantequilla, vegetal, arroz) y mermelada.
9. (La cena, El almuerzo, El desayuno) es a las siete de la mañana.
10. Yo quiero comer (chuletas, platillo, mantel) de cerdo.
11. ¿Quieres una (copa, pimienta, taza) de café?
12. Necesito (una servilleta, un cuchillo, una cuchara) y un tenedor para comer el bistec.

G. Culture Complete the following, according to the information found in **Detalle cultural**.

En la mayoría de los países de habla hispana, el desayuno generalmente es café con _____ y el _____ es la comida principal del día.

Lección 6

A. Stem-changing verbs: *o > ue* Use the present indicative of the verbs in the list to complete the following.

dormir	poder	llover	almorzar
encontrar	costar	recordar	volver

1. Nosotros _____ todo lo que dice el profesor en la clase. ¿Tus compañeros también lo _____?
2. No sé dónde están mis llaves. No las _____.
3. Ana y yo _____ toda la noche, pero mi mamá no _____ bien. ¿Cómo _____ tú?
4. ¿Ustedes _____ en la cafetería? ¿Cuánto _____ el almuerzo allí?

5. ¿A qué hora _____ tú de la universidad? ¿A qué hora _____ tus padres del trabajo?

6. Yo no quiero vivir en Oregón porque allí _____ mucho.

7. Nosotros no _____ ir a la fiesta porque tenemos que trabajar. ¿Tú _____ ir?

B. Stem-changing verbs: *e > i* Complete the following exchanges, using the present indicative of the following verbs: **conseguir, servir, pedir, decir.**

1. —¿Dónde _____ Uds. buenas frutas?

—Nosotros las _____ en el supermercado, pero mi mamá las _____ en el Mercado Central.

2. —Para beber, ¿qué _____ Uds. en sus fiestas?

—Nosotros _____ cerveza y champán. ¿Qué _____ tú?

—Yo _____ vino blanco y vino tinto.

3. —Estela _____ que debemos comer más vegetales. ¿Qué _____ tú?

—Yo _____ que los vegetales son necesarios, pero mis hijos _____ que no son sabrosos.

4. —¿Qué _____ tú cuando cenas en un restaurante mexicano?

—Yo _____ tamales. ¿Qué _____ Uds.?

—Nosotros _____ enchiladas.

C. Direct object pronouns Answer the following questions in the negative, replacing the italicized words with direct object pronouns.

1. ¿Vas a leer *estos libros*?
2. ¿Él *me* conoce? *(Use the **Ud.** form.)*
3. ¿*Te* llevan ellos al mercado?
4. ¿Ella *me* llama mañana? *(Use the **tú** form.)*
5. ¿Necesitas *el detergente*?
6. ¿Tienes *la lejía* aquí?
7. ¿Ellos *los* conocen a Uds.?
8. ¿Uds. consiguen *las frutas* en ese supermercado?

D. Affirmative and negative expressions Answer all the questions in the negative.

1. ¿Tú siempre almuerzas en la cafetería?
2. ¿Hay alguien en tu casa ahora?
3. ¿Necesitas algo del mercado?
4. ¿Conoces a algunas personas de Honduras?
5. ¿Tú bebes café o té?
6. Yo nunca voy al mercado, ¿y Uds.?

E. _Hace... que_ Write the following sentences in Spanish.

1. I have been living in Honduras for five years.
2. How long have you been studying Spanish, Mr. Smith?
3. They have been writing for two hours.
4. She hasn't eaten for two days.

F. Vocabulario Choose the word or phrase that does not belong in each group.

1. apio	brócoli	chuleta
2. ají	cocinero	criada
3. carne	piña	cereza
4. panadería	pimiento	pescadería
5. detergente	lejía	papel higiénico
6. plátano	langosta	cangrejo
7. elegir	decir	escoger
8. de manera	de modo	qué más
9. lechuga	azúcar	pepino
10. zanahoria	salsa	espaguetis

G. Match the questions in column **A** with the answers in column **B**.

A

1. ¿Vives en una casa? _____
2. ¿Necesitas comprar huevos? _____
3. ¿Comes chuletas de cerdo? _____
4. ¿Dónde compras los vegetales? _____
5. ¿A qué hora almuerzas? _____
6. ¿Vas a comer ahora? _____
7. ¿Son recién casados? _____
8. ¿De qué es la ensalada? _____
9. ¿Quieres una pera? _____
10. ¿Trabajas hoy? _____

B

a. A las doce.
b. No, son novios.
c. No, un melocotón.
d. De lechuga.
e. No, en un apartamento.
f. No, tengo el día libre.
g. En el mercado.
h. Sí, una docena.
i. Sí, estoy muerto de hambre.
j. No, de ternera.

H. El mundo hispánico Choose the correct answer based on the **El mundo hispánico** you have read.

1. La capital de Costa Rica es (San José / San Juan).
2. La principal fuente de ingresos de Panamá está asociada con (la agricultura / las operaciones del Canal).
3. Honduras (tiene / no tiene) volcanes.
4. La economía de Nicaragua se basa en (el turismo / la agricultura).

PARA DIVERTIRSE

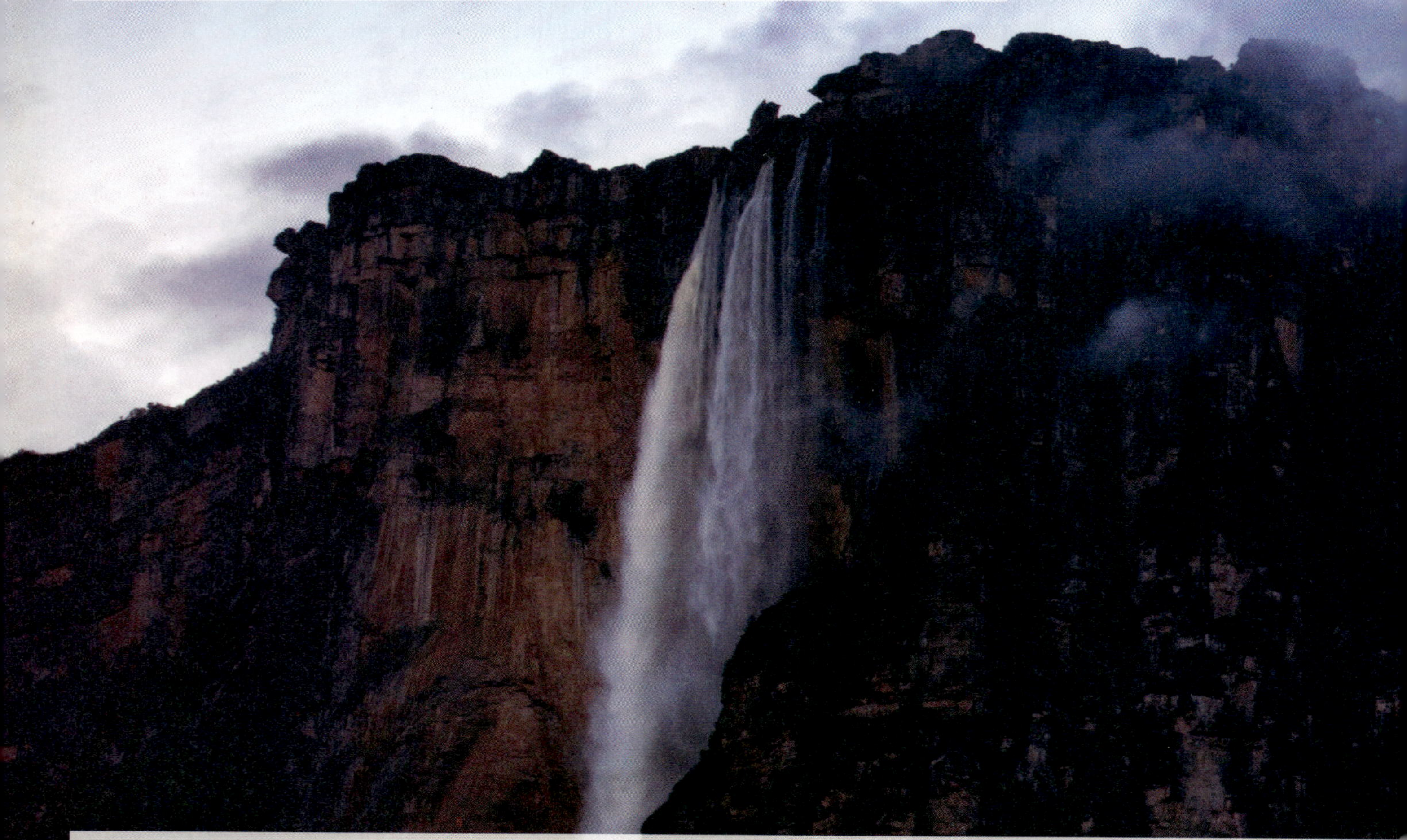

El Salto Ángel, en Venezuela, es la catarata más alta del mundo, nombrada en honor de James Angel, un piloto norteamericano que murió allí.

CUBA
Fortalezas El Morro y La Cabaña en La Habana.

COLOMBIA
Vista aérea del centro de Bogotá, la capital colombiana.

PUERTO RICO
Casas de colores en El Viejo San Juan.

REPÚBLICA DOMINICANA
Una playa en Bayahibe, La Romana.

Un fin de semana

© Jose Luis Pelaez Inc/ Getty Images

 2-1 Carlos Aranda y su esposa Ester son cubanos, pero ahora viven en un apartamento grande y moderno en Santo Domingo. Tienen hijos mellizos de diecisiete años, Pablo y Olga.

Carlos y Ester se levantan temprano hoy porque tienen muchos planes para el fin de semana. Los chicos duermen hasta las diez porque anoche fueron a una fiesta de cumpleaños en la casa de sus primos y volvieron muy tarde.

ESTER ¿Vamos a ir al teatro con tus padres? Ellos nos invitaron la semana pasada.

CARLOS Tú sabes que a mí no me gusta ir al teatro; me gusta más el cine. Papá quiere ver la película americana que ponen en el cine Rex. Es una película de guerra…

ESTER Bueno, voy a preguntarles si quieren cambiar sus planes, pero a tu mamá le gustan las comedias románticas.

CARLOS ¡Ah! Teresa nos mandó la invitación para su boda. La recepción es mañana, en el club Náutico. ¿Quieres ir?

ESTER Podemos ir un rato. ¿Ya se levantaron los chicos?

CARLOS Sí, están desayunando. Olga se está quejando porque no puede ir a patinar con sus amigos esta tarde.

ESTER Ella sabe que esta tarde tenemos que ir a visitar a tía Marcela, que nos invitó a merendar.

CARLOS ¡Ay, pobre chica! En vez de divertirse con sus amigos, se va a aburrir como una ostra con tu tía Marcela…

ESTER *(Se ríe)* ¡Está bien! Le voy a decir que no tiene que ir con nosotros.

CARLOS *(Bromeando)* ¿Yo puedo ir a patinar con ella?

© Rubberball/Glow Images

 2-2 Olga y Pablo están hablando en la cocina.

PABLO Yo voy a ir a nadar con Beto y René esta tarde y después vamos a ir a ver un partido de béisbol.

OLGA ¿Me estás diciendo que no tienes que ir a la casa de tía Marcela?

PABLO No, papá me dio permiso para salir con mis amigos.

OLGA ¡Eso no es justo! ¡A veces quiero ser hija única! ¡Mamá!

Ester *(Entra en la cocina.)* No tienes que ir con nosotros, Olga. La última vez que fuimos a la casa de tía Marcela, tú rompiste su florero favorito. A ella tampoco le gustan tus visitas… ¡Ella compró ese florero en San Juan!

Olga ¡No fui yo! ¡Fue Pablo! Bueno, no me importa. Esta noche, ¿puedo ir a bailar con María Inés y su hermano? Hay una discoteca nueva…

Ester ¡Ajá! ¿El hermano…?

Olga A los dos nos gusta bailar… eso es todo…

Ester Bueno, pero tienes que volver antes de la medianoche.

Olga Les voy a decir que me tienen que traer a las doce menos cinco, ¡sin falta! ¡Soy una Cenicienta[1] moderna!

> ## Detalle cultural
> Las películas estadounidenses son muy populares en el mundo hispánico. Generalmente tienen subtítulos en español o están dobladas *(dubbed).*
>
> ➤ ¿Le gusta ver películas extranjeras *(foreign)*? ¿De qué países?

Hablemos

1. **Sobre el diálogo** You and a classmate take turns asking and answering the following questions. Base your answers on the dialogues.

   1. ¿De dónde son Carlos y Ester? ¿En qué ciudad viven ahora? ¿Cuántos hijos tienen? ¿Pablo y Olga son mellizos?
   2. ¿Por qué se levantan temprano hoy? ¿A qué hora se levantan los chicos? ¿Adónde fueron anoche?
   3. ¿Adónde quieren ir los padres de Carlos? ¿Adónde quiere ir él?
   4. ¿Qué les mandó Teresa? ¿Cuándo y dónde es la recepción?
   5. ¿Por qué se está quejando Olga? ¿Adónde tiene que ir esta tarde?
   6. ¿Carlos dice que Olga se va a divertir o que se va a aburrir con su tía Marcela?
   7. ¿Qué va a hacer Pablo por la tarde? ¿Y después?
   8. ¿Por qué no tiene que ir Pablo a casa de su tía?
   9. ¿Qué pasó la última vez que Olga fue a la casa de su tía? ¿Dónde compró la tía el florero?
   10. ¿Qué quiere hacer Olga esta noche? ¿Adónde quiere ir?
   11. ¿A qué hora tiene que volver Olga? ¿A qué hora la van a traer?
   12. ¿Qué dice Olga que ella es?

[1] Cinderella

VOCABULARIO

Cognados

el béisbol
la comedia
la discoteca
la invitación
moderno(a)
el permiso
el plan
romántico(a)
el teatro
la visita

Nombres

el cine	movie theater
el fin de semana	weekend
el florero	vase
el (la) hijo(a) único(a)	only child
la medianoche	midnight
los (las) mellizos(as)*	twins
el partido*	game
la película	movie, film
_____ de guerra	war movie
la semana	week
la vez	time

Verbos

aburrirse	to be bored
bromear	to kid, to joke
cambiar	to change
divertirse (e > ie)	to have a good time
entrar (en)	to enter, to go in
gustar	to like, to appeal
levantarse	to get up
mandar, enviar	to send
merendar (e > ie)	to have an afternoon snack
nadar	to swim
patinar	to skate
preguntar	to ask (a question)
quejarse	to complain
reírse[1]	to laugh
romper*	to break
visitar	to visit

Adjetivos

justo(a)	fair
pasado(a)	last
pobre	poor
último(a)	last (in a series)

Otras palabras y expresiones

aburrirse como una ostra	to be bored to death
anoche	last night
en vez de	instead of
hasta	until
importarle (a uno)	to matter
ir a patinar	to go skating
poner una película*	to show a movie
sin falta	without fail
temprano	early

* me río, te ríes, se ríe, nos reímos, os reís, se ríen

Más sobre el tema

Para invitar a alguien a salir *(Asking someone out)*

¿Quieres ir...

a escalar una montaña? *mountain climbing*

a montar* en bicicleta? *bicycle riding*

a esquiar? *skiing (to ski)*

a montar a caballo? *horseback riding*

a un club nocturno? *to a nightclub*

a un concierto? *to a concert*

a la playa? *to the beach*

al museo? *to the museum*

al jardín botánico? *to the botanical garden*

al parque de diversiones*? *to the amusement park*

de picnic? *on a picnic*

al zoológico? *to the zoo*

a navegar? *sailing*

a pescar? *fishing*

© Cengage Learning 2014

De país a país

el partido el juego *(Centroamérica, Caribe, Méx.)*

mellizos(as) gemelos(as) *(muchos países)*, los (las) jimaguas *(Cuba)*, los (las) cuates *(Méx.)*

romper quebrar *(Méx.)*

poner una película dar una película *(Ecuador, Cono Sur)*

montar en bicicleta andar en bicicleta *(Arg.)*

el parque de diversiones el parque de atracciones *(Esp.)*

VOCABULARIO

Para practicar el vocabulario

2. ¿Lógico o ilógico? With a classmate, indicate whether each of the following statements is logical (**L**) or illogical (**I**).

1. Yo hago todo el trabajo; eso no es justo.
2. Vamos al zoológico para ver los animales.
3. La fiesta va a ser muy aburrida. Nos vamos a divertir mucho.
4. Nosotros siempre merendamos a las diez de la noche.
5. A Rita no le va a gustar nada; va a quejarse de todo.
6. Hoy vamos a patinar en la discoteca.
7. Mañana vamos a ir a la playa porque nos gusta nadar.
8. Nunca voy a un concierto, porque me gusta mucho la música.
9. Carlos es muy pobre; tiene mucho dinero.
10. Teresa va a comprar rosas y las va a poner en un florero.
11. Es hija única; tiene una hermana melliza.
12. Voy a comprar pollo en vez de salmón porque no me gusta el pescado.

3. Para completar With a classmate, complete the following sentences, using vocabulary from **Lesson 7.**

1. ¿Qué planes tienes para este _____ de semana?
2. ¿Prefieres ir al cine o al _____?
3. ¿Prefieres una _____, de guerra o una comedia _____?
4. ¿Crees que van a divertirse o que van a _____ como una ostra?
5. ¿Le vas a _____ si quiere ir de picnic?
6. ¿Piensan levantarse _____ o tarde?
7. ¿Qué película _____ en el cine Rex?
8. ¿Prefieres ir al zoológico o al _____ botánico?

4. ¿Adónde vamos...? Your friend has accepted your invitation. Where are you going to go? Begin your answers with **Vamos a ir...**

1. You want to sunbathe and swim.
2. You feel like climbing a mountain.
3. You want to go to Disneyland.
4. You want to dance salsa.
5. You want to see animals.
6. You want to see Picasso's paintings.
7. You want to have lunch and commune with nature.
8. You want to hear some live music.
9. You want to go to Aspen, Colorado.
10. You want to go horseback riding or ride your bicycle.
11. You want to catch some fish.
12. You want to see the waves around you.

5. **¿Quieres ir...?** With a classmate, play the roles of two friends who cannot agree on where to go or what to do on the weekend.

Modelo   —¿Quieres ir al cine?
                 —No, prefiero ir al teatro.

6. **Necesitan divertirse** With a classmate, talk about the following.

© Tetra/Glow Images

1. Mencionen cuatro actividades que Uds. creen que les van a gustar a estas chicas.
2. ¿Qué actividades creen Uds. que van a encontrar aburridas *(find boring)*?
3. Si van al cine, ¿qué tipo de película les va a gustar?

Now write two or three paragraphs, indicating what the girls choose to do.

Pronunciación

2-3

Las consonantes *l, r, rr*

1. Practice the Spanish **l** in the following words.

Olga	abril	último
mil	Ángel	béisbol
Isabel	mal	volver

2. Practice the Spanish **r** in the following words.

moderno	teatro	florero
primero	París	cuarenta
partido	favorito	derecha

3. Practice the Spanish **rr** (spelled **r** both at the beginning of a word and after an **n**) in the following words.

recibir	borrador	correr
Enrique	aburrirse	romper
recepción	pizarra	reírse

1 Preterit of regular verbs *(El pretérito de los verbos regulares)*

> Spanish has two simple past tenses: the preterit and the imperfect. (The imperfect will be presented in **Lección 8.**) The preterit of regular verbs is formed as follows. Note that the endings for **-er** and **-ir** verbs are identical.

-ar verbs **tomar** *(to take)*	-er verbs **comer** *(to eat)*	-ir verbs **escribir** *(to write)*
tom**é**	com**í**	escrib**í**
tom**aste**	com**iste**	escrib**iste**
tom**ó**	com**ió**	escrib**ió**
tom**amos**	com**imos**	escrib**imos**
tom**asteis**	com**isteis**	escrib**isteis**
tom**aron**	com**ieron**	escrib**ieron**

> Verbs ending in **-ar** and **-er** that are stem-changing in the present indicative are regular in the preterit.

encontrar	tú enc**ue**ntras	tú enc**o**ntraste
volver	yo v**ue**lvo	yo v**o**lví
cerrar	yo c**ie**rro	yo c**e**rré

> Verbs ending in **-gar, -car,** and **-zar** change **g** to **gu, c** to **qu,** and **z** to **c** before **é** in the first person of the preterit.

>   pagar ⟶ pa**gu**é   buscar ⟶ bus**qu**é   empezar ⟶ empe**c**é

> Verbs whose stem ends in a strong vowel change the unaccented i of the preterit ending to **y** in the third-person singular and plural of the preterit.

>   leer ⟶ le**y**ó   le**y**eron

These changes are orthographic, and they occur in order to preserve the sound of the stem.

> The preterit tense refers to actions or events that the speaker views as completed in the past.

—¿Qué **compraste** ayer?	*"What **did you buy** yesterday?"*
—**Compré** un florero.	*"**I bought** a vase."*
—¿Qué **comieron** Uds.?	*"What **did you eat**?"*
—**Comimos** ensalada.	*"**We ate** salad."*
—¿A qué hora **volvió** usted?	*"What time **did you return**?"*
—Yo **volví** a las seis. ¿A qué hora **llegaste** tú?	*"**I returned** at six. What time **did you arrive**?"*
—**Llegué** a las seis.	*"**I arrived** at six."*

¡Atención! Note that Spanish has no equivalent for the English *did* used as an auxiliary verb in questions and negative sentences.

—¿**Encontraste** el dinero?   ***"Did you find** the money?"*

—No lo **busqué.**   ***"I didn't look for** it."*

Práctica y conversación

7. **Minidiálogos** Complete the following dialogues, using the correct preterit form of the verbs in parentheses. Then act them out with a classmate.

1. —¿A qué hora (volver) _____ Uds. ayer?

   —Yo (volver) _____ a las siete y Mario (volver) _____ a las nueve. ¿A qué hora (volver) _____ tú?

2. —¿(Leer) _____ Ud. este libro, Sr. Vega?

   —Sí, lo (leer) _____ ayer.

   —¿Ud. lo (sacar) _____ de la biblioteca o lo (comprar) _____?

   —Lo (sacar) _____ de la biblioteca.

3. —¿Cuándo (empezar) _____ a trabajar tú?

   —(Empezar) _____ la semana pasada.

   —¿En qué mes (llegar) _____ aquí?

   —(Llegar) _____ en noviembre del año pasado.

4. —¿Con quién (hablar) _____ Uds.?

   —Yo (hablar) _____ con mi madrina y Ramiro (hablar) _____ con su abuela.

8. **Ayer...** Read what the following people typically do. Then complete each sentence telling how they varied from their normal routines yesterday.

1. Yo siempre hablo con mis padres, pero ayer…
2. Yo siempre escribo en inglés, pero ayer…
3. Tú siempre estudias por la mañana, pero ayer…
4. Alberto siempre compra café, pero ayer…
5. Los chicos siempre toman café, pero ayer…
6. Nosotros siempre comemos en la cafetería, pero ayer…
7. Adela siempre sale con su novio, pero ayer…
8. Ustedes siempre vuelven a las seis, pero ayer…
9. Yo siempre llego a la universidad a las ocho, pero ayer…
10. Yo siempre empiezo a trabajar a las tres, pero ayer…

9. **¿Qué hiciste tú?** *(What did you do?)* With a classmate, use the verbs listed to ask each other what you did yesterday and last night.

   Modelo   —¿Dónde almorzaste ayer?
                 —Almorcé en la cafetería.

cenar	llegar	estudiar	empezar	tomar	comer	ver	salir
conversar	trabajar	buscar	comprar	pagar	leer	volver	

2 Preterit of *ser, ir,* and *dar* (*El pretérito de ser, ir y dar*)

> The preterits of **ser, ir,** and **dar** are irregular.

ser *(to be)*	ir *(to go)*	dar *(to give)*
fui	fui	di
fuiste	fuiste	diste
fue	fue	dio
fuimos	fuimos	dimos
fuisteis	fuisteis	disteis
fueron	fueron	dieron

—¿**Fuiste** al mercado ayer?

—Sí, **fui** para comprar frutas. Papá me **dio** el dinero.

—¿Quién **fue** tu profesor de español?

—El Dr. Vega.

*"**Did you go** to the market yesterday?"*

*"Yes, **I went** to buy fruit. Dad **gave** me the money."*

*"Who **was** your Spanish professor?"*

"Dr. Vega."

¡Atención! Note that **ser** and **ir** have identical preterit forms; however, there is no confusion as to meaning, because the context clarifies it.

🌐 Práctica y conversación

👥 **10. Minidiálogos** Complete the following dialogues, using the preterit of **ser, ir,** and **dar.** Then act them out with a classmate, adding your own original lines of dialogue.

1. —¿Con quién _____ tú al cine?

   —_____ con mi hijo.

   —¿_____ (Uds.) por la mañana o por la tarde?

   —_____ por la tarde.

2. —¿Cuánto dinero _____ Uds. para la fiesta?

   —Yo _____ 10 dólares y Carlos _____ 5 dólares.

   —¿Luisa _____ a la fiesta con Roberto?

   —No, ella y Marisol _____ con Juan Carlos al cine.

3. —¿Quién _____ el profesor de literatura de Uds. en la universidad?

   —El Dr. Rivas.

   —¿Uds. no _____ estudiantes de la Dra. Torres?

   —No, no _____ estudiantes de ella.

11. **Entrevista a un(a) compañero(a)** Interview a classmate, using the following questions.

1. ¿Quién fue tu profesor(a) favorito(a) el año pasado? ¿La clase fue interesante?
2. ¿Fuiste a la biblioteca ayer? ¿A qué hora? ¿Adónde fuiste después?
3. ¿Adónde fuiste el fin de semana pasado? ¿Con quién fuiste?
4. ¿Tus amigos fueron también? ¿Lo pasaron bien?
5. ¿Cuándo diste una fiesta?
6. ¿Dónde la diste? ¿Fueron muchas personas?
7. ¿Fueron tú y tus amigos al cine el sábado pasado? ¿Fueron a cenar también?
8. ¿Fuiste de vacaciones el verano pasado? ¿Adónde fuiste?

12. **Queremos saber...** With a classmate, prepare five questions to ask your instructor about his/her activities. Use the preterit of **ser, ir,** and **dar.**

© Andresr/Shutterstock

3 Indirect object pronouns *(Los pronombres usados como complemento indirecto)*

> In addition to a subject and direct object, a sentence can have an indirect object.[1]

> Ella les da **el dinero a los muchachos.**
>
> S.   V.   D.O.   I.O.
>
> *What does she give?*   **(el dinero)**
> *To whom does she give it?*   **(a los muchachos)**

In this sentence, **ella** is the subject who performs the action, **el dinero** is the direct object, and **a los muchachos** is the indirect object, the final recipient of the action expressed by the verb. Indirect object nouns are for the most part preceded by the preposition **a.**

> An indirect object usually tells to whom or for whom something is done. Compare these sentences:

> Yo voy a mandar**lo** a México.   *I'm going to send **him***
>   (**lo:** *direct object*)   *to Mexico.*
> Yo voy a mandar**le** dinero.   *I'm going to send **him** money.*
>   (**le:** *indirect object*)   (*I'm going to send money **to him**.*)

> An indirect object pronoun can be used with or in place of the indirect object. In Spanish, the indirect object pronoun includes the meaning *to* or *for*. The forms of the indirect object pronouns are shown in the following table.

Singular		Plural	
me	(to/for) me	**nos**	(to/for) us
te	(to/for) you *(fam.)*	**os**	(to/for) you *(fam.)*
	(to/for) you *(form.)*		
le	(to/for) him	**les**	(to/for) you *(form., fam.)*
	(to/for) her		(to/for) them *(masc., fem.)*

> Indirect object pronouns have the same form as direct object pronouns, except in the third person.

Indirect object pronouns are usually placed in front of the conjugated verb.

> —¿Qué **les** dieron ellos a Uds.?   *"What did they give **you**?"*
> —Ellos **nos** dieron dinero.   *"They gave **us** money."*

---

[1] See Appendix C.

> When used with an infinitive or in the present progressive, however, the indirect object pronoun may either be placed in front of the conjugated verb or attached to the infinitive or the present participle.

Le voy a escribir una carta.
or: } I'm going to write **you** a letter.
Voy a escribir**le** una carta.

Les estoy diciendo la hora.
or: } I'm telling **them** the time.
Estoy diciéndo**les**[1] la hora.

¡Atención! The indirect object pronouns **le** and **les** require clarification when the context does not specify the gender or the person to which they refer. Spanish provides clarification by using the preposition **a** + *pronoun or noun*.

Le doy la información.	I give the information…
but:	(to whom? to him? to her? to you?)
Le doy la información **a ella.**	I give the information **to her.**

> The prepositional phrase provides clarification or emphasis; it is not, however, a substitute for the indirect object pronoun. While the prepositional form can be omitted, the indirect object pronoun must always be used.

—¿Qué vas a comprar**le** a tu hija?	"What are you going to buy (for) your daughter?"
—**Le** voy a comprar un florero.	"I'm going to buy **her** a vase."

🌐 Práctica y conversación

13. Frutas para todos Mom went to the market and bought fruit for everyone. Indicate for whom she bought each fruit, using indirect object pronouns. Clarify when necessary.

Modelo   Mamá compró duraznos para él.
          *Mamá **le** compró duraznos **a él.***

1. Mamá compró manzanas *para mí.*
2. Mamá compró peras *para nosotros.*
3. Mamá compró uvas *para ella.*
4. Mamá compró una piña *para ti.*
5. Mamá compró melocotones *para Ud.*
6. Mamá compró una sandía *para ellos.*
7. Mamá compró cerezas *para Uds.*
8. Mamá compró fresas *para él.*
9. Mamá compró bananas *para Rodolfo.*
10. Mamá compró mangos *para Sofía.*

[1] When an indirect object pronoun is attached to a present participle, an accent mark is added to maintain the correct stress.

14. **Entrevista a un(a) compañero(a)** Interview a classmate, using the following questions.

1. ¿Cuándo vas a escribirles a tus amigos?
2. ¿Le escribiste a alguien ayer?
3. ¿Tú siempre le escribes a tu mejor amigo(a) o le mandas correos electrónicos?
4. ¿Tus padres te escribieron esta semana?
5. ¿Tus padres te dan dinero para comprar ropa?
6. ¿Tú vas a mandarle dinero a alguien? ¿A quién?
7. ¿Tus padres les hablan a Uds. en inglés o en español?
8. ¿Tú siempre les dices la verdad a tus padres?

15. **Son bilingües** What languages do the people below speak and what languages are spoken to them? With a classmate, match each name to the most likely language.

alemán *(German)*   italiano

español   japonés

francés   portugués

inglés   ruso *(Russian)*

Modelo   María del Pilar *(a mí)*
María del Pilar me habla en español.
Yo le hablo en español a ella.

1. Boris *(a ti)*
2. Giovanni *(a ellos)*
3. John *(a mí)*
4. el Sr. Toyota *(a Uds.)*
5. Monique y Pierre *(a nosotros)*
6. Hans *(a Ud.)*
7. Nelson *(de Brasil) (a él)*
8. Rosa y José *(a ella)*

16. **Regalos** *(Presents)* In groups of three or four, tell each other about four or five gifts that you bought your friends and relatives for Christmas **(la Navidad)** or a birthday and describe what they bought you.

Modelo   *A mi mamá le compré una licuadora para su cumpleaños.*
El día de mi cumpleaños, mi mamá me compró un escritorio.

4 The verb *gustar* (*El verbo* **gustar**)

› The verb **gustar** means *to like something or somebody* (literally, *to be pleasing*). A special construction is required in Spanish to translate the English *to like*. Note that the equivalent of the English direct object becomes the subject of the Spanish sentence. The English subject then becomes the indirect object of the Spanish sentence.

> **I** like **your house.**
> s.   D.O

Me gusta **tu** *casa.*

i.o.   s.

> **Your house** is pleasing **to me.**
> s.   i.o.

› **Gustar** is *always* used with an indirect object pronoun—in this example, **me.**

The two most commonly used forms of **gustar** are the third-person singular **gusta** if the subject is singular or if the verb is followed by one or more infinitives, and the third-person plural **gustan** if the subject is plural.

Indirect Object Pronouns

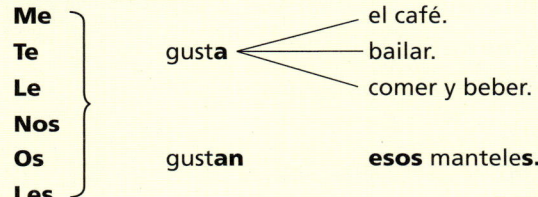

Me
Te   gust**a**   el café.
Le   bailar.
Nos   comer y beber.
Os   gust**an**   **esos** mantele**s.**
Les

› Note that **gustar** agrees in number with the *subject* of the sentence, that is, the person or thing being liked.

Me gust**an las manzanas.**   *Apples are* pleasing to me.

› The person who does the liking is the indirect object.

—¿**Te** gusta este mantel rojo?   "Do **you** like this red tablecloth?"
—No, no **me** gustan los manteles rojos.   "No, **I** don't like red tablecloths."

—¿**Les** gusta el francés?   "Do **you** like French?"
—Sí, **nos** gusta mucho el francés,   "Yes, **we** like French very much, but
    pero **nos** gusta más el español.   **we** like Spanish better."

¡Atención! Note that the words **más** and **mucho** immediately follow **gustar.**

› The preposition a + *a noun* or *pronoun* is used to clarify meaning or to emphasize the indirect object.

A Aurora (A ella) le gusta esa   **Aurora** likes that bakery,
    panadería, pero **a mí** no me gusta.   but **I** don't like it.
A Beto y **a Rosa** les gusta esquiar y patinar. **Beto** and **Rosa** like to ski and to skate.

¡Atención! If the thing liked is an action, the second verb is an infinitive: **Me gusta patinar.**

Detalle cultural
En la cultura hispánica, los sobrenombres son muy populares. Roberto: **Beto;** Enrique: **Quique;** Dolores: **Lola.**

➤ ¿Qué sobrenombres son populares en este país? ¿Ud. tiene sobrenombre?

PUNTOS PARA RECORDAR

🌐 Práctica y conversación

 17. A Luis le gusta(n) The following is what Luis likes, and what he likes to do. With a classmate, indicate what other people like or don't like, using the cues provided.

1. A Luis le gusta jugar al tenis. (a mí no)
2. A Luis le gusta el fútbol. (a ti también)
3. A Luis le gusta ir al cine. (a mis padres también)
4. A Luis le gusta leer. (a nosotros también)
5. A Luis le gusta mirar la tele. (a Uds. también)
6. A Luis le gustan las ciudades grandes. (a nosotros no)
7. A Luis le gusta el béisbol. (a mí no)
8. A Luis le gustan las matemáticas. (a ti también)
9. A Luis le gusta mucho ir a pescar. (a nosotros también)
10. A Luis le gustan más las ciencias políticas. (a Marisa también)

 18. Otra entrevista Interview a classmate, asking the following questions.

1. ¿A ti te gusta más el invierno o el verano?
2. ¿Te gusta más venir a clase por la mañana o por la tarde?
3. ¿A ti te gusta más el rojo o el azul?
4. ¿Te gusta más vivir en una casa o en un apartamento?
5. ¿Te gustan más las ciudades grandes o las ciudades pequeñas?
6. ¿Te gustan más las peras o las manzanas?
7. ¿A tu mamá le gusta más ir al cine o ir al teatro?
8. ¿A tus amigos les gusta más ir al zoológico o al jardín botánico?

19. Los sábados With a classmate, talk about what you, your parents, and your friends like and don't like to do on Saturdays.

Modelo   A mi papá…
A mi papá le gusta leer. No le gusta trabajar.

1. A mí…
2. A mi mamá…
3. A mi papá…
4. A nosotros…
5. A mis amigos…
6. A mi mejor amigo(a)…

20. Preferencias... Look at these illustrations and say what these people like and what they don't like to do.

Modelo *A Juan le gusta leer.*

Juan

Inés

Jorge   *Mario*

Yo

1.

2.

3. _____

Nosotras

Tú

4. _____

5. _____

Ud.

Carmen

6. _____

7. _____

 21. Queremos saber With a classmate, prepare three or four questions to ask your instructor about what he/she likes or doesn't like to do.

5 | Reflexive constructions (Construcciones reflexivas)

› The reflexive construction (e.g., *I introduce myself*) consists in Spanish of a reflexive pronoun and a verb. Reflexive pronouns[1] refer to the same person as the subject of the sentence does.

Subjects	Reflexive Pronouns	
yo	**me**	myself, to (for) myself
tú	**te**	yourself, to (for) yourself *(fam.)*
nosotros(as)	**nos**	ourselves, to (for) ourselves
vosotros(as)	**os**	yourselves, to (for) yourselves *(fam.)*
Ud.		yourself, to (for) yourself *(form.)*
Uds.		yourselves, to (for) yourselves *(form., fam.)*
él		himself, to (for) himself
ella	**se**	herself, to (for) herself
ellos, ellas		itself, to (for) itself
		themselves, to (for) themselves

¡Atención! Reflexive pronouns are positioned in the sentence in the same manner as object pronouns.

› Note that except for **se**, reflexive pronouns have the same forms as the direct and indirect object pronouns.

› The third-person singular and plural **se** is invariable, that is, it does not show gender or number.

› Any verb that can act upon the subject can be made reflexive in Spanish with the aid of a reflexive pronoun.

vestirse (e > i)	to dress oneself, to get dressed
Yo **me visto.**	I dress myself.
Tú **te vistes.**	You dress yourself. *(fam.)*
Ud. **se viste.**	You dress yourself. *(form.)*
Él **se viste.**	He dresses himself.
Ella **se viste.**	She dresses herself.
Nosotros(as) **nos vestimos.**	We dress ourselves.
Vosotros(as) **os vestís.**	You dress yourselves. *(fam.)*
Uds. **se visten.**	You dress yourselves. *(form., fam.)*
Ellos **se visten.**	They *(masc.)* dress themselves.
Ellas **se visten.**	They *(fem.)* dress themselves.

[1] See Appendix C.

> The following commonly used verbs are reflexive.

aburrirse *to get bored*	**lavarse** *to wash oneself*
acostarse (o > ue) *to go to bed*	**levantarse** *to get up*
afeitarse, rasurarse *to shave*	**ponerse** *to put on*
bañarse *to bathe*	**probarse (o > ue)** *to try on*
despertarse (e > ie) *to wake up*	**quitarse** *to take off*
divertirse (e > ie) *to have fun*	**sentarse (e > ie)** *to sit down*

—¿A qué hora **se levantan** Uds.?

—Yo **me levanto** a las seis y
   Jorge **se levanta** a las ocho.

—Uds. **se levantaron** muy tarde hoy.

—Sí, porque anoche **nos acostamos**
   a la medianoche.

*"What time **do you get up**?"*

*"**I get up** at six o'clock and Jorge*
   ***gets up** at eight."*

*"**You got up** very late today."*

*"Yes, because last night **we went***
   ***to bed** at midnight."*

🌐 Práctica y conversación

22. Preguntas y respuestas Interview a classmate, using the following questions.

1. ¿A qué hora te despertaste esta mañana?
2. Generalmente, ¿te levantas temprano o tarde? ¿A qué hora te levantas?
3. ¿Te acuestas temprano? ¿Te acuestas antes de las once?
4. ¿Te bañas por la mañana o por la noche?
5. ¿Puedes bañarte y vestirte en diez minutos?
6. ¿Con qué jabón *(soap)* te lavas las manos?
7. ¿Tu papá se afeita todos los días?
8. ¿Siempre te pruebas la ropa antes de comprarla?
9. En la clase de español, ¿prefieres sentarte cerca de la puerta o cerca de la pizarra?
10. ¿Te sientas cerca de la ventana a veces?
11. ¿Te diviertes en la clase de español? ¿En qué clase te aburres?
12. ¿Te quitas los zapatos *(shoes)* cuando llegas a tu casa?

23. ¿Qué pasó...? Use your imagination to complete the following sentences.

1. Yo me levanté a las seis y Jorge…
2. Mi hermana se bañó por la noche y tú…
3. Yo me desperté temprano y Rosa…
4. Nosotras nos probamos los vestidos negros y ellas…
5. Tú te sentaste cerca de la puerta y ella…
6. Yo me vestí en diez minutos y tú…
7. Yo me afeité por la noche y él…
8. Nosotros nos acostamos a las once y Uds.…
9. Yo me aburrí en la fiesta y tú…
10. Yo me lavé las manos con jabón Dove y ellos…

24. La rutina diaria Look at the illustrations below. How would José describe his routine and that of his family? You and your friend are the characters in items 7 and 8! Create your own sentence and question about your daily routine.

1. Yo _____.

2. Mi papá _____.

3. Yo _____.

los sábados

4. Nosotros _____.

5. Mamá _____.

6. Nosotros _____.

7. Yo _____.

8. ¿Tú _____?

25. ¿Cada cuánto tiempo...? *(How often...?)* In groups of three or four, talk about how often you do the following things. Use **siempre, todos los días, nunca, a veces,** and **frecuentemente.**

1. levantarse antes de las siete
2. despertarse muy tarde
3. bañarse por la noche
4. ponerse pijama para dormir
5. acostarse muy tarde
6. quejarse de sus profesores

Summary of the Pronouns (*Resumen de los pronombres*)

Subject	Direct Object	Indirect Object	Reflexive	Object of Prepositions
yo	me	me	me	mí
tú	te	te	te	ti
usted *(masc.)*	lo			usted
usted *(fem.)*	la	le	se	usted
él	lo			él
ella	la			ella
nosotros(as)	nos	nos	nos	nosotros(as)
vosotros(as)	os	os	os	vosotros(as)
ustedes *(masc.)*	los			ustedes
ustedes *(fem.)*	las	les	se	ustedes
ellos	los			ellos
ellas	las			ellas

Carlos y **yo** somos muy buenos amigos. **Yo** siempre **lo** llamo o **le** mando correos electrónicos. Cuando **nos** invitan a una fiesta, **él** siempre **me** dice: "**Yo** quiero ir **contigo**." Yo **me** quejo si **él** no **me** llama todos los días.

Práctica

26. **Queridos padres** Supply all the missing pronouns in the e-mail that Oscar sent to his parents and read it aloud.

Queridos padres:

_____ escribo para decir_____ que estoy bien y estoy trabajando mucho. Ayer hablé con Eva. _____ está estudiando en la universidad y dice que quiere conocer_____ porque _____ siempre _____ hablo de _____. Eva _____ invitó a una fiesta que _____da esta noche.

Hoy _____ levanté muy temprano y fui de compras. Para _____, papá, compré un reloj. A _____, mamá, _____ compré un vestido. Para _____, compré un par de zapatos para la fiesta de Eva.

¿Cómo está mi hermana? Hace mucho que no _____ llamo por teléfono ni _____ escribo. ¡Ah! A _____ _____ compré un libro.

Bueno, ya son las seis y tengo que bañar_____ y vestir_____ para ir a la fiesta.

_____ quiero mucho.

Un abrazo,

Oscar

ENTRE NOSOTROS

💬 Vamos a conversar

27. Para conocernos mejor Get to know a classmate better by asking each other the following questions.

1. ¿Te gusta levantarte temprano? ¿A qué hora te levantaste hoy?
2. ¿A qué hora te acostaste anoche?
3. ¿Qué te gusta hacer los fines de semana? ¿Qué no te gusta hacer?
4. ¿Qué actividades planeas para este fin de semana? ¿Vas a ir a nadar?
5. Si te invitan a un concierto de música clásica, ¿tú vas?
6. ¿Te gusta más patinar o esquiar? ¿Te gusta navegar?
7. ¿Adónde fuiste el sábado pasado? ¿Con quién fuiste?
8. ¿Le escribiste a alguien? ¿Mandaste un correo electrónico?
9. ¿Cuándo fue la última vez que tus padres te dieron dinero para comprar ropa? ¿Tú le diste dinero a alguien?
10. ¿Fuiste alumno(a) de esta universidad el año pasado?

28. Una encuesta Interview your classmates to identify who fits the following descriptions. Include your instructor, but remember to use the **Ud.** form when addressing him/her.

	Nombre
1. Dio una fiesta el mes pasado.	_____
2. Fue al zoológico el año pasado.	_____
3. Es hijo(a) único(a).	_____
4. Fue a un parque de diversiones el verano pasado.	_____
5. Le gustan las comedias románticas.	_____
6. Fue de picnic con sus amigos el mes pasado.	_____
7. Sabe montar a caballo.	_____
8. Le gusta escalar montañas.	_____
9. Se queja de sus profesores a veces.	_____
10. Le gustan las películas de guerra.	_____

✏️ **Y ahora...** Write a brief summary, indicating what you have learned about your classmates.

29. ¿Cómo lo decimos? What would you say in the following situations? What might the other person say? Act out the scenes with a classmate.

1. You ask a friend three questions about his/her daily routine.
2. While leaving a movie theater, you see a friend. Ask him what movie he saw and whether he liked it. Tell him you were bored to death.
3. You and a friend are making plans for the weekend and are discussing activities that you like. Include many possibilities.

30. **¿Qué pasa aquí?** The people in this photo are friends trying to plan a weekend. Two of them are making different suggestions and the third one rejects them all. In groups of three, indicate who they are and what they are saying. Say what happens at the end.

© Image Source/Alamy

✏ Vamos a escribir

31. **Un día típico** Describe a typical day in your life: what time you get up, what you generally eat, where you go, what you do, and so on.

DE TODO UN POCO

🔊 Vamos a escuchar

32. Planes You will hear a conversation between Mirta and Rafael, who are planning what they are going to do this weekend. Pay close attention to what they say. You will then hear ten statements about what you have heard. On a sheet of paper write the numbers 1 to 10, and indicate whether each statement is true **(V)** or false **(F)**.

📖 Vamos a leer

> ► **ESTRATEGIA** **Predicción** Think about the title of this fable and try to predict what might happen. Reading the first paragraph will further help your prediction.

33. Al leer As you read this fable, try to find the answers to the following questions.

1. ¿Juan es un hombre joven o viejo?
2. ¿Cuántas esposas tiene? ¿Son de la misma (same) edad?
3. ¿Las dos lo quieren (love)?
4. ¿Cómo desean verlo?
5. ¿Qué le está pasando al cabello de Juan?
6. Esto no le gusta a la esposa joven. ¿Por qué?
7. ¿Qué creen muchos?
8. La esposa vieja ve encanecer a su esposo con gran placer. ¿Por qué?
9. ¿Qué hace la esposa joven todas las noches?
10. ¿Qué hace la esposa vieja todas las mañanas?
11. ¿Qué ve Juan cuando se mira en el espejo?
12. ¿Cuál es la moraleja?
13. ¿Quién es Esopo?
14. ¿Cuándo nació Esopo?
15. ¿De qué país era?
16. ¿Qué es una fábula?
17. ¿Hay animales en esta fábula?
18. ¿Quiénes son los personajes principales de esta fábula?

Sobre el autor

Esopo (Grecia, s. VII a.C.)

slavery
wisdom

No se sabe mucho sobre la vida de Esopo, pero se cree que nació en el año 620 antes de Cristo, y que nació en la esclavitud°. Obtuvo la libertad y llegó a tener gran fama por su gran sabiduría°.

brief
inculcar... instill a moral

Sobre la fábula Es una narración breve° que tiene como propósito instruir e inculcar una moraleja° que busca mejorar la conducta de los seres humanos. La narración es simple, sin muchos detalles, y fácil de interpretar.

characters

A veces los personajes° son animales y se les atribuyen ciertas características humanas.

© Hulton Archive/ Getty Images

El hombre que tiene dos esposas

edad... middle-aged/appearance

Juan, un hombre de edad mediana°, tiene dos esposas: una vieja y una joven. Las dos lo quieren mucho y desean verlo con la apariencia° de un compañero adecuado para ella.

hair/ se... is turning

El cabello° de Juan se está poniendo° gris; esto no le gusta a la esposa joven porque lo hace ver demasiado viejo para ser su esposo, y muchos creen que él es su padre. En cambio la esposa vieja

turn gray/ pleasure occurs/ white hairs

ve encanecer° a su esposo con gran placer°, porque ella no quiere parecer su madre.

Entonces, sucede° lo siguiente: la esposa joven lo peina todas las noches y le arranca las canas°; la esposa vieja lo peina todas las mañanas y le arranca los pelos negros.

mirror
bald

El resultado es que, después de un par de meses, Juan se mira en el espejo° y ve, sorprendido y horrorizado, que está completamente calvo°.

you surrender

Moraleja: Si te entregas° a todos, pronto no vas a tener nada que entregar.

---

34. Díganos Answer the following questions, based on your own thoughts and experience.

1. ¿Cuáles son las ventajas *(advantages)* y las desventajas de ser casado(a)?
2. ¿Es mejor casarse con *(to marry)* una persona de más o menos la misma edad o la edad no es importante?
3. ¿Es mejor teñirse *(to dye)* el pelo o dejarse las canas? ¿La apariencia es importante?

Las actividades al aire libre

© StickbrokerXtra/Glow Images

La invitación de Sandra

2-5 Sandra, una chica venezolana, le manda un correo electrónico a su amigo Fabio, un muchacho colombiano que vive en Caracas. Los dos se juntan con otros chicos los fines de semana para ir al cine, al teatro o a una discoteca a bailar.

DE: Sandra@earthlink.net

A: Fabio@hotmail.com

ASUNTO: ¡Vamos a acampar!

Hola, Fabio: Ayer mi familia y yo estuvimos planeando nuestro fin de semana y decidimos invitarte a pasarlo con nosotros. ¡Vamos a acampar!

Ya sé que tú nunca ibas a acampar cuando eras niño, de modo que esta va a ser una nueva experiencia para ti: dormir bajo las estrellas en una bolsa de dormir, levantarte temprano para hacer una caminata, pescar, remar, hacer una fogata por la noche… ¡Te prometo que te va a encantar!

Si no tienes bolsa de dormir, nosotros tenemos varias y te podemos prestar una; mi hermano te la puede llevar a tu apartamento esta noche. Supongo que tampoco tienes caña de pescar… No importa, puedes usar la de mi mamá porque a ella no le gusta mucho pescar, y siempre prepara mucha comida, por si acaso nadie pesca. ¡Ah! Tenemos tres tiendas de campaña.

Anoche no pude llamarte porque tuve que trabajar. ¿Y tú? ¿Qué hiciste?

Un abrazo,

Sandra☺

2-6 Este es el mensaje que Fabio le mandó a Sandra.

DE: Fabio@hotmail.com

A: Sandra@earthlink.net

ASUNTO: Tu invitación

Querida Sandra: Acabo de leer tu mensaje, y no sé si agradecerte tu invitación o tomar el primer avión a Bogotá para escaparme.

Bueno, en serio… ¿Recuerdas que yo te dije que mis padres y yo generalmente pasábamos nuestras

© Charles Knox/Alamy

vacaciones en ciudades grandes y que nos hospedábamos en hoteles? No estábamos acostumbrados a todas esas actividades al aire libre que les gustan a ustedes. Una vez mi papá fue a acampar con unos amigos y no durmió en toda la noche.

Pero… creo que es hora de tener una nueva experiencia, como me dijiste, especialmente con mi mejor amiga y su encantadora familia.

¿Y la bolsa de dormir…? ¿Jorge me la va a traer esta noche? Y… ¿estás segura de que tu mamá va a preparar comida? ¿Crees que podemos alquilar una cabaña? Por último, ¿hay muchos mosquitos?

Abrazos,

Fabio

 Detalle cultural
El Parque Nacional El Ávila, cerca **de la ciudad de Caracas,** es uno de los principales atractivos de la capital de Venezuela. Entre los turistas jóvenes son famosas las caminatas desde la ciudad hasta el Pico Ávila. Los mayores prefieren tomar el teleférico. El parque es un lugar ideal para hacer caminatas y acampar.
➤ En este país, ¿en qué parques nacionales se puede acampar?

Hablemos

 1. **Sobre el correo electrónico** With a classmate, take turns asking and answering the following questions. Base your answers on the e-mails.

1. ¿Qué le manda Sandra a Fabio? ¿A qué lo invita?
2. ¿Qué hacen Sandra y Fabio los fines de semana? ¿Adónde van?
3. ¿Qué no hacía Fabio cuando era niño? ¿Qué va a ser para él ir a acampar?
4. ¿Qué va a hacer Fabio si va a acampar?
5. ¿Qué le puede prestar Sandra a Fabio? ¿Qué supone ella?
6. ¿Qué no le gusta hacer a la mamá de Sandra? ¿Qué hace ella por si acaso no pescan?
7. Después de leer el mensaje de Sandra, ¿qué dice Fabio? ¿Lo dice en serio?
8. ¿Dónde pasaban Fabio y su familia sus vacaciones? ¿Dónde se hospedaban?
9. ¿A qué no estaba acostumbrado Fabio? ¿De qué cree él que es hora?
10. ¿Qué le pregunta Fabio a Sandra?

 2. **Entrevista** With a classmate, take turns asking and answering these questions.

1. Cuando tú eras niño(a), ¿qué hacías en tus vacaciones? Generalmente, ¿adónde ibas?
2. ¿A ti te gustaba ir a acampar? ¿Ibas frecuentemente *(frequently)*?
3. Si tú vas a acampar, ¿prefieres estar en una cabaña o en una tienda de campaña?
4. ¿Te gusta más dormir bajo las estrellas o en un hotel?
5. ¿Tienes bolsa de dormir? ¿Tienes una o tienes varias?
6. ¿Tú estás acostumbrado(a) a las actividades al aire libre? ¿Cuáles prefieres?
7. ¿Sabes remar? ¿Sabes pescar? ¿Tienes una caña de pescar?
8. Cuando tú vas de vacaciones, ¿siempre lo pasas bien?
9. Cuando vas a acampar, ¿prefieres ir con tu familia o con tus amigos(as)?
10. ¿Te juntas con tus amigos(as) los fines de semana? Generalmente, ¿adónde van?

VOCABULARIO

Cognados

la actividad
colombiano(a)
la experiencia
generalmente
el mosquito
venezolano(a)

Nombres

el abrazo	hug
la actividad al aire libre	outdoor activity
el avión	plane
la bolsa de dormir*	sleeping bag
la estrella	star
la fogata	campfire
la cabaña	cabin
la caña de pescar	fishing rod
el correo electrónico	e-mail
el mensaje	message
el niño(a)	child
la tienda de campaña*	tent

Verbos

acampar	to camp
agradecer (yo agradezco)	to thank, to be grateful
alquilar*	to rent
encantar[1]	to love, to like very much
escapar(se)	to escape
hospedarse	to stay (i.e., at a hotel)
juntarse	to get together
pasar	to spend (time)
prestar	to lend
prometer	to promise
remar	to row
suponer (yo supongo)	to suppose
usar	to use

Adjetivos

acostumbrado(a)	accustomed or used to
primer, primero(a)	first
varios(as)	several

Otras palabras y expresiones

acabar de + *infinitive*	to have just (done something)
bajo	under
en serio	seriously
es hora	it's time
estar seguro(a)	to be sure
hacer una caminata	to go hiking
ir a acampar	to go camping
no importa	it doesn't matter
por si acaso	just in case

De país a país

la bolsa de dormir el saco de dormir *(Col.)*
alquilar rentar *(Méx.)*
la tienda de campaña la carpa *(Cono Sur)*
el velero el bote de vela *(Cuba, Arg.)*
el traje de baño la trusa *(Cuba)*, el bañador *(Esp.)*, la malla *(Cono Sur)*

---

[1] It uses the same structure as *gustar;* **me encanta** – *I love.*

Más sobre el tema

Más sobre las actividades al aire libre

el salvavidas
la arena
el mar
bucear
hacer surfing
la pelota
la tabla de mar
el velero*
tomar el sol
el traje de baño*
el esquí acuático

el palo de golf

jugar al golf

la escopeta

cazar

la raqueta
la pelota

jugar al tenis

Para practicar el vocabulario

3. Match the questions in column A with the answers in column B.

A

1. ¿Tienes hambre? _____
2. ¿Vas a ir a acampar? _____
3. ¿Uds. se juntan para salir? _____
4. ¿Qué te dio tu hijo cuando te vio? _____
5. ¿Dónde se hospedaron? _____
6. ¿Qué van a alquilar? _____
7. ¿Compraste una caña de pescar? _____
8. ¿Dormiste en una bolsa de dormir? _____
9. ¿Tienes bolsas de dormir? _____
10. ¿Qué decidieron Uds.? _____
11. ¿Te gusta nadar? _____
12. ¿Raúl trabaja en la playa? _____

B

a. Una cabaña.
b. Un abrazo.
c. Sí, bajo las estrellas.
d. Sí, varias.
e. Sí, necesito la tienda de campaña.
f. Sí, es salvavidas.
g. En el hotel Hilton.
h. No, acabo de almorzar.
i. Sí, me encanta.
j. No, me prestaron una.
k. Sí, los fines de semana.
l. Ir en avión.

4. ¿Lógico o ilógico? With a classmate, indicate whether each of the following statements is logical **(L)** or illogical **(I)**.

1. Necesitamos el traje de baño para ir a cazar. _____
2. En la playa generalmente hay salvavidas. _____
3. Necesito la escopeta para hacer una fogata. _____
4. Voy a ir a bucear porque quiero tomar el sol. _____
5. Vamos a hacer esquí acuático en el mar. _____
6. Para remar usamos la tabla de mar. _____
7. Hicimos una caminata y ahora estamos muy cansados. _____
8. Traje los palos de golf para jugar al tenis. _____
9. Siempre dejamos el velero en el cuarto del hotel. _____
10. Anoche comimos arena. _____

5. ¿Qué es? ¿Qué palabra o frase corresponde a lo siguiente?

1. La uso para pescar. _____
2. Las vemos en el cielo *(sky)*. _____
3. persona de Colombia _____
4. insecto que vuela y pica *(stings)* _____
5. La necesito para jugar al tenis. _____
6. opuesto de *último* _____
7. por lo general _____
8. Me gusta mucho. _____
9. quedarse (en un hotel) _____
10. La necesito para cazar. _____

6. **Planes para un fin de semana** You and a classmate play the roles of two friends who are planning a fun weekend. Talk about everything you can do.

 7. **En la playa** You and a classmate use your imagination to talk about the people in the photograph. Discuss the following.

1. si van a la playa a menudo o solo una vez al año
2. cuánto tiempo van a pasar tomando el sol
3. cuántos salvavidas hay en la playa
4. tres cosas que van a hacer después
5. las actividades al aire libre que les gustan y las que no les gustan
6. en qué hotel se están hospedando

© The Star-Ledger / Andy Mills / The Image Works

 Now write one or two paragraphs about these people's weekend.

2-7

Pronunciación

Pronunciation in context In this lesson, there are some words or phrases that may be challenging to pronounce. Listen to the narrator and pronounce the following sentences.

1. **Ya sé que** tú nunca ibas **a acampar.**
2. Esta va a ser una **nueva experiencia** para ti.
3. **Supongo** que tampoco tienes **caña** de pescar.
4. No sé si **agradecerte** tu **invitación.**
5. Nosotros no estábamos **acostumbrados** a todas esas **actividades.**

1 Preterit of some irregular verbs *(El pretérito de algunos verbos irregulares)*

> The following Spanish verbs are irregular in the preterit.

tener	tuve, tuviste, tuvo, tuvimos, tuvisteis, tuvieron
estar	estuve, estuviste, estuvo, estuvimos, estuvisteis, estuvieron
poder	pude, pudiste, pudo, pudimos, pudisteis, pudieron
poner	puse, pusiste, puso, pusimos, pusisteis, pusieron
saber	supe, supiste, supo, supimos, supisteis, supieron
hacer	hice, hiciste, hizo, hicimos, hicisteis, hicieron
venir	vine, viniste, vino, vinimos, vinisteis, vinieron
querer	quise, quisiste, quiso, quisimos, quisisteis, quisieron
decir	dije, dijiste, dijo, dijimos, dijisteis, dijeron
traer	traje, trajiste, trajo, trajimos, trajisteis, trajeron
conducir	conduje, condujiste, condujo, condujimos, condujisteis, condujeron
traducir	traduje, tradujiste, tradujo, tradujimos, tradujisteis, tradujeron

¡Atención! The third-person singular of the verb **hacer** changes the **c** to **z** in order to maintain the original soft sound of the **c** in the infinitive. The **i** is omitted in the third-person plural ending of the verbs **decir, traer, conducir,** and **traducir.**

—¿Qué **trajeron** Uds. ayer?
—**Trajimos** las raquetas.

*"What **did you bring** yesterday?"*
*"**We brought** the rackets."*

—Ayer no **viniste** a clase.
¿Qué **hiciste**?
—**Tuve** que trabajar. ¿**Hubo** un examen?
—No.

*"**You did** not **come** to class yesterday. What **did you do**?"*
*"**I had** to work. **Was there** an exam?"*
"No."

—¿Dónde **estuvieron** Uds. ayer?
—**Estuvimos** en la universidad. ¡Te lo **dije**!

*"Where **were you** yesterday?"*
*"**We were** at the university. **I told** you!"*

¡Atención! The preterit of **hay** (impersonal form of **haber**) is **hubo**.

¡Hola!

¡Hola! ¿Trajiste algo de Colombia?

Práctica y conversación

8. Minidiálogos Complete the following exchanges, using the preterit of the verbs in parentheses. Then act them out with a classmate.

1. —¿Dónde (estar) _____ tú la semana pasada?

   —(Yo) (estar) _____ en Medellín. ¿Y Uds.?

   —Nosotros (estar) _____ en Caracas.

2. —¿Qué (hacer) _____ Roberto ayer?

   —Él (tener) _____ que trabajar.

3. —¿Tus padres te (traer) _____ las bolsas de dormir?

   —No, no (poder) _____ traerlas porque (venir) _____ en autobús.

4. —Cuando Uds. (venir) _____ al parque, ¿qué coche (conducir) _____?

   —(Conducir) _____ el coche de papá.

5. —¿Dónde (poner) _____ Uds. los palos de golf?

   —Los (poner) _____ en el auto.

   —¿Sergio comió con Uds.?

   —No, él no (querer) _____ comer con nosotros, porque acababa de comer.

9. La semana pasada Rewrite this paragraph, changing all the verbs to the preterit to indicate that everything happened last week.

> Tengo que limpiar mi apartamento porque Ana y Eva vienen a visitarme. Después hago una torta para ellas. Las chicas traen bolsas de dormir porque no quieren dormir en mi cuarto. Las ponen en la sala y miran televisión hasta tarde. Mi prima Julia está con nosotras hasta las diez, pero no puede quedarse a dormir porque tiene que ir a trabajar.

10. Entrevista a un(a) compañero(a) Interview a classmate, using the following questions.

1. ¿A qué hora viniste a la universidad ayer? ¿Condujiste tu coche o viniste en ómnibus (bus)?
2. ¿Tuviste algún examen? ¿En qué clase? ¿Pudiste contestar todas las preguntas (questions)?
3. ¿Estuviste en la biblioteca por la tarde? ¿Alguien estuvo contigo? ¿Quién?
4. ¿Trajiste algún libro de la biblioteca a la clase? ¿Dónde lo pusiste?
5. ¿Hiciste la tarea (homework) de la clase de español? ¿Pudiste terminarla?
6. ¿Estuviste en tu casa por la noche? ¿Qué hiciste?
7. ¿Tradujiste algo del inglés al español? ¿Lo pudiste hacer bien?
8. ¿Tuviste una fiesta en tu casa? ¿Quiénes vinieron?

11. Queremos saber In groups of three, prepare some questions for your instructor about what he/she did yesterday, last night, or last week. Use irregular preterit forms in your questions.

2 Direct and indirect object pronouns used together
(Los pronombres de complemento directo e indirecto usados juntos)

> When an indirect object pronoun and a direct object pronoun are used together, the indirect object pronoun always comes first.

> Ana **me da** la comida. Ana **me** la da.

> With an infinitive, the pronouns can be placed either before the conjugated verb or after the infinitive.

> Ana **me la** va a dar.
> Ana va a dár**mela**.[1]
> *Ana is going to give **it to me**.*

> With a present participle (gerundio), the pronouns can be placed either before the conjugated verb or after the present participle.

> Ella **te lo** está diciendo.
> Ella está diciéndo**telo**.[1]
> *She is saying **it to you**.*

> If both pronouns begin with **l**, the indirect object pronoun (**le** or **les**) is changed to **se**.

> Ana **le** da **la comida**. Ana **se** la da.

For clarification, it is sometimes necessary to add **a él, a ella, a Ud., a Uds., a ellos,** or **a ellas.**

> —¿A quién le dio la pelota Ana?　　*"To whom did Ana give the ball?"*
> —**Se la** dio **a él.**　　*"She gave **it to him**."*

A proper name may also be given for clarification.

> **Se la** dio **a Luis.**　　*She gave **it to Luis**.*

🌐 Práctica y conversación

12. Un tío generoso We want to go camping, but we don't have anything that we need. Our generous uncle Ernesto provides everything. Rewrite the statements following the model.

Modelo No tenemos dinero. (dar)
Él nos lo da.

1. Yo necesito una caña de pescar. (prestar)
2. Tú no tienes traje de baño. (comprar)
3. Nosotros necesitamos tablas de mar. (traer)
4. Daniel no tiene esquíes acuáticos. (prestar)
5. Mis hermanas quieren una tienda de campaña. (conseguir)
6. Mis primos necesitan unas raquetas de tenis. (comprar)

---

[1] Note that the use of the written accent follows the standard rules for the use of accents. See Appendix A.

13. **Excusas, excusas** What excuses would you give in response to these questions? Follow the model and use the cues provided.

   Modelo —¿Por qué no le diste el dinero a Ada? (no estuvo aquí ayer)
   —*No se lo di porque no estuvo aquí ayer.*

   1. ¿Por qué no me trajiste las raquetas? (no pude)
   2. ¿Por qué no les mandaste los palos de golf? (no tuve tiempo)
   3. ¿Por qué no te compró tu papá la escopeta? (no quiso)
   4. ¿Por qué no les dio Lupe el dinero a Uds.? (no vino a casa)
   5. ¿Por qué te escribió Johnny la carta en inglés? (no sabe español)

14. **Lo siento** With a classmate, take turns asking and answering questions about what the following people want, saying you cannot help them. Use the verbs **mandar, dar, prestar, comprar, traer,** and **conseguir,** and the cues provided.

   Modelo —¿Qué quiere Elisa? (dinero)
   —*Elisa quiere dinero, ¿tú se lo puedes conseguir?*
   —*No, lo siento; yo no puedo conseguírselo.*

   1. ¿Qué quiere Susana? (un traje de baño)
   2. ¿Qué quiere David? (una caña de pescar)
   3. ¿Qué quieren Susana y Gloria? (raquetas de tenis)
   4. ¿Qué quiere Jaime? (una tabla de mar)
   5. ¿Qué quiere Lucía? (palos de golf)

15. **¿Quién…?** You and a classmate take turns asking and answering the following questions. Use direct object pronouns and the cues provided. Follow the model.

   Modelo ¿Quién te dio un abrazo? (mi mamá)
   Mi mamá me lo dio.

   1. ¿Quién te mandó el correo electrónico? (Fernando)
   2. ¿A quién le alquilaste la cabaña? (a mi primo)
   3. ¿A quién le prestaste los palos de golf? (a mi hermano)
   4. ¿A quiénes les diste las pelotas? (a los niños)
   5. ¿Quién les trajo a Uds. la escopeta? (Ernesto)

16. **Necesitamos ayuda** *(help)* With a classmate, take turns indicating who does what for whom. Use the cues provided.

   Modelo Raquel no sabe traducir las cartas. (Ana)
   Ana se las traduce.

   1. Marta no tiene dinero para comprar una bolsa de dormir. (nosotros)
   2. Tú no puedes alquilar la cabaña. (yo)
   3. Nosotras no sabemos hacer una fogata. (papá)
   4. Yo no puedo comprar un velero. (mi abuelo)
   5. Los chicos no pueden llevarle las raquetas a Teresa. (mi hermana)

3 Stem-changing verbs in the preterit *(Los verbos con cambio radical en el pretérito)*

› As you will recall, **-ar** and **-er** verbs with stem changes in the present tense have no stem changes in the preterit. However, **-ir** verbs with stem changes in the present tense have stem changes in the third-person singular and plural forms of the preterit (**e > i** and **o > u**), as shown below.

servir (e > i)		dormir (o > u)	
serví	servimos	dormí	dormimos
serviste	servisteis	dormiste	dormisteis
si**r**vió	si**r**vieron	du**r**mió	du**r**mieron

› Other **-ir** verbs that follow the same pattern are **pedir** *(to order, to request),* **seguir** *(to continue, to follow),* **sentir(se)** *(to feel),* **conseguir, divertirse** *(to have fun),* and **morir** *(to die).*

—¿Qué te **sirvieron** en la cafetería?
—Me **sirvieron** café y sándwiches.

*"What **did they serve** you in the cafeteria?"*
*"**They served** me coffee and sandwiches."*

—¿Cómo **durmió** Ud. anoche?
—**Dormí** muy bien.

*"How **did you sleep** last night?"*
*"**I slept** very well."*

—¿**Se divirtieron** ayer?
—Sí, **nos divertimos** mucho.

*"**Did you have a good time** yesterday?"*
*"Yes, **we had a** very **good time.**"*

¿Cómo dormiste anoche?

Práctica y conversación

17. Minidiálogos Complete the following exchanges by supplying the preterit of the verbs given. Then act them out with a classmate.

1. **dormir** —¿Cómo _____ Uds. anoche?

   —Yo _____ muy bien, pero mamá no _____ bien.

2. **pedir** —¿Qué _____ ellos?

   —Ana _____ pastel y los niños _____ torta.

3. **seguir** —¿Hasta qué hora _____ hablando Uds.?

   — _____ hablando hasta las doce.

4. **servir** —¿Qué _____ Uds. en la fiesta?

   — _____ torta y Coca-Cola.

5. **divertirse** —¿ _____ Uds. mucho?

   —Yo _____, pero Julio no _____ mucho.

6. **conseguir** —¿ _____ ellos el dinero?

   —No, no lo _____.

18. ¿Qué hicieron anoche? With a classmate, take turns describing what the following people did last night.

1. Arturo _____.

2. Ernesto _____.

3. Paco _____.

4. Mirta y Rafael _____.

5. El camarero _____.

6. Pilar _____.

19. Fuimos de vacaciones In groups of three, tell your classmates about a recent vacation. Tell where you went and with whom, what you did, and whether or not you had a good time.

4 The imperfect tense *(El imperfecto de indicativo)*

Forms of the imperfect

> There are two simple past tenses in the Spanish indicative: the preterit, which you have been studying, and the imperfect. To form the imperfect, add the following endings to the verb stem.

-ar *verbs* hablar	-er *and* -ir *verbs* comer	vivir
habl- **aba**	com- **ía**	viv- **ía**
habl- **abas**	com- **ías**	viv- **ías**
habl- **aba**	com- **ía**	viv- **ía**
habl- **ábamos**	com- **íamos**	viv- **íamos**
habl- **abais**	com- **íais**	viv- **íais**
habl- **aban**	com- **ían**	viv- **ían**

Note that the endings of the **-er** and **-ir** verbs are the same. Observe the accent on the first-person plural form of **-ar** verbs: **hablábamos.** Note also that there is a written accent on the first **í** of the endings of the **-er** and **-ir** verbs.

—Tú siempre te **levantabas** a las seis, ¿no?

"You always used to get up at six, didn't you?"

—Sí, porque mis clases **empezaban** a las siete y media y yo **vivía** lejos de la universidad.

"Yes, because my classes started at seven-thirty and I lived far from the university."

¡Atención! Stem-changing verbs are regular in the imperfect.

> Only three Spanish verbs are irregular in the imperfect tense: **ser, ir,** and **ver.**

ser	ir	ver
era	iba	veía
eras	ibas	veías
era	iba	veía
éramos	íbamos	veíamos
erais	ibais	veíais
eran	iban	veían

—Cuando yo **era** chica, siempre **iba** a acampar en el verano.

"When I was little, I always used to go camping in the summer."

—Nosotros **íbamos** también.

"We used to go too."

—¿Cuándo **veías** a tus amigos?

"When did you see your friends?"

—Los **veía** solo los sábados y los domingos.

"I used to see them only on Saturdays and Sundays."

Uses of the imperfect

> The Spanish imperfect tense is equivalent to three English forms.

Yo **vivía** en Caracas.
{
*I **used to live** in Caracas.*
*I **was living** in Caracas.*
*I **lived** in Caracas.*
}

> The imperfect is used to describe actions or events that the speaker views as in the process of happening in the past, with no reference to when they began or ended.

Empezábamos a estudiar cuando él vino.

*We **were beginning** to study when he came.*

> It is also used to refer to habitual or repeated actions in the past, again with no reference to when they began or ended.

—¿Uds. **hablaban** inglés cuando **vivían** en Bogotá?

—No, cuando **vivíamos** allí siempre **hablábamos** español.

*"**Did you speak** English when **you lived** in Bogotá?"*

*"No, when **we lived** there **we** always **spoke** Spanish."*

En mi casa, hablábamos español.

© Cengage Learning 2014

> It describes physical, mental, or emotional conditions in the past.

Mi casa **era** muy grande.
No me **gustaba** estudiar.
Yo no me **sentía** bien.

*My house **was** very big.*
*I **did**n't **like** to study.*
*I **was**n't **feeling** well.*

> It expresses time and age in the past.

—¿Qué hora **era**?
—**Eran** las seis.

Julia **tenía** veinte años.

*"What time **was it**?"*
*"**It was** six o'clock."*

*Julia **was** twenty years old.*

> The imperfect is used to describe or set the stage in the past.

Mi novia **era** bonita.
Era muy tarde.

*My girlfriend **was** pretty.*
***It was** very late.*

Detalle cultural

El béisbol es un deporte *(sport)* muy popular en Venezuela, Cuba, Puerto Rico y la República Dominicana. Muchos de los jugadores *(players)* de las Grandes Ligas de los Estados Unidos son de estos países. En España y en la mayoría de los otros países latinoamericanos el deporte más popular es el fútbol *(soccer)*.

➤ ¿Qué deportes son muy populares en este país?

🌐 Práctica y conversación

20. La vida cambia... Things have changed; tell how they used to be.

1. Ahora vivo en…, pero cuando era niño(a)…
2. Ahora hablamos español, pero cuando éramos niños(as)…
3. Ahora comemos pescado, pero cuando éramos niños(as)…
4. Ahora mis padres no se divierten mucho, pero cuando tenían veinte años…
5. Ahora Julia no ve a sus tíos, pero cuando era niña…
6. Ahora tú vas al teatro, pero cuando eras niño(a)…
7. Ahora mi hermana no da fiestas, pero cuando tenía dieciocho años…
8. Ahora me gustan las frutas, pero cuando era niño(a)…
9. Ahora mi mamá nada muy bien, pero cuando era pequeña…
10. Ahora Ud. se levanta a las nueve, pero cuando era pequeño(a)…

21. Entrevista a un(a) compañero(a) Interview a classmate, using the following questions.

1. ¿Dónde vivías cuando eras niño(a)? ¿Con quién vivías?
2. ¿Tu casa era grande o pequeña? ¿Cuántos dormitorios tenía?
3. ¿En qué idioma te hablaban tus padres? ¿Y tus amigos en la escuela?
4. ¿A qué escuela (school) ibas? ¿Te gustaba estudiar? ¿Qué asignatura te gustaba más?
5. ¿Qué te gustaba comer? ¿Te gustaban los vegetales o no los comías?
6. ¿Qué te gustaba hacer los sábados? ¿Y los domingos? ¿Ibas a muchas fiestas? ¿Siempre te divertías?
7. Cuando tenías vacaciones, ¿adónde ibas? ¿Estabas acostumbrado(a) a ir a acampar?
8. ¿Jugabas al béisbol o al fútbol? ¿Cuál era tu deporte (sport) favorito?
9. ¿Veías muchos programas de televisión o preferías otras actividades? ¿Cuáles?
10. En la playa, ¿qué te gustaba hacer? ¿Remabas? ¿Hacías surfing?
11. ¿Quién era tu mejor amigo(a)? ¿Cómo era? ¿Lo (La) veías frecuentemente?
12. ¿Pasabas mucho tiempo con tus amigos los fines de semana? ¿Adónde iban? ¿Qué hacían?

22. En el parque Use your imagination to tell what was happening when you and your friends were seen in the park.

Modelo   Anoche te vi en el parque con unos amigos.

1. ¿Qué hora era?
2. ¿Con quiénes estabas?
3. ¿De dónde venían Uds.?
4. ¿Adónde iban?
5. ¿De qué hablaban?
6. ¿Quién era la chica pelirroja?
7. ¿Quién era el muchacho alto y moreno?

23. Queremos saber With a classmate, prepare five questions to ask your instructor about what he/she used to do when he/she was a teenager (**adolescente**).

5 Formation of adverbs (La formación de los adverbios)

❯ Most Spanish adverbs are formed by adding **-mente** (the equivalent of the English *-ly*) to the adjective.

general	*general*	general**mente**	*generally*
reciente	*recent*	reciente**mente**	*recently*

—¿La fiesta de bienvenida es para
Olga y sus amigas?
—No, es **especialmente** para Olga.

*"The welcome party is for Olga
and her friends?"*
*"No, it's **especially** for Olga."*

❯ Adjectives ending in **-o** change the **-o** to **-a** before adding **-mente.**

lent**o**	*slow*	lent**amente**	*slow**ly***
rápid**o**	*rapid*	rápid**amente**	*rapid**ly***

❯ If two or more adverbs are used together, both change the **-o** to **-a,** but only the last one in the sentence ends in **-mente.**

Habla clar**a** y lent**amente.**   *She speaks clear**ly** and slow**ly.***

■ If the adjective has an accent mark, the adverb retains it.

fácil	*easy*	**fá**cilmente	*easily*

🌐 Práctica y conversación

24. De adjetivos a adverbios You can recognize the following Spanish adjectives because they are cognates. Change them to adverbs.

1. real _____
2. completo _____
3. raro _____
4. frecuente _____
5. posible _____
6. general _____

25. Lo entiendo perfectamente Use the adverbs you have learned to complete the sentences.

1. Ellos hablan _____ y _____.
2. Viene a casa _____.
3. Yo _____ estudio por la mañana.
4. _____, no quiero bailar con Ud.

26. ¿Cuándo...? With a classmate, take turns saying what you **generally** do, **frequently** do, and **rarely** do. Use the lists provided, and add some actions of your own.

1. ir al cine
2. comer en restaurantes
3. ver a mis abuelos
4. llamar a mis amigos
5. ir a acampar
6. dar fiestas
7. hablar español
8. estudiar en la biblioteca

27. Dime, ¿qué haces? Take turns asking and answering the following questions.

1. Normalmente, ¿qué haces por la tarde?
2. ¿A quiénes llamas por teléfono más frecuentemente: a tus amigos o a tus parientes (*relatives*)?
3. ¿A quiénes les enviaste mensajes electrónicos recientemente?
4. Probablemente, ¿adónde vas a ir este fin de semana?

ENTRE NOSOTROS

🗨 Vamos a conversar

28. Para conocernos mejor Get to know a classmate better by asking each other the following questions.

1. ¿Piensas ir de vacaciones este verano? ¿Adónde quieres ir?
2. La última vez *(time)* que fuiste de vacaciones, ¿te hospedaste en un hotel de cinco estrellas o en uno de tres estrellas?
3. ¿Dónde pasaste las vacaciones el año pasado? ¿Te aburriste o te divertiste?
4. ¿Te juntas a veces con tus amigos(as) para salir? ¿Adónde van?
5. ¿Te gusta ir a acampar y dormir al aire libre o prefieres ir a un buen hotel?
6. ¿Qué actividades al aire libre te gustaban cuando eras chico(a)? ¿Cuáles no te gustaban?
7. ¿Ahora prefieres hacer esquí acuático, hacer surfing o bucear?
8. Cuando estás de vacaciones, ¿prefieres mirar televisión o hacer una caminata?
9. Necesito tu raqueta de tenis, ¿puedes prestármela?
10. ¿Qué te gusta más, jugar al tenis o jugar al golf? ¿Tienes palos de golf?

🌐 Detalle cultural

En muchos países latinoamericanos y en España se usa el sistema de estrellas para clasificar los hoteles de lujo *(luxury)* y de primera clase.

➤ ¿Se hospeda Ud. a veces en hoteles de cinco estrellas?

---

29. Una encuesta Interview your classmates to identify who does the following. Be sure to change the statements to questions. Include your instructor, but remember to use the **Ud.** form when addressing him/her.

	Nombre
1. *Hizo esquí acuático en un lago* (lake) *el año pasado.*	_____
2. *Va a tratar de alquilar una cabaña el verano próximo* (next).	_____
3. *Prometió ser más paciente.*	_____
4. *Va a acampar frecuentemente.*	_____
5. *Acaba de comer.*	_____
6. *Pronto* (soon) *va a tener vacaciones.*	_____
7. *Le gusta tomar el sol.*	_____
8. *Compró un traje de baño recientemente.*	_____
9. *Le encanta hacer surfing.*	_____
10. *Está seguro(a) de poder ir de vacaciones este año.*	_____

Y ahora... Write a brief summary, indicating what you have learned about your classmates.

30. **¿Cómo lo decimos?** What would you say in the following situations? What might the other person say? Act out the scenes with a classmate.

1. You ask a friend if he or she prefers to go to the beach, to go hiking, or to go camping near a lake **(lago)** or a river **(río)** for a couple of days.

2. A friend of yours is going on a camping trip for the first time. Tell him what items he needs and what he needs to learn to do.

3. Tell someone what your favorite outdoor activities are. Mention at least four.

31. **¿Qué pasa aquí?** In groups of three or four, create a story about the people in the photo. Say who they are and what their relationships are to one another. Also say where they are going on vacation, what activities they are doing, and what they will do later.

© Juice Images/Glow Images

✏ Vamos a escribir

32. **De vacaciones** Write a conversation between you and a friend, in which you are deciding what you are going to do when you have a couple of days off. One of you loves outdoor activities and the other doesn't. Try to compromise.

Vamos a ver

Recuerdos

> ▶ **ESTRATEGIA** **Noticing structure** Before you do the first activity with a classmate, notice the uses of the preterit and the imperfect, as well as the uses of the reflexive constructions in the questions. Read the **Avance** to see what the video is about, and try to anticipate what will happen.

Antes de ver el video

33. Preparación With a classmate, take turns asking and answering the following questions.

1. ¿Tú estás cansado(a) a veces o siempre tienes mucha energía?
2. ¿A qué hora te acostaste anoche? ¿A qué hora te levantaste esta mañana?
3. ¿Adónde fuiste anoche?
4. ¿Qué hora era cuando volviste a tu casa ayer?
5. Este fin de semana, ¿piensas salir con tus amigos(as) o piensas quedarte en tu casa?
6. Cuando eras chico(a), ¿ibas a patinar? ¿Jugabas al tenis? ¿Acampabas con tu familia?
7. ¿Te gustan las actividades al aire libre?
8. ¿Te gusta más nadar, montar a caballo o pescar?
9. ¿Qué tuviste que hacer ayer?
10. Tú y tu familia, ¿tienen tiendas de campaña y bolsas de dormir?
11. ¿Tú sabes armar *(to pitch)* una tienda de campaña?
12. La última vez *(time)* que fuiste a pescar, ¿pescaste algo?

El video

Mamá

Marisa

Pablo

Avance Pablo y Marisa están en la casa de ella. Marisa y su mamá invitan a Pablo a cenar y también a acampar con la familia este fin de semana. El problema es que Pablo no sabe nada de acampar y ellas creen que él es un experto.

Después de ver el video

34. ¿Quién lo dice? With a classmate, take turns indicating who says the following.

La mamá   Pablo   Marisa

1. Dolor... un zapato viejo y... ¡mosquitos!
2. ¿Por qué no te quedas a cenar con nosotros?
3. ¿Qué pasa, hija? Tu papá tuvo que ir al supermercado.
4. Entonces... ¿Nunca montaste a caballo?
5. Marisa, tengo que confesarte algo: yo odio las actividades al aire libre.
6. A lo mejor puede enseñar a Luisito a armar la tienda de campaña.

35. ¿Qué pasa? With a classmate, take turns asking and answering the following questions. Base your answers on the video.

1. ¿Por qué está cansado Pablo?
2. ¿Pablo fue a la fiesta de Gloria anoche? ¿Adónde fue?
3. ¿Qué hora era cuando volvió a su apartamento?
4. ¿Qué planean hacer Marisa y su familia este fin de semana?
5. ¿Con quién dice Marisa que Pablo puede compartir una tienda de campaña?
6. ¿Adónde tuvo que ir el papá de Marisa?
7. Pablo va a cenar con Marisa y su familia. ¿Qué van a comer?
8. ¿Qué dice la mamá de Marisa que Pablo le puede enseñar a Luisito?
9. ¿Qué le confiesa Pablo a Marisa?
10. ¿A Pablo le gusta ir a acampar? ¿Qué prefiere hacer?
11. ¿Qué pasó cuando Pablo montó a caballo? ¿Y cuando fue a pescar?
12. ¿Qué recuerdos tiene Pablo de esas experiencias?

36. Más tarde You and a classmate use your imagination to talk about what Pablo and Marisa did during the weekend and on Monday. Take turns asking and answering the following questions.

1. ¿Pablo se acostó temprano? ¿Se levantó tarde?
2. ¿Adónde fue con sus amigos?
3. ¿Qué hora era cuando volvió a su apartamento?
4. ¿Fue a un concierto el sábado por la noche?
5. ¿Fue a alguna parte (somewhere) el domingo o se quedó en casa?
6. ¿Qué hizo el domingo por la tarde? ¿Extrañó (Did he miss) a Marisa?
7. ¿Qué hicieron Marisa y su familia el sábado?
8. ¿Luisito aprendió a armar una tienda de campaña?
9. ¿Marisa pasó mucho tiempo con Luisito? ¿Qué hicieron los dos el domingo?
10. ¿Marisa extrañó a Pablo?
11. Cuando Pablo vio a Marisa el lunes, ¿le dio un abrazo (hug)?
12. ¿Adónde fueron los dos el lunes por la tarde?

DE TODO UN POCO

▶ El mundo hispánico

 **Cuba**

> Cuba es la isla más grande de las Antillas Mayores. Tiene extensas costas con playas de gran belleza°. Muchos la llaman "la Perla de las Antillas".

beauty

La Catedral de La Habana, en La Habana Vieja.

> Cuba exporta azúcar, níquel, tabaco, pescado y frutas. El tabaco cubano tiene fama, pero las principales fuentes de ingreso° son el turismo y el dinero que les envían a sus familiares más de un millón de cubanos que viven en el extranjero°.

source of income
abroad

Old > La Habana, la capital, es la ciudad más grande de las Antillas. La Habana Vieja°, su sección antigua, se caracteriza por sus edificios coloniales y por las fortalezas de El Morro y la Cabaña. En La Habana nació José Martí, el poeta y escritor más famoso de los patriotas cubanos.

> La música cubana es muy popular en todo el mundo. De Cuba vienen la rumba, la conga, el cha cha cha, el mambo y, en buena parte, la salsa.

 **Colombia**

> Colombia, tierra de la cumbia y de las esmeraldas, es la única nación nombrada en honor de Cristóbal Colón y es el único país de Sudamérica con costas en el Pacífico y en el mar Caribe.

> El café de Colombia tiene fama mundial por su alta calidad, y sus esmeraldas están consideradas las mejores del mundo.

> La música típica de Colombia es muy variada. Incluye la cumbia y el vallenato, que han alcanzado fama internacional. Shakira y Juanes son cantantes colombianos muy populares en los Estados Unidos.

surrounded > La capital de Colombia es Bogotá, una ciudad rodeada° de montañas. En la ciudad hay muchos museos, pero el más famoso de ellos es el Museo del Oro, que tiene una de las mejores colecciones de la artesanía precolombina, incluidos unos 30.000 objetos de oro.

Pieza de oro precolombina, en el Museo del Oro de Bogotá.

Puerto Rico

cerca…
around

❯ En Puerto Rico viven cerca de° cuatro millones de habitantes. Desde 1952, Puerto Rico es un Estado Libre Asociado de los Estados Unidos.

❯ San Juan es la capital. Su parte antigua, el Viejo San Juan, es un centro de atracción turística por sus museos, edificios coloniales, las fortalezas de El Morro y San Cristóbal, sus playas y El Yunque, un bosque° tropical.

forest

El cuadro *Garita Red Sunset,* de la artista puertorriqueña Elizabeth Erazo Baez, muestra una imagen de El Morro.

Venezuela

❯ Venezuela es uno de los diez mayores productores de petróleo del mundo. Gran parte del petróleo de los Estados Unidos viene de Venezuela. Su gran reserva de petróleo se encuentra debajo del lago Maracaibo.

❯ La principal atracción turística del país es el Salto Ángel, mucho más alto que las cataratas del Niágara. La capital de Venezuela es Caracas. Allí nació Simón Bolívar, llamado el Libertador de América.

Torres de petróleo en el lago Maracaibo.

La República Dominicana

❯ La República Dominicana ocupa la mayor parte de la isla de Santo Domingo, que Colón descubrió en su primer viaje y a la que llamó La Española. La parte occidental de la isla está ocupada por Haití.

❯ La economía se basa en la agricultura y el turismo. Sus principales atracciones son sus construcciones coloniales y sus playas.

Una pareja dominicana con ropa típica, bailando merengue.

❯ La música típica es el merengue y, como en Cuba y en Puerto Rico, el béisbol es el deporte más popular. La mitad de la población del país vive en la capital, Santo Domingo, la primera ciudad europea fundada en el Nuevo Mundo.

 37. El mundo hispánico y tú With a classmate, discuss the following.

1. ¿Qué islas del Caribe pertenecen (*belong*) a los Estados Unidos? ¿Tú las conoces?
2. ¿Qué lugares interesantes hay en El Viejo San Juan y en Bogotá? ¿Qué ciudades de este país tienen muchos lugares históricos y museos?
3. En Venezuela está el Salto Ángel. ¿Qué saben Uds. de las Cataratas del Niágara?
4. ¿Cuál fue la primera ciudad europea fundada en el Nuevo Mundo? ¿Y en este país?

COMPRUEBE CUÁNTO SABE

Lección 7

A. Preterit of regular verbs Rewrite the following sentences, changing the verbs to the preterit.

1. Yo llego a casa y busco los libros, pero no los encuentro.
2. ¿Tú visitas a tus abuelos y meriendas con ellos?
3. Estela come en la cafetería, estudia en la biblioteca y vuelve a su casa a las dos de la tarde.
4. Yo escribo muchas cartas (letters), y hablo por teléfono con mis amigos. Salgo de mi casa a la una.
5. Nosotros bebemos café y ellos beben té. Nadie bebe agua.
6. Yo empiezo a trabajar a las ocho y ustedes empiezan a las nueve.

B. Preterit of *ser, ir,* and *dar* Use the verbs **ser, ir,** and **dar** to form logical sentences using the following cues.

1. yo / al hotel
2. ellos / mis profesores
3. mis padres / una fiesta
4. tú / a la biblioteca
5. yo / su estudiante
6. el profesor / un examen
7. nosotros / a un restaurante
8. yo / mucho dinero
9. tú / tu dirección
10. nosotros / nuestro número de teléfono

C. Indirect object pronouns Complete the following using the Spanish equivalent of the words in parentheses.

1. Yo _____ que necesito más dinero. (tell them)
2. Mi mamá _____ un florero muy bonito. (sent us)
3. Silvia siempre _____ si necesita algo. (asks her)
4. Mis amigos _____ muchos regalos. (gave me)
5. Tu opinión _____. (doesn't matter to him)
6. Yo voy a _____ los libros que necesitan. (buy them)

D. The verb *gustar* Change the following statements, using the expression **gustar más** instead of **preferir.**

1. Elena prefiere ir al cine.
2. Yo prefiero la comida italiana.
3. ¿Tú prefieres las galletas?
4. Nosotros preferimos las películas españolas.
5. Mis padres prefieren las ciudades grandes.
6. ¿Uds. prefieren ir a un partido de fútbol?

E. Reflexive constructions Use the present indicative of the verbs in the list to complete the sentences below.

afeitarse	ponerse	divertirse	levantarse	sentarse
lavarse	aburrirse	quejarse	acostarse	bañarse

1. Yo _____ a las siete de la mañana y _____ a las diez de la noche.
2. ¿Tú siempre _____ la cabeza cuando _____?
3. Mi papá _____ con una afeitadora *(shaver)* eléctrica.
4. Tito nunca _____ un impermeable cuando llueve.
5. Nosotros _____ mucho en las fiestas de Fernando.
6. Eva y Nora _____ cerca de la puerta.
7. Los estudiantes _____ en la clase del Dr. Rojas, porque sus clases son muy aburridas.
8. A ella no le gusta nada; siempre _____ de todo.

F. Vocabulario Match the questions in column **A** with the answers in column **B**.

A

1. ¿A qué hora volvieron? _____
2. ¿Adónde fuiste anoche? _____
3. ¿Quieres merendar? _____
4. ¿Montaron a caballo? _____
5. ¿Fueron a pescar? _____
6. ¿Se están riendo? _____
7. ¿Qué rompiste? _____
8. ¿Es tarde? _____
9. ¿Tienes que ir hoy? _____
10. ¿Te aburriste? _____
11. ¿Tiene dinero? _____
12. ¿Cuál es tu parque de diversiones favorito? _____

B

a. No, en bicicleta.
b. El florero.
c. Sí, y comimos salmón.
d. Sí, sin falta.
e. Disneylandia.
f. No, es temprano.
g. A la medianoche.
h. No, es pobre.
i. ¡Sí! ¡Como una ostra!
j. Al cine.
k. Sí, porque Luis es muy cómico.
l. No, no tengo hambre.

G. Cultura Complete the following, based on the **Detalle cultural** that you have read.

1. Las películas norteamericanas tienen subtítulos en español o están _____.
2. Si un hombre se llama Enrique, su sobrenombre probablemente es _____.

Lección 8

A. Preterit of some irregular verbs Change the verbs in the following sentences to the preterit tense.

1. Ellos traen la raqueta y yo traigo la caña de pescar.
2. Tengo que ir al hotel.
3. ¿Qué hace él con la escopeta?
4. Tú dices que sí y ellos dicen que no.
5. Laura viene al parque conmigo y tú vienes con Sergio.

6. Tú y yo estamos aquí y ellos están allá.

7. Ellas hacen el postre.

8. Yo sé toda la verdad.

9. Ellas conducen muy bien, pero yo conduzco muy mal.

10. Enrique no quiere ir a pescar.

11. Adela no puede ir a acampar.

12. Yo pongo los palos de golf en el coche. ¿Dónde los pones tú?

B. Direct and indirect object pronouns used together Answer the following questions, using the cues provided and substituting direct object pronouns for the direct objects.

1. ¿Quién te presta la bolsa de dormir? (mi hermano)

2. ¿A quién le alquilas la cabaña? (Sr. Díaz)

3. ¿Olga les da a Uds. los palos de golf? (sí)

4. ¿Tú me compras el traje de baño? (sí)

5. ¿Quién les manda a Uds. el dinero? (Rafael)

6. ¿Uds. pueden traernos las escopetas? (sí) *(two ways)*

C. Stem-changing verbs in the preterit Complete the following exchanges, using the Spanish equivalent of the verbs given. Use them in the preterit tense.

to serve —¿Qué les _____ Uds. a los niños en el desayuno?

—Les _____ café con leche.

to get —¿Dónde _____ tú las pelotas de tenis?

—Las _____ en Internet.

to sleep —¿Dónde _____ Uds. anoche?

—Nosotros _____ en el hotel.

to order —¿Qué _____ Rafael y tú en el restaurante?

—Rafael _____ langosta y yo _____ pescado.

to have fun —¿Las chicas y tú _____ en la playa?

—Irene _____ mucho, pero Graciela y yo no _____.

D. The imperfect tense Change the verbs in the following sentences to the imperfect.

1. ¿Tú vas al supermercado con tu papá?

2. Ella es muy bonita.

3. Ellos hablan español.

4. Nosotros no vemos a nuestros amigos.

5. Uds. nunca pescan en el lago *(lake).*

6. Yo siempre como frutas por la mañana.

7. Uds. juegan al golf los sábados.

8. Nosotros acabamos de hablar con el profesor.

9. ¿Qué haces tú los fines de semana?

10. ¿Con quién sales tú los domingos?

E. Formation of adverbs Complete the following sentences with the Spanish equivalent of the words in parentheses.

1. La fiesta es _____ para ti. *(especially)*

2. _____ yo juego al tenis los sábados. *(Generally)*

3. Yo _____ voy a bucear. *(rarely)*

4. Mis padres me visitan _____. *(frequently)*

5. _____ vamos a tener que trabajar este sábado. *(Possibly)*

6. El profesor habla _____ y _____. *(slowly / clearly)*

F. Vocabulario Complete the following sentences, using vocabulary from **Lección 8.**

1. ¿Qué actividades al _____ libre prefieres?

2. Voy a ir a _____; necesito la escopeta.

3. No vamos a viajar en tren, vamos a viajar en _____.

4. Para ir a _____, necesito una _____ de dormir y una _____ de campaña.

5. Vamos a alquilar una _____ porque no queremos dormir _____ las estrellas.

6. Va a ser una nueva _____ para ti.

7. Nosotros siempre nos _____ en un hotel.

8. No me gusta hacer esquí _____.

9. Cuando voy a la playa, me gusta _____ el sol.

10. Necesito mi _____ de mar.

11. Ellos van a _____ una caminata.

12. Me gusta mucho nadar. Me _____.

13. Te _____ que te vas a divertir mucho. Te lo digo en _____.

14. Mis amigos y yo nos _____ los fines de semana para ir al cine.

15. Mi hermano me puede _____ su _____ de pescar.

16. Adriana siempre prepara comida por si _____ no pescamos.

17. Alfonso trabaja en la playa como _____.

18. Yo te _____ mucho tu invitación.

G. El mundo hispánico Complete the following sentences, based on **El mundo hispánico** that you have read.

1. _____ es la isla más grande de las Antillas Mayores.

2. Colombia es la tierra de la _____ y de las _____.

3. El Yunque es un _____ tropical de _____ Rico.

4. En Caracas nació _____ Bolívar, el _____ de América.

5. La música típica de la República Dominicana es el _____.

¿QUÉ HACEMOS HOY?

Una mañana activa en el centro de Lima, Perú.
© David R. Frazier / Danita Delimont Photography/Newscom

ECUADOR

Monumento Mitad del Mundo en la línea del ecuador, latitud 0°.

© Amy Johnson

PARAGUAY

Ruinas jesuitas en Trinidad.

© Tomasz Pado/Shutterstock

PERÚ

Iglesia de Santa Rosa de Lima, patrona del Perú.

© J.Enrique Molina / Alamy

BOLIVIA

Lago Titicaca, el más alto del mundo.

© Rafal Cichawa/Shutterstock

© Cengage Learning 2014

De compras

Sara y Pablo son muy buenos amigos. Los dos son de Ecuador pero ahora viven y estudian en Lima. Se conocieron en la Facultad de Medicina hace dos años. Ahora están en una tienda porque Pablo necesita comprar ropa. Según Sara, él no tiene nada que ponerse.

SARA ¿Por qué no te pruebas estos pantalones? No son muy caros y están de moda.

PABLO ¿Qué? Yo tenía unos pantalones como estos cuando tenía quince años.

SARA *(Se ríe.)* Bueno… todo vuelve… Tú usas talla mediana, ¿no? Allí está el probador. Voy a buscarte una camisa.

PABLO Quiero una camisa blanca de mangas largas y una de mangas cortas.

SARA También necesitas un traje y una corbata para la boda de tu hermano… ¡y una chaqueta! Ya empezó el invierno y hace frío.

PABLO Oye, todo esto me va a costar un ojo de la cara.

SARA También tienes que comprar un regalo para tu mamá; me dijiste que era su cumpleaños.

PABLO No sé qué comprarle. ¿Un vestido? ¿Una blusa y una falda? Pero… no sé qué talla usa. ¡Y no sé lo que le gusta!

SARA Quizá un par de aretes o una cadena de oro como la mía…

PABLO ¡Sara! ¡No puedo gastar tanto! Yo no soy millonario. Le voy a regalar un ramo de flores.

SARA *(Bromeando)* Yo creo que eres un poco tacaño.

Detalle cultural

En la mayoría de los países hispanos la talla de la ropa se basa en el sistema métrico. Por ejemplo, la medida *(measurement)* del cuello *(collar)* y el largo de las mangas *(sleeves)* de una camisa se dan en centímetros. Una talla 10 en los Estados Unidos es equivalente a la 30 en España. Estas equivalencias varían de país a país.

➤ En este país, ¿la talla de la ropa se basa en el sistema métrico?

Detalle cultural

El sistema métrico decimal se usa en todos los países de habla hispana. La unidad básica del sistema es el metro, que equivale a 3,28 pies.

➤ ¿Se estudia el sistema métrico en las escuelas de este país?

Más tarde, en la zapatería.

2-9

EMPLEADO ¿En qué puedo servirle, señor?

PABLO Necesito un par de zapatos. Creo que calzo el número cuarenta y cuatro.

SARA Las botas que compraste el mes pasado eran cuarenta y tres.

PABLO Sí, pero como me quedaban chicas y me apretaban un poco, se las mandé a mi hermano.

SARA Buena idea. ¡Los zapatos tienen que ser cómodos!

PABLO *(Se ríe.)* Entonces, ¿por qué usas esas sandalias de tacones altos?

SARA Las compré porque eran baratas, pero prefiero usar zapatos de tenis.

PABLO Yo prefiero andar descalzo. Cuando era chico, me quitaba los zapatos en cuanto llegaba de la escuela.

SARA Oye, ¿qué hora es?

PABLO No sé. Eran las cuatro cuando salimos de la tienda. ¿Quieres ir a comer algo?

SARA Bueno, voy a llamar a Eva, mi compañera de cuarto, para decirle que hoy no como en casa. Ella cocinó hoy…

PABLO ¡Caramba…! Entonces, te hago un gran favor invitándote a cenar.

SARA *(Se ríe.)* ¡Exactamente!

Image provided by Jon Chomitz Photography; © Cengage Learning 2014

Hablemos

 1. **Sobre el diálogo** With a classmate, take turns asking and answering the following questions. Base your answers on the dialogues.

1. ¿De dónde son Sara y Pablo? ¿Dónde viven y estudian ahora?
2. ¿Cuánto tiempo hace que se conocieron?
3. ¿Dónde están ahora? ¿Por qué?
4. ¿Qué dice Sara de los pantalones? ¿Qué dice Pablo?
5. ¿Pablo quiere una camisa de mangas cortas o de mangas largas?
6. Cuando Pablo era chico, ¿qué hacía en cuanto llegaba de la escuela?
7. ¿A quién va a llamar Sara? ¿Para qué?

 2. **Entrevista** With a classmate, take turns asking and answering the following questions.

1. ¿Dónde y cuándo conociste a tu mejor amigo(a)?
2. ¿Tú necesitas comprar ropa? ¿Cuál es tu tienda favorita?
3. ¿Tú te pruebas la ropa antes de comprarla? ¿Gastas mucho dinero en ropa?
4. ¿Qué número calzas tú? ¿Prefieres usar botas, sandalias o zapatos?

VOCABULARIO

Cognados

la blusa
exactamente
la medicina
el (la) millonario(a)
el par
las sandalias

Nombres

los aretes*	earrings
la bota	boot
la cadena	chain
la camisa	shirt
la chaqueta*	jacket
la corbata	tie
el (la) empleado(a)	clerk
la escuela	school
la facultad	college
la falda*	skirt
la flor	flower
la manga	sleeve
el oro	gold
los pantalones, el pantalón	pants
el probador	fitting room
el ramo	bouquet
el regalo	gift
el tacón*	heel
la talla	size (of clothing)
la tienda	store
el traje*	suit
el vestido	dress
la zapatería	shoe store
el zapato	shoe

Verbos

apretar (e > ie)	to be tight
buscar	to look for, to get
calzar	to wear (a certain shoe size)
conocer (yo conozco)	to meet for the first time
gastar	to spend (i.e., money)
regalar	to give a gift
usar	to wear

Adjetivos

alto(a)	high
barato(a)	inexpensive, cheap
cómodo(a)	comfortable
corto(a)	short
largo(a)	long
mediano(a)	medium
tacaño(a)	stingy

Otras palabras y expresiones

andar descalzo(a)	to go barefoot
como	like
costar un ojo de la cara	to cost an arm and a leg
en cuanto	as soon as
¿En qué puedo servirle?	How may I help you?
entonces	then, in that case
estar de moda	to be in style
ir de compras	to go shopping
lo que	what, that which
no tener nada que ponerse	not to have anything to wear
quedarle chico(a) (grande) a uno	to be too small (big) (on someone)
quizás, tal vez	maybe, perhaps
según	according to

De país a país

los aretes los pendientes (Esp.), los aros (Par., Arg.), las pantallas (P.R.)

el camisón la bata de dormir (Cuba)

la chaqueta la chamarra (Méx.), la campera (Arg.)

el cinturón la correa (P.R.)

la falda la pollera (Arg., Par.)

el suéter el jersey (Esp.), el pulóver (Cono Sur)

el tacón el taco (Arg., Par.)

el traje el vestido (Col.)

Más sobre el tema

Más ropa *(More clothes)*

la bata

la camiseta

el suéter*

el sombrero

los calzoncillos

la bufanda

el cinturón, cinto*

el camisón*

la billetera

los guantes

el chaleco

el pijama, los pijamas

las zapatillas

© Cengage Learning 2014

El tiempo *(The weather)*

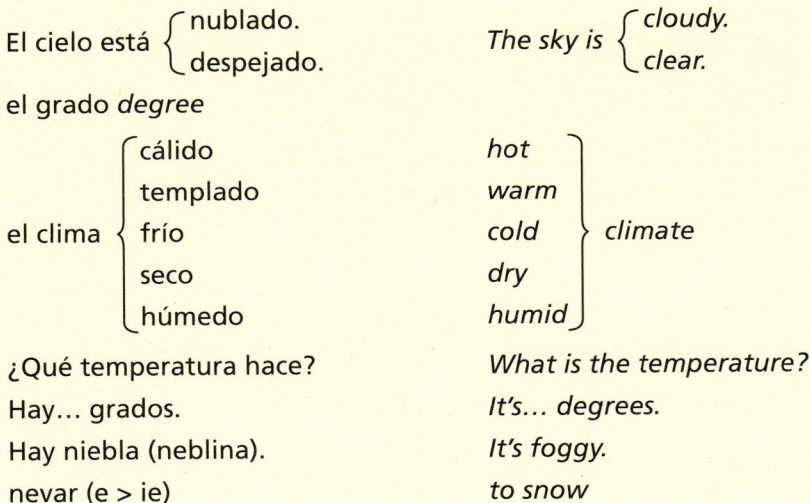

El cielo está	nublado.	The sky is	cloudy.
	despejado.		clear.

el grado *degree*

el clima	cálido	hot	
	templado	warm	
	frío	cold	climate
	seco	dry	
	húmedo	humid	

¿Qué temperatura hace?	What is the temperature?
Hay… grados.	It's… degrees.
Hay niebla (neblina).	It's foggy.
nevar (e > ie)	to snow

VOCABULARIO

🌐 Para practicar el vocabulario

3. En la tienda y en la zapatería Complete the following statements appropriately.

1. Pablo se va a probar la camisa de _____ cortas y también los _____ en el _____.
2. La chaqueta no es _____; cuesta un _____ de la cara.
3. Cuando él _____ el traje azul, se pone una camisa blanca y una _____ roja.
4. Compré un _____ de botas, pero me _____ chicas; me _____ mucho.
5. Ella se puso una _____ blanca y una blusa negra. También se puso unas sandalias de _____ altos.
6. No uso talla grande ni chica. Uso talla _____.
7. Busco unos aretes y una _____ de _____ para mi mamá.
8. No quiero usar zapatos en mi casa; prefiero andar _____.
9. Voy a comprar el vestido. Está de _____ y no es muy caro. Cuesta solamente 50 dólares.
10. Tengo que comprar ropa. No _____ nada que _____. ¿Vamos a la tienda?

4. ¿Qué se ponen? Describe what Pablo and Sara usually wear, based on the cues provided.

Pablo
1. con el traje
2. debajo del pantalón
3. debajo de la camisa
4. para sujetarse (hold) los pantalones
5. para dormir
6. en las manos, cuando tiene frío
7. en los pies (feet)

Sara
8. cuando tiene frío
9. para dormir
10. en la cabeza (head)
11. con el camisón
12. en los pies
13. en el cuello (neck), cuando tiene frío
14. ¿Y dónde ponen los dos el dinero?

5. Hablando del tiempo With a classmate, take turns asking and answering the following questions.

1. ¿Cómo es el clima de…
   a. Alaska?
   b. Arizona?
   c. Oregón?
   d. Miami?
   e. San Diego?
2. Va a llover (rain). ¿Cómo está el cielo?
3. El cielo no está nublado. ¿Cómo está?
4. ¿Cuál es la temperatura de hoy?

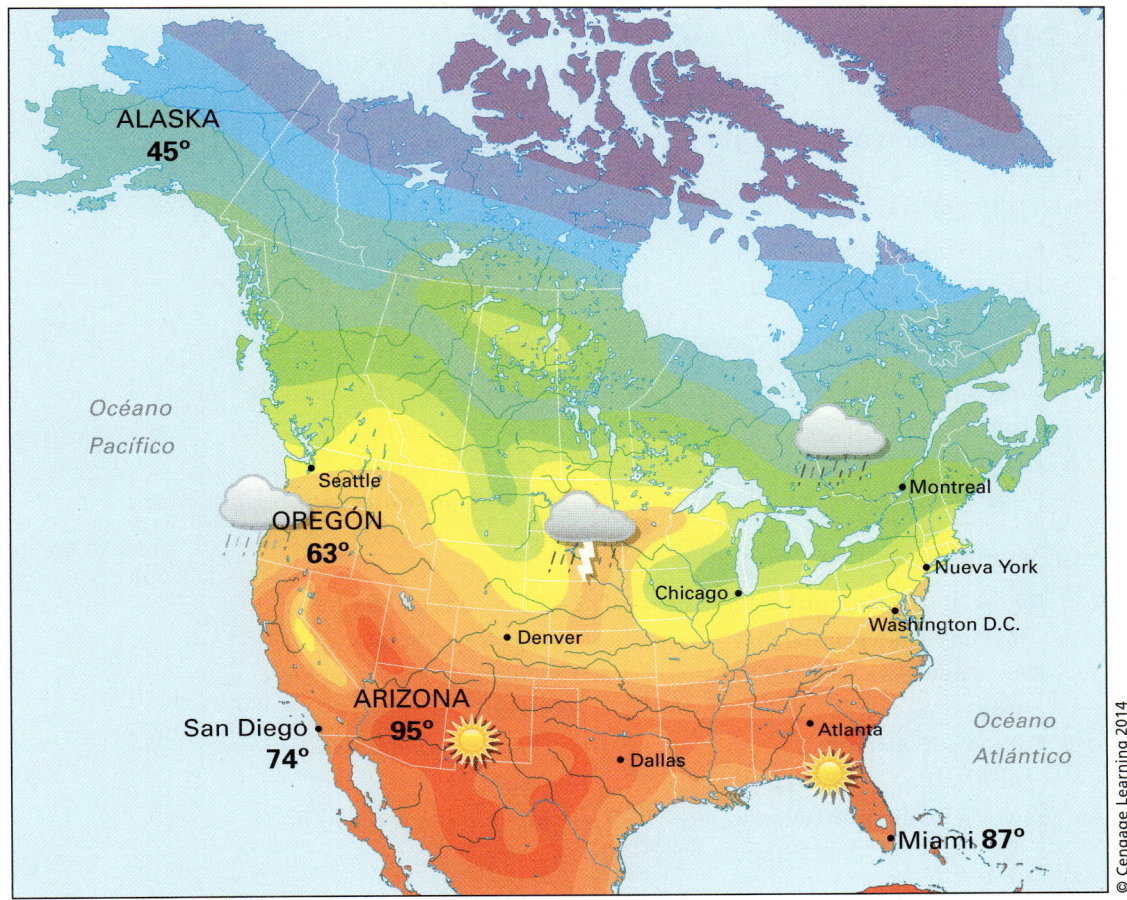

Océano Pacífico

ALASKA 45°

OREGÓN 63°

Seattle

ARIZONA 95°

San Diego 74°

Denver

Dallas

Chicago

Montreal

Nueva York

Washington D.C.

Atlanta

Océano Atlántico

Miami 87°

© Cengage Learning 2014

 6. Haciendo compras With a classmate, play the roles of two friends who are shopping together, giving each other suggestions and making comments. Use questions such as **¿Por qué no te pruebas…?** or **¿Te gusta…?** and comments such as **Te queda(n)…**

2-10

Pronunciación

Pronunciation in context In this lesson, there are some words or phrases that may be challenging to pronounce. Listen to your instructor and pronounce the following sentences.

1. **Se conocieron** en la **Facultad** de **Medicina** hace dos años.

2. **Ahora** están en una tienda porque Pablo necesita **comprar ropa.**

3. Necesito un par de **zapatos.** Creo que **calzo** el **número** cuarenta y cuatro.

4. Cuando era chico, **me quitaba** los zapatos en cuanto **llegaba** de la escuela.

5. **Entonces** te hago un gran **favor invitándote** a cenar.

1 Some uses of *por* and *para* (*Algunos usos de **por** y **para***)

The preposition **por** is used to express the following concepts.

> motion *(through, along, by, via)*

No puedo salir **por** la ventana.	I can't go out **through** the window.
Fuimos **por** la calle Quinta.	We went **via** Fifth Street.

> cause or motive of an action *(because of, on account of, on behalf of)*

No compré las sandalias **por** no tener dinero.	I didn't buy the sandals **because** I didn't have any money.
Lo hice **por** ti.	I did it **on** your **behalf.**
Llegaron tarde **por** el tráfico.	They arrived late **on account of** the traffic.

> means, manner, unit of measure *(by, per)*

No me gusta viajar **por** tren; siempre viajo **por** avión.	I don't like to travel **by** train; I always travel **by** plane.
Ella va a setenta kilómetros **por** hora.	She is doing seventy kilometers **per** hour.
Cobran 100 dólares **por** noche.	They charge a hundred dollars **per** night.
Te voy a llamar **por** teléfono.	I am going to call you **by** phone.

> *in exchange for*

Pagamos cien dólares **por** las botas.	We paid a hundred dollars **for** the boots.

> period of time during which an action takes place *(during, in, for)*

Voy a quedarme aquí **por** un mes.	I'm going to stay here **for** a month.
Ella prepara la comida **por** la mañana.	She prepares the meal **in** the morning.

The preposition **para** is used to express the following concepts.

> destination

¿Cuándo sales **para** Quito?	When are you leaving **for** Quito?

> goal for a specific point in the future (*by* or *for* a certain time in the future)

Necesito la camisa y el pantalón **para** mañana.	I need the shirt and the pants **for (by)** tomorrow.

> whom or what something is for

La blusa es **para** ti.	The blouse is **for** you.

> objective or goal

Mi novio estudia **para** profesor.   *My boyfriend is studying **to be** a professor.*

> in order to

—Ayer fui a su casa.   *"Yesterday I went to his house."*
—¿**Para** qué?   *"What **for**?"*
—**Para** hablar con él.   *"**(In order) To** talk with him."*

> by the standard of

—Luisito tiene solamente diez años.   *"Luisito is only ten years old."*
—Sí, es muy alto **para** su edad.   *"Yes, he is very tall **for** his age."*

⊕ Práctica y conversación

7. **Minidiálogos** Supply **por** or **para** in each dialogue. Then act out each one with a classmate.

1. —¿_____ qué calle fuiste?

   —Fui _____ la calle Esperanza.

2. —¿Necesitas los pantalones?

   —Sí, los necesito _____ el sábado _____ la noche.

3. —¿Para qué fuiste al mercado?

   —_____ comprar frutas. Lo hice _____ ti, porque estabas muy cansada…
   Y no compré más carne _____ no tener más dinero.

4. —¿Cuánto pagaron Uds. _____ ese ramo de flores?

   —Diez soles. Es _____ nuestra hija.

   —¿Cuándo sale ella _____ Cuzco?

   —El 3 de enero. Va a estar allí _____ dos meses. Va _____ visitar
   a su abuela.

   —¿Va _____ tren?

   —No, va _____ avión.

5. —¿Ofelia está en la universidad?

   —Sí, estudia _____ profesora.

6. —Cindy habla muy bien el español.

   —Sí, _____ canadiense lo habla muy bien.

⊕ | **Detalle cultural**
El sol es la moneda peruana.
➤¿Sabe Ud. cuáles son las monedas de otros países hispanos?

8. **Cosas que pasan** Look at the illustrations and describe what is happening, using **por** or **para**.

1. Fuimos _____ a Lima.

2. Roberto salió _____.

3. Marisa va a estar en Medellín _____.

4. La torta es _____ Ana.

5. Jorge pagó _____ el vino.

6. Ana sale mañana _____.

 9. **Diferentes circunstancias** In groups of three, and using your imagination, add some details to the following circumstances. Use **por** or **para** and think of various possibilities.

Modelo   Marisa compró un vestido.
*Pagó 100 dólares **por** el vestido. El vestido es **para** su tía.*

1. Mi sobrino va a ir a Ecuador.
2. Mi prima está en la universidad.
3. Amalia trabaja de siete a once de la mañana.
4. Marité tiene una fiesta el sábado. Necesita comprar un vestido.
5. David compró una corbata.
6. Mi cuñado no pudo pagar la cuenta.
7. Este hotel es muy barato.
8. Julio conduce muy rápido *(fast)*.
9. Ellos llegaron tarde a la fiesta.
10. Luis no pudo salir por la puerta.

2 Weather expressions *(Expresiones para describir el tiempo)*

❯ The following expressions are used when talking about the weather.

Hace (mucho) frío.	*It is (very) cold.*
Hace (mucho) calor.	*It is (very) hot.*
Hace (mucho) viento.	*It is (very) windy.*
Hace sol.	*It is sunny.*
—¿Qué tiempo **hace** hoy?	*"What's the weather **like** today?"*
—Hace buen (mal) tiempo.	***"The weather is good (bad)."***

Hace mucho viento hoy…

© Cengage Learning 2014

¡Atención! All the expressions above use the verb **hacer** followed by a noun.

—¿Abro la ventana?	*"Shall I open the window?"*
—¡Sí! **¡Hace** mucho **calor!**	*"Yes! **It's** very **hot!**"*

❯ The impersonal verbs **llover (o > ue)** *(to rain)* and **nevar (e > ie)** *(to snow)* are also used to describe the weather. They are used only in the third-person singular forms of all tenses, and in the infinitive, the present participle, and the past participle.

Llueve mucho aquí.	***It rains** a lot here.*
Creo que va a **nevar** hoy.	*I think it's going **to snow** today.*
Está lloviendo; no podemos salir.	***It's raining;** we can't go out.*

Other weather-related words are **lluvia** *(rain)* and **niebla.**

Hay **niebla.**	*It's **foggy.***
No me gusta **la lluvia.**	*I don't like **rain.***

PUNTOS PARA RECORDAR

Práctica y conversación

10. ¿Qué tiempo hace? Describe the weather in each illustration.

1. _____

2. _____

3. _____

4. _____

5. _____

6. _____

11. Minidiálogos With a classmate, complete the exchanges in a logical manner.

1. —¿Necesitas un paraguas *(umbrella)* y un abrigo?

   —Sí, porque _____.

2. —¿No quieres llevar el suéter?

   —¡No! ¡Hace _____! (No, no hace _____.)

3. —¿Vas a llevar el sombrero?

   —Sí, porque _____.

4. —¿Un impermeable *(raincoat)*? ¿Por qué? ¿Está lloviendo?

   —No, pero _____.

12. En diferentes lugares With a classmate, indicate what the weather is like according to the place and time of year.

1. Alaska, el doce de enero
2. Phoenix, el veinte de agosto
3. Chicago, el tres de marzo
4. Oregón, el cinco de abril
5. Londres, el cuatro de febrero

3 The preterit contrasted with the imperfect
(El pretérito contrastado con el imperfecto)

> The difference between the preterit and imperfect tense can be visualized in the following way.

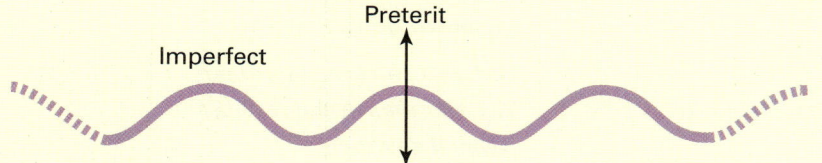

The wavy line representing the imperfect shows an action or event taking place over a period of time in the past. There is no reference as to when the action began or ended. The vertical line representing the preterit shows an action or event completed at a certain time in the past.

In some instances, the choice between the preterit and the imperfect depends on how the speaker views the action or event. The following table summarizes the most important uses of both tenses.

Preterit	Imperfect
■ Reports past actions or events that the speaker views as completed. **Ella vino ayer.** ■ Sums up a condition or state viewed as a whole (and no longer in effect). **Estuve** cansada todo el día.	■ Describes past actions or events in the process of happening, with no reference to their beginning or end. **Íbamos** al cine cuando… ■ Indicates a repeated or habitual action *(used to…, would).* Todos los días **íbamos** con él.[1] ■ Describes a physical, mental, or emotional state or condition in the past. **Estaba** muy cansada. ■ Expresses time and age in the past. **Eran** las dos. **Tenía** veinte años. ■ Is used in indirect discourse. Dijo que **venía.** ■ Describes in the past or sets the stage. Mi novia **era** muy bonita. **Hacía** frío y **llovía.**

[1] Note that this use of the imperfect corresponds to the English *would* used to describe a repeated action in the past. *Every day **we used to** go with him.* = *Every day **we would** go with him.* Do not confuse this with the English conditional *would,* as in: *If I had the time **I would go** with him.*

PUNTOS PARA RECORDAR

—¿Qué hora **era** cuando **llegaste**
   a tu casa anoche?

—**Eran** las ocho.

—¿Adónde **ibas** de vacaciones
   cuando **eras** niño?

—**Iba** a la playa.

—¿**Viste** a Eva ayer?

—Sí, **estaba** en el restaurante
   cuando la **vi**.

—¿Qué te **dijo** Raúl?

—Dijo que **necesitaba** dinero.

*"What time **was** it when **you arrived**
   at home last night?"*

*"It **was** eight o'clock.*

*"Where **did you go** on vacation when
   you were a child?"*

*"**I used to go** to the beach."*

*"**Did you see** Eva yesterday?"*

*"Yes, **she was** at the restaurant
   when **I saw** her."*

*"What **did** Raúl **say** to you?"*

*"He said **he needed** money."*

¡Atención! *Direct discourse:*   Juan dijo: "Vengo mañana".

               Indirect discourse: Juan dijo que **venía** mañana.

Práctica y conversación

13. Pequeñas historias Complete the following stories, using the appropriate form of the preterit or the imperfect of the verbs provided. Then read the stories aloud.

1. (Ser) _____ las once y (hacer) _____ frío cuando Ada (llegar) _____ a su casa anoche. La chica (estar) _____ cansada y no (sentirse) _____ bien. Su mamá (levantarse) _____ y le (hacer) _____ una taza de té.

2. Cuando yo (ser) _____ niño yo (vivir) _____ en Chile. Todos los veranos (ir) _____ a visitar a mis abuelos que (vivir) _____ en el campo. El año pasado mi familia y yo (mudarse) _____ a Cuzco y mis abuelos (venir) _____ a vivir con nosotros.

3. Ayer Ana y Carlos (ir) _____ a la tienda La Peruana. Ana (comprar) _____ una camisa. El empleado les (decir) _____ que ellos (tener) _____ mucha ropa buena y barata. Ana y Carlos (volver) _____ a su casa a las siete, (cenar) _____ y (acostarse) _____. Ana no (dormir) _____ muy bien.

14. Entrevista a un(a) compañero(a) Interview a classmate, using the following questions.

1. ¿Dónde vivías tú cuando eras niño(a)? ¿Qué idioma hablabas?
2. ¿Tú siempre estudiabas mucho cuando eras niño(a)? ¿Te gustaba estudiar?
3. ¿Cómo era tu primer(a) novio(a)? ¿Dónde lo (la) conociste?
4. ¿En qué año comenzaste a estudiar en la universidad?
5. ¿De qué hablaste con tus amigos ayer? ¿Dónde los viste?
6. ¿Tú estudiaste mucho anoche? ¿Cuántas horas estudiaste?
7. ¿Qué hora era cuando llegaste a la universidad hoy? ¿Qué tiempo hacía?
8. ¿Qué hacías cuando llegó el (la) profesor(a)? ¿A qué hora llegó?
9. ¿Qué te dijo el (la) profesor(a) que tenías que estudiar esta noche?
10. ¿Qué hora era cuando te levantaste esta mañana?

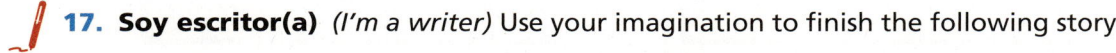

15. ¿Qué hacíamos? ¿Qué hicimos? With a classmate, talk about what you used to do when you were in high school and then discuss what you did last week. Use the following phrases to start.

1. Cuando yo estaba en la escuela secundaria,
   a. todos los días yo…
   b. los fines de semana mi familia y yo…
   c. en mi clase de inglés, mi profesor(a)…
   d. en la cafetería mis amigos y yo…
   e. mi mejor amigo(a) siempre…
   f. los viernes por la noche yo…

2. La semana pasada,
   g. el lunes por la mañana yo…
   h. en mi clase de español, mi profesor(a)…
   i. el martes por la noche…
   j. el jueves por la tarde…
   k. el sábado mis amigos y yo…
   l. el domingo yo…

16. Ricitos de oro y los tres osos Working with your classmates in groups of three or four, write the Spanish version of the story "Goldilocks and the Three Bears." Some useful vocabulary is provided.

Había una vez	*Once upon a time, there was/were*
Ricitos de oro	*Goldilocks*
el oso	*bear*
la avena	*porridge*
mediana	*medium*
el bosque	*forest*
caliente	*hot*
la cama	*bed*
el tazón	*bowl*

17. Soy escritor(a) *(I'm a writer)* Use your imagination to finish the following story.

Eran las dos de la mañana y yo estaba durmiendo en mi apartamento. Tocaron a la puerta y yo fui a abrir. Cuando la abrí, vi…

4 *Hace...* meaning *ago* (*Hace...* como equivalente de *ago*)

In sentences in the preterit and in some cases the imperfect, **hace** + *period of time* is equivalent to the English *ago*. When **hace** is placed at the beginning of the sentence, the construction is as follows.

Hace + period of time   + **que** + verb *(preterit)*
Hace + **dos años**   + **que** + la conocí.
*I met her two years **ago**.*

An alternative construction is:
La conocí hace dos años.

¡Atención! To find out how long ago something took place, ask:

¿Cuánto tiempo hace que... + *verb in the preterit***?**
¿Cuánto tiempo hace que viniste a Guayaquil?

—¿**Cuánto tiempo hace que** tú llegaste?   *"**How long ago** did you arrive?"*
—**Hace tres años que** llegué.   *"I arrived **three years ago**."*

⊕ Práctica y conversación

18. ¿Cuánto tiempo hace...? Say how long ago the following events took place.

Modelo   Son las cuatro. Yo llegué a las tres.
Hace una hora que yo llegué.

1. Estamos en noviembre. Los García celebraron su aniversario de bodas en septiembre.
2. Son las seis. Yo almorcé a la una.
3. Hoy es viernes. Esteban salió para Bolivia el martes.
4. Son las diez. Pedimos el postre a las diez menos cuarto.
5. Estamos en el año 2013. Vinimos a California en el año 1999.
6. Son las diez. Ellos empezaron a estudiar a las siete.

19. ¿Cuándo pasó eso? Discuss with a classmate how long ago the following events happened in your life.

1. ¿Cuánto tiempo hace que empezaste a estudiar español?
2. ¿Cuánto tiempo hace que Uds. tomaron el último examen?
3. ¿Cuánto tiempo hace que hablaste con tus padres?
4. ¿Cuánto tiempo hace que le escribiste a un(a) amigo(a)?
5. ¿Cuánto tiempo hace que tu mejor amigo(a) te llamó por teléfono?
6. ¿Cuánto tiempo hace que estuviste en un buen restaurante?
7. ¿Cuánto tiempo hace que compraste ropa?
8. ¿Cuánto tiempo hace que saliste con tus amigos?
9. ¿Cuánto tiempo hace que fuiste a la playa?
10. ¿Cuánto tiempo hace que viste una buena película?

Hace un mes que Linda y Claudio se casaron.

5 Possessive pronouns (*Pronombres posesivos*)

> Possessive pronouns in Spanish agree in gender and number with the person or thing possessed. They are generally used with the definite article.

Singular Masc.	Fem.	Plural Masc.	Fem.	
(el) mío	(la) mía	(los) míos	(las) mías	mine
(el) tuyo	(la) tuya	(los) tuyos	(las) tuyas	yours (fam.)
(el) suyo	(la) suya	(los) suyos	(las) suyas	yours (form.) his hers
(el) nuestro	(la) nuestra	(los) nuestros	(las) nuestras	ours
(el) vuestro	(la) vuestra	(los) vuestros	(las) vuestras	yours (fam.)
(el) suyo	(la) suya	(los) suyos	(las) suyas	yours (form.) theirs

Este zapato no puede ser suyo…

—Mis libros están aquí.	"My books are here.
¿Dónde están **los tuyos**?	Where are **yours**?"
—**Los míos** están en la mesa.	"**Mine** are on the table."

¡Atención! Note that **los tuyos** substitutes for **los libros tuyos**; the noun has been deleted. Also note that after the verb **ser,** the article is usually omitted.

—¿Estas invitaciones son **tuyas**?	"Are these invitations **yours**?"
—Sí, son **mías**.	"Yes, they're **mine.**"

> Because the third-person forms of the possessive pronouns (**el suyo, la suya, los suyos, las suyas**) can be ambiguous, they can be replaced with the following for clarification.

$$
\left.\begin{array}{c} \textbf{el} \\ \textbf{la} \\ \textbf{los} \\ \textbf{las} \end{array}\right\} \text{ de } \left\{\begin{array}{l} \textbf{Ud.} \\ \textbf{él} \\ \textbf{ella} \\ \textbf{Uds.} \\ \textbf{ellos} \\ \textbf{ellas} \end{array}\right.
$$

¿El diccionario? Es **suyo.** *(unclarified)*   *The dictionary? It's theirs.*

Es **el de ellas.** *(clarified)*   *(fem. pl. possessor)*

Práctica y conversación

20. Todo es nuestro Supply the correct possessive pronoun to agree with each subject. Clarify when necessary.

Modelo   Yo tengo una camisa. Es _____.
              Es *mía.*

1. Nosotros tenemos un apartamento. Es _____.
2. Ellos tienen una tienda. Es _____. (Es _____.)
3. Él tiene dos trajes. Son _____. (Son _____.)
4. Yo tengo una billetera. Es _____.
5. Tú tienes dos cinturones. Son _____.
6. Uds. tienen muchos zapatos. Son _____. (Son _____.)
7. Ella tiene dos camisones. Son _____. (Son _____.)
8. Nosotros tenemos una casa. Es _____.

21. ¿De quién es...? Who owns the following items? Answer the questions affirmatively.

1. Aquí hay una blusa verde. ¿Es tuya?
2. Yo encontré 100 dólares. ¿Son tuyos?
3. ¿La cartera roja es de tu mamá?
4. El libro que tú tienes, ¿es mío?
5. Las plumas que están en mi escritorio, ¿son de ustedes?
6. Aquí hay un diccionario. ¿Es de ustedes?

22. Vamos a comparar With a classmate, make comparisons between the objects and people described. Use appropriate possessive pronouns when asking each other questions.

Modelo   —Mi hermano tiene... años. ¿Cuántos años tiene el tuyo?
              —*El mío tiene dieciocho.*

1. Mi casa está en la calle...
2. Mis abuelos son de...
3. Mi mejor amigo(a) se llama...
4. Mis profesores son...
5. Mis padres están en...
6. Mis tías viven en...

ENTRE NOSOTROS

💬 Vamos a conversar

23. **Para conocernos mejor** Get to know a classmate better by asking each other the following questions.

1. ¿Dónde conociste a tu mejor amigo(a)? ¿Cuántos años tenías cuando lo (la) conociste?
2. ¿Qué le compraste a tu mejor amigo(a) para su cumpleaños?
3. Cuando vas de compras, ¿prefieres ir solo(a) o con un(a) amigo(a)?
4. ¿Cuándo fue la última vez que fuiste a la tienda? ¿Qué compraste?
5. Yo compré mi ropa en la tienda ___. ¿Dónde compraste tú la tuya?
6. Generalmente, ¿usas camisas (blusas) de mangas largas o de mangas cortas?
7. ¿Qué ropa te vas a poner mañana? ¿Te vas a poner sandalias o zapatos?
8. ¿Cuánto te costaron los zapatos? ¿Qué número calzas tú?
9. Si te gustan unos zapatos pero te quedan un poco chicos, ¿los compras?
10. ¿Qué te pones cuando hace mucho frío? ¿Te gustan más los climas fríos o los cálidos?

24. **Una encuesta** Interview your classmates to identify who fits the following descriptions. Include your instructor, but remember to use the **Ud.** form when addressing him/her.

	Nombre
1. Le gusta andar descalzo(a).	_____
2. Usa impermeable cuando llueve.	_____
3. Le gusta viajar por tren.	_____
4. Llegó tarde a clase por el tráfico.	_____
5. Siempre dice que no tiene nada que ponerse.	_____
6. Estudia para profesor(a).	_____
7. Celebró su cumpleaños el mes pasado.	_____
8. Nació (was born) en el mes de julio.	_____
9. Compró algo para un(a) amigo(a) recientemente.	_____
10. Gastó mucho dinero en ropa este mes.	_____

 25. **Y ahora...** Write a brief summary, indicating what you have learned about your classmates.

26. **¿Cómo lo decimos?** What would you say in the following situations? What might the other person say? Act out the scenes with a classmate.

1. You are shopping for clothes in Lima. Tell the clerk what clothes you need and your size. Discuss colors and prices.
2. You go shopping for shoes, sandals, and boots. You try on several pairs, but have problems with them. You finally buy a pair of boots.

3. Your friends went to the store without you. Ask them what they bought and how much they spent.

4. You ask a new acquaintance from Ecuador where she lived when she was a child and what she liked to do. Give her the same information about you.

27. **¿Qué dice aquí?** Look at the following ad and help a friend of yours who is shopping at **La Limeña,** in Lima. Answer his/her questions, using the information provided in the ad.

1. ¿Cómo se llama la tienda?

2. ¿En qué mes son las rebajas *(sales)*?

3. Mi esposo necesita zapatos. ¿Qué tipo de zapatos están en liquidación?

4. Además de *(Besides)* los zapatos, ¿qué puedo comprar para mi esposo?

5. Soy profesora y necesito más ropa para el trabajo. ¿Qué puedo comprar?

Las rebajas de La Limeña

En agosto más ventajas

Ahora en La Limeña, rebajas sobre rebajas. Todo cuesta mucho menos.

Señoras
- Vestidos lisos y estampados, en poliéster-algodón
- Blusas, faldas, en distintos dibujos y colores
- Zapatos de tacón alto y sandalias

Caballeros
- Trajes y pantalones sport y de vestir de lana
- Camisas de algodón, de mangas largas y mangas cortas
- Zapatos de cuero

© Cengage Learning 2014

✒ Vamos a escribir

28. **¿Cómo era Ud.?** Write a short narration about your life when you were twelve. Where were you living? What were you like? What did you like to do? Make a list of all the facts and then organize them.

DE TODO UN POCO

🔊 Vamos a escuchar

29. En la tienda You will hear a conversation between Silvia and her husband Roberto. They are shopping at a store. Pay close attention to what they say. You will then hear ten statements about what you have heard. On a sheet of paper write the numbers one to ten and indicate whether each statement is true **(V)** or false **(F)**.

📖 Vamos a leer

> ▶ **ESTRATEGIA** **Reality and science fiction** Take into account the fact that this is a science-fiction story. Its main characters are a young student and an eighty-year-old woman whose picture as a young girl he sees, and with whom he falls in love. What do you think could happen?

30. Al leer As you read the story, try to find the answers to the following questions.

1. ¿Para qué necesita dinero Alberto? ¿En qué consiste su trabajo?
2. ¿Qué ve Alberto un día? ¿Quién es la muchacha del retrato?
3. ¿Qué nace en el corazón de Alberto?
4. ¿Qué pasa una noche, cuando Alberto está listo para regresar a su casa?
5. ¿Qué hace Alberto? Según la criada, ¿quién es el asesino?
6. ¿Qué leen los policías? ¿Qué dice uno de ellos?

Sobre la autora

Ana Cortesi (Paraguay, 1937–)

Ana Cortesi es autora de varios libros de texto para la enseñanza del español a nivel universitario. Ha publicado también varios cuentos, entre ellos "La ciudad caníbal" y "La cicatriz", así como varios poemas de tono intimista en los que expresa su nostalgia por su patria.

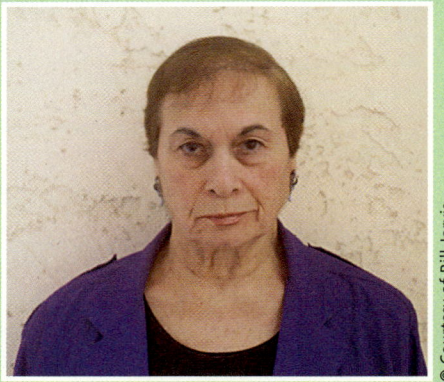

© Courtesy of Bill Jarvis

La señorita Julia

Alberto Aguirre necesita ganar algún dinero para poder asistir a la universidad. Solicita y obtiene

old lady un trabajo en casa de la señorita Julia Ocampos, anciana° de ochenta años, que tiene muchísimo dinero y vive sola, con una criada.

El trabajo de Alberto consiste en hacer un inventario completo de todas las posesiones de la señorita Julia.

lace Un día, Alberto sube a un cuarto pequeño, con cortinas de encaje° blanco y olor a jazmines.

Es entonces que nota el cuadro enorme colgado en la pared. Es el retrato de una muchacha de

beauty / lap belleza° espléndida, sentada bajo un árbol grande, con margaritas en el regazo.°

dreams Alberto pasa horas en el cuarto, contemplando el cuadro. Allí trabaja, come, sueña,° vive…

steps Un día oye los pasos° de la señorita Julia, que viene hacia el cuarto.

—¿Quién es? —pregunta Alberto, señalando el cuadro con una mezcla de admiración, respeto y delirio.

—Soy yo… —responde la señorita Julia—, yo a los dieciocho años.

Alberto mira el cuadro y mira a la señorita Julia, alternativamente. En su corazón nace un

hatred / wrinkled profundo odio° por la señorita Julia, que es vieja y arrugada° y tiene el pelo blanco. Cada día que pasa, Alberto está más pálido y nervioso. Casi no trabaja.

Cada día está más enamorado de la muchacha del cuadro, y cada día odia más a la señorita Julia.

Una noche, cuando está listo para regresar a su casa, oye pasos que vienen hacia el cuarto. Es la señorita Julia.

—Su trabajo está terminado —dice—; no necesita regresar mañana…

Alberto mata a la señorita Julia y pone el cadáver de la anciana a los pies de la muchacha.

body Pasan dos días. La criada llama a la policía cuando descubre el cuerpo° de la señorita Julia en el cuarto de arriba.

weeps —Estoy segura de que fue un ladrón —solloza° la criada.

value/ —¿Falta algo de valor°? —pregunta uno de los policías mirando a su alrededor.°
a... around

minute, tiny La criada tiene una idea. Va a buscar el inventario detallado, escrito por Alberto con su letra pequeña y apretada.° Los dos policías leen el inventario y van por toda la casa y ven que no falta nada. Regresan al cuarto.

Parados al lado de la ventana con cortinas de encaje blanco y olor a jazmines, leen la descripción del cuadro que tienen frente a ellos: "retrato de una muchacha de belleza espléndida, sentada bajo un árbol grande, con margaritas en el regazo".

frowning —¡Qué raro! —exclama uno de los policías, frunciendo el ceño°—. Según este inventario,
couple es el retrato de una muchacha, no de una pareja°…

From JARVIS/LEBREDO, Entre nosotros, 2E. © 2007 Cengage Learning. Used with permission.

31. Díganos Answer the following questions, based on your own thoughts and experiences.

1. ¿Trabaja Ud. para pagarse los estudios? ¿Es fácil o difícil trabajar y estudiar?
2. Si Ud. hace un inventario de sus posesiones, ¿cuáles son las cosas de más valor? Dé detalles.
3. ¿Hay muchas diferencias entre las generaciones? Dé ejemplos.
4. ¿Qué relación tiene Ud. con las personas mayores (*older*) que son parte de su vida?

Haciendo diligencias

Image provided by Jon Chomitz Photography; © Cengage Learning 2014

Con el mecánico

 2-12 Daniel Muñoz se ha levantado muy temprano y ha hecho una lista muy larga de las cosas que tiene que hacer. Sube a su auto y va al taller de mecánica. Es temprano, de modo que todavía no hay mucho tráfico en las calles de Lima.

DANIEL Revise los frenos, por favor; no funcionan bien. ¡Ah! Creo que tengo una llanta pinchada… Probablemente necesito un acumulador nuevo… y quiero cambiar el limpiaparabrisas.

EL MECÁNICO Muy bien, señor.

2-13 Más tarde…

EL MECÁNICO Voy a necesitar piezas de repuesto para arreglar su carro, señor. Tiene muchos problemas.

DANIEL Sí, se descompone a menudo.

EL MECÁNICO ¿Ha pensado en comprar un auto nuevo?

DANIEL ¡Muchas veces! ¡Pero cuestan un ojo de la cara! ¿Puede arreglar el auto para el lunes? El taller está abierto, ¿no?

EL MECÁNICO No, señor. Está cerrado. Acuérdese de que es un día feriado.

Daniel trata de llamar a su esposa pero, por desgracia, dejó su celular en su casa. Toma un taxi para ir al banco. En el banco, Daniel habla con un empleado bancario.

En el banco

DANIEL Quiero depositar este cheque en mi cuenta de ahorros y abrir una cuenta corriente.

EMPLEADO ¿Quiere abrir una cuenta individual o conjunta?

DANIEL Una cuenta conjunta, con mi esposa.

EMPLEADO Llene esta planilla, féchela y fírmela. Su esposa debe firmarla también.

DANIEL Muy bien. ¡Ah! Quiero hablar con el gerente para pedir un préstamo.

EMPLEADO Espere un momento, por favor.

Detalle cultural

Abrir una cuenta bancaria no es muy fácil en los países latinoamericanos, especialmente si es una cuenta corriente. La gente pobre que puede ahorrar, generalmente deposita su dinero en la caja postal de ahorros, un servicio que las oficinas de correos ofrecen en algunos países.

➤ ¿Existe ese servicio en este país?

Image provided by Jon Chomitz Photography; © Cengage Learning 2014

Detalle cultural

El uso de cheques no es tan común en Latinoamérica como en los Estados Unidos y en Canadá, pero muchos bancos tienen sus propias *(own)* tarjetas de crédito.

➤ ¿Paga Ud. siempre con cheques o prefiere pagar en efectivo o con tarjetas de crédito?

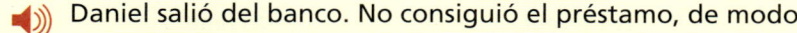

Daniel salió del banco. No consiguió el préstamo, de modo que no va a poder comprar un auto nuevo. Tomó un colectivo para ir al correo para comprar estampillas, y después fue a la tintorería.

Llegó a su casa al mediodía y Eva, su esposa, le dijo que Danielito, su hijo de cuatro años, había escondido su teléfono celular.

Daniel ¿Danielito escondió mi celular? ¡No puedo creerlo! Bueno… Vamos a almorzar…

Eva Este… Hemos estado buscando tu celular… No he tenido tiempo de preparar nada para el almuerzo…

Image provided by Jon Chomitz Photography. © Cengage Learning 2014

Detalle cultural

En muchos países de habla hispana, las estampillas sólo pueden comprarse en el correo o en tiendas especializadas que están autorizadas para venderlas.

➤ ¿Dónde puede Ud. comprar estampillas en este país?

Hablemos

1. **Sobre el diálogo** You and a classmate take turns asking and answering the following questions. Base your answers on the dialogues.

   1. ¿Daniel se ha levantado tarde? ¿Qué ha hecho?
   2. ¿Dónde está ahora? ¿Hay mucho tráfico?
   3. ¿Qué tiene que revisar el mecánico?
   4. ¿Qué otros problemas tiene el carro?
   5. ¿Qué va a necesitar el mecánico para arreglar el carro?
   6. ¿Qué dice Daniel de los autos nuevos?
   7. ¿El taller de mecánica está abierto el lunes? ¿Por qué?
   8. ¿Por qué no puede Daniel llamar a su casa?
   9. ¿Con quién habla Daniel en el banco?
   10. ¿Qué quiere hacer Daniel?

2. **Entrevista** With a classmate, take turns asking and answering the following questions.

   1. Cuándo tú vienes a la universidad, ¿hay mucho tráfico?
   2. ¿Tienes siempre tu celular contigo?
   3. ¿Tomas a veces un colectivo o un taxi?
   4. ¿Tienes una cuenta de ahorros y una cuenta corriente? ¿Necesitas un préstamo?

VOCABULARIO

Cognados

el banco
el cheque
individual
el mecánico
el taxi
el tráfico

Nombres

el acumulador, la batería	battery
la caja de seguridad	safe deposit box
el carro,* el auto	car
el celular*	cell phone
el colectivo,* el autobús, el ómnibus	bus
el correo, la oficina de correos	post office
la cuenta	account
_____ conjunta	joint account
_____ corriente	checking account
_____ de ahorros	savings account
el día feriado	holiday
el (la) empleado(a) bancario(a)	bank employee
la estampilla*	stamp
los frenos	brakes
el (la) gerente	manager
el limpiaparabrisas	windshield wiper
la llanta,* el neumático	tire
_____ pinchada	flat tire
la pieza de repuesto	spare part
la planilla	form
el préstamo	loan
el taller de mecánica	repair shop
la tintorería	dry cleaner's

Verbos

acordarse(de) (o > ue)	to remember
arreglar	to fix
depositar	to deposit
descomponer(se)	to break down
esconder	to hide
esperar	to wait
fechar	to date
firmar	to sign
funcionar	to work, to function
llenar	to fill, to fill out
revisar	to check
solicitar	to apply for, to ask for, to request

Adjetivos

abierto(a)	open
cerrado(a)	closed

Otras palabras y expresiones

a menudo, frecuentemente	often
este…	er…
para	by
por desgracia, desgraciadamente	unfortunately

De país a país

el carro el coche (Esp., Cono Sur)
el celular el móvil (Esp.)
el colectivo la guagua (Cuba, Centroamérica)
la estampilla el timbre (Méx.), el sello (Cuba, Esp.)
la llanta la goma (Cuba, Arg.)

Detalle cultural

Cada nación latinoamericana tiene un banco central encargado de (in charge of) emitir el dinero y de controlar la actividad de los bancos comerciales. En algunos países hay también sucursales de bancos extranjeros.

➤ En su país, ¿qué institución está encargada de emitir el dinero?

Más sobre el tema

Para hablar de autos

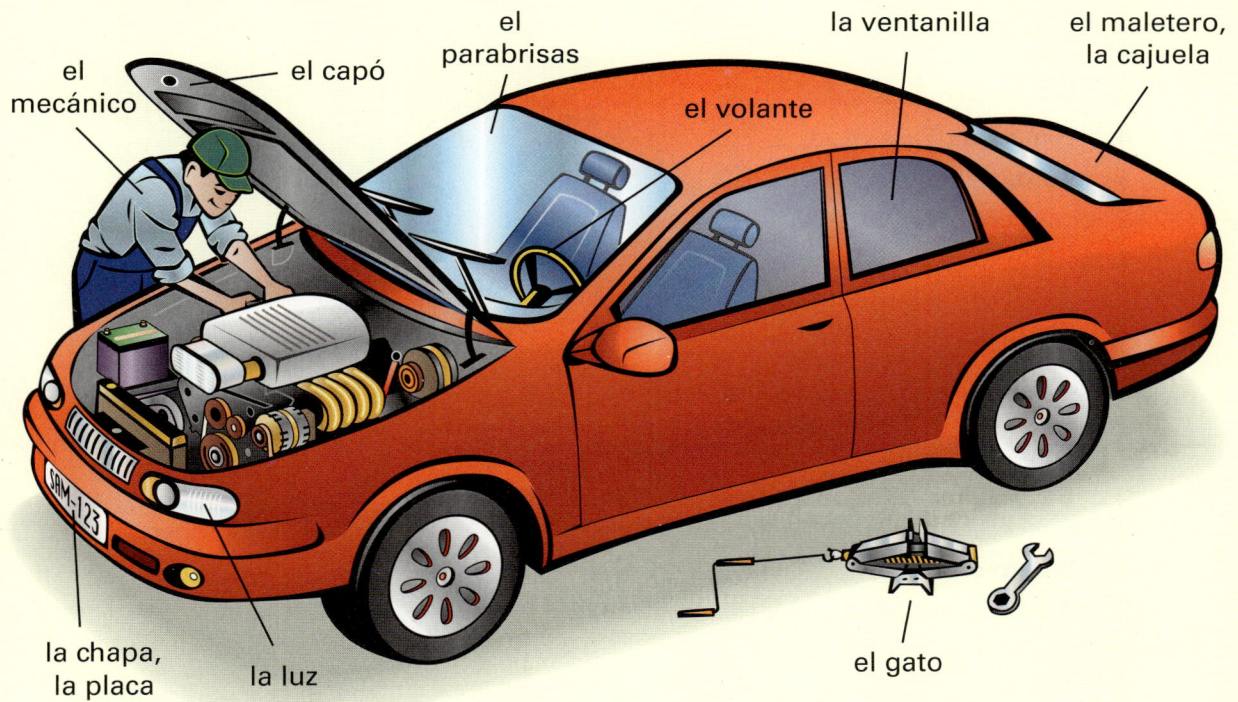

el mecánico · el capó · el parabrisas · la ventanilla · el maletero, la cajuela · el volante · la chapa, la placa · la luz · el gato

 © Cengage Learning 2014

arrancar	*to start (e.g., a motor)*
automático	*automatic*
la bocina	*horn*
la bolsa de aire	*air bag*
de cambios mecánicos	*standard shift*
la gasolina	*gasoline*
la gasolinera, la estación de servicio	*gas station*
la licencia de conducir (manejar)	*driver's license*
el tanque	*tank*

En el banco

ahorrar	*to save*
la caja de seguridad	*safe deposit box*
el cajero automático	*automatic teller (ATM)*
cobrar un cheque	*to cash a check*
en efectivo	*in cash*
la firma	*signature*
gratis	*free of charge*
el saldo	*balance*
el talonario de cheques, la chequera	*checkbook*

Detalle cultural

En España y en la mayoría de los países latinoamericanos una persona debe tener por lo menos *(at least)* 18 años para obtener una licencia de conducir, y los exámenes para obtenerla son muy difíciles.

➤ ¿A qué edad se puede obtener una licencia para conducir en este país?

VOCABULARIO

Para practicar el vocabulario

3. ¿Qué es? Write the words or phrases that correspond to the following.

1. batería _____
2. autobús _____
3. oficina de correos _____
4. neumático _____
5. recordar _____
6. poner la fecha _____
7. pedir _____
8. opuesto de *cerrado* _____
9. frecuentemente _____
10. por desgracia _____

4. Preguntas y respuestas Match the questions in column A with the answers in column B.

A

1. ¿Cómo pagaste? _____
2. ¿Cuánto cuesta? _____
3. ¿El auto es automático? _____
4. ¿Dónde está el gato? _____
5. ¿Tienes una cuenta corriente? _____
6. ¿Qué necesita el mecánico? _____
7. ¿Qué tengo que llenar? _____
8. ¿Tú lavas tu ropa? _____
9. ¿Qué tienes que hacer hoy? _____
10. ¿No trabajas mañana? _____
11. ¿Con quién hablaste? _____
12. ¿Dónde está él ahora? _____

B

a. No, de cambios mecánicos.
b. Piezas de repuesto.
c. No, de ahorros.
d. Muchas diligencias.
e. No, la llevo a la tintorería.
f. En el taller de mecánica.
g. En efectivo.
h. No, es día feriado.
i. Con un empleado bancario.
j. Nada; es gratis.
k. Esta planilla.
l. En el maletero.

5. ¿Cuál no va? With a classmate, take turns indicating which word or phrase does not belong in each group.

1. empleado	gerente	freno
2. firmar	fechar	funcionar
3. descomponerse	revisar	arreglar
4. bocina	saldo	bolsa de aire
5. parabrisas	volante	tráfico
6. conjunta	individual	cerrada
7. coche	banco	carro
8. oficina de correos	día feriado	taller de mecánica

6. Casos y cosas With a classmate, brainstorm to mention the following.

1. cuatro cosas que pueden hacer en el banco
2. cuatro diligencias que pueden hacerse en una mañana
3. cuatro problemas que un coche puede tener
4. cuatro cosas malas que le pueden pasar a una persona

7. Viaje en colectivo Estas personas van a tomar el colectivo. Todos tienen que hacer diligencias. ¿Adónde va cada uno de ellos? ¿Qué diligencias van a hacer? Den detalles.

© Peter Titmus/Alamy

 Now write a couple of paragraphs indicating what everyone does.

2-15 **Pronunciación**

Pronunciation in context In this lesson, there are some words or phrases that may be challenging to pronounce. Listen to your instructor and pronounce the following sentences.

1. El **carro** es de cambios **mecánicos** y se **descompone** a menudo.

2. **Probablemente** necesito un **acumulador** nuevo.

3. ¿Puede **arreglar** el auto para el lunes?

4. ¿Quiere abrir una cuenta **individual** o una cuenta **conjunta**?

5. No **consiguió** el **préstamo,** de modo que no va a poder comprar el auto nuevo.

1 Past participles *(Los participios pasados)*

> In Spanish, regular past participles are formed by adding the following endings to the stem of the verb.

-ar *verbs*	-er *verbs*	-ir *verbs*
habl- **ado** *(spoken)*	com- **ido** *(eaten)*	recib- **ido** *(received)*

The following verbs have irregular past participles in Spanish.[1]

abrir	**abierto**	poner	**puesto**
decir	**dicho**	romper	**roto**
escribir	**escrito**	ver	**visto**
hacer	**hecho**	volver	**vuelto**
morir	**muerto**		

¡Atención! The past participle of **ir** is **ido**.

> Past participles used as adjectives

In Spanish, most past participles can be used as adjectives. As such, they agree in number and gender with the nouns they modify.

—¿**Las cartas** están **firmadas**?	*"Are the letters signed?"*
—Sí, ya están **firmadas** y **fechadas**.	*"Yes, they are already signed and dated."*
—¿**Las ventanas** están **abiertas**?	*"Are the windows open?"*
—No, están **cerradas**.	*"No, they're shut."*

🌐 Práctica y conversación

8. **Participios pasados** Give the past participles of the following verbs.

1. decir _____
2. cerrar _____
3. hacer _____
4. esperar _____
5. estacionar *(to park)* _____
6. poner _____
7. vivir _____
8. ver _____
9. estar _____
10. volver _____
11. ir _____
12. tener _____
13. romper _____
14. abrir _____
15. ser _____
16. escribir _____
17. buscar _____
18. leer _____
19. salir _____
20. parar _____

[1] Verbs ending in **-er** and **-ir** whose stem ends in a strong vowel require an accent mark on the **i** of the **-ido** ending: **leer, leído; oír, oído; traer, traído; creer, creído.**

9. ¿Qué pasa? With a classmate, take turns completing the description of each illustration, using the verb **estar** and the appropriate past participle.

1. El coche _____ en la esquina *(corner)*.

2. Los niños _____.

3. El restaurante _____.

4. La ventana _____.

5. La puerta _____.

6. La carta *(letter)* _____ en español.

7. Los vestidos _____ en México.

8. El cuaderno _____.

9. La señora _____ cerca de la ventana.

 10. Preguntas de un turista With a classmate, take turns answering a tourist's questions.

1. ¿Los bancos están abiertos a las ocho de la mañana?

2. Hoy es día feriado. ¿Están abiertas las tiendas?

3. ¿El correo ya está cerrado a las siete de la noche?

4. ¿Aquí todos los letreros *(signs)* están escritos en inglés?

5. ¿Dónde están hechos los mejores vinos?

6. ¿Los restaurantes están cerrados los domingos?

2 Present perfect tense (Pretérito perfecto)

› The present perfect tense is formed by using the present tense of the auxiliary verb **haber** with the past participle of the verb that expresses the action or state.

Present Indicative of **haber** *(to have)*[1]	
he	hemos
has	habéis
ha	han

Formation of the Present Perfect Tense			
Present of* haber + *Past Participle			
yo	he	hablado	I have spoken
tú	has	comido	you *(fam.)* have eaten
Ud., él, ella	ha	vuelto	you *(form.)* have returned; he, she has returned
nosotros(as)	hemos	dicho	we have said
vosotros(as)	habéis	roto	you *(fam.)* have broken
Uds., ellos, ellas	han	hecho	you *(form., fam.)* have done, made; they have done, made

› The present perfect tense is equivalent to the use in English of the auxiliary verb *have + past participle,* as in *I have spoken.*

—¿Nora **ha ido** al correo?   *"**Has** Nora **gone** to the post office?"*
—No, no **ha podido** ir.   *"No, **she has**n't **been able** to go."*

› Note that in Spanish, when the past participle is part of a perfect tense, its form does not vary for gender or number agreement.

Él **ha estacionado** aquí.   *He has parked here.*
Ella **ha estacionado** aquí.   *She has parked here.*

› Unlike English, the past participle in Spanish is never separated from the auxiliary verb **haber.**

Ella **nunca ha hecho** nada.   *She **has never done** anything.*
Él **siempre ha escrito**   *He **has always written** the*
    las cartas en inglés.   *letters in English.*

---

[1] Note that the English verb *to have* has two equivalents in Spanish: **haber** (used as an auxiliary verb) and **tener.**

Práctica y conversación

14. Minidiálogos Complete the following exchanges with the past perfect of the verbs given.

1. —¿Qué (hacer) _____ el empleado?

   —Le (traer) _____ estampillas.

2. —¿Tú ya (ver) _____ a Roberto?

   —Sí, yo ya (hablar) _____ con él.

3. —¿El niño (romper) _____ el florero?

   —Sí, y por eso tuve que comprar otro.

4. —Cuando papá vino a buscarnos, ¿Uds. ya (ir) _____ al correo?

   —No, no (ir) _____ todavía.

5. —¿Qué (decir) _____ tu mamá?

   —Que necesitaba su talonario de cheques.

6. —¿Adónde (ir) _____ Uds.?

   —(Ir) _____ a la tintorería.

7. —¿Dónde (poner) _____ tú los documentos?

   —Los (poner) _____ en la caja de seguridad.

8. —¿Qué le (comprar) _____ Uds. a Jorge?

   —Le (comprar) _____ un auto.

15. Están de vuelta Your parents just got back from a vacation. Say what everybody had done by the time they came back.

1. yo
2. mi amiga
3. mis hermanos
4. mi tío y yo
5. tú
6. Uds.

16. Antes de los 16 años Find out which of the following things one of your classmates had done before turning 16.

Modelo   conducir

   —¿Habías conducido antes de cumplir dieciséis años?

   —Sí (No, no),…

1. abrir una cuenta corriente
2. trabajar
3. tener novio(a)
4. vivir en otro país
5. estudiar un idioma
6. terminar la escuela secundaria

4 Formal commands: *Ud.* and *Uds.* (*Mandatos formales: Ud. y Uds.*)

❯ The command forms for **Ud.** and **Uds.**[1] are formed by dropping the **-o** of the first-person singular of the present indicative and adding **-e** and **-en** for **-ar** verbs and **-a** and **-an** for **-er** and **-ir** verbs.

First-Person Sing.		Commands		
Infinitive	Present Indicative	Stem	*Ud.*	*Uds.*
habl**ar**	yo habl**o**	habl-	habl**e**	habl**en**
com**er**	yo com**o**	com-	com**a**	com**an**
abr**ir**	yo abr**o**	abr-	abr**a**	abr**an**
cerr**ar**	yo cierr**o**	cierr-	cierr**e**	cierr**en**
volv**er**	yo vuelv**o**	vuelv-	vuelv**a**	vuelv**an**
ped**ir**	yo pid**o**	pid-	pid**a**	pid**an**
dec**ir**	yo dig**o**	dig-	dig**a**	dig**an**

—¿Con quién debo hablar?   *"With whom must I speak?"*
—**Hable** con el mecánico.   *"**Speak** with the mechanic."*

—¿Cuándo debemos volver?   *"When must we come back?"*
—**Vuelvan** mañana.   *"**Come back** tomorrow."*

❯ The command forms of the following verbs are irregular.

	dar	estar	ser	ir
Ud.	dé	esté	sea	vaya
Uds.	den	estén	sean	vayan

—¿Vamos al correo ahora?   *"Shall we go to the post office now?"*
—No, no **vayan** ahora; **vayan** a las dos.   *"No, don't **go** now; **go** at two o'clock."*

❯ With all direct *affirmative* commands, object pronouns are placed after the verb and are attached to it, thus forming only one word. With all *negative* commands, the object pronouns are placed in front of the verb.

—¿Dónde pongo las cartas?   *"Where shall I put the letters?"*
—**Póngalas** aquí; **no las ponga** en la mesa.   *"**Put them** here; **don't put them** on the table."*

───────

¡Atención! Note the use of the written accent in **Póngalas**.

[1] The command form for **tú** will be studied in **Lección 12**.

Práctica y conversación

17. Instrucciones A bank employee must give the customers certain instructions. Following the model, change each sentence to the appropriate command.

Modelo Tiene que llenar la planilla.
Llene la planilla.

1. Tienen que fechar y firmar la planilla.
2. Tienen que hablar con el gerente.
3. Tienen que estar aquí a las tres.
4. Tiene que pedir el préstamo.
5. Tiene que sentarse y esperar un momento.
6. Tiene que venir más tarde y traer el número de su cuenta.
7. Tiene que darle su nombre al empleado.
8. Tiene que dejarme su número de teléfono.

18. ¿Qué hacemos? Two people are asking what they need to do. Answer their questions. Use the command form and the cues provided.

1. ¿Adónde vamos ahora? (al taller de mecánica)
2. ¿Qué compramos? (una llanta)
3. ¿A quién le pedimos el dinero? (a su abuelo)
4. ¿Qué traemos? (piezas de repuesto)
5. ¿Qué coche llevamos? (el mío)
6. ¿A qué hora empezamos a trabajar? (a las tres)

19. ¿Que sí o que no? Andrés says yes to everything, while Ana always says no. With a classmate, play the roles of Ana and Andrés. Answer each question as he or she would, using a formal command and a direct object pronoun to replace each direct object.

1. ¿Mando el correo electrónico hoy? (Andrés)
2. ¿Compramos el acumulador? (Ana)
3. ¿Traigo el talonario de cheques? (Ana)
4. ¿Firmamos los documentos? (Andrés)
5. ¿Llamo a Rafael? (Andrés)
6. ¿Llamamos a nuestros amigos? (Ana)

20. A mi secretaria Using commands, tell your secretary to do the following tasks.

1. *Comprar* (a mí) papel y lápices.
2. *Darle* al Sr. Gómez mi número de teléfono, pero no *darle* mi dirección.
3. *No hablarles* a los empleados sobre (*about*) el nuevo horario (*schedule*).
4. *Llevarle* las planillas al Sr. Soto, pero *no llevarle* los cheques.
5. *No decirle* a la Sra. Castro que los cheques son gratis.

21. Una nota You and a classmate are going to be gone for a few days, and you have two very irresponsible roommates. Write them a note telling them four things to do and four things not to do in your absence.

ENTRE NOSOTROS

💬 Vamos a conversar

22. Para conocernos mejor Get to know a classmate better by asking each other the following questions.

1. ¿En qué banco tienes tu cuenta de ahorros? ¿Y tu cuenta corriente?
2. ¿Usas el cajero automático a veces?
3. Cuando compras algo, ¿pagas en efectivo o con cheque?
4. ¿Vas a depositar dinero en tu cuenta de ahorros mañana?
5. ¿Tienes tu talonario de cheques contigo?
6. ¿Tú sabes cuál es el saldo de tu cuenta corriente?
7. ¿Tienes tus documentos importantes en una caja de seguridad?
8. Cuando vas al correo, ¿a veces tienes que esperar mucho?
9. ¿Envías muchas tarjetas de Navidad *(Christmas)*?
10. ¿Tienes licencia de conducir?
11. ¿Llevas tu ropa a la tintorería a menudo?
12. ¿Cuántos mensajes electrónicos recibes al día?

23. Una encuesta Interview your classmates to identify who fits the following descriptions. Include your instructor, but remember to use the **Ud.** form when addressing him/her.

	Nombre
1. Hace sus diligencias los sábados.	_____
2. Ha cobrado un cheque recientemente.	_____
3. Compra gasolina todas las semanas.	_____
4. Tiene problemas con su coche a menudo.	_____
5. Siempre se acuerda de todo.	_____
6. Piensa abrir una cuenta en el banco.	_____
7. Necesita ahorrar más.	_____
8. Tiene una cuenta conjunta.	_____
9. Ha pedido un préstamo recientemente.	_____
10. Deposita dinero en el banco todos los meses.	_____

 Y ahora... Write a brief summary, indicating what you have learned about your classmates.

24. ¿Cómo lo decimos? What would you say in the following situations? What might the other person say? Act out the scenes with a classmate.

1. You tell the mechanic to check the brakes. Add that you have had many problems with your car.

2. You ask the mechanic if he can fix the car by Friday. Ask him also if he's going to need spare parts.

3. You work at a bank. Tell a customer to fill out the form, and to sign it and date it.

4. You tell someone that you haven't been able to save money this month.

5. You tell someone that you hadn't been able to cash the check because the banks were closed.

25. ¿Qué dice aquí? Read the following ad, and answer the questions that follow.

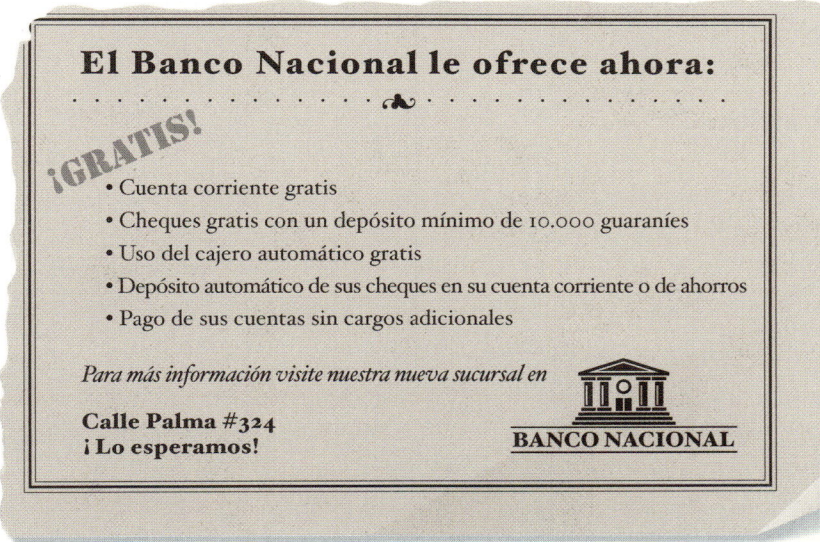

El Banco Nacional le ofrece ahora:

¡GRATIS!

• Cuenta corriente gratis
• Cheques gratis con un depósito mínimo de 10.000 guaraníes
• Uso del cajero automático gratis
• Depósito automático de sus cheques en su cuenta corriente o de ahorros
• Pago de sus cuentas sin cargos adicionales

Para más información visite nuestra nueva sucursal en

Calle Palma #324
¡Lo esperamos!

BANCO NACIONAL

© Cengage Learning 2014

1. ¿Cuánto hay que pagar por tener una cuenta corriente?
2. ¿Cuánto se debe tener depositado para recibir los cheques gratis?
3. ¿Cuánto cobra el banco por el uso del cajero automático?
4. ¿En qué tipos de cuentas se pueden depositar los cheques automáticamente?
5. ¿Que otro servicio ofrece gratis el banco?
6. ¿Dónde se puede obtener más información sobre los servicios que da el banco?
7. ¿Cómo se llama el banco? ¿Cuál es la dirección de la nueva sucursal *(branch)*?

Vamos a escribir

26. En el banco Write about your banking practices. Mention:

1. the name of your bank and types of accounts you have
2. the interest **(interés)** your bank pays
3. whether you need to pay for the checks or whether they are free
4. whether you pay for purchases by check or by credit card
5. whether you save money, and why

Un dicho

Si bebe, no maneje; si maneja, no beba. How is this saying related to the theme of this lesson?

© Ildi Papp/Shutterstock

El pisco es una bebida típica de Perú. Tiene un alto contenido de alcohol.

Vamos a ver

Un día funesto

> ▶ **ESTRATEGIA** **Notice structure used** Before you do the first activity with a classmate, notice the use of past participles as adjectives and the use of the present perfect in the questions asked.
> Read the **Avance** to see what the video is about, and try to determine what is going to happen.

Antes de ver el video

27. Preparación You and a classmate take turns asking and answering the following questions.

1. ¿Tú estás exhausto(a) a veces?
2. La última vez que fuiste de compras, ¿gastaste una fortuna?
3. ¿Tú compras a veces cosas que no te gustan?
4. ¿Tus zapatos te quedan grandes, te quedan chicos o te quedan bien?
5. ¿Tuviste que devolver algo que compraste?
6. Cuando tú eras chico(a), ¿te gustaba lo que tu mamá te compraba?
7. ¿Has comprado un regalo últimamente? ¿Para quién?
8. La mamá de Pablo es de Madrid. ¿De dónde es la tuya?
9. Cuando tú eras chico(a), ¿llegabas tarde a la escuela a veces?
10. ¿Tú crees que los bancos están abiertos o cerrados a esta hora?
11. ¿Has depositado dinero en tu cuenta corriente últimamente? ¿Sabes cuál es el saldo?
12. ¿Tú has tenido muchas ideas geniales últimamente?

El video

Teresa

Pablo

Marisa

Avance Marisa, Teresa y Pablo han tenido un día difícil. ¡Todo les fue mal *(went badly for them)*! ¿Qué van a hacer? Los tres están demasiado cansados. ¿Encuentran una solución?

Después de ver el video

28. **¿Quién lo dice?** With a classmate, take turns saying who says the following.

Teresa   Pablo   Marisa

1. ¿Yo dije que ustedes eran mis mejores amigas? ¡Retiro lo dicho!
2. ¿Ves estos zapatos? Son muy bonitos, pero me quedan chicos.
3. ¡Una película y una cena!
4. ¡No has cambiado nada! Recuerdo que, cuando eras chica, nunca te gustaba lo que tu mamá te compraba…
5. ¡Pero nos debes una película!
6. Hablando de mamá… ¿Viste lo que compré para ella? Es que era una ganga…

29. **¿Qué pasa?** With a classmate, take turns asking and answering the following questions. Base your answers on the video.

1. ¿Teresa ha gastado mucho dinero? ¿Qué es lo peor?
2. A Marisa no le gusta ir a la tienda cuando hay liquidación. ¿Por qué?
3. ¿Qué número calza Teresa? ¿Qué número son los zapatos que compró?
4. ¿Marisa piensa que Teresa ha cambiado mucho o que no ha cambiado nada?
5. ¿Qué le compró Teresa a su mamá?
6. ¿Qué le había comprado Marisa a su papá? ¿Por qué tuvo que devolverla?
7. ¿Pablo pudo abrir una cuenta de ahorros?
8. ¿Las chicas decidieron ir al cine o quedarse en su casa?
9. Los chicos van a comer algo más tarde. ¿Qué hay en el refrigerador?
10. Según las chicas, ¿qué les debe Pablo?

30. **Más tarde** You and a classmate use your imagination to say what Pablo, Marisa, and Teresa did that night and later that week.

1. ¿Los chicos miraron las noticias *(news)* o vieron una película?
2. ¿Qué comieron, además de pollo frito y ensalada? ¿Qué bebieron?
3. ¿Pablo les dijo otra vez que ellas eran sus mejores amigas?
4. ¿Pablo cumplió *(kept)* su promesa de llevar a las chicas a cenar y al cine?
5. Pablo volvió al banco. ¿Cuánto dinero depositó en su cuenta de ahorros? ¿Y en su cuenta corriente?
6. ¿Para quién era la carta que Pablo llevó al correo?
7. ¿Teresa devolvió los zapatos que le quedaban chicos? ¿Compró sandalias?
8. ¿Marisa compró calcetines para su papá o decidió comprarle otra cosa *(something else)*?
9. ¿Le gustó a la mamá de Teresa la blusa que su hija le compró o la devolvió?
10. ¿Teresa consiguió otra ganga? ¿Qué?

DE TODO UN POCO

▶ El mundo hispánico

Ecuador

Estas enormes tortugas le dieron nombre a las islas Galápagos.

> Ecuador debe su nombre a su posición geográfica. El país está situado justamente sobre la línea del ecuador. Su territorio, incluidas las islas Galápagos, es un poco menor que el de Nevada. En el año 2000 el país adoptó el dólar de Estados Unidos como su moneda oficial.

hillsides

> Quito, la capital de Ecuador, está situada en las laderas° del volcán Pichincha, a más de 9000 pies de altura sobre el nivel del mar. Quito es la capital más antigua de Sudamérica, y todavía mantiene su aspecto colonial. Son históricamente famosos la Plaza Grande y los distintos monasterios e iglesias de esta ciudad.

> A 22 millas de Quito, cerca de la villa de San Antonio, está el monumento la Mitad del Mundo, que marca el sitio por donde pasa la línea del ecuador.

> Las islas Galápagos, situadas frente a las costas de Ecuador, son una de las zonas ecológicas mejor conservadas del mundo. Charles Darwin hizo la mayor parte de sus estudios sobre la evolución de las especies en estas islas.

Perú

Ruinas de Machu Picchu.

> Perú es el tercer país más grande de Sudamérica. La moneda del país es el nuevo sol. Sus principales fuentes de ingreso son la minería y la industria pesquera.

> Entre los animales típicos de la fauna de Perú están las llamas, las alpacas y las vicuñas. De su lana dependen muchas de las artesanías del país.

> Las principales atracciones turísticas del país son Cuzco, la antigua capital de los incas, y las impresionantes ruinas de Machu Picchu. Machu Picchu fue una fortaleza incaica que quedó perdida hasta 1911.

> La capital de Perú es Lima, la ciudad más grande del país. Miraflores es el distrito más cosmopolita de Lima. Allí es famoso el Parque Kennedy por sus numerosas atracciones. En Lima se encuentra la Universidad de San Marcos, que es la más antigua de Sudamérica.

Bolivia

› Bolivia, llamada así en honor del Libertador Simón Bolívar, tiene la capital (La Paz), el aeropuerto y el lago navegable más altos del mundo (Titicaca), y unas de las ruinas más antiguas. En realidad, La Paz es una de las dos capitales de Bolivia; la otra es Sucre. La Paz es la capital administrativa, y Sucre, la capital política. El lago Titicaca es, después del lago Maracaibo, el segundo más grande de Sudamérica.

› Bolivia apenas puede explotar sus riquezas naturales porque no tiene salida al mar y su territorio es muy montañoso. El país es uno de los destinos turísticos más atractivos por sus bellísimos paisajes.

Mujer aymará con ropa típica.

› Los indios quechua y aymará, que constituyen más de la mitad de su población, mantienen su cultura y sus lenguas tradicionales. El resto de la población es de ascendencia europea o mestizos, producto de la integración de las razas indígenas y europeas.

Paraguay

› Paraguay es casi tan grande como el estado de California, pero su población es de menos de 6 millones de habitantes. La mayoría de los paraguayos hablan dos idiomas: el español y el guaraní.

Represa de Itaipú, sobre el río Paraná.

lands › Paraguay es un país principalmente agrícola. Su economía depende de sus bosques y sus fértiles tierras°. Sin embargo, desde la construcción de la planta hidroeléctrica de Itaipú, el país ha comenzado a industrializarse y Paraguay es hoy el mayor exportador de energía hidroeléctrica.

› Al igual que Bolivia, Paraguay no tiene salida al mar, pero tiene más de 1800 millas de ríos navegables. Asunción, la capital, es también su principal puerto. En la frontera de Paraguay, Argentina y Brasil están las famosas cataratas de Iguazú.

31. El mundo hispánico y tú With a classmate, discuss the following.

1. ¿Dónde está situado Ecuador? ¿Cuál es su capital? ¿Cuál es la capital de tu estado?
2. ¿Cuáles son las principales atracciones turísticas de Perú? ¿Qué atracciones turísticas hay en tu estado? ¿Cuáles son?
3. ¿Cuál es el lago más grande de Bolivia? ¿Cuál es el lago más grande de tu país?
4. ¿Qué idiomas hablan los paraguayos? ¿Cuántos idiomas hablas tú?
5. ¿Dónde se encuentran las cataratas de Iguazú? ¿Qué cataratas hay en tu país?

COMPRUEBE CUÁNTO SABE

Lección 9

A. Some uses of *por* and *para* Complete each sentence, using **por** or **para**.

1. Los pantalones son _____ Carlos.
2. ¿Cuánto pagaron _____ las bufandas?
3. Yo trabajo _____ la mañana, _____ poder estudiar _____ la tarde.
4. Los chicos salieron _____ la puerta principal.
5. Ellos fueron al club nocturno _____ bailar.
6. Necesito el chaleco _____ el jueves.
7. El sábado salimos _____ Lima. Vamos _____ avión. Vamos a estar allí _____ una semana.
8. Pagamos 30 dólares _____ el ramo de flores.

B. Weather expressions Complete each sentence with the appropriate word(s).

1. Necesito un paraguas porque está _____ mucho.
2. _____ mucho _____ ahora. Hay 110 _____ de _____.
3. Dicen que en Londres siempre _____ mucha _____.
4. En el desierto siempre _____ mucho _____.
5. En Alaska, en invierno, _____ mucho _____, y _____ mucho.

C. The preterit contrasted with the imperfect Complete each sentence, using the preterit or the imperfect tense of the verbs in parentheses.

1. Ayer ellos (celebrar) _____ su aniversario.
2. (Ser) _____ las cuatro de la tarde cuando nosotros (salir) _____ del restaurante. (Llegar) _____ a casa a las cinco.
3. El mozo me (decir) _____ que la especialidad de la casa (ser) _____ cordero, y yo lo (pedir) _____.
4. Cuando Raúl y Ana (ser) _____ pequeños, (vivir) _____ aquí.
5. Tú (estar) _____ en el café cuando yo te (ver) _____ anoche.
6. Ella no (ir) _____ a la fiesta anoche porque (estar) _____ muy cansada. (Preferir) _____ quedarse en su casa.
7. Ayer él no (hacer) _____ las reservaciones.
8. Nosotros (estar) _____ almorzando cuando tú (llamar) _____.

D. *Hace...* meaning *ago* Indicate how long ago everything took place.

1. Llegué a las seis. Son las nueve.
2. Ellos vinieron en marzo. Estamos en julio.
3. Empecé a trabajar a las dos. Son las dos y media.
4. Terminaron el domingo. Hoy es viernes.
5. Llegaste en 1998. Estamos en el año 2013.

E. Possessive pronouns Complete each sentence, giving the Spanish equivalent of the word in parentheses.

1. Mi traje es este. _____ son aquellos. *(Theirs)*
2. Las flores no son _____; son _____. *(mine/hers)*
3. La corbata es _____. *(mine)*
4. Yo tengo mis libros. ¿Dónde están _____, Anita? *(yours)*
5. Estas bufandas son _____. *(ours)*
6. Mi camisón está en el dormitorio. ¿Dónde está _____, Marta? *(yours)*

F. Vocabulary Complete the following sentences, using vocabulary from **Lección 9.**

1. Los aretes son de _____, no de plata.
2. Voy a comprarme un vestido porque no tengo _____ que ponerme.
3. La blusa es de _____ mediana.
4. Ana nunca anda _____; siempre usa zapatos.
5. Nosotros tal _____ vamos a ir al cine mañana.
6. ¿El traje cuesta un ojo de la _____?
7. Te voy a llamar por teléfono en _____ llegue a casa.
8. Para el cumpleaños de mamá le vamos a _____ un _____ de flores.
9. ¿Qué _____ calza Ud.?
10. Aunque es millonario, no gasta mucho dinero. Es muy _____.
11. ¿Quieres una camisa de mangas largas o _____?
12. Compré las zapatillas en la _____ Robles.
13. Antonio estudia en la _____ de Medicina.
14. El clima de este país no es seco; es _____.

G. Culture Complete the following sentences, based on the **Detalle cultural** sections that you have read.

1. Un metro equivale a _____ pies.
2. En los países hispanos, la medida del _____ y el largo de las mangas de las camisas se dan en _____.

Lección 10

A. Past participles Complete each sentence, using the past participle of the verb in parentheses.

1. Las ventanas están _____. (cerrar)
2. La tintorería está _____. (abrir)
3. El florero está _____. (romper)
4. Los niños están _____. (dormir)
5. Las cartas están _____ en italiano. (escribir)
6. La cena ya está _____. (hacer)
7. Ellos están _____ en la puerta. (parar)
8. El coche está _____ en la calle. (estacionar)
9. Las mesas ya están _____. (poner)
10. Todo está _____. (decir)

B. Present perfect tense Complete each sentence, using the present perfect of the verb in parentheses.

1. El cajero no _____. (llegar)
2. Yo _____ los cheques. (romper)
3. Ellos no _____ la planilla. (traer)
4. Como los niños no _____, nosotros no _____ salir. (volver / poder)
5. Ellos _____ en el accidente. (morir)
6. Tú se lo _____ antes. (decir)
7. Los chicos ya _____. (almorzar)
8. Los niños _____ los zapatos. (ponerse)
9. Yo ya _____ la tarjeta postal. (ver)
10. Mis padres _____ la planilla. (leer)

C. Past perfect (Pluperfect) tense Indicate what had taken place by the time Ana arrived home, using the past perfect tense.

1. Los chicos volvieron a casa.
2. Yo firmé la planilla.
3. Tú hiciste la cena.
4. Nosotros escribimos las tarjetas.
5. Carlos puso el dinero en su cuenta de ahorros.
6. Uds. fueron al taller de mecánica.
7. Sus padres se acostaron.
8. Su hermano habló con el mecánico

D. Formal commands Complete each sentence using the command form of the verb in parentheses. Use the **Ud.** or **Uds.** form, as needed.

1. _____ a su esposa, Sr. García. (Llamar)
2. _____, Sr. Vega. (Caminar)
3. _____ en seguida, señoritas. (Salir)
4. _____ aquí a las dos, señora. (Estar)
5. No _____ ahora, Sr. Sosa. (venir)
6. _____ al banco, señores. (Ir)
7. No _____ Ud. ahora. (hacerlo)
8. Señor, no _____ su número de teléfono. (dar)
9. Chicos, _____ buenos, por favor. (ser)
10. _____ aquí, Srta. Pérez. (Ponerla)

E. Vocabulary Complete the following sentences, using vocabulary from **Lección 10.**

1. Ud. debe _____ y _____ esta planilla.
2. ¿Cuánto dinero va a _____ en su cuenta?
3. El banco no está _____ hoy, porque es un día _____.
4. ¿Cuál es el _____ de mi _____ corriente?
5. Por _____ no tengo ahora las piezas de _____.
6. Necesito mi _____ de cheques.
7. Ellos van a sacar dinero del _____ automático.
8. Necesito dinero. Voy a solicitar un _____ en el banco.
9. No quiero pagar con cheque; prefiero pagar en _____.
10. Tengo mis documentos en una _____ de seguridad.
11. Necesito comprar _____ para estas cartas.
12. No tengo que pagar por los cheques; son _____.
13. La llanta está _____. Necesito ir al _____ de mecánica para _____.
14. El coche no arranca. Necesito una _____ nueva.
15. Tengo que ir a la oficina de _____ a comprar sellos y necesito llevar las camisas a la _____.

F. El mundo hispánico Complete the following sentences, based on the **El mundo hispánico** you have read.

1. Las islas _____ son una de las zonas ecológicas mejor conservadas.
2. Machu Picchu y _____ son las principales atracciones turísticas de Perú.
3. Bolivia tiene dos capitales: La Paz y _____.
4. La _____ hidroeléctrica Itaipú está en Paraguay.

DE VACACIONES

LECCIÓN 11: ¡BUEN VIAJE!

OBJETIVOS
> Handle routine travel arrangements
> Discuss tour features and prices
> Request information regarding stopovers, plane changes, gate numbers, and seating
> Express feelings and reactions

ESTRUCTURAS
1 Introduction to the subjunctive mood
2 Subjunctive with verbs of volition
3 Subjunctive with verbs of emotion
4 Some uses of the prepositions **a, de,** and **en**

LECCIÓN 12: ¿DÓNDE NOS HOSPEDAMOS?

OBJETIVOS
> Register at a boarding house, discuss room prices, accommodations, and service
> Tell others what to do
> Describe needs and wants
> Ordinal numbers

ESTRUCTURAS
1 Subjunctive to express indefiniteness and nonexistence
2 Familiar commands
3 Verbs and prepositions
4 Ordinal numbers

Las Cataratas del Iguazú, en la frontera entre Argentina, Paraguay y Brasil.

VisionsofAmerica/Joe Sohm/Getty Images

ARGENTINA
El obelisco en la famosa Avenida
9 de Julio en Buenos Aires.

URUGUAY
Punta del Este, el balneario más
exclusivo del país.

CHILE
Vista del lago Pehoé, Parque Nacional Torres del Paine, en la Patagonia.

¡Buen viaje!

Image provided by Jon Chomitz Photography; © Cengage Learning 2014

2-16 Héctor Rivas y su esposa, Sofía Vargas, viven en Santiago, la capital de Chile. Ahora están planeando sus vacaciones de verano. No pueden ponerse de acuerdo porque ella quiere pasar un mes en Viña del Mar, y él quiere ir a Buenos Aires y a Mar del Plata.

HÉCTOR Espero que hoy podamos decidir lo que vamos a hacer, porque tenemos que ir a comprar los pasajes.

SOFÍA Yo te sugiero que averigües lo que cuestan dos pasajes de ida y vuelta a Buenos Aires, por avión. Podemos ahorrar dinero si vamos a Viña del Mar en coche… Además, puedo llevar mi computadora portátil y trabajar un poco.

HÉCTOR ¡No quiero que trabajes durante nuestras vacaciones! Sofía… ¡hemos estado en Viña del Mar muchas veces! ¡Estoy empezando a cansarme de hacer siempre lo mismo!

SOFÍA ¡Y yo temo que el viaje a Buenos Aires nos cueste mucho dinero!

HÉCTOR Yo busqué información en Internet. Hay paquetes que incluyen vuelo directo a Buenos Aires, hotel y algunas excursiones.

SOFÍA Siento no poder compartir tu entusiasmo, querido, pero viajar a otro país es complicado… Necesitamos pasaporte…

HÉCTOR Eso no es problema. Un momento… ¿Es porque no quieres viajar en avión?

SOFÍA Bueno… en parte… un poco.

HÉCTOR ¡Pero, mi amor! Solo necesitas que tu médico te dé alguna pastilla para los nervios.

SOFÍA Temo que eso no me ayude mucho… ¡Yo necesito dormir durante todo el viaje!

2-17 Por fin, Héctor convenció a Sofía, y ella decidió ir a Buenos Aires en avión. El día del viaje, hablan con el agente de la aerolínea en el aeropuerto.

AGENTE ¿Qué asientos desean? ¿De ventanilla o de pasillo?

HÉCTOR Dos asientos juntos.

SOFÍA Cerca de la salida de emergencia.

HÉCTOR El avión no hace escala, ¿verdad?

AGENTE No, señor. Es un vuelo directo. ¿Cuántas maletas tienen?

Detalle cultural
Viña del Mar es el más conocido de los balnearios de Chile. Allí hay playas, parques, hoteles y casinos. La ciudad es un centro comercial e industrial importante.

➤ ¿Cuál es un famoso balneario de su país?

Sofía Cinco maletas y dos bolsos de mano.

Agente Tienen que pagar exceso de equipaje.

Héctor Pero, Sofía, ¿has puesto toda nuestra ropa en las maletas?

Sofía ¡Es que no sabía qué llevar!

Agente La puerta de salida es la número tres. ¡Buen viaje!

En la puerta número tres.

"Última llamada para los pasajeros del vuelo 340 a Buenos Aires. Suban al avión, por favor."

Héctor y Sofía le dan las tarjetas de embarque a la auxiliar de vuelo, suben al avión y ponen los bolsos de mano en el compartimiento de equipajes. Los asientos están en la fila 4.

Sofía Tenemos que abrocharnos el cinturón de seguridad. ¡Espero que el piloto tenga mucha experiencia! ¡Y que no tenga sueño! ¡Ojalá que no esté enfermo!

Héctor Querida… ¡te sugiero que tomes otra pastilla ahora mismo!

Image provided by Jon Chomitz Photography; © Cengage Learning 2014

Hablemos

1. **Sobre el diálogo** You and a classmate take turns asking and answering the following questions. Base your answers on the dialogues.

    1. ¿Qué están planeando Héctor y Sofía? ¿Por qué no pueden ponerse de acuerdo?
    2. ¿Qué tienen que comprar hoy? ¿Qué quiere Sofía que Héctor averigüe?
    3. ¿Adónde quiere ir Sofía? ¿Cómo quiere viajar? ¿Qué quiere llevar?
    4. ¿Dónde buscó Héctor información? ¿Qué incluyen algunos paquetes?
    5. ¿Qué le puede dar el médico a Sofía? ¿Qué dice Sofía que necesita hacer?
    6. ¿Con quién conversan Héctor y Sofía el día del viaje?
    7. ¿Dónde quiere Sofía que estén los asientos?
    8. ¿El avión hace escala o es un vuelo directo?
    9. ¿Por qué tienen que pagar exceso de equipaje?
    10. ¿Qué le dan Héctor y Sofía a la auxiliar de vuelo? ¿En qué fila están sus asientos?

2. **Entrevista** With a classmate, take turns asking and answering the following questions.

    1. Normalmente, ¿dónde te gusta pasar tus vacaciones? ¿Con quién vas?
    2. ¿Te gusta más viajar en coche o en avión? Si viajas en avión, ¿qué clase de billete compras?
    3. Si necesitas información, ¿adónde vas para informarte? ¿Dónde compras los pasajes?
    4. ¿Qué necesitas para viajar a otro país? ¿Te pones nervioso(a) cuando viajas?
    5. Cuando viajas en avión, ¿te gusta más un asiento de pasillo o de ventanilla?
    6. Generalmente, ¿llevas mucho equipaje? ¿Cuántas maletas llevas?

VOCABULARIO

Cognados

la aerolínea
el aeropuerto
el (la) agente
la capital
complicado(a)
directo(a)
la emergencia
el entusiasmo
la información
los nervios
el pasaporte
el (la) piloto

Nombres

el asiento	seat
_____ de pasillo	aisle seat
_____ de ventanilla	window seat
el (la) auxiliar de vuelo*	flight attendant
el bolso de mano	carry-on bag
el compartimiento de equipajes	luggage compartment
la computadora portátil*	laptop computer
el equipaje	luggage
la excursión	tour
la fila	row
la llamada	call
la maleta*	suitcase
el (la) médico(a)	medical doctor, MD
el país	country, nation
el paquete	package
el pasaje*	ticket
_____ de ida	one-way ticket
_____ de ida y vuelta	round-trip ticket
el (la) pasajero(a)	passenger
la pastilla	pill
la puerta de salida	gate
la salida	exit
_____ de emergencia	emergency exit
la tarjeta de embarque*	boarding pass
el viaje	trip
el vuelo	flight

Verbos

averiguar	to find out
cansarse	to get tired
compartir	to share
convencer	to convince
dejar	to let
incluir	to include
sentir (e > ie)	to regret
subir, abordar	to board
sugerir (e > ie)	to suggest
temer	to fear, to be afraid
viajar	to travel

Adjetivos

enfermo(a)	sick
querido(a)	dear

Otras palabras y expresiones

abrocharse el cinturón de seguridad	to fasten the seat belt
ahora mismo	right now
¡Buen viaje!	Have a good trip!
durante	during
en parte	in part
exceso de equipaje	excess luggage
lo mismo	the same thing
ojalá	I hope
ponerse de acuerdo	to come to an agreement, to agree upon
tomar una decisión	to make a decision
¿verdad?	right?

Más sobre el tema

Los viajes

¿A cuánto está el cambio de moneda?	*What's the rate of exchange?*	confirmar	*to confirm*
la agencia de viajes	*travel agency*	el crucero	*cruise*
cancelar	*to cancel*	la lista de espera	*waiting list*
el cheque de viajero	*traveler's check*	los lugares de interés	*places of interest*
(de) clase turista	*tourist class*	el maletín	*small suitcase, hand luggage*
		(de) primera clase	*first class*

Las computadoras

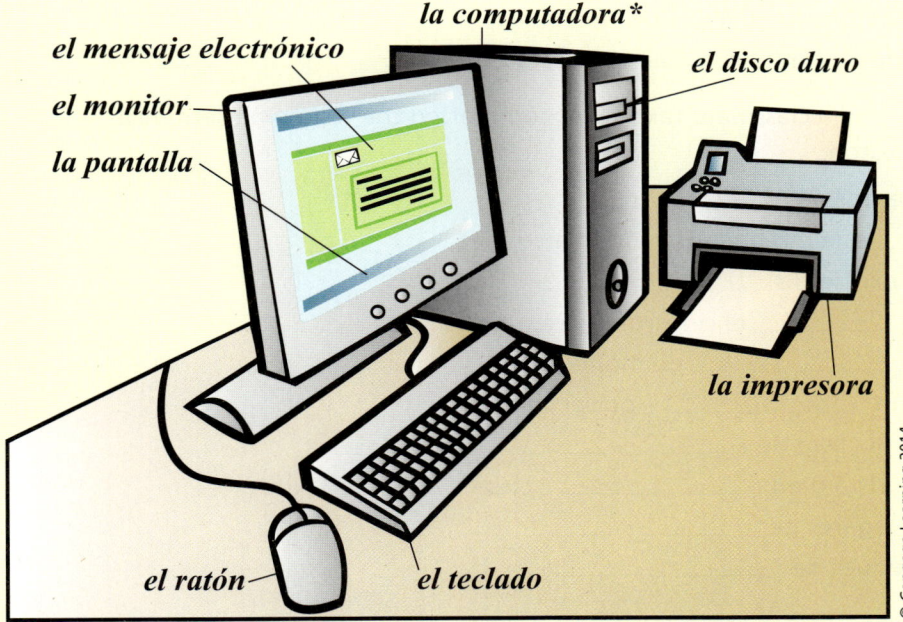

el mensaje electrónico
la computadora*
el disco duro
el monitor
la pantalla
la impresora
el raton
el teclado

© Cengage Learning 2014

VOCABULARIO

 ## Para practicar el vocabulario

3. **Palabras y más palabras** With a classmate, take turns choosing the words or phrases that best complete each sentence.
   1. Voy a tomar una (fila, llamada, pastilla) para los nervios.
   2. ¿Dónde está la (salida, maleta, pantalla) de emergencia?
   3. ¿Quiere un asiento de (equipaje, país, pasillo) o de ventanilla?
   4. A veces (subo, me canso, incluyo) cuando trabajo mucho.
   5. Él me (convenció, temió, abordó) de ir en avión.
   6. Tengo que ir al (médico, teclado, ratón) porque estoy enfermo.
   7. Voy a llamar a la auxiliar de (embarque, vuelo, viaje).
   8. Voy a (averiguar, dejar, compartir) cuánto cuesta el viaje.

4. **Para completar** You and a classmate take turns completing the following sentences using vocabulary from this lesson.
   1. No podemos ponernos de _____.
   2. ¡ _____ que mis amigos vengan a verme!
   3. Tengo que pagar exceso de _____.
   4. Tienes que _____ el cinturón de seguridad.
   5. ¿A cómo está el _____ de moneda?
   6. Queremos hacer un _____ por el Caribe.
   7. Mi nombre está en la lista de _____.
   8. ¿Viajan en clase turista o en _____ clase?
   9. Visitaron muchos lugares de _____.
   10. Voy a comprar cheques de _____.

5. **Preguntas y respuestas** Match the questions in column A with the answers in column B.

   A
   1. ¿Qué incluye el paquete? _____
   2. ¿Quiere un pasaje? _____
   3. ¿Quieres una maleta? _____
   4. ¿El avión hace escala? _____
   5. ¿A qué país van? _____
   6. ¿Quién está hablando? _____
   7. ¿Tomaste una decisión? _____
   8. ¿No puedes viajar? _____
   9. ¿Qué compraste? _____
   10. ¿Sabes que hoy salgo para Lima? _____

   B
   a. No, es un vuelo directo.
   b. No, no sé qué hacer.
   c. A Chile.
   d. Sí. ¡Buen viaje!
   e. No, voy a cancelar la reservación.
   f. El pasaje y el hotel.
   g. Una impresora.
   h. El piloto.
   i. Sí, de ida y vuelta.
   j. No, un bolso de mano.

6. **Planes de vacaciones** You and a classmate are helping a friend to plan his summer vacation. Come up with some questions that you might ask him about which country he wants to go to and how and when he wants to travel. Give him some suggestions of what he can do about tickets, reservations, and general accomodations.

7. La llamada telefónica Nora and Susana are trying to plan a trip and can't agree on anything. With a classmate, decide how Nora responds to Susana's ideas.

Susana dice:

1. Podemos llevar tres maletas y dos bolsos de mano cada una.
2. Vamos a comprar un pasaje de ida en primera clase.
3. Queremos hacer escala.
4. Vamos a reservar dos asientos de ventanilla.
5. Podemos viajar por la noche.
6. Vamos a pagarlo todo con cheques de viajero. *(Hint: tarjeta de crédito = credit card)*
7. Tenemos que tomar una decisión hoy.

Now write two or three paragraphs about their conversation, indicating whether they come to an agreement or not.

2-18

Pronunciación

Pronunciation in context In this lesson, there are some words or phrases that may be challenging to pronounce. Listen to your instructor and pronounce the following sentences.

1. Yo te **sugiero** que **averigües** lo que cuestan dos pasajes de ida y vuelta.

2. Hay **paquetes** que **incluyen** vuelo directo a Buenos Aires, hotel y algunas **excursiones.**

3. El día del viaje, hablan con el **agente** de la **aerolínea** en el **aeropuerto.**

4. **Héctor** y Sofía le dan las tarjetas a la **auxiliar** de vuelo.

5. Ponen los bolsos de mano en el **compartimiento** de **equipaje.**

1 Introduction to the subjunctive mood (Introducción al modo subjuntivo)

Until now, you have been using verbs in the indicative mood. The indicative is used to express factual, definite events. By contrast, the subjunctive is used to reflect the speaker's feelings or attitudes toward events, or when the speaker views events as uncertain, unreal, or hypothetical. Because expressions of volition, doubt, surprise, fear, and the like all represent reactions to the speaker's perception of reality, they are followed in Spanish by the subjunctive.

Forms (Formas)

> Present subjunctive forms of regular verbs

To form the present subjunctive, add the following endings to the stem of the first-person singular of the present indicative, after dropping the **o**. Note that the endings for the **-er** and **-ir** verbs are identical.

-ar *verbs*	-er *verbs*	-ir *verbs*
habl- **e**	com- **a**	viv- **a**
habl- **es**	com- **as**	viv- **as**
habl- **e**	com- **a**	viv- **a**
habl- **emos**	com- **amos**	viv- **amos**
habl- **éis**	com- **áis**	viv- **áis**
habl- **en**	com- **an**	viv- **an**

The following table shows how to form the first-person singular of the present subjunctive.

Verb	First-Person Sing. (Indicative)	Stem	First-Person Sing. (Subjunctive)
hablar	hablo	habl-	hable
aprender	aprendo	aprend-	aprenda
escribir	escribo	escrib-	escriba
conocer	conozco	conozc-	conozca
decir	digo	dig-	diga
hacer	hago	hag-	haga
traer	traigo	traig-	traiga
venir	vengo	veng-	venga

⊕ Práctica

8. Formas del subjuntivo I Give the present subjunctive forms of the following verbs.

1. *yo:* comer, venir, hablar, hacer, salir

2. *tú:* decir, ver, traer, trabajar, escribir

3. *él:* vivir, aprender, salir, estudiar, ver

4. *nosotros:* escribir, caminar, poner, desear, tener

5. *ellos:* salir, hacer, llevar, conocer, ver

Present subjunctive forms of stem-changing and irregular verbs

> Verbs ending in **-ar** and **-er** undergo the same stem changes in the present subjunctive as in the present indicative.

recomendar (e > ie)		recordar (o > ue)	
recomiende	recomendemos	recuerde	recordemos
recomiendes	recomendéis	recuerdes	recordéis
recomiende	recomienden	recuerde	recuerden

entender (e > ie) *(to understand)*		volver (o > ue)	
entienda	entendamos	vuelva	volvamos
entiendas	entendáis	vuelvas	volváis
entienda	entiendan	vuelva	vuelvan

> For verbs ending in **-ir,** the three singular forms and the third-person plural form undergo the same stem changes in the present subjunctive as in the present indicative. Observe that unstressed **e** changes to **i** and unstressed **o** changes to **u** in the first- and second-person plural forms.

mentir *(to lie)*		dormir	
mienta	mintamos	duerma	durmamos
mientas	mintáis	duermas	durmáis
mienta	mientan	duerma	duerman

> The following verbs are irregular in the present subjunctive.

dar	estar	saber	ser	ir
dé	esté	sepa	sea	vaya
des	estés	sepas	seas	vayas
dé	esté	sepa	sea	vaya
demos	estemos	sepamos	seamos	vayamos
deis	estéis	sepáis	seáis	vayáis
den	estén	sepan	sean	vayan

¡Atención! The present subjunctive of **hay** (impersonal form of **haber**) is **haya.**

Práctica

9. Formas del subjuntivo II Give the present subjunctive forms of the following verbs.

1. *yo:* dormir, ir, cerrar, sentir, ser, dar, saber
2. *tú:* mentir, volver, ir, dar, recordar, entender, ser
3. *ella:* estar, saber, perder, dormir, ser, recordar, mentir
4. *nosotros:* pensar, recordar, dar, morir, cerrar, estar, ir
5. *ellos:* preferir, dar, ir, saber, dormir, volver, sentir

Uses of the subjunctive *(Usos del subjuntivo)*

> The Spanish subjunctive is used in subordinate, or dependent, clauses. The subjunctive is also used in English, although not as often as in Spanish. For example:

Sugiero	que **llegue** mañana.	*I suggest*	*that **he arrive** tomorrow.*
Main	**Dependent**	**Main**	**Dependent**
clause	**clause**	**clause**	**clause**

The expression that requires the use of the subjunctive is in the main clause, *I suggest.* The subjunctive appears in the dependent clause, *that he arrive tomorrow.*

> There are four main conditions that call for the use of the subjunctive in Spanish.

- *Volition:* demands, wishes, advice, persuasion, and other impositions of will

Ella **quiere** que yo lo llame.	***She wants** me to call him.*
Te **aconsejo** que no **vayas** en ese viaje.	***I advise** you not to **go** on that trip.*

- *Emotion:* pity, joy, fear, surprise, hope, and so on

Me **sorprende** que **llegues** tan temprano.	***It surprises** me that **you are** **arriving** so early.*

- *Unreality:* expectations, indefiniteness, uncertainty, nonexistence

—¿**Hay alguien** aquí que **hable** español?	*"**Is there anyone** here who **speaks** Spanish?"*
—No, **no hay nadie** que lo **sepa.**	*"No, **there is no one** who **knows** it."*

- *Doubt and denial:* negated facts, disbelief

No es verdad que Rosa **sea** azafata.	***It isn't true** that Rosa **is** a flight attendant.*
Dudo que **tengas** dinero.	***I doubt** that **you have** money.*
Roberto **niega** que ella **sea** su esposa.	*Roberto **denies** that **she is** his wife.*

2 Subjunctive with verbs of volition (*El subjuntivo con verbos que indican voluntad o deseo*)

All expressions of will require the use of the subjunctive in subordinate clauses. Note that the subject in the main clause must be different from the subject in the subordinate clause. Some verbs of volition that require the use of the subjunctive are:

aconsejar *(to advise)*	mandar *(to order)*	querer
decir	necesitar	recomendar
desear	pedir	sugerir

Mi	madre	**quiere**	**que**	yo	**trabaje.**
My	*mother*	*wants*		*me*	*to work.*

—¿Qué **quieres** que **haga**?   *"What **do you want me** to **do**?"*

—**Quiero** que **vayas**   *"**I want you** to **go** to*
al aeropuerto.   *the airport."*

—**Necesito hablar** con un médico.   *"**I need to talk** with a doctor."*

—Te **sugiero** que   *"**I suggest** that **you***
hables con el Dr. Paz.   ***talk** with Dr. Paz."*

¡Atención! Note that the infinitive is used following verbs of volition if there is no change of subject: **Quiero comer.**

Detalle cultural

En Argentina, como también en Costa Rica, Paraguay, Uruguay y Guatemala, la forma **tú** no se usa en la conversación. En lugar de *(In place of)* esta forma, se usa la forma **vos.** Por ejemplo, en estos países no dicen **"tú quieres"** sino **"vos querés".** Este fenómeno se llama **voseo.**

➤ ¿Se usa la forma *tú* en inglés?

> Certain verbs of volition (**mandar, sugerir, aconsejar,** and **pedir**) are often preceded by an indirect object pronoun, which indicates the subject of the verb in the subjunctive.

Te sugiero que **vayas** al médico.   ***I suggest** that **you go** to the doctor.*
Le aconsejo que **venga** temprano.   ***I advise you** to **come** early.*

Práctica y conversación

10. Minidiálogos Complete the following dialogues, using either the subjunctive or the infinitive, as appropriate. Then act them out with a classmate.

1. —Marcos quiere que (ir: nosotros) _____ a su casa esta noche. ¿Tú quieres (ir) _____?

    —No, hoy quiero (acostarse) _____ temprano porque no me siento bien.

    —Te sugiero que (tomar) _____ dos aspirinas antes de acostarte.

    —No quiero (tomar) _____ aspirina porque soy alérgica a la aspirina.

2. —Necesito que tú me (traer) _____ las maletas hoy.

    —No puedo porque mamá quiere que la (llevar) _____ a la agencia de viajes.

3. —Sofía me aconseja que (ir) _____ al médico, pero yo no quiero (ir) _____ hoy.

    —Pues yo te sugiero que lo (ver) _____ lo más pronto posible *(as soon as possible).*

4. —Elena quiere que yo le (comprar) _____ un pasaje, pero yo no deseo (ir) _____ a la agencia de viajes ahora.

    —En ese caso te sugiero que le (decir) _____ que no puedes ir.

5. —Adela, quiero que hoy (volver) _____ antes de las nueve y que (acostarse) _____ porque mañana tienes que levantarte a las cinco.

    —¿Por qué quieres que (levantarse) _____ a las cinco?

    —Porque mamá quiere que nosotros (estar) _____ en el aeropuerto a las seis.

11. Nadie está de acuerdo Complete each sentence creatively, using a verb in the infinitive or the subjunctive, as appropriate.

Modelo   Yo quiero volver en agosto, pero mi padre quiere que…
Yo quiero volver en agosto, pero mi padre quiere que vuelva en julio.

1. Luis quiere que yo hable sobre Chile, pero yo quiero…
2. El médico les aconseja que tomen las pastillas ahora, pero yo les aconsejo que…
3. Yo quiero ir a casa, pero mis amigos quieren…
4. Ellos le sugieren que pase todo el día aquí, pero ella quiere…
5. Mi papá quiere que yo haga un crucero por el Mediterráneo, pero yo prefiero…
6. Ellos quieren ir al aeropuerto, pero nosotros queremos que…
7. Nora quiere viajar en avión, pero yo le sugiero que…
8. Los niños se quieren acostar a las once, pero su mamá quiere que…

12. Deseos y sugerencias *(Wishes and suggestions)* With a classmate, take turns completing the following, according to the illustrations below.

1. Ana quiere _____.

2. Te sugiero _____.

3. Te aconsejo _____.

4. Olga quiere que su papá le _____.

5. La doctora le recomienda _____.

6. Pablo quiere que su mamá _____.

13. ¿Qué queremos? Say what you and these people want (or don't want) everybody to do. Compare notes with a classmate.

1. Yo quiero que mi mamá…
2. Mis padres no quieren que yo…
3. La novia de Julio quiere que él…
4. El profesor quiere que nosotros…
5. El médico quiere que mi padre…
6. Tu papá no quiere que tú…
7. Yo quiero que mis abuelos…
8. Nosotros no queremos que ellos…

14. Soluciones In groups of three, advise each of the following people what to do according to each circumstance. Use **sugerir, recomendar,** or **aconsejar.**

1. Julio no quiere viajar en avión.
2. A la Sra. Ruiz no le gusta viajar a otros países.
3. Mireya está muy nerviosa *(nervous)*.
4. Ramiro quiere comprar un pasaje a Chile.
5. Aurora no quiere pagar exceso de equipaje.
6. A Nora no le gustan los asientos de ventanilla.
7. Enrique no quiere un vuelo con escala.
8. Rosario no puede viajar en primera clase.

3 Subjunctive with verbs of emotion (*El subjuntivo con verbos que expresan emoción*)

> In Spanish, the subjunctive mood is always used in the subordinate clause when the verb in the main clause expresses the emotions of the subject, such as fear, joy, pity, hope, regret, sorrow, surprise, and anger. Again, the subject in the subordinate clause must be different from the subject in the main clause for the subjunctive to be used.

> Some verbs of emotion that call for the subjunctive are **temer, esperar, alegrarse (de),** and **sentir.**

—Mañana salgo para Quito.	*"Tomorrow I leave for Quito."*
—**Espero** que **te diviertas** mucho.	*"**I hope you have a** very **good time.**"*
—**Temo** no **poder** ir de vacaciones con ustedes este verano.	*"**I'm afraid** that **I can**not go on vacation with you this summer."*
—**Espero** que **puedas** ir con nosotros el verano que viene.	*"**I hope** that **you can** go with us next summer."*

¡**Atención!** If there is no change of subject, the infinitive is used.

Temo no **poder** ir.   *I'm afraid that I cannot go.*

> The expression **ojalá** always takes the subjunctive.

Ojalá que **puedas** venir.   *I hope you can come.*

Práctica y conversación

15. **Minidiálogos** Complete the following exchanges, using the subjunctive or the infinitive, as appropriate. Then act them out with a classmate.

1. —Temo que Estela no (ir) _____ a la fiesta, porque tiene que trabajar.

   —Siento mucho que (tener) _____ que trabajar, pero espero que (poder) _____ ir la próxima vez.

2. —Me alegro de (estar) _____ aquí con Uds.

   —Y nosotros nos alegramos de que tú (estar) _____ aquí. Esperamos que (divertirse) _____ mucho.

3. —Necesito comprar un pasaje hoy. Espero que (haber) _____ una agencia de viajes cerca.

   —Hay una agencia cerca, pero temo que no (estar) _____ abierta a esta hora.

4. —Temo no (poder) _____ ir al aeropuerto a buscar a Rita. Espero que Ud. (poder) _____ ir.

   —Rita va a sentir mucho que tú no (estar) _____ allí.

5. —Espero que Jorge no (dejar) _____ de ir hoy al banco.

   —Ojalá que le (dar) _____ el préstamo que pidió.

16. **Emociones** Complete each sentence in an original manner. Use the subjunctive or the infinitive, as appropriate.

1. Ojalá que yo…
2. Siento mucho no poder…
3. Me alegro de que mi papá…
4. Temo no…
5. Mi amigo(a) espera…
6. El (La) profesor(a) siente que nosotros…
7. Mi madre se alegra de…
8. Tememos que las clases…

17. **¿Cómo reaccionas...?** React appropriately to a friend's statements.

1. Mi mamá está enferma *(sick)*.
2. Mi papá está mejor.
3. No puedo ir contigo.
4. Son las cinco. Tengo que estar en casa a las cinco y media.
5. Quiero comprar un coche, pero es muy caro.
6. El mes próximo voy a México de vacaciones.

18. **Amigos y parientes** In groups of three, tell two or three things you hope your friends and relatives will do and one or two things you fear they can't or won't do.

4 Some uses of the prepositions *a*, *de*, and *en*
(Algunos usos de las preposiciones a, de y en)

› The preposition **a** *(to, at, in)* expresses direction toward a point in space or a moment in time. It is used for the following purposes:

■ to indicate the time (hour) of day

> **A** las cinco salimos para Lima.   ***At** five we leave for Lima.*

■ after verbs of motion, when followed by an infinitive, a noun, or a pronoun

> Siempre vengo **a** comprar aquí.   *I always come to buy here.*

■ after the verbs **empezar, comenzar, enseñar,** and **aprender,** when followed by an infinitive

> Ellos empezaron **a** salir.   *They began to go out.*
>
> Te enseñé **a** bailar el tango.   *I taught you to dance the tango.*

Detalle cultural

El tango tuvo su origen en los suburbios de Buenos Aires a finales del siglo *(century)* XIX. Para muchos, Argentina es la tierra del tango, y este se considera la música típica del país, pero hoy la música argentina es muy variada e incluye diferentes tipos de ritmos.

➤ ¿Cuál es la música típica de este país?

■ after the verb **llegar**

> Cuando él llegó **a** su casa,   *When he arrived **at** his house,*
>   le dieron los pasajes.   *they gave him the tickets.*

■ before a direct object noun that refers to a specific person. It may also be used to personify an animal or a thing.

> Yo no conozco **a** ese médico.   *I don't know that doctor.*
>
> Bañé **a** mi perro.   *I bathed my dog.*

¡Atención! If the direct object is not a definite person, the personal *a* is not used.

> Busco un buen médico.   *I'm looking for a good doctor.*

› The preposition **de** *(of, from, about, with, in)* indicates possession, material, and origin. It is also used in the following ways:

■ to refer to a specific period of the day or night when telling time

> El sábado pasado trabajamos   *Last Saturday we worked*
>   hasta las ocho **de** la noche.   *until 8 P.M.*

■ after the superlative to express *in* or *of*

> Orlando es el más simpático   *Orlando is the nicest*
>   **de** la familia.   ***in** the family.*

- to describe personal physical characteristics

  Es morena, **de** ojos negros.   *She is brunette, **with** dark eyes.*

- as a synonym for **sobre** or **acerca de** *(about)*

  Hablaban **de** todo menos   *They were talking **about** everything*
  del viaje.   *except **about** the trip.*

> The preposition **en** *(at, in, on, inside, over)* in general situates someone or something within an area of time or space. It is used for the following purposes:

- to refer to a definite place

  Él siempre se queda **en** casa.   *He always stays **at** home.*

- as a synonym for **sobre** *(on)*

  Está sentada **en** la silla.   *She is sitting **on** the chair.*

- to indicate means of transportation

  Nunca he viajado **en** ómnibus.   *I have never traveled **by** bus.*

⊕ Práctica y conversación

19. Un correo electrónico Complete the following e-mail, adding the missing prepositions **a, de,** or **en.**

Querida Alicia:

Como te prometí, te escribo en seguida. Ayer llegamos _____ Quito. Es una _____ las ciudades más antiguas _____ Sudamérica. Llegamos _____ las tres _____ la tarde y fuimos _____ buscar hotel. _____ el hotel conocimos _____ unos chicos muy simpáticos que nos invitaron a salir con ellos. Yo salí con Carlos, que es alto, moreno, _____ ojos verdes. Me ha dicho que me va _____ enseñar _____ bailar salsa. Espero aprender _____ bailar otros bailes también. Mañana vamos _____ ir _____ visitar los museos. Vamos _____ ir _____ el coche _____ Carlos.

Bueno, _____ el próximo correo electrónico espero poder contarte más _____ mi vida _____ esta hermosa ciudad.

Isabel

20. Entre amigos Use the illustrations on the next page to complete the following information about a group of friends. Use appropriate prepositions.

1. Delia va a… _____

2. Sergio y Toña están… _____

3. Beatriz es rubia… _____

4. Teresa se quedó… _____

5. Rogelio quiere ir al club… _____

6. Tito salió de su casa… _____

7. Julio es… grupo. _____

8. Eva llega… _____

21. Alejandra This is Alejandra. With a classmate, use your imagination to talk about the following.

1. the time when she arrives at the university
2. the time when she starts studying in the library
3. what she wants to learn how to do
4. whether or not she's the most intelligent in the family
5. what she and her friends talk about
6. what days she stays home
7. whom she visits sometimes
8. whether she likes men who are dark, with dark eyes, or blue-eyed blonds

© Stephen Coburn/Shutterstock

Now write two or three paragraphs about Alejandra.

ENTRE NOSOTROS

Vamos a conversar

 22. Para conocernos mejor Get to know a classmate better by asking each other these questions.

1. ¿Adónde piensas ir de vacaciones el verano que viene? ¿Con quién vas?
2. ¿Prefieres viajar solo(a) o con tu familia? ¿Viajas con tus amigos algunas veces?
3. ¿Compras los pasajes en una agencia de viajes o por internet?
4. Generalmente, ¿viajas en clase turista o en primera clase?
5. ¿Prefieres un asiento de ventanilla o de pasillo?
6. ¿Hiciste un crucero el verano pasado? ¿Adónde fuiste? ¿Con quién viajaste?
7. ¿Has tenido que pagar exceso de equipaje alguna vez? ¿Por qué?
8. ¿Dónde pones tu bolso de mano cuando viajas? ¿Qué cosas llevas en el bolso?

23. Una encuesta Interview your classmates to identify who fits the following descriptions. Include your instructor, but remember to use the **Ud.** form when addressing him/her.

	Nombre
1. Hace muchos viajes.	_____
2. Le gusta viajar los fines de semana.	_____
3. Conoce muchos lugares de interés en este país.	_____
4. Prefiere volar por la noche.	_____
5. Tuvo que hacer escala la última vez que viajó.	_____
6. Necesita ahorrar más.	_____
7. Siempre lleva cheques de viajero cuando va de viaje.	_____
8. Lleva mucho equipaje cuando viaja.	_____
9. No fue de vacaciones el año pasado.	_____
10. Fue de excursión el mes pasado.	_____

24. Y ahora... Write a brief summary, indicating what you have learned about your classmates.

Detalle cultural

En los países hispanos no existe tanta separación entre *(among)* las generaciones como en este país. Los niños, padres y abuelos frecuentemente van juntos a viajes y reuniones.

➤ Generalmente, ¿Ud. viaja con otros miembros de su familia o prefiere ir con sus amigos?

  25. ¿Cómo lo decimos? Act out the following scenes with a classmate.

1. You want to find out how much a round-trip ticket to Santiago costs.
2. You ask the travel agent to give you information on several types of tours.
3. You need to know if there are flights to Buenos Aires on Sundays.
4. A friend of yours is traveling abroad for the first time. Give him suggestions and advice.

26. **¿Qué dice aquí?** Answer the questions about the new flight of Aerolíneas del Sur using the information provided in the ad.

Más viajes a Latinoamérica

Viaje por **Aerolíneas del Sur** y acumule millas más rápido.

Aerolíneas del Sur le ofrece, desde el 15 de enero, un vuelo diario más, sin escala.

Miami-Buenos Aires

Para reservaciones consulte a su agente de viajes, visite nuestro sitio en Internet o llame gratis al teléfono 1-800-342-4538, 24 horas al día, 7 días a la semana.

Aerolíneas del Sur
Precios más bajos • Mejor servicio

© Cengage Learning 2014

1. ¿Qué compañía ofrece más viajes a Latinoamérica?
2. ¿Qué puedo acumular si viajo por Aerolíneas del Sur?
3. ¿De qué ciudad sale el nuevo vuelo?
   ¿Tengo que hacer escala?
4. ¿Había antes vuelos a Buenos Aires desde Miami? ¿Cuándo comienza el nuevo vuelo?
5. ¿Qué puedo hacer para obtener más información y para hacer la reservación?
6. ¿Puedo llamar cualquier *(any)* día y a cualquier hora?

Vamos a escribir

27. **En una agencia de viajes** Write a dialogue between you and a travel agent. Choose your destination and ask about prices, flights, and any necessary documentation. Then make your reservations and choose your seat.

▮ Un dicho ▮

Martes 13, no te cases ni te embarques. This saying advises you not to get married or take a trip… on what day? If you are superstitious, you now have two days to worry about!

© David R. Frazier /Danita Delimont Photography/Newscom

Aeropuerto Internacional Ministro Pistarini, en Ezeiza, Argentina.

DE TODO UN POCO

🔊 Vamos a escuchar

28. Olga y Arturo planean sus vacaciones You will hear a conversation between Arturo and Olga, a newlywed couple who are planning a vacation trip. Pay close attention to what they say. You will then hear ten statements about what you have heard. On a sheet of paper write the numbers one to ten and indicate whether each statement is true (**V**) or false (**F**).

📖 Vamos a leer

> ▶ **ESTRATEGIA** **Using the title to predict** Since the title of the story is "La muerte" *(Death)*, and it tells about a hitchhiker, what do you think might happen? Read the description of the car driver. What impression do you get?

29. Al leer As you read the story, find the answers to the following questions.

1. ¿Cómo era la automovilista? ¿Qué tenía puesto *(on)*?
2. ¿A quién vio la automovilista en el camino?
3. ¿Hasta dónde quiere ir la muchacha?
4. ¿Cómo arrancó la automovilista?
5. ¿Qué le preguntó la muchacha a la automovilista? ¿Qué le dijo ella?
6. ¿Cómo eran los ojos de la muchacha?
7. ¿Quién dijo la muchacha que ella era?
8. ¿Qué pasó en la primera curva? ¿Qué le pasó a la muchacha?
9. ¿Qué hizo la automovilista? ¿Qué pasó al llegar a un cactus?
10. ¿Quién era la automovilista?

Sobre el autor

Enrique Anderson-Imbert (Argentina, 1910–2000)

Enrique Anderson-Imbert fue un distinguido profesor, narrador y crítico. Pertenecía a un grupo bastante numeroso de ensayistas y cuentistas hispanoamericanos que viven y enseñan en los Estados Unidos. La siguiente selección es uno de sus famosos minicuentos.

Public Domain

La muerte (El grimorio)

complexión/ se... lightning had stopped

La automovilista (negro el vestido, negro el pelo, negros los ojos, pero con la cara tan pálida que a pesar del mediodía parecía que en su tez° se hubiese detenido un

hacía...was gesturing

relámpago°), la automovilista vio en el camino a una muchacha que hacía señas° para que parara. Paró.

town

—¿Me llevas? Hasta el pueblo°, no más —dijo la muchacha.

sped up

—Sube —dijo la automovilista. Y el auto arrancó° a toda velocidad por el camino que bordeaba la montaña.

charming pout/ give a ride to/unknown

—Muchas gracias —dijo la muchacha, con un gracioso mohín° pero ¿no tienes miedo de levantar° por el camino a personas desconocidas?° Podrían hacerte daño. ¡Esto está tan desierto!

—No, no tengo miedo.

holds you up

—¿Y si levantas a alguien que te atraca?°

—No tengo miedo.

Y... And if they kill you?

—Y ¿si te matan?°

—No tengo miedo.

Permíteme... let me introduce myself/ laughter

—¿No? Permíteme presentarme° —dijo entonces la muchacha, que tenía los ojos grandes, límpidos, imaginativos. Y, en seguida, conteniendo la risa°, fingió una voz cavernosa.

smiled went over a cliff/was left dead/ rocks

—Soy la Muerte, la M-u-e-r-t-e. La automovilista sonrió° misteriosamente. En la próxima curva el auto se desbarrancó.° La muchacha quedó muerta° entre las piedras.° La automovilista siguió y al llegar a un cactus desapareció.

Anderson Imbert, Enrique, El Grimorio, Cuentos 1, Obras Completas, Buenos Aires, Corregidor, 1999. Used with permission.

30. Díganos Answer the following questions, based on your own thoughts and experience.

1. ¿Ha parado Ud. un coche para que lo (la) lleven a algún lado *(somewhere)*?
2. ¿Ud. maneja a toda velocidad o maneja con cuidado?
3. ¿Ud. ha levantado por el camino a personas desconocidas?
4. ¿Ud. confía en las personas que no conoce bien?
5. ¿Tiene Ud. miedo a veces o toma parte en actividades peligrosas *(dangerous)*?

¿Dónde nos hospedamos?

 3-1 Estrella y Mariana, dos chicas peruanas, están de vacaciones en Montevideo.

ESTRELLA Tenemos que encontrar un hotel que no sea muy caro y que quede cerca de la playa.

MARIANA ¡Estrella! ¡No hicimos reservaciones! ¡Y no hay ningún hotel que tenga habitaciones libres!

ESTRELLA No seas pesimista. A ver… queremos un hotel que tenga aire acondicionado, teléfono, televisor, servicio de habitación y, si es posible, vista al mar.

MARIANA ¡Qué optimista! Hay muchos hoteles que tienen todo eso, pero están llenos. Hay un montón de turistas, y un montón de convenciones.

ESTRELLA ¡Espera! Ahí hay un hotel…

MARIANA Pero, dime una cosa: ¿No ves que es un hotel de lujo? Probablemente cobran cinco mil pesos por noche. Nosotras necesitamos uno que cobre mucho menos…

ESTRELLA Pero tú tienes una tarjeta de crédito, ¿no? Bueno, ven. Vamos a buscar un taxi que nos lleve a Pocitos. Allí va a haber hoteles más baratos…

MARIANA O una pensión. ¡Acuérdate de que las pensiones son más baratas…!

 3-2 Estrella y Mariana están hablando con el Sr. Ruiz, el dueño de la pensión.

ESTRELLA ¿Tiene un cuarto libre para dos personas?

SR. RUIZ Sí, hay uno disponible en el segundo piso, con dos camas chicas. Cobramos 4800 pesos por semana…

MARIANA ¿Eso incluye las comidas?

SR. RUIZ Sí, es pensión completa.

ESTRELLA ¿Los cuartos tienen baño privado y televisor?

SR. RUIZ No, señorita. Hay tres baños en el segundo piso. Tienen bañadera y ducha con agua caliente y fría… y hay un televisor en el comedor.

MARIANA *(A Estrella)* ¿Por qué no nos quedamos aquí? La pensión parece limpia y está en un lugar céntrico.

ESTRELLA ¿Hay alguna playa que esté cerca de aquí?

SR. RUIZ Sí, hay una a dos cuadras. ¡Ah!, señorita, necesito el número de su cédula de identidad.

MARIANA *(A Estrella)* ¡Uf! Estoy muy cansada. Ayúdame con las valijas, ¿quieres? Aquí no hay botones. Lo primero que voy a hacer es dormir un rato.

ESTRELLA Bueno, pero después te voy a mostrar unos folletos sobre Río y San Pablo.

MARIANA ¡Caramba! ¡Ya estás planeando nuestras próximas vacaciones!

Detalle cultural

Las pensiones son muy populares en los países de habla hispana. Son más económicas que los hoteles y generalmente el precio incluye el cuarto y las comidas.

➤ ¿Dónde se hospeda Ud. cuando viaja?

Hablemos

1. **Sobre el diálogo** With a classmate, take turns asking and answering the following questions. Base your answers on the dialogue.

   1. ¿De dónde son Estrella y Mariana? ¿Dónde están ahora?
   2. Según Estrella, ¿qué tienen que encontrar? ¿Qué no hicieron ellas?
   3. ¿Qué tipo de hotel quiere Estrella?
   4. ¿Por qué están llenos los hoteles?
   5. Según Mariana, ¿cuánto cobran en un hotel de lujo?
   6. ¿Dónde dice Estrella que va a haber hoteles más baratos? Y las pensiones, ¿son más baratas?
   7. ¿En qué piso de la pensión hay un cuarto disponible? ¿Cuánto cobran por semana?
   8. ¿Qué tienen los baños? ¿Dónde hay un televisor?
   9. ¿Hay alguna playa que quede cerca de la pensión?
   10. ¿Qué necesita el Sr. Ruiz?
   11. ¿Quién está muy cansada? ¿Qué es lo primero que va a hacer Mariana?
   12. ¿Qué le va a mostrar Estrella a Mariana? ¿Qué está planeando ya?

2. **Entrevista** With a classmate, take turns asking and answering the following questions.

   1. Para ti, ¿es importante que un hotel tenga servicio de habitación? ¿Por qué?
   2. ¿Te gustan los hoteles de lujo o prefieres uno que sea más barato?
   3. ¿Tú prefieres quedarte en un hotel o en una pensión? ¿Por qué?
   4. ¿Tu baño tiene bañadera y ducha?
   5. ¿Cuántos televisores hay en tu casa?
   6. ¿Prefieres quedarte en un hotel que esté en un lugar céntrico o en uno que esté cerca de la playa?
   7. Cuando estás en un hotel, ¿quién lleva tus maletas a tu cuarto: tú o el botones? ¿Por qué?
   8. Cuando llegas a tu casa, ¿duermes un rato?
   9. ¿Estás planeando tus próximas vacaciones? ¿Adónde quieres ir?
   10. ¿Tuviste vacaciones el año pasado? ¿Adónde fuiste?

VOCABULARIO

Cognados

la convención
optimista
el (la) peruano(a)
pesimista
posible
probablemente
la reservación
el taxi
el (la) turista

Nombres

el aire acondicionado	air conditioning
la bañadera*	bathtub
el botones	bellhop
la cama	bed
_____ chica	twin bed
la cédula de identidad*	I.D. card
la cuadra	city block
la ducha*	shower
el (la) dueño(a), propietario(a)	owner
el folleto	brochure
el lugar	place
el lujo	luxury
la pensión	boarding house
la persona	person
el piso	floor
el servicio de habitación (cuarto)	room service
la tarjeta de crédito	credit card
el televisor	TV set
la vista al mar	ocean view

Verbos

acordarse (de) (o > ue)	to remember
cobrar	to charge
enseñar, mostrar (o > ue)	to show
parecer (yo parezco)	to seem

Adjetivos

caliente	hot
céntrico(a)	central
libre, disponible	vacant, available
limpio(a)	clean
lleno(a)	full
próximo(a)	next
segundo(a)	second

Otras palabras y expresiones

allí	there
dime una cosa	tell me something
la pensión completa	room and board
por	per
lo primero	the first thing
¿Quieres?	Will you?
si	if
sobre	about
un montón de	a bunch of, many
un rato	a while
va a haber	there is going to be

Más sobre el tema

Más sobre los hoteles

Quiero una habitación con vista

- al mar — *ocean, sea*
- a la playa — *beach*
- al patio
- al jardín — *garden*
- a la piscina* — *swimming pool*

Quiero una habitación

- interior
- exterior

el ascensor*	*elevator*	**el precio**	*price*
desocupar	*to vacate*	**el puesto* de revistas**	*magazine stand*
no funciona	*it doesn't work*	**la tienda de regalos**	*gift shop*
ocupado(a)	*occupied*	**el vestíbulo**	*lobby*

el inodoro

el lavabo

la cama doble

el ascensor*

la calefacción

el sofá-cama

© Cengage Learning 2014

De país a país

la bañadera la bañera *(Arg.)*, el baño *(Esp.)*
la cédula de identidad el carnet de identidad *(Esp.)*
la ducha la regadera *(Méx.)*
la piscina la alberca *(Méx.)*
el ascensor el elevador *(Méx., Cuba, Puerto Rico)*
el puesto de revistas el kiosko *(Arg., Esp.)*

Para practicar el vocabulario

3. Preguntas y respuestas Match the questions in column A with the answers in column B.

A

1. ¿Tenemos que ir a un restaurante? _____
2. ¿Hay cuartos libres? _____
3. ¿Elsa es argentina? _____
4. ¿Tu habitación es interior? _____
5. ¿Tiene aire acondicionado? _____
6. ¿Va a haber una fiesta? _____
7. ¿El baño tiene bañadera? _____
8. ¿Qué estás leyendo? _____
9. ¿Viste a Susana? _____
10. ¿Cuál es el problema? _____
11. ¿Qué documento necesita? _____
12. ¿Cuándo llegan? _____

B

a. No, con vista al mar.
b. Sí, pero yo no pienso ir.
c. Sí, y calefacción.
d. Un folleto sobre Cuzco.
e. No, el hotel está lleno.
f. Sí, y hablamos por un rato.
g. Sí, es de Buenos Aires.
h. El inodoro no funciona.
i. Sí, porque el hotel no tiene servicio de habitación.
j. No, ducha.
k. La semana próxima.
l. Una cédula de identidad.

4. ¿Qué es? Write the words or phrases that correspond to the following.

1. opuesto de *pesimista* _____
2. persona de Perú _____
3. allí dormimos _____
4. dueño _____
5. "Visa", por ejemplo _____
6. opuesto de exterior _____
7. mostrar _____
8. libre _____
9. allí nos bañamos _____
10. opuesto de *lo último* _____

5. ¿Cuál es la solución? What is the solution to these problems?

1. Quiero leer una revista, pero no hay ninguna en mi habitación.
2. No me gustan las habitaciones interiores.
3. Somos tres y sólo hay una cama doble en el cuarto.
4. Quiero comprar algo para llevarles a mis padres.
5. No sé cuánto cobran en el hotel.
6. No quiero recibir a mi amigo(a) en la habitación del hotel.
7. Tengo que subir a mi cuarto, que está en el décimo *(tenth)* piso.
8. Nos dieron una habitación con vista al patio, pero a nosotros nos gusta ver el mar.

6. **Minidiálogos** Complete the following short exchanges in a logical manner, using vocabulary from this lesson.

1. —¿Hay una _____ en la ciudad?

   —Sí, de dueños de pensiones.

2. —Necesitamos un cuarto para cuatro _____, pero no tenemos _____.

   —Lo siento. El hotel está _____.

3. —¿Necesitan una cama chica?

   —No, una cama _____.

4. —¿Quién lleva las maletas al cuarto?

   —El _____.

5. —¿Están en un hotel?

   —No, en una _____.

7. **Silvia está en el hotel** With a classmate, use your imagination to answer these questions about the hotel where Silvia is staying.

1. ¿Es un hotel barato o un hotel de lujo?

2. ¿Tiene servicio de habitación? ¿Tiene aire acondicionado?

3. ¿El cuarto de Silvia es con vista al mar o con vista al jardín?

4. ¿Hay muchas habitaciones disponibles?

5. ¿Hay una tienda de regalos en el hotel? ¿Hay un puesto de revistas en el vestíbulo?

6. ¿Su cuarto tiene una cama chica o una cama doble? ¿Hay un sofá-cama?

Now write two or three paragraphs about the hotel where she is staying. (*Hint:* hospedarse = *to stay*)

© Kablonk!/age fotostock

Pronunciación

3-3

Pronunciation in context In this lesson, there are some words or phrases that may be challenging to pronounce. Listen to your instructor and pronounce the following sentences.

1. A ver… Queremos un hotel que tenga **aire acondicionado.**

2. Vamos a buscar un taxi que nos lleve a **Pocitos. Allí va a haber** hoteles más baratos.

3. ¿Por qué no nos quedamos aquí? La **pensión** parece limpia y está en un lugar **céntrico.**

4. Necesito el número de su **cédula** de **identidad.**

5. Bueno, pero después te voy a mostrar unos **folletos** sobre **Río** y San Pablo.

1 Subjunctive to express indefiniteness and nonexistence (*El subjuntivo para expresar lo indefinido y lo no existente*)

❯ The subjunctive is always used in the subordinate clause when the main clause refers to something or someone that is indefinite, unspecified, hypothetical, or nonexistent.

—¿**Hay alguna excursión** que **incluya** cena?　　*"Is there any tour that includes supper?"*

—No, **no hay ninguna** que la **incluya.**　　*"No, there is not any that includes it."*

—**Necesito un secretario** que **hable** francés.　　*"I need a secretary who speaks French."*

—**No conozco a nadie** que **hable** francés.　　*"I don't know anyone who speaks French."*

—**Estamos buscando un restaurante** donde **sirvan** comida italiana.　　*"We're looking for a restaurant where they serve Italian food."*

—**Hay varios restaurantes** donde **sirven** comida italiana.　　*"There are several restaurants where they serve Italian food."*

¡Atención! Hay varios restaurantes donde **sirven** comida italiana.

If the subordinate clause refers to existent, definite, or specified persons or things, the indicative is used instead of the subjunctive.

🌐 Práctica y conversación

 8. Minidiálogos Complete the following dialogues, using the indicative or the subjunctive, as appropriate. Then act out the dialogues with a classmate.

1. —¿Hay algún hotel que (quedar) _____ cerca de la playa?

   —Sí, el hotel La Uruguaya (quedar) _____ a una cuadra de la playa.

2. —¿Sabes si hay algún cuarto libre que (tener) _____ vista al mar?

   —No, pero hay uno que (tener) _____ vista a la piscina.

3. —¿Hay alguien aquí que no (tener) _____ pasaporte?

   —No, todos (tener) _____ pasaporte y visa.

4. —Necesito un botones que (poder) _____ llevar las maletas.

   —No hay ninguno que no (estar) _____ ocupado.

9. **Vienen los uruguayos** A family from Uruguay has recently moved into your neighborhood. Answer their questions.

1. ¿Hay alguien que quiera vender su casa?
2. ¿Hay algún restaurante que sirva comida argentina?
3. ¿Hay alguien que sepa español y quiera trabajar de secretario(a)?
4. ¿Hay algún mercado que venda productos de Sudamérica?
5. Nuestro hijo es agente de viajes. ¿Sabe Ud. de alguna agencia que necesite empleados?
6. Queremos vender nuestro Ford. ¿Conoce Ud. a alguien que necesite un auto?

10. **En la pensión** Use your imagination to complete each statement.

1. Nuestro cuarto tiene vista al jardín, pero preferimos uno…
2. El baño tiene bañadera, pero yo quiero uno…
3. Esta pensión no incluye las comidas, pero yo necesito una…
4. Esta pensión es buena pero no está en un lugar céntrico; queremos una…
5. Este folleto es sobre Montevideo, pero nosotras necesitamos uno…

11. **Dime una cosa** You and a classmate want to find out about each other's relatives and friends. Ask each other questions about the following, always beginning with:

¿Hay alguien en tu familia o entre tus amigos que…?

1. jugar al béisbol
2. viajar a México todos los veranos
3. bailar muy bien
4. tener una piscina en su casa
5. celebrar su aniversario de bodas este mes
6. ser muy optimista
7. conocer Brasil
8. hablar portugués
9. saber varios idiomas
10. trabajar para un hotel
11. ser empleado(a) de banco
12. ser peruano(a)

12. **Nuestro viaje a Brasil** In groups of three or four, play the role of very wealthy and lazy travelers who want to make arrangements for a trip to Brazil. Say what you need people to do for you.

Modelo *Necesitamos a alguien que vaya a la agencia de viajes.*

2 Familiar commands (Las formas imperativas de tú y de **vosotros**)

> Regular affirmative commands in the **tú** form have exactly the same forms as the third-person singular (**él** form) of the present indicative.

Verb	Present Indicative Third-Person Sing.	Familiar Command (tú)
hablar	él habla	**habla**
comer	él come	**come**
abrir	él abre	**abre**
cerrar	él cierra	**cierra**
volver	él vuelve	**vuelve**
pedir	él pide	**pide**
traer	él trae	**trae**

—¿Qué quieres que haga ahora?   "What do you want me to do now?"
—**Compra** los billetes para el viaje.   "**Buy** the tickets for the trip."

—¿Vas a poner el equipaje aquí?   "Are you going to put the luggage here?"
—Sí, **tráeme** las maletas y el bolso de mano.   "Yes, **bring me** the suitcases and the carry-on bag."

¡Atención! As with the formal commands, direct, indirect, and reflexive pronouns are always placed *after* an affirmative command and are attached to it.

> Eight Spanish verbs are irregular in the affirmative command for the **tú** form. They are listed below.

decir	**di**
hacer	**haz**
ir	**ve**[1]
poner	**pon**
salir	**sal**
ser	**sé**
tener	**ten**
venir	**ven**

—**Dime,** ¿a qué hora quieres que venga?   "**Tell me,** at what time do you want me to come?"
—**Ven** a las ocho.   "**Come** at eight."
—**Haz**me un favor: **pon** estos folletos en la mesa.   "**Do** me a favor: **put** these brochures on the table."
—Sí, en seguida.   "Yes, right away."

[1] Note that **ir** and **ver** have the same affirmative **tú** command, **ve.**

> The affirmative command form for **vosotros** is formed by changing the final **r** of the infinitive to **d**.

Infinitive	Familiar Command (*vosotros*)
hablar	habla**d**
comer	come**d**
escribir	escribi**d**
ir	i**d**
salir	sali**d**

> When the affirmative command of **vosotros** is used with the reflexive pronoun **os,** the final **d** is dropped.

bañar	baña~~d~~	**bañaos**
poner	pone~~d~~	**poneos**
vestir	vesti~~d~~	**vestíos**[2]

Bañaos antes de cenar.	**Bathe** before dinner.
Poneos los zapatos.	**Put** your shoes **on.**
Vestíos aquí.	**Get dressed** here.

> Only one verb doesn't drop the final **d** when **os** is added.

irse	**¡Idos!**	**Go away!**

> The negative commands of **tú** and **vosotros** use the corresponding forms of the present subjunctive.

	tú	**vosotros**
hablar	no **hables**	no **habléis**
vender	no **vendas**	no **vendáis**
decir	no **digas**	no **digáis**
salir	no **salgas**	no **salgáis**

—**No vayas** a la agencia de viajes hoy.	**"Don't go** to the travel agency today."
—Entonces voy mañana.	"Then I'm going tomorrow."
—**No** me **esperes** para comer.	**"Don't wait for** me to eat."
—**¡No** me **digas** que hoy también tienes que trabajar!	**"Don't tell** me you have to work today also!"

¡Atención! In a negative command, all object pronouns are placed before the verb.

No **me** esperes para comer. No **se lo** digas a nadie.

---

[1] Note that the **-ir** verbs take a written accent over the **i** when the reflexive pronoun **os** is added.

PUNTOS PARA RECORDAR

Práctica y conversación

13. Órdenes Using command forms, tell your friend what to do.

Modelo Tienes que hablar con el dueño ahora.
Habla con el dueño ahora.

1. Tienes que llamarme este fin de semana y decirme qué vas a hacer.
2. Tienes que hacer las camas y sacudir los muebles.
3. Tienes que tener paciencia con él y ayudarlo.
4. Tienes que traducir los documentos y dárselos a Nora.
5. Tienes que ir a la agencia de viajes y comprar los pasajes.
6. Tienes que salir en seguida y ponerle gasolina al coche.
7. Tienes que levantarte temprano y limpiar la casa.
8. Tienes que venir dentro de quince días y traer a los niños.

14. Negativos Now make all commands above negative.

15. A mi hermanito You are going away for the day. Tell your younger brother what to do and what not to do.

1. bañarse y lavarse la cabeza
2. preparar el desayuno
3. no tomar refrescos
4. hacer la tarea
5. no abrirle la puerta a nadie
6. limpiar su cuarto y cortar el césped
7. no mirar televisión y no traer a sus amigos a la casa
8. traer pan y ponerlo en la mesa
9. ir al mercado y comprar frutas
10. llamar a papá y decirle que venga temprano

16. Haz esto... no hagas lo otro... (*Do this... don't do that...*) With a classmate, take turns giving two commands, one affirmative and one negative, that the following people would likely give.

1. una madre (un padre) a su hijo de quince años
2. un(a) estudiante a su compañero(a) de cuarto (de clase)
3. un muchacho a su novia (una muchacha a su novio)
4. un(a) doctor(a) a una niña
5. un(a) profesor(a) a un estudiante
6. un esposo a su esposa (una esposa a su esposo)

3 Verbs and prepositions *(Verbos y preposiciones)*

The prepositions **con, de,** and **en** can be used with verbs to form certain expressions. Some of the idioms are as follows:

casarse con	to marry, to get married (to)	**tratar de**	to try to
comprometerse con	to get engaged to	**confiar en**	to trust
contar con	to count on	**convenir en**	to agree on
acordarse de	to remember	**entrar en**	to go (come) into
alegrarse de	to be glad	**fijarse en**	to notice
darse cuenta de	to realize	**insistir en**	to insist on
enamorarse de	to fall in love with	**pensar en**	to think about
olvidarse de	to forget		

—¿**Te acordaste de** traer la tarjeta de crédito?

—No, **me olvidé de** traerla.

*"**Did you remember to** bring your credit card?"*

*"No, **I forgot to** bring it."*

—¿Dónde **se van a** encontrar?

—**Convinimos en encontrarnos en** la biblioteca.

*"Where **are you going to** meet?"*

*"**We agreed to meet at** the library."*

—Celia **se comprometió con** David.

—Yo creía que iba a **casarse con** Alberto.

—No, ella **se enamoró de** David.

*"Celia **got engaged to** David."*

*"I thought **she** was going **to marry** Alberto."*

*"No, she **fell in love with** David."*

—**Insistieron en** venir esta noche.

—Sí, no **se dieron cuenta de** que teníamos que trabajar.

*"**They insisted on** coming tonight."*

*"Yes, **they didn't realize** that we had to work."*

¡Atención! Notice that the English translation of these expressions may not use an equivalent preposition.

🌐 Práctica y conversación

17. Lo que pasa... Look at the pictures below and complete each statement.

Daniel

Marisa

Mirta

¡Mi amor!

Raúl

1. Marisa decidió _____ Daniel.

2. Mirta y Raúl _____ ayer. Piensan casarse en junio.

Graciela

Marisol

¡Tito! ¡Tito!

3. Graciela no _____.

4. Marisol _____ a Tito.

Eva

Rodolfo

Pedro

Yo voy contigo.
Sí, voy contigo.
Voy contigo.

Alina

5. Rodolfo _____.

6. Pedro _____.

 18. Entrevista a un(a) compañero(a) Interview a classmate by asking the following questions.

1. ¿En quién confías? ¿Con quién puedes contar siempre?

2. ¿Prefieres casarte con un(a) médico(a) o con un(a) profesor(a)?

3. ¿De quién te enamoraste por primera vez?

4. ¿Algún amigo tuyo se ha comprometido últimamente? ¿Con quién?

5. ¿Tú te fijas en la ropa que usan tus amigos?

6. ¿Te acordaste de traer tus libros a clase? ¿Te olvidaste de algo?

7. ¿Te alegras de estar en esta universidad?

8. ¿A qué hora entró el (la) profesor(a) en la clase?

9. Si te das cuenta de que alguien necesita ayuda, ¿tú lo (la) ayudas?

10. ¿En quién estás pensando en este momento?

4 Ordinal numbers (Números ordinales)

primero(a)[1]	*first*
segundo(a)	*second*
tercero(a)	*third*
cuarto(a)	*fourth*
quinto(a)	*fifth*
sexto(a)	*sixth*
séptimo(a)	*seventh*
octavo(a)	*eighth*
noveno(a)	*ninth*
décimo(a)	*tenth*

❯ Ordinal numbers agree in gender and number with the nouns they modify.

el segundo **chico**	la segunda **chica**
los primeros **días**	las primeras **semanas**

❯ Ordinal numbers are seldom used for numbers above **décimo**.

¡Atención! The ordinal numbers **primero** and **tercero** drop the final **-o** before masculine singular nouns.

el **primer** día   el **tercer** año

—Nosotros estamos en el **segundo** piso. ¿Y Uds.?   *"We are on the **second** floor. And you?"*

—Estamos en el **tercer** piso.   *"We are on the **third** floor."*

Práctica y conversación

 19. Los meses del año With a classmate, quiz each other on the order of the months of the year. Talk about January through October. Follow the model.

Modelo   —*Septiembre.*
   —*Septiembre es el noveno mes del año.*

20. ¿En qué piso estás? Imagine that the whole class is staying at a hotel in Punta del Este. Your classmates were assigned rooms on different floors. With a classmate, take turns asking who is on what floor.

---

[1] abbreviated 1°, 2°, 3°, and so on

ENTRE NOSOTROS

Vamos a conversar

 21. Para conocernos mejor Get to know a classmate by asking each other these questions.

1. Cuando viajas, ¿te hospedas en un hotel o en una pensión?
2. Generalmente, ¿haces reservaciones en los hoteles antes de viajar?
3. ¿Es importante que sea un hotel de lujo?
4. Si el botones lleva tus maletas, ¿cuánto le das de propina?
5. Cuando vas a un hotel, ¿qué tipo de cuarto prefieres?
6. Si tu cuarto en el hotel está en el segundo piso, ¿usas el ascensor o la escalera *(stairs)*?
7. Cuando vas a un hotel, ¿a qué hora desocupas el cuarto generalmente?
8. ¿Tu casa tiene aire acondicionado y calefacción?
9. ¿Tenías televisor en tu cuarto cuando eras niño(a)?
10. En tu cuarto, ¿tienes una cama chica o una cama doble?

22. Una encuesta Interview your classmates to identify who fits the following descriptions. Include your instructor, but remember to use the **Ud.** form when addressing him/her.

	Nombre
1. Tiene una piscina en su casa.	_____
2. Tiene un sofá-cama en su cuarto.	_____
3. Generalmente usa la ducha y no la bañadera.	_____
4. Compró algo en una tienda de regalos la semana pasada.	_____
5. Piensa viajar el próximo verano.	_____
6. Probablemente va a viajar con su familia.	_____
7. Nunca paga más de 100 dólares por noche en un hotel.	_____
8. Fue a una convención el año pasado.	_____
9. Es una persona pesimista.	_____
10. Tiene un montón de cosas que hacer.	_____

23. Y ahora... Write a brief summary indicating what you have learned about your classmates.

 24. ¿Cómo lo decimos? What would you say in the following situations? What might the other person say? Act out the scenes with a classmate.

1. You need a room for two people. Get as much information as possible about the room.
2. At a boarding house, find out what meals the price includes.
3. A friend will be staying at your house while you are away. Tell him/her what to do and what not to do.

25. **¿Qué dice aquí?** Answer the questions about the Hotel Tabaré. Base your answers on the information provided in the ad.

Hotel Tabaré

★ ★ ★ ★ EN EL CENTRO DE MONTEVIDEO

- ☑ Habitaciones dobles y sencillas con baño privado
- ☑ Aire acondicionado y TV por cable
- ☑ Acceso a Internet y servicio de fax
- ☑ Restaurante con comida típica e internacional
- ☑ Servicio de habitación las 24 horas del día
- ☑ Música en vivo sábados y domingos, de 8 a 11 de la noche
- ☑ Piscina y gimnasio
- ☑ Amplio estacionamiento

SE ACEPTAN TARJETAS DE CRÉDITO Y CHEQUES DE VIAJERO
Avenida Artigas, 214 • A 20 minutos del aeropuerto • 990-73-32

© Cengage Learning 2014

1. ¿Cómo se llama el hotel? ¿Está en un lugar céntrico? ¿Es un hotel de lujo?
2. ¿Cómo son las habitaciones? ¿Vamos a tener calor en la habitación?
3. ¿Podemos ver la tele en nuestro cuarto?
4. Si necesitamos mandar mensajes electrónicos, ¿podemos hacerlo desde el hotel?
5. ¿Qué clase de comida sirven? ¿Tienen servicio de habitación?
6. Nos gusta hacer ejercicio y nadar todos los días, ¿podemos hacerlo en el hotel?
7. ¿El hotel está cerca del aeropuerto? ¿Podemos dejar el coche en el hotel?
8. ¿Con qué podemos pagar en el hotel?

Vamos a escribir

26. **En un hotel** Write a conversation between you and a hotel clerk. Make reservations and ask about prices and accommodations.

■ Un dicho ■

Dime con quién andas, y te diré quién eres.
Find out what the English equivalent of this saying is.

Dos amigos admirando el obelisco de Buenos Aires, Argentina.

© Jupiterimages/Getty Images

▶ Vamos a ver

¡Suban al avión!

> ▶ **ESTRATEGIA** **Special vocabulary** Before you do the first activity with a classmate, find all the words and phrases that relate to traveling, and make sure they become part of your vocabulary. Read the **Avance** to see what the video is about, and try to determine what is going to happen.

Antes de ver el video

 27. Preparación You and a classmate take turns asking and answering the following questions.

1. ¿Te gusta viajar en avión o prefieres viajar en coche? ¿Cuál crees tú que es más seguro?
2. ¿Te gusta la idea de ser piloto? ¿Quieres ser auxiliar de vuelo?
3. Si alguien tiene miedo de viajar en avión, ¿qué le sugieres?
4. ¿Tú tomas a veces pastillas para los nervios?
5. ¿Crees que es una buena idea sentarse cerca de la salida de emergencia?
6. Cuando viajas en avión, ¿te levantas de tu asiento frecuentemente?
7. ¿Qué es necesario hacer cuando el avión va a despegar?
8. Si tú decides viajar, ¿hay alguien que pueda viajar contigo?
9. Generalmente, ¿cuánto tiempo estudias antes de tomar los exámenes finales?
10. ¿Qué piensas hacer después de terminar las clases?

El video

Pablo

Marisa y su mamá

Avance Marisa tiene la oportunidad de viajar a Miami con su mamá, que tiene dos pasajes. Marisa le pide a Pablo que la ayude a convencer a su mamá de que ella puede viajar en avión.

Después de ver el video

28. ¿Quién lo dice?

Pablo   Marisa   La mamá de Marisa

1. ¡Ay, Marisa! No me digas que tienes una de tus ideas… Dile simplemente que el avión es más seguro que el carro…
2. No hay nadie que pueda ir ahora. Los exámenes finales son en dos semanas.
3. Señorita, ¿tiene un asiento cerca de la salida de emergencia?
4. Mamá insiste en que invite a una de mis amigas…
5. Está bien. A las cuatro estoy allí.
6. ¡No! No quiero mirar por la ventanilla. Además, necesito levantarme…

29. ¿Qué pasa? With a classmate, take turns asking and answering the following questions. Base your answers on the video.

1. ¿Qué no quiere hacer la mamá de Marisa?
2. ¿Qué quiere Pablo que Marisa le diga a su mamá?
3. ¿Qué quiere Pablo que tome la mamá de Marisa?
4. ¿Quién le regaló dos pasajes a la mamá de Marisa?
5. Además de los pasajes, ¿qué incluye el paquete?
6. ¿A qué hora va a estar Pablo en el apartamento de Marisa?
7. ¿La mamá de Marisa quiere un asiento de ventanilla?
8. Pablo dice que el avión va a despegar. ¿Qué tienen que abrocharse los pasajeros?
9. ¿Qué quiere hacer la mamá de Marisa?
10. ¿A quién puede invitar Marisa?
11. ¿Cuántas amigas de Marisa pueden ir con ella?
12. ¿Qué sabía Marisa?

30. Más tarde You and a classmate use your imagination to talk about what happens afterwards.

1. La mamá de Marisa decide viajar a otra ciudad. ¿Adónde va? ¿Cómo viaja?
2. ¿Qué asientos reserva Marisa?
3. ¿Cómo se llama la amiga que va a viajar con ella?
4. Marisa va a Miami. ¿Qué le trae a su mamá? ¿Y a Pablo?
5. ¿A Marisa le fue bien en los exámenes finales?
6. ¿En qué fecha terminaron los exámenes finales?
7. ¿Qué hizo Pablo mientras (while) Marisa estaba en Miami?
8. Cuando Marisa volvió de Miami, ¿quién fue a buscarla (to pick her up) al aeropuerto?

DE TODO UN POCO

El mundo hispánico

Argentina

› Argentina, por su extensión, es el país de habla hispana más grande, y ocupa el octavo lugar entre los países más extensos del mundo; sin embargo, es uno de los menos densamente poblados. La mayor parte de sus habitantes son de origen europeo, principalmente italianos.

› En este país se encuentra el pico más alto del mundo occidental: el Aconcagua. Una de sus mayores atracciones turísticas son las Cataratas del Iguazú, que comparte con Brasil y Paraguay.

houses/ chambers/ represen- tatives/ senators › Buenos Aires: la tierra del tango, del mate y del fútbol, es su capital. Tiene marcadas influencias europeas y se la conoce como "El París de Sudamérica". Un lugar famoso de gran atracción turística es La Boca, por ser el origen del tango. La Casa Rosada es la Casa de Gobierno y el Congreso Nacional alberga° las cámaras° de diputados° y senadores°.

Una pareja bailando tango en La Boca, Buenos Aires.

© Prisma / SuperStock

Chile

narrow › Chile es un país largo y estrecho°. En este país encontramos algunas de las montañas más altas de Sudamérica. La cordillera° de los Andes atraviesa° el país de norte a sur.

mountain range/goes through

› Chile exporta pescados, mariscos y productos minerales y agrícolas. Exporta tanta fruta que se le considera la frutería del mundo. Sus vinos tienen fama internacional.

El Palacio de la Moneda, en Santiago, es la casa de gobierno.

© gary yim/Shutterstock

› Su capital, Santiago, es una ciudad cosmopolita que refleja la influencia de Europa y de Norteamérica. La ciudad tiene hermosos parques, un estadio con capacidad para ochenta mil personas y numerosos teatros y cines. Muy cerca de la ciudad hay excelentes lugares para esquiar.

› Dos escritores chilenos de fama internacional son Pablo Neruda y Gabriela Mistral, ganadores del Premio Nobel de Literatura. Otra escritora chilena de gran fama es Isabel Allende.

Uruguay

eastern
livestock

❯ Uruguay, el país más pequeño de Sudamérica, está situado entre Brasil y Argentina, en la costa oriental° de este continente. La agricultura y la ganadería° son la base de la economía del país. Sin embargo, en las últimas décadas, Uruguay se ha industrializado rápidamente gracias a la electricidad barata que producen sus plantas hidroeléctricas.

❯ La carne es el plato principal, y el mate, la bebida favorita.

❯ Montevideo es una de las ciudades más cosmopolitas de Hispanoamérica. Otra ciudad importante es Punta del Este, uno de los centros turísticos más famosos por sus hermosas playas y por sus festivales de cine.

Mujer uruguaya tomando mate.

Brasil

❯ Brasil es el país más grande y más rico de Latinoamérica. Limita con todos los países de Sudamérica, excepto Chile y Ecuador. El idioma del país es el portugués.

❯ Desde 1960 la capital de Brasil es Brasilia, la ciudad más moderna del mundo. Río de Janeiro, la antigua capital, y San Pablo siguen siendo las ciudades más importantes del país.

El famoso carnaval de Río de Janeiro.

❯ Miles de personas visitan Río de Janeiro, la ciudad famosa por sus carnavales y por sus playas.

31. **El mundo hispánico y tú** With a classmate, take turns asking and answering these questions.

1. ¿Cuál es la capital de Chile? ¿Qué cordillera atraviesa el país? ¿Qué montañas importantes hay en los Estados Unidos?

2. ¿Dónde está situado Uruguay? ¿Qué importancia tiene Punta del Este? ¿Cuáles son el plato y la bebida favoritos de los uruguayos? ¿Y de los de este país?

3. ¿Cuál es el país más grande de habla hispana? ¿Qué es el Aconcagua? ¿Qué comparte Argentina con Brasil y Paraguay? ¿Qué cataratas famosas hay en tu país?

4. ¿Cómo llaman a Buenos Aires? ¿Por qué es famosa La Boca? ¿Qué es La Casa Rosada? ¿Dónde vive el Presidente de los Estados Unidos?

5. ¿Con qué países limita Brasil? ¿Qué lengua se habla? ¿Qué es Brasilia? ¿Por qué es famosa Río de Janeiro? ¿Cuáles son las ciudades más importantes de los Estados Unidos?

Lección 11

A. Subjunctive with verbs of volition Complete the following, using the present subjunctive or the infinitive of the verbs in parentheses.

1. Yo quiero (ir) _____ a Buenos Aires, pero mis amigos quieren que (ir: nosotros) _____ a Viña del Mar. Yo les voy a sugerir que ellos (viajar) _____ a Viña del Mar el año próximo.

2. ¿Tú me aconsejas que (hacer) _____ las reservaciones hoy? Yo prefiero (esperar) _____ hasta mañana.

3. Yo les recomiendo que (comprar) _____ los pasajes y se los (dar) _____ a la secretaria.

4. Mis padres quieren que yo (estar) _____ en el aeropuerto a las ocho, pero yo necesito (estar) _____ en mi clase a esa hora.

5. ¿Uds. desean (hacer) _____ algo esta noche? ¿Quieren (venir) _____ a mi casa? Yo quiero que (ser: Uds.) _____ sinceros conmigo y me (decir) _____ la verdad.

B. Subjunctive with verbs of emotion Rewrite the following sentences, beginning each with the phrase in parentheses and using the subjunctive or the infinitive, as appropriate.

1. Ellos se van pronto. (Espero…)
2. El pasaje es muy caro. (Nosotros tememos…)
3. Yo estoy aquí. (Me alegro de…)
4. Ellos se van de vacaciones. (Ellos esperan…)
5. Mamá se siente bien hoy. (Esperamos…)
6. Tú no puedes ir a la fiesta. (Siento…)
7. Puedo ir. (Ojalá…)
8. Ellos tienen un coche nuevo. (Nos alegramos de…)

C. Some uses of the prepositions *a, de,* and *en* Complete with **a, de,** or **en,** as necessary.

1. Anoche llamé _____ mi hermano por teléfono y hablamos _____ nuestros planes para el fin de semana. Pensamos ir _____ Chile. Él quiere viajar _____ tren pero yo prefiero ir _____ coche. Mi hermana no quiere ir con nosotros; prefiere quedarse _____ casa porque no tiene con quién dejar _____ su perro.

2. Ayer Marta llegó _____ la agencia _____ las ocho y media _____ la mañana, pero no empezó _____ trabajar hasta las diez.

3. Mi hija es muy bonita; es morena, _____ ojos verdes, y yo pienso que es la más inteligente _____ todos mis hijos.

4. Mañana tengo que salir de casa _____ las ocho. Empiezo _____ trabajar _____ un hotel. Trabajo hasta las tres _____ la tarde. Espero estar _____ casa a las cinco.

D. Vocabulary Complete the following sentences, using vocabulary from **Lección 11.**

1. No quiero un _____ de pasillo; quiero uno de _____.
2. Voy a poner el bolso de _____ en el _____ de equipajes.
3. Voy a la _____ de viajes para comprar los pasajes.
4. Tiene que darle la tarjeta de _____ a la _____ de vuelo.
5. Tengo que pagar _____ de equipaje porque tengo cuatro maletas.
6. Quiero sentarme cerca de la _____ de emergencia.
7. Los paquetes _____ el pasaje, el hotel y algunas _____.
8. ¿A cuánto está el _____ de moneda?
9. No podemos viajar hoy. Tenemos que _____ la reservación.
10. Cuando viajo siempre llevo cheques de _____.
11. Este verano vamos a hacer un _____ por el Caribe.
12. Necesito una lista de los _____ de interés de la _____ de Chile.

E. More vocabulary Match the questions in column A with the answers in column B.

A

1. ¿Dónde están sus asientos? _____
2. ¿Quién te da las pastillas? _____
3. ¿Dónde están los pasajeros? _____
4. ¿Necesitas tu microcomputadora? _____
5. ¿Vas a viajar en avión? _____
6. ¿Van en clase turista? _____
7. ¿Tienes reservación? _____
8. ¿Ellos tienen que hacer escala? _____
9. ¿Cuándo vamos a salir? _____
10. ¿Dónde tienes el pasaporte? _____

B

a. No, hoy no voy a trabajar.
b. No, en primera clase.
c. Ahora mismo.
d. No, estoy en la lista de espera.
e. En el maletín.
f. En la fila 12.
g. No, es un vuelo directo.
h. En la puerta de salida.
i. Sí, Ana me convenció.
j. El médico.

F. Cultura Complete the following sentences, based on the **Detalle cultural** that you have read.

1. En Argentina se usa la forma _____ en lugar de **tú.**
2. La música típica de Argentina es el _____.
3. En los países hispanos no existe tanta _____ entre las generaciones como en este país.

COMPRUEBE CUÁNTO SABE

Lección 12

A. Subjunctive to express indefiniteness and nonexistence Rewrite each sentence, using the subjunctive or the indicative, as appropriate.

1. El agente habla español. (Necesitamos un agente que…)
2. Ese viaje incluye el hotel. (Aquí no hay ningún viaje que…)
3. No hay ningún pasaje que no sea caro. (Tenemos unos pasajes que…)
4. No hay ningún vuelo que salga a las seis. (Hay varios vuelos que…)
5. Hay una señora que puede reservar los pasajes. (¿Hay alguien que…?)
6. Busco un hotel que sea barato. (Yo conozco uno que…)
7. Hay una silla que está cerca de la puerta. (No hay ninguna silla que…)
8. Hay un banco que me da un préstamo. (No hay ningún banco que me…)

B. Familiar commands Change the underlined words to commands.

1. Tienes que ir a la agencia de viajes y comprarme los pasajes. Tienes que traérmelos a mi oficina, pero no debes dárselos a mi secretaria.
2. Tienes que poner el maletín debajo del asiento; no debes ponerlo en el compartimiento de equipajes.
3. Tienes que venir temprano y hacer las reservaciones. No debes volver a tu casa hasta las ocho.
4. Tienes que decirle al botones que lleve las maletas, pero no debes darle el maletín de tu papá. Tienes que acordarte de que él lo necesita.
5. Tienes que levantarte temprano y salir de tu casa a las seis. No debes olvidarte de llevar la cédula de identidad.

C. Verbs and prepositions Complete each sentence with the Spanish equivalent of the words in parentheses.

1. Olga _____ Daniel pero _____ Luis. *(fell in love with / she married)*
2. Mi papá _____ que yo compre los billetes hoy. *(insists on)*
3. Paco, _____ buscar los pasaportes. _____ que viajas el lunes. *(don't forget / Remember)*
4. Yo _____ que mis padres _____ él. *(didn't realize / didn't trust)*
5. Elena no puede dejar de _____ él. *(think about)*
6. Ellos pueden _____. *(count on me)*
7. Nosotros siempre _____ llegar a clase a tiempo. *(try to)*
8. Tú siempre _____ mi ropa. *(notice)*

D. Ordinal numbers Write the ordinal numbers that correspond to the following numbers.

2 _____   4 _____

7 _____   9 _____

5 _____   3 _____

1 _____   6 _____

8 _____   10 _____

E. Vocabulary Match the questions in column A with the answers in column B.

A

1. ¿Están en un hotel de lujo? _____
2. ¿Qué tengo que mostrar? _____
3. ¿En qué piso estás? _____
4. ¿Tiene bañadera? _____
5. ¿Quién lleva las maletas? _____
6. ¿Van a un restaurante? _____
7. ¿Qué estás leyendo? _____
8. ¿Es con vista al mar? _____
9. ¿Conseguiste un cuarto? _____
10. ¿Los hoteles están llenos? _____
11. ¿Dónde está el puesto de revistas? _____
12. ¿Dónde compraste el libro? _____
13. ¿Cuánto cobran? _____
14. ¿Incluye las comidas? _____
15. ¿Sergio alquila la casa? _____

B

a. En el segundo.
b. Unos folletos.
c. Sí, porque no hay servicio de cuarto.
d. Sí, porque hay muchas convenciones.
e. No, al jardín.
f. En el vestíbulo.
g. No, en una pensión.
h. En la tienda de regalos.
i. No, ducha.
j. No, él es el dueño.
k. La cédula de identidad.
l. Sí, es pensión completa.
m. El botones.
n. Cien dólares.
o. No, no hay ninguno disponible.

F. Cultura Select the correct answer, based on the **El mundo hispánico** section.

1. Chile exporta (mucho petróleo / mucha fruta).
2. La capital de Argentina es (Buenos Aires / Montevideo).
3. Uruguay está situado entre Brasil y (Argentina / Chile).
4. El idioma de Brasil es el (español / portugués).
5. La Casa Rosada es la (Casa de Gobierno / cámara de diputados).

¿CÓMO TE SIENTES?

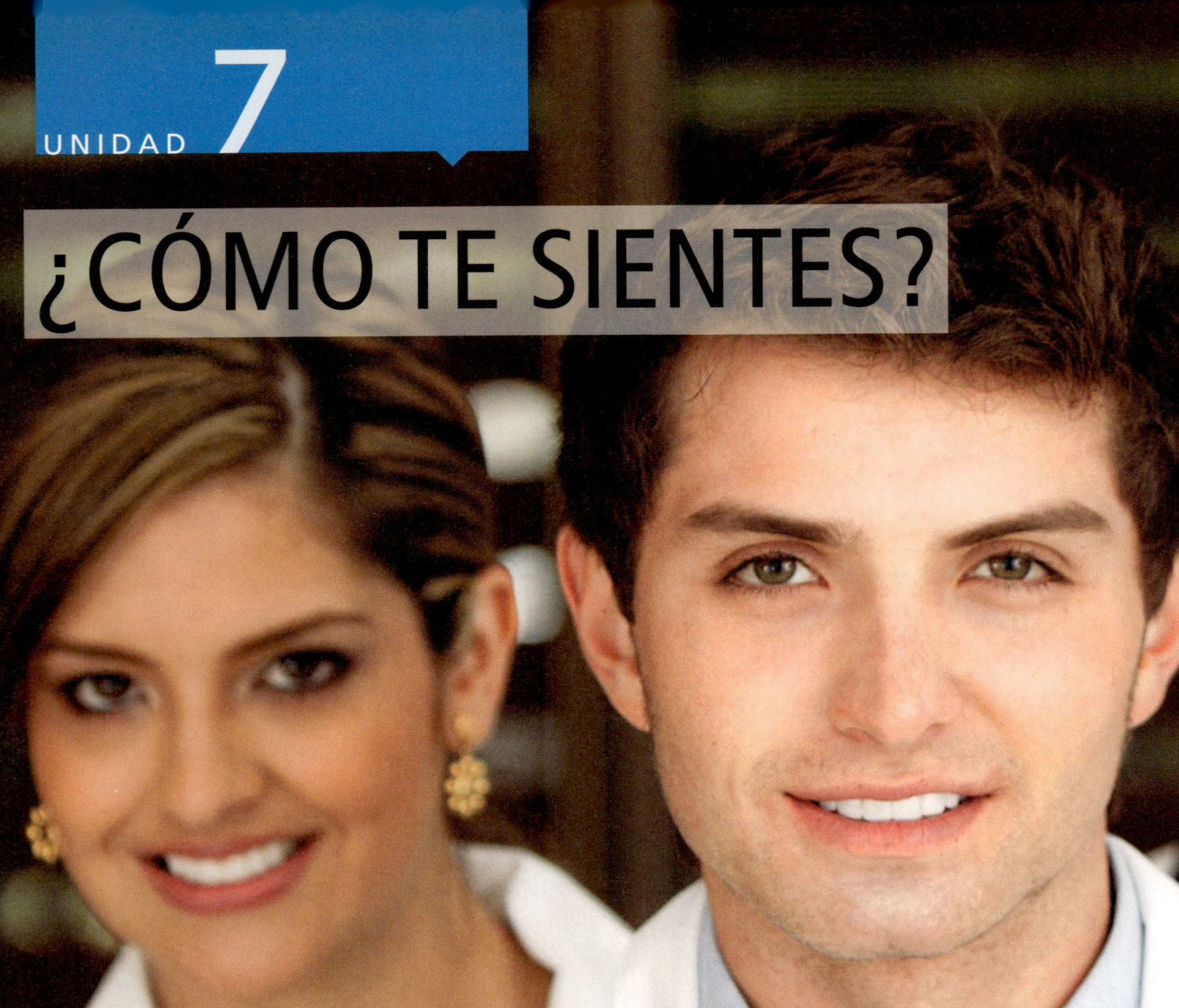

LECCIÓN 13: EN LA SALA DE EMERGENCIA

OBJETIVOS

> Discuss health problems, medical emergencies, common medical procedures, and treatments
> Give and request information about physical symptoms and medications
> Express doubt, disbelief, and denial
> Tell others what to do

ESTRUCTURAS

1 Subjunctive to express doubt, denial, and disbelief
2 Subjunctive with certain conjunctions
3 First-person plural commands
4 **¿Qué?** and **¿cuál?** used with **ser**

LECCIÓN 14: CUATRO MENSAJES

OBJETIVOS

> Talk about symptoms
> Make suggestions and give advice about health and other problems
> Talk about what will happen
> Talk about what would happen under different circumstances

ESTRUCTURAS

1 Future tense
2 Conditional tense
3 The imperfect subjunctive
4 *If*-clauses

Dos médicos españoles que nos ayudan a sentirnos mejor.

© Andres Rodriguez / Alamy

ESPAÑA

La Fuente de la Cibeles es uno de
los símbolos de Madrid, la capital.

© Stuart Dee/Getty Images

Playa Tamariu, en Palafrugell, Girona.

© Gonzalo Azumendi/age fotostock

Templo de la Sagrada Familia, del artista
Antonio Gaudí, en Barcelona.

© Mark Antman/The Image Works

El Palacio Nazaríes es parte de la Alhambra,
en Granada. Un legado árabe en España.

© Cengage Learning 2014

© Kutlayev Dmitry/Shutterstock

En la sala de emergencia

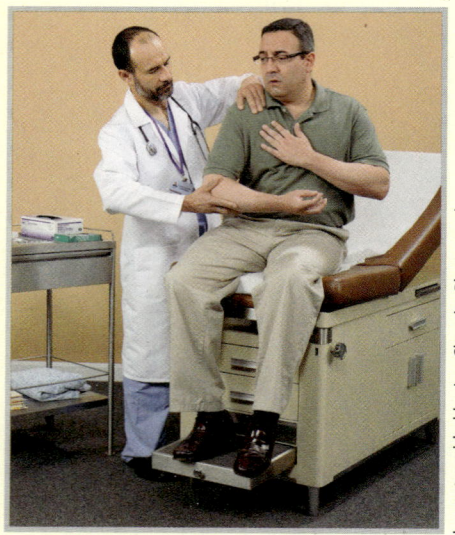

Image provided by Jon Chomitz Photography; © Cengage Learning 2014

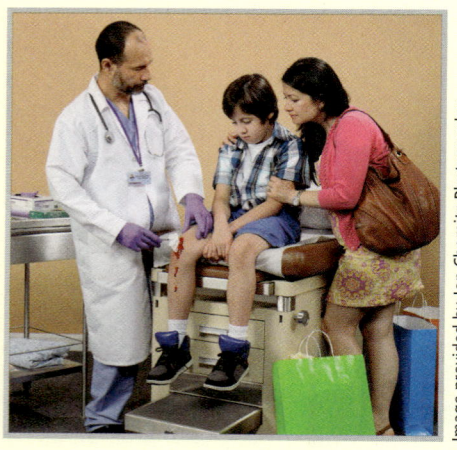

Image provided by Jon Chomitz Photography; © Cengage Learning 2014

Image provided by Jon Chomitz Photography; © Cengage Learning 2014

En un hospital de Madrid

🔊 3-4

Hoy, como siempre, hay muchos pacientes en la sala de emergencia, y siguen llegando más. El Dr. Mena atiende a varios de ellos, y piensa que va a ser un día muy largo.

En este momento está hablando con un hombre que vino en una ambulancia y que los paramédicos acaban de traer en una camilla.

DR. MENA ¿Qué le pasó?

PACIENTE I Mi coche chocó con un árbol y me golpeé el hombro.

DR. MENA ¿Perdió el conocimiento?

PACIENTE I Sí, por unos segundos… pero me duele mucho…

DR. MENA Bueno, la enfermera lo va a llevar a la sala de rayos X. Vamos a hacerle unas radiografías para ver si hay fractura.

Ahora está hablando con una señora que trajo a su hijo. El niño se cayó en la escalera mecánica de una tienda y se lastimó.

DR. MENA Estoy casi seguro de que es una torcedura, pero vamos a hacerle unas radiografías por si acaso.

MADRE Se cortó la pierna. ¿Va a necesitar puntos?

DR. MENA Dudo que necesite puntos, pero cuando venga la enfermera va a limpiarle y desinfectarle la herida. Además, le vamos a poner una inyección antitetánica.

🌐 Detalle cultural

En muchos países hispanos existen las llamadas casas de socorro, donde se ofrecen los primeros auxilios *(first aid)* y cuidados *(care)* médicos urgentes.

➤ ¿Hay en este país un equivalente a las casas de socorro?

🔊 3-5

Ahora está hablando con un muchacho que tiene mucho dolor y náusea.

PACIENTE II Me duele mucho, doctor. Yo creo que tengo apendicitis…

DR. MENA *(Lo revisa)* No creo que sea apendicitis, pero vamos a hacerle unos análisis.

El Dr. Mena continuó atendiendo a otros pacientes en la sala de emergencia: a una niña que se quemó la mano y lloraba mucho; a una señora que se rompió una pierna y tiene que usar muletas; a un señor que tuvo una reacción alérgica y tiene la cara hinchada… Cuando volvió a su casa, se dio cuenta de que no había almorzado.

SRA. MENA Cenemos temprano, porque hoy tenemos que ir a la escuela de los niños. ¡Ay! Estoy muy cansada. Descansemos un rato antes de que Paloma y Mario vuelvan de su clase de piano. ¿Qué tal fue tu día hoy?

DR. MENA Bueno… fue un día como cualquier otro… ¡en la sala de emergencia!

Hablemos

1. **Sobre el diálogo** You and a classmate take turns asking and answering the following questions. Base your answers on the dialogues.

   1. ¿Qué piensa el Dr. Mena? ¿Por qué?
   2. ¿Quiénes trajeron al primer paciente al hospital? ¿Cómo lo trajeron?
   3. ¿Qué le pasó al paciente? ¿Perdió el conocimiento? ¿Por cuánto tiempo?
   4. ¿Qué le pasó al niño? ¿De qué está casi seguro el Dr. Mena? ¿Qué le van a hacer por si acaso?
   5. ¿Qué va a hacerle la enfermera al niño? ¿Qué van a ponerle?
   6. ¿Qué cree el tercer paciente que tiene? ¿Por qué? ¿Qué van a hacerle?
   7. ¿Por qué lloraba la niña?
   8. ¿Cuál es el problema de la señora? ¿Qué va a tener que usar?
   9. ¿Por qué tiene la cara hinchada el último paciente?
   10. ¿De qué se dio cuenta el Dr. Mena cuando llegó a su casa?
   11. ¿Quiénes son Paloma y Mario? ¿De dónde van a volver ellos?
   12. ¿Cómo fue el día del Dr. Mena en la sala de emergencia?

2. **Entrevista** With a classmate, take turns asking and answering the following questions.

   1. ¿Alguna vez te han llevado al hospital en una ambulancia?
   2. ¿Has perdido el conocimiento alguna vez?
   3. ¿Te han hecho radiografías últimamente? ¿Te han hecho análisis?
   4. ¿Cuándo fue la última vez que te pusieron una inyección antitetánica?
   5. ¿Tomas aspirina cuando te duele la cabeza? ¿Tomas té cuando tienes náusea?
   6. ¿Te has roto un brazo o una pierna alguna vez? ¿Has tenido que usar muletas?
   7. ¿Has tenido una reacción alérgica alguna vez?
   8. ¿Qué tal fue tu día ayer?

VOCABULARIO

Cognados

la ambulancia
la apendicitis
la fractura
el hospital
la náusea
el (la) paciente
el (la) paramédico(a)
el piano
la reacción

Nombres

el análisis	test
el árbol	tree
la cara	face
el dolor	pain
el (la) enfermero(a)	male nurse, nurse
la escalera	stairs
_____ mecánica*	escalator
la herida	wound
el hombro	shoulder
la inyección	shot, injection
_____ antitetánica	tetanus shot
las muletas	crutches
la pierna	leg
el punto	stitch
la radiografía	X-ray
la sala	ward (in a hospital)
_____ de emergencia	emergency room
_____ de rayos X	X-ray room
la torcedura	sprain

Verbos

atender (e > ie)	to see (a patient)
caerse (yo me caigo)	to fall
chocar	to collide
continuar	to continue
cortar(se)	to cut (oneself)
desinfectar	to disinfect
doler (o > ue)	to hurt, to ache
dudar	to doubt
golpear(se)	to hit (oneself)
lastimarse	to hurt oneself
llorar	to cry
pasar, suceder	to happen
quemar(se)	to burn (oneself)
revisar	to check
romper(se)*	to break

Adjetivos

alérgico(a)	allergic
hinchado(a)	swollen
seguro(a)	sure

Otras palabras y expresiones

casi	almost
como siempre	as usual
cualquier	any
hacer una radiografía	to take an X-ray
perder el conocimiento, desmayarse	to faint
poner una inyección	to give a shot

De país a país

la escalera mecánica la escalera automática
  (Esp., Cuba)
romperse quebrarse (Méx.)

Luis se cayó en la escalera mecánica y ahora le duela mucho la espalda.

Más sobre el tema

Otras partes del cuerpo *(Other parts of the body)*

la espalda
la cabeza
la oreja
la nariz
la lengua
el diente
el cuello
la boca
el corazón
el pecho
el estómago
el codo
el brazo
el dedo
la muñeca
la rodilla
el tobillo
el pie
el dedo del pie

© Cengage Learning 2014

HISTORIA DE SALUD DEL ADULTO (18 años de edad y más)

Fecha de hoy _____ Nombre _____

Fecha de nacimiento _____ Edad _____

	Yo	Madre	Padre
Diabetes			
Presión arterial alta / Presión arterial baja			
Cáncer (de qué tipo y quién)			
Hipotiroidismo / Hipertiroidismo			
Ataque al corazón			
Alcoholismo, problemas con la bebida / Uso de drogas			
Asma / Neumonía			

© Cengage Learning 2014

VOCABULARIO

Para practicar el vocabulario

3. Preguntas y respuestas Match the questions in column A with the answers in column B.

A

1. ¿Dónde tiene él la herida? _____
2. ¿Qué te duele? _____
3. ¿Qué te hizo la enfermera? _____
4. ¿Dónde está Rita? _____
5. ¿Tiene una fractura? _____
6. ¿Qué necesita el paciente? _____
7. ¿Qué le pasó a la niña? _____
8. ¿Tuviste mucho trabajo hoy? _____
9. ¿Estás seguro de eso? _____
10. ¿Te rompiste el brazo? _____
11. ¿Qué te sucedió? _____
12. ¿A quiénes está atendiendo el médico? _____

B

a. En la sala de rayos X.
b. Me caí en la escalera.
c. No, una torcedura.
d. Sí, como siempre.
e. A varios pacientes.
f. En la cara.
g. No, tengo dudas.
h. Una radiografía.
i. No, solo me lo lastimé.
j. El hombro.
k. Se quemó la mano.
l. Me desinfectó la herida.

4. Accidentes Complete the following statements about what goes on in the emergency room, using appropriate vocabulary.

1. Ayer el coche de Sergio _____ con un árbol, él se _____ la cabeza y perdió el _____ por unos segundos. Los _____ lo llevaron al hospital en una _____.

2. Ayer Beto se _____ de la bicicleta y se _____ un brazo. También se _____ la pierna y va a necesitar puntos. Le van a _____ una inyección _____.

3. Carlos tiene _____ y mucho _____ de estómago. Él cree que tiene _____. El doctor lo _____ y le va a hacer unos _____.

4. Marta se _____ la pierna y ahora tiene que usar _____ para caminar (walk).

5. Ayer Amanda tuvo una _____ alérgica y ahora tiene la cara y las manos _____.

6. Alberto se _____ el codo y la enfermera lo va a llevar a la _____ de _____ X para hacerle una _____.

Detalle cultural

En la mayoría de los países de habla hispana, los hospitales son gratis y subvencionados (funded) por el gobierno. Hay clínicas privadas para la gente que no quiere ir a un hospital público.

➤ ¿Hay hospitales subvencionados por el gobierno en este país?

5. ¿Qué sabes de anatomía? Today you and a classmate are the professors. Take turns naming these parts of the body in Spanish.

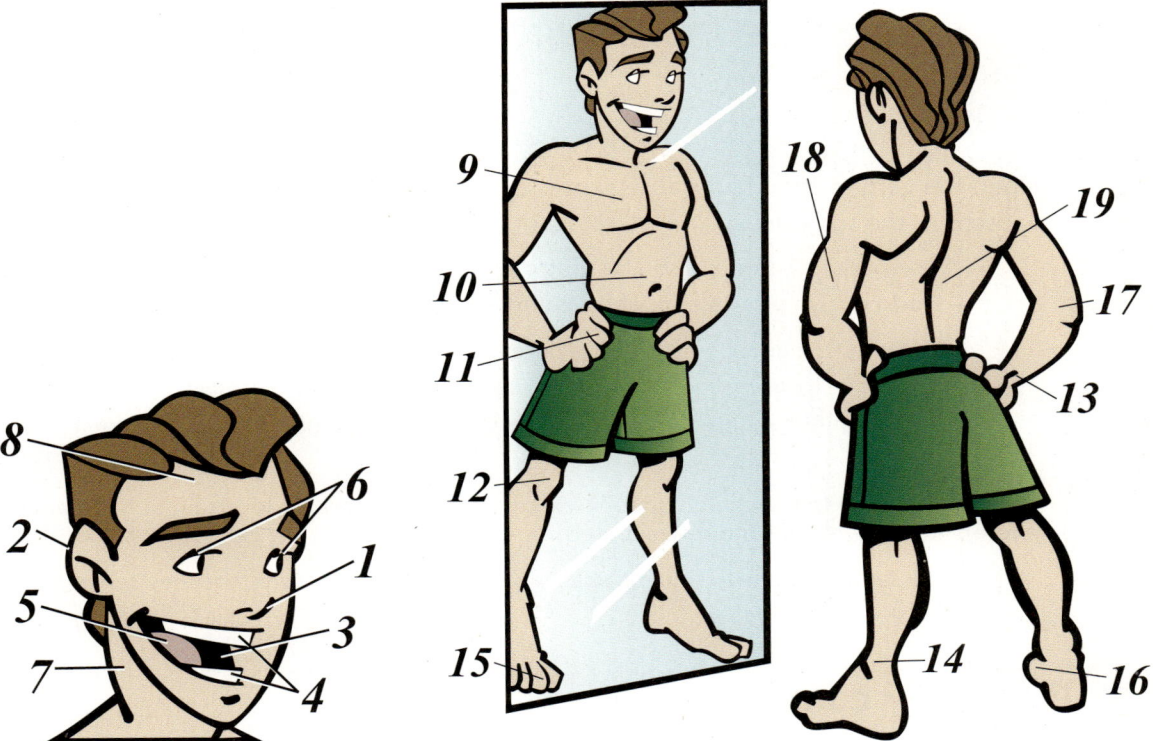

 6. Dos médicos You and a classmate play the roles of two doctors talking about the patients you have seen during the day, and their problems.

Modelo   Dr. (Dra.) A: ¡Qué día tuve hoy! ¡Dos pacientes con apendicitis! Y los dos vinieron antes de las nueve de la mañana.

Dr. (Dra.) B: Pues cuando yo llegué al hospital, había más de veinte personas en la sala de emergencia.

Pronunciación

Pronunciation in context In this lesson, there are some words or phrases that may be challenging to pronounce. Listen to your instructor and pronounce the following sentences.

1. Hay muchos **pacientes** en la sala de **emergencia,** y **siguen** llegando más.

2. Vamos a hacerle una **radiografía** para ver si hay **fractura.**

3. **Además,** le vamos a poner una **inyección antitetánica.**

4. No creo que sea **apendicitis,** pero vamos a hacerle unos **análisis.**

5. Cuando volvió a su casa, se dio cuenta de que **no había almorzado.**

1 Subjunctive to express doubt, denial, and disbelief (*El subjuntivo para expresar duda, negación e incredulidad*)

Doubt

> When the verb of the main clause expresses uncertainty or doubt, the verb in the subordinate clause is in the subjunctive

—Te esperan a las cinco y son las cuatro y media.	*"They expect you at five and it is four-thirty."*
—**Dudo** que yo **pueda** estar ahí a esa hora.	*"**I doubt** that **I can** be there at that time."*
—Podemos tomar el desayuno a las once.	*"We can have breakfast at eleven."*
—**Dudo** que lo **sirvan** después de las diez.	*"**I doubt** that **they serve** it after ten."*
—Estoy segura de que lo **sirven** hasta las once.	*"I am sure that **they serve** it until eleven."*

¡Atención! Notice that when no doubt is expressed and the speaker is certain of the reality (**estoy seguro[a], no dudo, sé**), the indicative is used.

Estoy segura de que lo **sirven** hasta las once.	*I am sure that **they serve** it until eleven.*

⊕ Práctica y conversación

7. ¿Cómo responde...? Respond to each of the following statements, beginning with the suggested phrases.

1. —Estoy seguro de que tiene una fractura.
   —Bueno, dudo que...

2. —Dudo que tenga que usar muletas.
   —Pues yo estoy seguro(a) de que...

3. —No estoy seguro de que sea apendicitis.
   —Pues yo no dudo que...

4. —Dudo que la enfermera esté en la sala de rayos X.
   —¿Sí? Yo estoy casi seguro(a) de que...

5. —Dudo que el paciente necesite radiografías.
   —Yo tampoco estoy seguro(a) de que...

6. —Estoy seguro de que él tiene una torcedura en el tobillo.
   —Yo dudo que él...

 8. En el hospital With a classmate, read the following statements and take turns expressing doubt or certainty about them. Use **dudo, no dudo, estoy seguro(a),** and **no estoy seguro(a).**

1. Todos los hospitales son gratis.
2. Las enfermeras trabajan solamente tres horas al día.
3. El médico puede desinfectar la herida.

4. Los paramédicos nunca vienen en la ambulancia.

5. Cualquier enfermera puede hacer una radiografía.

6. Si tienes un dolor en el pecho, debes ir al hospital en seguida *(right away)*.

7. Los médicos ganan muy poco dinero.

8. Si te rompes una pierna, necesitas usar muletas.

 9. **¿Lo dudas...?** With a classmate, take turns telling each other three or four things about yourself. Give some false information to see if your classmate doubts or doesn't doubt what you say.

> **Modelo** —*Tengo ocho clases este semestre.*
> —*Dudo que tengas ocho clases.*
> *(Estoy seguro[a] de que no tienes ocho clases.)*

Denial

> When the main clause denies or negates what is expressed in the subordinate clause, the subjunctive is used.

—Ana **niega** que Carlos **sea** su novio.	*"Ana **denies** that Carlos **is** her boyfriend."*
—Sí, dice que son amigos...	*"Yes, she says that they are friends..."*
—Ellos trabajan mucho y siempre tienen dinero.	*"They work hard and always have money."*
—Es verdad que trabajan mucho, pero **no es cierto** que siempre **tengan** dinero.	*"It's true that they work hard, but **it's not true** that **they** always **have** money."*

¡Atención! Notice that when the main clause does not deny what is said in the subordinate clause, the indicative is used.

Es verdad que **trabajan** mucho.   *It's true that **they work** hard.*

Práctica y conversación

 10. **¿Es verdad o no?** With a classmate, take turns saying whether each of the following statements is true or not.

> **Modelo** Toda la gente tiene reacciones alérgicas a todo.
> ***No es verdad*** *que toda la gente **tenga** reacciones alérgicas a todo.*

1. Los médicos no trabajan en la sala de emergencia.

2. Generalmente hay muchos pacientes en la sala de emergencia.

3. Las enfermeras saben más que los médicos.

4. Los paramédicos van en las ambulancias.

5. Los médicos no cobran mucho.

6. Hoy hace mucho frío.

7. Está lloviendo.

8. Hoy hace buen tiempo.

PUNTOS PARA RECORDAR

Disbelief

> The verb **creer** is followed by the subjunctive in negative sentences, where it expresses disbelief.

—¿Teresa va al hospital hoy? *"Is Teresa going to the hospital today?"*
—No, **no creo** que **vaya** hoy. *"No, **I don't think she's going** today."*

¡Atención! **Creer** is followed by the indicative in affirmative sentences, where it expresses belief.

—¿Qué va a pedir el médico? *"What is the doctor going to ask for?"*
—**Creo** que **va** a pedir unos análisis. *"**I think he is going** to order (ask for) some tests."*

Dudo que tenga aire acondicionado.

Práctica y conversación

11. El Sr. Contreras Mr. Contreras always contradicts everyone. How would he react to these statements?

Modelo Creo que ese médico es muy bueno.
No creo que (ese médico) **sea** muy bueno.

1. No creo que el hospital sea caro.
2. No creo que él sepa poner inyecciones.
3. Creo que tienen que llevarlo a la sala de emergencia.
4. Creo que el médico está en su consultorio.
5. No creo que el médico pueda atenderlos ahora.
6. Creo que tú necesitas continuar usando muletas.

12. ¿Qué crees tú? Use your imagination to complete each statement, using the subjunctive or the indicative, as appropriate. Compare your statements to those of your classmate.

1. Yo creo que el médico…
2. No es verdad que los paramédicos…
3. Es cierto que la enfermera…
4. No creo que en la cafetería del hospital…
5. No es cierto que el paciente…
6. No es verdad que en la sala de emergencias…
7. Dudo que yo…
8. No estoy seguro(a) de que este hospital…

13. Opiniones Use the illustrations to complete the following sentences.

Papá, ¿me das diez mil dólares?

Papá

Beto

Paquito

1. Yo no creo que el papá de Beto…

_____

2. Dudo que Paquito…

_____

Carlos

¡¡Hotel Granada!! $$$

Rita

3. No es verdad que Carlos…

_____

4. Rita cree que el hotel Granada…

_____

Esteban… ¡muy puntual!

Alicia

5. No es cierto que el baño…

_____

6. No es verdad que Esteban siempre…

_____

 14. Entrevista a un(a) compañero(a) Interview a classmate, using the following questions.

1. ¿Tú crees que tu médico puede atenderte el sábado?
2. Si te duele el cuello, ¿crees que un quiropráctico *(chiropractor)* puede ayudarte?
3. ¿Tú crees que es una buena idea tomar aspirinas para el dolor de espalda?
4. Si una persona tiene dolor en el pecho y náusea, ¿crees que es necesario llevarla al hospital?
5. ¿Es verdad que si una persona pierde el conocimiento hay que llevarla a la sala de emergencia?
6. ¿Estás seguro(a) de que la sala de emergencia está abierta toda la noche?
7. ¿Es verdad que tú sabes poner inyecciones?
8. ¿Es verdad que tú quieres ser enfermero(a)?

2 Subjunctive with certain conjunctions
(El subjuntivo con ciertas conjunciones)

Subjunctive after conjunctions of time

> The subjunctive is used after conjunctions of time when the main clause refers to a future action or is a command. Some conjunctions of time are:

cuando *when*	**tan pronto como,**
hasta que *until*	**en cuanto** *as soon as*

Note in the following examples that the action in the subordinate clause has not yet taken place.

—¿Vamos a la pensión ahora?	*"Are we going to the boarding house now?"*
—No, vamos a esperar **hasta que venga** Eva.	*"No, we're going to wait **until** Eva **comes**."*
—Bueno, llámeme **en cuanto llegue.**	*"Okay, call me **as soon as she arrives**."*
—¿Cuándo vas a comprar las muletas?	*"When are you going to buy the crutches?"*
—**Cuando** mi papá me **dé** el dinero.	*"**When** my dad **gives** me the money."*

¡Atención! If the action has already taken place or if the speaker views the action of the subordinate clause as a habitual occurrence, the indicative is used after the conjunction of time.

—¿Ya llamaste a Rodolfo?	*"Did you already call Rodolfo?"*
—Sí, lo llamé **en cuanto llegué.**	*"Yes, I called him **as soon as I arrived**."*
—¿Cuándo llamas a Rodolfo?	*"When do you call Rodolfo?"*
—Siempre lo llamo **cuando llego** del trabajo.	*"I always call him **when I arrive** from work."*

Conjunctions that always take the subjunctive

Certain conjunctions by their very meaning imply uncertainty or condition; they are therefore always followed by the subjunctive. Examples include:

a menos que	*unless*	**con tal (de) que**	*provided that*
antes de que	*before*	**para que**	*in order that, so that*
en caso de que	*in case*	**sin que**	*without*

—Voy a llamar a la enfermera **para que** me **traiga** las radiografías.	*"I'm going to call the nurse **so that she'll bring** me the X-rays."*
—Llámela **antes de que se vaya.**	*"Call her **before she leaves**."*
—No puedo comprar la medicina **sin que** tú me **des** el dinero.	*"I can't buy the medicine **without you giving** me the money."*
—Puedo dártelo ahora.	*"I can give it to you now."*

Práctica y conversación

15. Minidiálogos Complete the following dialogues, using the indicative or the subjunctive of each verb. Then act them out with a classmate.

1. desocupar / llegar
   —¿Podemos limpiar el cuarto ahora?
   —No, no podemos limpiarlo hasta que el paciente lo _____.
   —¿Cuándo lo va a desocupar?
   —En cuanto _____ el taxi.

2. llegar / atender
   —¿Qué va a hacer en cuanto _____ al hospital?
   —Voy a hablar con la recepcionista para que el médico me _____ esta tarde.

3. llamar
   —¿Cuándo va a venir la ambulancia?
   —Tan pronto como yo la _____.

4. salir
   —¿Los señores García te esperaron?
   —Sí, me esperaron hasta que yo _____ del hospital.

5. hablar / ver
   —Cuando Ud. _____ con el médico, dígale que el paciente no se siente bien.
   —Voy a decírselo en cuanto lo _____.

6. irse / salir
   —¿Tú puedes hablar con los paramédicos antes de que ellos _____?
   —Sí, a menos que (ellos) _____ muy temprano.

16. Entrevista a un(a) compañero(a) Interview a classmate, using the following questions.

1. ¿Siempre vas al médico en cuanto te sientes mal?
2. ¿Tomas aspirinas cuando te duele la cabeza o tomas otra cosa?
3. ¿Qué le vas a preguntar al médico cuando lo veas?
4. ¿Tú llegas a veces a la oficina del médico antes de que él llegue?
5. Si te sientes mal, ¿qué haces para que el médico te vea en seguida *(right away)*?
6. ¿Tú puedes salir de tu casa sin que nadie te vea?
7. ¿Qué vas a hacer hoy tan pronto como llegues a tu casa?
8. Para cenar, ¿vas a esperar hasta que lleguen tus padres?

3 First-person plural commands (El imperativo de la primera persona del plural)

> In Spanish, the first-person plural of an affirmative command (let's + verb) can be expressed in two ways:

- by using the first-person plural of the present subjunctive

    Preguntemos el precio de la habitación.   *Let's ask* the price of the room.

- by using the expression **vamos a** + infinitive

    Vamos a preguntar el precio de la habitación.   *Let's ask* the price of the room.

> The verb **ir** does not use the subjunctive form in the first-person plural affirmative command.

    Vamos al teatro.   *Let's go* to the theater.

In a negative command, however, the subjunctive form is used.

    No vayamos al teatro.   *Let's not go* to the theater.

- In all direct affirmative commands, object pronouns are attached to the verb, and a written accent is then placed on the stressed syllable.

    Comprémos**lo**.   *Let's buy **it**.*
    Llamémos**los**.   *Let's call **them**.*

If the pronouns **nos** or **se** are attached to the verb, the final **-s** of the verb is dropped before adding the pronoun.

Sentémonos aquí.	*Let's sit here.*
Vistámonos ahora.	*Let's get dressed now.*
Démoselo a los niños.	*Let's give it to the children.*
—Vamos a Barcelona.	*"Let's go to Barcelona."*
—No, no vayamos a Barcelona; **quedémonos** en Madrid.	*"No, let's not go to Barcelona; let's stay in Madrid."*
—¿Dónde queda el Museo del Prado?	*"Where's the Prado Museum located?"*
—No sé. **Preguntémoselo** a ese señor.	*"I don't know. Let's ask that gentleman."*

🌐 Práctica y conversación

 17. ¿Qué hacemos…? With a classmate, take turns saying what these people should do in the following situations. Use the first-person plural command. Use pronouns wherever possible.

1. Tenemos mucha hambre.
2. Estamos en un restaurante y necesitamos el menú.
3. No queremos salir hoy.
4. No sabemos qué hacer este fin de semana.
5. Un amigo nuestro tuvo un accidente.
6. No sabemos el precio de la medicina.

18. ¡Vamos a España! You and a classmate are making plans to go on a trip to Spain. Take turns answering the following questions, using the first-person plural command.

1. ¿A qué ciudad vamos? ¿Cómo viajamos?
2. ¿Qué día y a qué hora salimos?
3. ¿Cuántas maletas llevamos?
4. ¿Nos hospedamos en un hotel o en una pensión?
5. ¿Pedimos una habitación con vista a la calle?
6. ¿Cuántos días nos quedamos en la ciudad?
7. ¿Comemos en un restaurante o en nuestra habitación?
8. ¿Dónde dejamos las joyas (*jewelry*)?
9. ¿Cuándo regresamos? ¿Qué compramos para nuestros amigos?
10. ¿A quién llamamos para que venga a buscarnos al aeropuerto?

Summary of the Command Forms *(Resumen de las formas del imperativo)*

| | | Tú | | |
Usted	Ustedes	Affirmative	Negative	Nosotros
hable	hablen	habla	no hables	hablemos
coma	coman	come	no comas	comamos
abra	abran	abre	no abras	abramos
cierre	cierren	cierra	no cierres	cerremos
vaya	vayan	ve	no vayas	vamos[1]

> Notice that the command forms of these verbs are identical to the subjunctive forms, except for the affirmative forms for **tú,** which use the third-person singular of the present indicative. Also, the following verbs have irregular **tú** command forms.

| decir | **di** | ir | **ve** | salir | **sal** | tener | **ten** |
| hacer | **haz** | poner | **pon** | ser | **sé** | venir | **ven** |

> Remember the position of direct, indirect, and reflexive pronouns with commands.

Affirmative	*Negative*
Cómpre**lo.**	No **lo** compre.
Dí**selo.**	No **se lo** digas.
Levanté**monos.**	No **nos** levantemos.

[1] Remember that the affirmative command uses the indicative form **vamos,** but the negative command uses the subjunctive form **no vayamos.**

Práctica y conversación

19. Planes y más planes You and a classmate are busy making plans for a visit by some foreign students who will spend the weekend with you and your friends. One of your neighbors, Sra. Vega, and her young daughter, María, offer their help. Use the appropriate command form to say who is going to do each of the following chores and categorize them under the appropriate heading.

Modelo comprar frutas
nosotros: *Compremos frutas.*
la señora Vega: *Compre frutas.*
María: *Compra frutas.*

1. limpiar el apartamento
2. ir al mercado
3. poner la mesa
4. preparar la comida
5. hacer las camas
6. invitar a otros estudiantes
7. ir al aeropuerto a esperar a los viajeros *(travelers)*
8. sacar entradas para el teatro
9. no levantarse tarde
10. llevarlos a visitar los lugares de interés
11. servir la comida
12. lavar los platos
13. darles una fiesta de bienvenida
14. pedirle los discos compactos a Roberto
15. llevarlos a las tiendas
16. no olvidarse de sacar dinero del banco

© Noel Hendrickson/Getty Images

La Sra. Vega le dice a su esposo: "Ayúdame a limpiar la casa." Su esposo le contesta: "Limpiémos la casa mañana."

4 ¿Qué? and ¿cuál? used with *ser* (*¿Qué? y ¿cuál? usados con el verbo* **ser***)*

> *What?* translates as **¿qué?** when it is used as the subject of the verb and asks for a definition.

> —¿**Qué** es una paella?   *"**What** is a paella?"*
> —Es un plato español.   *"It's a Spanish dish."*

> *What?* translates as **¿cuál?** when it is used as the subject of a verb and asks for a choice. **Cuál** conveys the idea of selection from among several or many available objects, ideas, and so on.

> —¿**Cuál** es su número de teléfono?   *"**What** is your phone number?"*
> —712-4267.   *"712-4267."*

⊕ Práctica y conversación

20. ¿Cuál es la pregunta? Write the questions you would ask to get the following information. Use **qué** or **cuál,** as needed.

    1. —¿ _____?
        —El nombre del hotel es "El Alcázar".

        —¿ _____?
        —Calle del Prado, número 420.

        —¿ _____?
        —6–35–42–37.

    2. —Necesita mostrar su carnet de identidad.

        —¿_____?
        —Es una forma de identificación.

    3. —Una habitación en este hotel cuesta 200 euros.

        —¿_____?
        —Es la moneda *(currency)* de España.

21. Otra entrevista Interview a classmate, using the following questions.

    1. ¿Cuál es el hotel que tú prefieres?
    2. ¿Cuál es la ciudad que más te gusta?
    3. ¿Cuál es el programa de televisión que prefieres?
    4. ¿Cuál es la comida que más te gusta?
    5. ¿Cuál es el lugar que prefieres para ir de vacaciones?
    6. ¿Cuál es tu color favorito?
    7. ¿Cuál es tu estación favorita?
    8. ¿Cuál es el día de la semana que menos te gusta?

Vamos a conversar

22. Para conocernos mejor Get to know a classmate better by asking each other the following questions.

1. Cuando vas al médico, ¿te atiende en seguida *(right away)*? ¿Vas al médico frecuentemente?
2. ¿Cuándo fue la última vez que estuviste en una sala de emergencia?
3. ¿Has tenido una torcedura alguna vez?
4. ¿Qué tomas cuando te duele la garganta? ¿Y cuando te duele el estómago?
5. ¿Qué haces tú cuando te duele mucho la cabeza?
6. ¿Tú eres alérgico(a) a alguna medicina?
7. ¿Tu médico te ha recetado alguna medicina últimamente?
8. ¿Te has quemado una mano alguna vez?
9. La última vez que te caíste, ¿te lastimaste?
10. ¿Tú sabes limpiar y desinfectar una herida?

23. Una encuesta Interview your classmates to identify who fits the following descriptions. Include your instructor, but remember to use the **Ud.** form when addressing him/her.

	Nombre
1. Se lastimó jugando al fútbol.	_____
2. Toma pastillas para el dolor a veces.	_____
3. Va a ir al médico el mes próximo.	_____
4. No se siente bien hoy.	_____
5. Se ha caído últimamente.	_____
6. Estuvo en la sala de rayos X el mes pasado.	_____
7. Va a tomar una medicina más tarde.	_____
8. Nunca se ha desmayado.	_____
9. Tiene problemas con el estómago a veces.	_____
10. Ha tenido que ir al hospital últimamente.	_____

24. Y ahora... Write a brief summary about what you have learned about your classmates.

25. ¿Cómo lo decimos? What would you say in the following situations? What might the other person say? Act out the scenes with a classmate.

1. You were in an accident and were brought to the hospital. Tell the doctor what happened and where it hurts. Ask him or her any relevant questions you may have regarding your injuries, any procedures the doctor may wish to perform, and your treatment.

2. You and your English-speaking friend are traveling in Spain. Your friend has fallen down the stairs in the hotel, so you take him/her to the doctor. Tell the doctor what happened, and ask any pertinent questions. (Does he/she need crutches? If so, how long must the crutches be used? and so on.)

26. **¿Qué pasa aquí?** In groups of three or four, create a story about the people in the illustrations. Say who they are, what happened to them, and what they need.

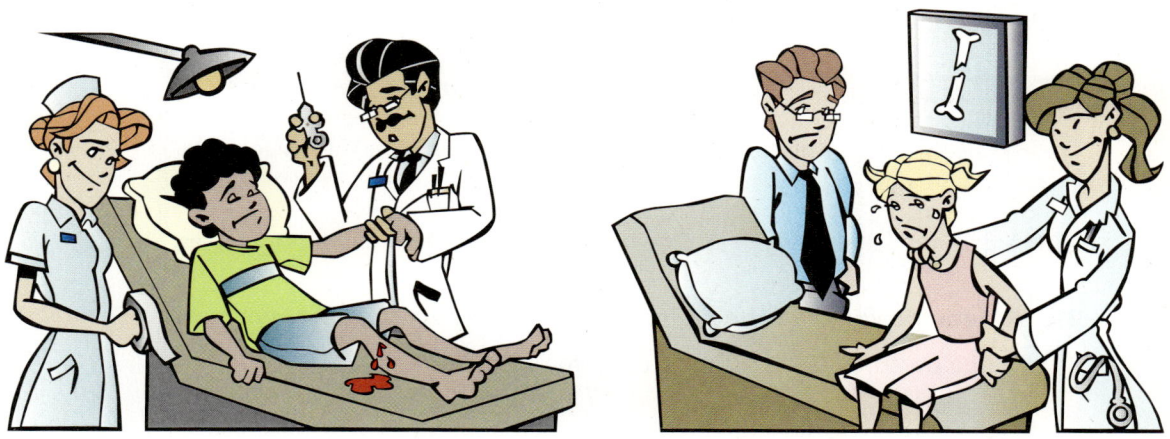

Vamos a escribir

27. **Un accidente** Use your imagination to finish the following story, telling what happened to Julio. Tell how the accident happened, how he got to the hospital, what the doctor said and did, etc.

Eran las ocho de la noche y Julio iba en su coche cuando tuvo un accidente…

Un dicho

Mente sana en cuerpo sano.
This should be everyone's goal! Keep repeating this wise saying in Spanish!

Parador de Almagro, Ciudad Real, España. Un lugar ideal para descansar la mente.

DE TODO UN POCO

🔊 Vamos a escuchar

3-7

28. Dos médicos You are going to hear a conversation between two doctors: Dr. Sergio Vargas and Dr. Alicia Ruiz. They are talking in the cafeteria during a break. Play close attention to what they say. You will then hear ten statements about what you have heard. On a sheet of paper write the numbers 1 to 10 and indicate whether each statement is true **(V)** or false **(F)**.

📖 Vamos a leer

> ▶ **ESTRATEGIA** **Símiles** When reading a poem, you must remember that the poet will often use certain words or phrases to represent some concepts.
> In this poem, the author talks about his "setting sun" **(ocaso)**. This obviously refers to his age, and how he will look at life from the point of view of an older person.
> Take this into account when reading the poem, and try to find other examples.

29. Al leer As you read the poem, find the answers to the following questions.

1. La persona que escribe este poema, ¿es joven?
2. ¿Por qué bendice la vida?
3. ¿Cómo fue su camino?
4. ¿Qué dice el autor que él fue?
5. Cuando extrajo las mieles o la hiel de las cosas, ¿por qué fue?
6. ¿Qué pasó cuando plantó rosales?
7. ¿Qué representa mayo en este poema?
8. ¿El poeta solamente tuvo noches de pena?
9. ¿Qué cosas buenas tuvo?
10. ¿La vida le debe algo? ¿Cómo están él y la vida?

Sobre el autor

Amado Nervo (México, 1870–1919)

Amado Nervo fue uno de los poetas más conocidos de su tiempo. Dejó una enorme obra poética, en la que predominan los temas de la religión, la filosofía y el amor. Entre estos temas, es el amor el que aparece más frecuentemente. Su poesía presenta un amor puro y casto porque su pasión es más espiritual que carnal. Entre sus mejores libros de poemas están Serenidad, La amada inmóvil *y* El arquero divino.

© Agencia el Universal/Newscom

30. Preparación Lea las tres primeras líneas del poema. Sabiendo que el título "En paz" significa "Even", ¿qué cree Ud. que el autor va a decir sobre cómo lo ha tratado la vida y por qué?

En paz

setting sun / *I bless you*	Muy cerca de mi ocaso°, yo te bendigo°, Vida
unfulfilled	porque nunca me diste ni esperanza fallida°
pena... unde- *served sorrow*	ni trabajos injustos, ni pena inmerecida;°
rough	Porque veo al final de mi rudo° camino
own	que yo fui el arquitecto de mi propio° destino:
honey / bile	que si extraje las mieles° o la hiel° de las cosas
	fue porque en ellas puse hiel o mieles sabrosas:
I harvested	cuando planté rosales coseché° siempre rosas.
youth	... Cierto, a mis lozanías° va a seguir el invierno:
but	¡mas° tú no me dijiste que mayo fuese eterno!
I found	Hallé° sin duda largas las noches de mis penas;
	mas no me prometiste tan sólo noches buenas;
	y en cambio tuve algunas santamente serenas...
face	Amé, fui amado, el sol acarició mi faz°.
owe	¡Vida, nada me debes°! ¡Vida, estamos en paz!

Amado Nervo, "en Paz" (1915).

31. Díganos... Answer the following questions, based on your own thoughts and experience.

1. ¿Tú bendices la vida? (*Hint*: yo bendigo)
2. ¿Tú crees que nosotros somos los arquitectos de nuestro propio destino?
3. ¿Has tenido algunas penas en tu vida?
4. ¿Tú crees que todos los seres humanos (*human beings*) sentimos penas a veces?
5. ¿Tú crees que la vida te debe algo o que, hasta ahora, ha sido justa (*fair*) contigo?
6. ¿Cómo usarías las ideas expresadas en este poema para darle consejos a una persona joven?

Cuatro mensajes

3-8 Amalia e Isabel son dos hermanas españolas. Isabel, que no se siente bien hoy, le escribe un correo electrónico a Amalia. Las dos hermanas empiezan a enviarse mensajes.

DE: Isabel

A: Amalia

ASUNTO: Síntomas

Hoy me desperté con dolor de garganta y una temperatura de 40 grados. Estoy tosiendo mucho y me duele la cabeza. Mamá me dijo que pidiera una cita con el médico inmediatamente. Tú eres enfermera… ¿tendré que ir al médico? ¿Tú no podrías darme alguna sugerencia? ¿Sería una buena idea que tomara un jarabe para la tos?

Quizás podría ir a la farmacia y hablar con un farmacéutico. ¿Crees que tengo gripe?

¡Ayúdame! Tu pobre hermana enferma,
Isa

DE: Amalia

A: Isa

ASUNTO: Obedece a mamá

Yo te recomendaría que fueras al médico. Tú necesitas un buen chequeo, especialmente si tienes fiebre. El médico probablemente te recetará un antibiótico.

Si no te cuidas, puedes empeorarte, y esto puede convertirse en pulmonía.

Llama al médico enseguida y pregúntale si puede verte hoy mismo. Por suerte, el doctor Silva está en su consultorio los viernes y te puede examinar. Quizás necesitarás algunos análisis también.

Espero que te mejores pronto.
Amalia

3-9 **DE:** Isa

A: Amalia

ASUNTO: Mi trabajo

Si yo no tuviera que trabajar, iría al médico, pero tengo mucho trabajo en la oficina. ¿Tú crees que lo que yo tengo es una enfermedad contagiosa? ¡No quiero ir a trabajar si voy a contagiar a mis compañeros de trabajo!

Pero, Amalia… ¡Odio ir al médico! Siempre me pesan… La última vez que me subí a la balanza, la enfermera me preguntó si estaba embarazada…

Yo no creo que esto sea grave. ¿Qué piensas tú?

Isa

DE: Amalia

A: Isa

ASUNTO: Una amenaza

¡No seas terca! ¡Si no vas al médico, yo iré a tu casa y te llevaré a la fuerza!

Te quiero mucho,

Amalia

Hablemos

1. **Sobre los correos electrónicos** You and a classmate take turns asking and answering the following questions. Base your answers on the e-mails.

   1. ¿Isabel se despertó con dolor de garganta o dolor de estómago? ¿Qué más le duele?
   2. ¿Qué le dijo su mamá que pidiera inmediatamente?
   3. ¿Qué pregunta Isabel si su hermana podría darle?
   4. ¿Adónde dice Isabel que podría ir? ¿Con quién podría hablar?
   5. ¿Por qué dice Amalia que Isa debe ir al médico?
   6. ¿Qué dice Amalia que el médico probablemente le recetará?
   7. ¿Qué dice Amalia que Isa debe preguntarle al médico?
   8. Si lo que Isa tiene es una enfermedad contagiosa, ¿qué no quiere hacer ella? ¿Por qué?
   9. ¿Qué es lo que Isa odia hacer?
   10. La última vez que Isa se subió a la balanza, ¿qué le preguntó la enfermera?
   11. ¿Qué hará Amalia si Isa no va al médico: irá a visitarla o la llevará al médico a la fuerza?
   12. ¿Amalia quiere a su hermana?

2. **Entrevista** With a classmate, take turns asking and answering the following questions.

   1. ¿Tú sabes cuáles son los síntomas de la gripe?
   2. ¿Qué tomas cuando te duele la cabeza?
   3. ¿Cuándo fue la última vez que tu médico(a) te hizo un buen chequeo?
   4. ¿Tú has tenido pulmonía alguna vez?
   5. ¿Tú vas a trabajar si tienes fiebre?
   6. ¿Tu médico(a) está en su consultorio los viernes?
   7. ¿Tú vienes a la universidad si tienes una enfermedad contagiosa?
   8. ¿Tú eres terco(a)?

VOCABULARIO

Cognados

el antibiótico
contagioso(a)
la farmacia
inmediatamente
el síntoma
la temperatura

Nombres

la amenaza	threat
la balanza	scale
el chequeo	checkup
el (la) compañero(a) de trabajo	co-worker
el consultorio	doctor's office
la enfermedad	disease, illness
el (la) farmacéutico(a)	pharmacist
la fiebre	fever
el grado	degree
la gripe	flu
el jarabe	syrup
la pulmonía	pneumonia
la sugerencia	suggestion
la tos	cough

Verbos

contagiar	to transmit (a disease)
convertirse en (e > ie)	to turn into
cuidar(se)	to take care (of oneself)
empeorar(se)	to get worse
examinar	to examine, to check
mejorar(se)	to get better
obedecer (yo obedezco)	to obey
odiar	to hate
pesar	to weigh
querer (e > ie)	to love
recetar	to prescribe
subir(se)	to get on
toser	to cough

Adjetivos

embarazada, en estado, encinta	pregnant
grave, serio(a)	serious
terco(a)	stubborn

Otras palabras y expresiones

a la fuerza	by force
el dolor de garganta	sore throat
en seguida, enseguida	right away
hoy mismo	this very day
la última vez	the last time
pedir una cita (un turno)	to make an appointment
por suerte, afortunadamente	luckily, fortunately

Detalle cultural

En los países de habla hispana se mide la temperatura en grados *Celsius*, a los que también se les llama *centígrados*. En la escala Celsius, 0° (temperatura de fusión del hielo) corresponde a 32° Fahrenheit. En el ejemplo, 40° Celsius corresponden a 104° Fahrenheit.

➤ ¿Sabe Ud. convertir grados Farenheit a centígrados?

Detalle cultural

En muchos países hispanos, en cada barrio *(neighborhood)* hay una "farmacia de turno" que ofrece servicios durante la noche. A cada farmacia le corresponde estar abierta un día diferente de la semana. Un letrero en las farmacias cerradas indica dónde están las farmacias abiertas.

➤ ¿Hay en su ciudad farmacias que están abiertas 24 horas al día?

Más sobre el tema

Más sobre la salud

la presión	alta	high pressure
	baja	low pressure
	normal	normal pressure
el seguro médico		health insurance

Medicinas

Debe tomar	un antiácido	antacid
	un calmante	tranquilizer, pain killer
	un sedativo, un sedante	sedative
	vitaminas	vitamins

Algunos especialistas

el (la) cardiólogo(a)	cardiologist
el (la) cirujano(a)	surgeon
el (la) dermatólogo(a)	dermatologist
el (la) ginecólogo(a)	gynecologist
el (la) oculista	oculist
el (la) pediatra	pediatrician

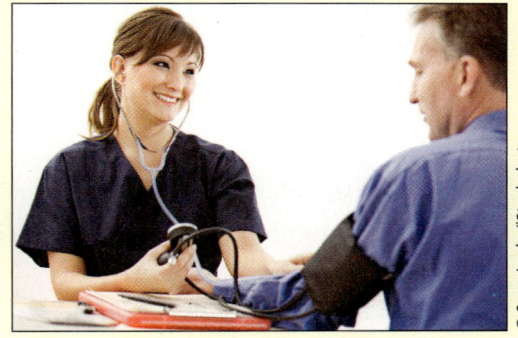

El Sr. Leiva tiene la presión un poco alta.

De país a país

la gripe la gripa *(Méx., Col.)*
el seguro la aseguranza *(Méx.)*

En el botiquín *(Medicine cabinet)*

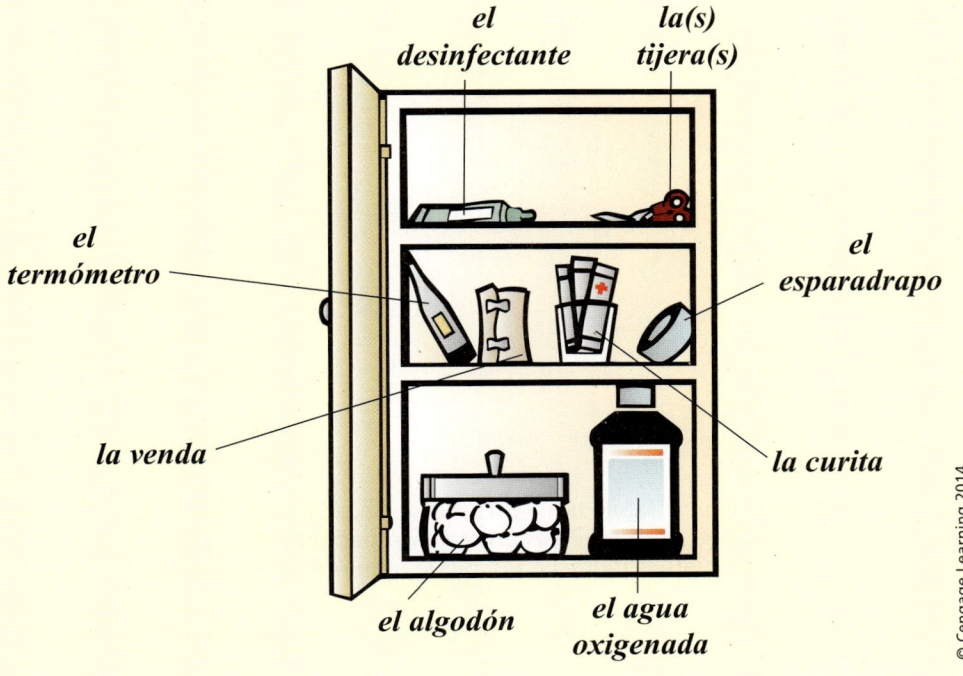

el desinfectante
la(s) tijera(s)
el termómetro
el esparadrapo
la venda
la curita
el algodón
el agua oxigenada

© Cengage Learning 2014

VOCABULARIO

Para practicar el vocabulario

3. Preguntas y respuestas With a classmate, match the questions in column A with the answers in column B.

A

1. ¿Qué te recetó el médico? _____
2. ¿Para cuándo tienes turno? _____
3. ¿Se mejoró? _____
4. ¿Necesitas la medicina ahora? _____
5. ¿Tiene gripe? _____
6. ¿Con quién vas a hablar? _____
7. ¿Debo volver mañana? _____
8. ¿Es Ud. alérgica a alguna medicina? _____
9. ¿Rita tiene que pagar la cuenta? _____
10. ¿Tiene la presión alta? _____
11. ¿Qué va a hacer la enfermera? _____
12. ¿Qué vas a comprar? _____

B

a. Con el farmacéutico.
b. Sí, voy a la farmacia.
c. No, normal.
d. Sí, a algunos antibióticos.
e. Lo va a pesar.
f. Para hoy mismo.
g. Sí, porque no tiene seguro.
h. Sí, pero puede convertirse en pulmonía.
i. Un jarabe para la tos.
j. Una balanza.
k. No, se empeoró.
l. No, no es necesario.

4. ¿Qué debo tomar? Tell me what I have to take if I have the following.

1. Tengo acidez.
2. Estoy muy nervioso(a).
3. Estoy muy débil (weak).
4. Me duele una rodilla.
5. Tengo una infección.
6. Tengo tos.
7. Tengo fiebre.
8. Tengo pulmonía.

5. ¿A qué especialista debo ver? Tell me whom to see...

1. si mi hijo pequeño está enfermo
2. si estoy embarazada
3. si no veo bien
4. si necesito una operación
5. si tengo problemas del corazón
6. si tengo acné

> **Detalle cultural**
> Especialmente en las grandes ciudades hispanas, la medicina está muy avanzada, pero en muchos pueblos (towns) remotos no hay hospitales ni médicos. En esos lugares, especialmente en Latinoamérica, hay curanderos (healers) que recomiendan hierbas (herbs) o tés, o que usan remedios naturales tradicionales para sus curas.
>
> ➤ En su país, ¿hay algunas personas que usan hierbas medicinales para curar ciertas enfermedades?

6. En nuestro botiquín With a classmate, mention eight items you need for your medicine cabinet.

 7. En el consultorio del médico You and a classmate use your imagination to indicate the following.

1. los síntomas de la paciente
2. lo que el médico le pregunta
3. lo que el médico le receta y lo que le dice que haga
4. si la paciente va a necesitar análisis y si va a necesitar radiografías

Now write a dialogue of about eight lines between the doctor and the patient.

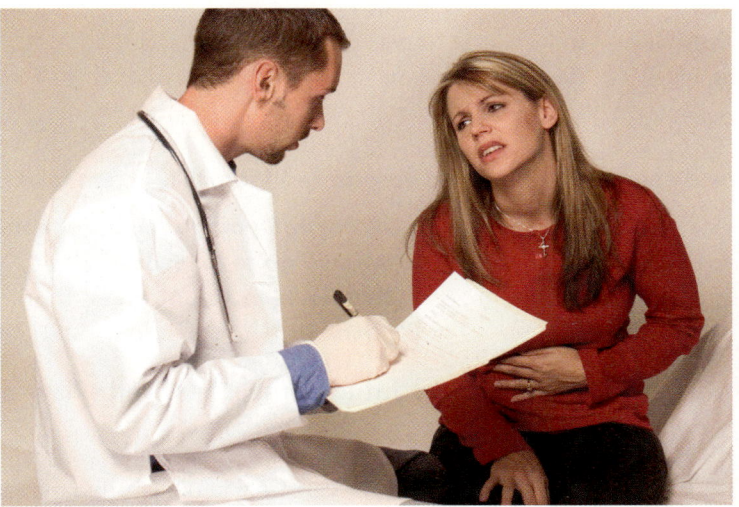

© Bob Pardue-Medical Lifestyle / Alamy

 3-10

Pronunciación

Pronunciation in context In this lesson, there are some words or phrases that may be challenging to pronounce. Listen to the following sentences. Then pronounce the sentences.

1. Hoy me desperté con dolor de **garganta** y una **temperatura** de 40 grados.

2. Mamá me dijo que **pidiera** un **turno** con el médico.

3. ¿Tú me **podrías** dar alguna **sugerencia**?

4. Quizás podrías ir a la **farmacia** y hablar con el **farmacéutico.**

5. El médico **probablemente** te **recetará** un **antibiótico.**

6. ¿Tú crees que lo que tengo es una **enfermedad contagiosa**?

1 Future tense *(Futuro)*

❯ Most Spanish verbs are regular in the future, and the infinitive serves as the stem of almost all verbs. The endings are the same for all three conjugations.

Formation of the Future Tense			
Infinitive		*Stem*	*Endings*
trabajar	yo	trabajar-	é
aprender	tú	aprender-	ás
escribir	Ud., él, ella	escribir-	á
entender	nosotros(as)	entender-	emos
ir	vosotros(as)	ir-	éis
dar	Uds., ellos, ellas	dar-	án

¡Atención! Note that all the endings, except that of the **nosotros(as)** form, take accent marks.

—¿Adónde **irán** Uds. esta tarde?	*"Where **will you go** this afternoon?"*
—**Iremos** al consultorio del Dr. Báez.	*"**We will go** to Dr. Baez's office."*
—¿Él **estará** en su consultorio?	*"**Will he be** in his office?"*
—Yo creo que sí.	*"I think so."*

❯ A small number of Spanish verbs are irregular in the future tense. These verbs have an irregular stem; however, the endings are the same as those for regular verbs.

Irregular Future Stems		
Infinitive	*Stem*	*First-Person Sing.*
decir	dir-	**diré**
hacer	har-	**haré**
querer	querr-	**querré**
saber	sabr-	**sabré**
poder	podr-	**podré**
poner	pondr-	**pondré**
salir	saldr-	**saldré**
tener	tendr-	**tendré**
venir	vendr-	**vendré**

Yo no **vendré** a la universidad mañana porque **tendré** que trabajar, pero **saldré** con mis amigos el viernes.

I will not come to the university tomorrow because I will have to work, but I will go out with my friends on Friday.

¿Podrá terminar estas cartas para las seis?

—¿A qué hora **saldrán** para
  el hospital?

—**Saldremos** tan pronto como
  lleguen mis padres.

—¿**Podrás** venir mañana?

—Sí, **vendré** a menos que llueva.

*"At what time **will you leave**
  for the hospital?"*

*"**We will leave** as soon as my
  parents arrive."*

*"**Will you be able** to come tomorrow?"*

*"Yes, **I will come** unless it rains."*

¡Atención! The future of **hay** (impersonal form of **haber**) is **habrá**.

¿**Habrá** una conferencia?   **Will there be** *a lecture?*

❯ Uses of the future tense

▪ The English equivalent of the Spanish future tense is *will* or *shall* plus a verb. As you have already learned, Spanish also uses the construction **ir a** plus an infinitive, or the present tense with a time expression, to refer to future actions, events, or states.

Esta noche **iremos** al cine.   *Tonight **we will go** to the movies.*
Esta noche **vamos a ir** al cine.   *Tonight **we're going to go** to the movies.*
Esta noche **vamos** al cine.   *Tonight **we're going** to the movies.*

❯ Unlike English, the Spanish future is *not* used to express willingness. In Spanish, willingness is expressed by the verb querer.

—¿**Quieres** llamar a Eva?   *"**Will you** call Eva?"*

—Ahora no puedo.   *"I can't now."*

Práctica y conversación

8. ¿Qué harán? Rewrite the following sentences, using the future tense. Follow the model.

Modelo   Voy a comprar un jarabe y se lo voy a dar a Carlos.
Compraré un jarabe y se lo daré a Carlos.

1. La Sra. Paz va a llamar al médico y va a preguntar si puede ir hoy.
2. La recepcionista le va a pedir la tarjeta de seguro médico y le va a decir que se siente.
3. La enfermera la va a pesar y le va a tomar la presión.
4. El médico le va a hacer un chequeo y le va a decir que se cuide.
5. La Sra. Paz va a ir a la farmacia y va a comprar la medicina.
6. Yo voy a tener que llevar a los niños a su casa porque la Sra. Paz no va a poder llevarlos.

9. El verano pasado The following paragraph describes what happened last summer. Change all the verbs to the future to indicate what will happen in the upcoming summer.

> El verano pasado, mi familia y yo **fuimos** a California. **Estuvimos** en San Diego por una semana. **Alquilamos** un apartamento cerca de la playa y unos amigos madrileños **vinieron** a quedarse con nosotros. Diego y Jaime **hicieron** surfing. Mi padre **pasó** un par de días pescando, y Gloria y yo **buceamos, tomamos** el sol y por la noche **salimos** con unos amigos. **Nos divertimos** mucho pero **tuvimos** que volver para empezar las clases.

10. Planes para las vacaciones In groups of three, tell each other three or four things you plan to do to have a restful summer vacation, using the future tense. Your classmates may ask for more details.

2 Conditional tense (Condicional)

> Like the future, the Spanish conditional uses the infinitive as the stem for most verbs and has only one set of endings for all three conjugations.

Formation of the Conditional Tense

Infinitive		Stem	Endings
trabajar	yo	trabajar-	ía
aprender	tú	aprender-	ías
escribir	Ud., él, ella	escribir-	ía
dar	nosotros(as)	dar-	íamos
hablar	vosotros(as)	hablar-	íais
preferir	Uds., ellos, ellas	preferir-	ían

—Me **gustaría** ir al parque.   "*I **would like** to go to the park.*"
—Nosotros **preferiríamos** ir a la piscina. "***We would prefer** to go to the pool.*"
—Voy a invitar a Julia.   "*I'm going to invite Julia.*"
—Yo no la **invitaría**.   "*I **would** not **invite** her.*"

> The verbs that are irregular in the future tense have the same irregular stems in the conditional. The endings are the same as those for regular verbs.

Irregular Conditional Stems		
Infinitive	Stem	First-Person Sing.
decir	dir-	**diría**
hacer	har-	**haría**
querer	querr-	**querría**
saber	sabr-	**sabría**
poder	podr-	**podría**
poner	pondr-	**pondría**
salir	saldr-	**saldría**
tener	tendr-	**tendría**
venir	vendr-	**vendría**

—**Yo** no **sabría** qué hacer.   "*I **would** not **know** what to do.*"
—**Yo diría** la verdad.   "*I **would tell** the truth.*

¡**Atención!** The conditional of **hay** (impersonal form of **haber**) is **habría**.

Dijo que **habría** una reunión.   *He said **there would be** a meeting.*

No sé...yo no lo lavaría aquí.

© Cengage Learning 2014

❯ **Uses of the conditional**

■ The Spanish conditional is equivalent to the English *would* plus a verb.

—¿Qué **harías** tú?   *"What **would you do**?"*
—Yo **iría** al médico.   *"**I would** go to the doctor."*

■ In Spanish, the conditional is also used to soften a request or to express politeness.

—¿**Podrías** venir un momento?   *"**Could you** come for a minute?"*
—Sí, en seguida.   *"Yes, right away."*

🌐 Práctica y conversación

11. En el consultorio de la Dra. Peña While waiting in Dr. Peña's office you overhear the following exchanges. Complete them, using the conditional of the verbs given.

1. —Carlitos tiene acné. Yo lo (llevar) _____ a un buen dermatólogo. ¿Tú crees que la Dra. Peña (poder) _____ recomendarme uno?

   —Sí, esa (ser) _____ una buena idea. Yo se lo (preguntar) _____.

2. —Mamá está muy nerviosa y no sé qué hacer.

   —Yo le (dar) _____ un sedante.

   —Eso (ser) _____ muy difícil porque ella no lo (tomar) _____ .

3. —¿Tú crees que Ana y yo (poder) _____ ir al hospital a ver a Jorge?

   —Yo no (ir) _____ hoy porque acaban de operarlo.

   —Pues sus padres dijeron que ellos lo (visitar) _____ esta noche.

4. —Mi hijo tiene mucha acidez. ¿Qué le (recomendar) _____ tú?

   —Yo le (sugerir) _____ tomar un buen antiácido. Creo que (mejorar) _____ pronto.

5. —Pedro quiere que yo le compre un seguro médico; ¿qué (hacer) _____ tú en mi caso? ¿Se lo (comprar) _____?

   —Bueno, yo no se lo (comprar) _____.

12. Recomendaciones In groups of three or four, decide what you would recommend to a friend who has health problems, doesn't exercise **(no hace ejercicio)**, and has bad eating habits. Compare your recommendations with those of other groups, and select the best ones.

Summary of the Tenses of the Indicative (*Resumen de los tiempos del indicativo*) Simple Tenses			
	-ar	**-er**	**-ir**
Presente	hablo	como	vivo
Pretérito	hablé	comí	viví
Imperfecto	hablaba	comía	vivía
Futuro	hablaré	comeré	viviré
Condicional	hablaría	comería	viviría

Compound Tenses			
Pretérito perfecto	**he** hablado	**he** comido	**he** vivido
Pretérito pluscuamperfecto	**había** hablado	**había** comido	**había** vivido
Futuro perfecto[1]	**habré** hablado	**habré** comido	**habré** vivido
Condicional perfecto[1]	**habría** hablado	**habría** comido	**habría** vivido

Práctica y conversación

 13. Entrevista a un(a) compañero(a) Interview a classmate, asking the following questions.

1. ¿Cuánto tiempo hace que estudias español? ¿El español es fácil o difícil?
2. ¿En qué año empezaste a estudiar español? ¿Tomaste español en la escuela secundaria?
3. ¿Quién fue tu profesor(a) de español el semestre pasado? ¿Aprendiste mucho?
4. ¿Habías hablado con el (la) profesor(a) antes de comenzar esta clase?
5. ¿Sabías un poco de español antes de venir a la universidad? ¿Conocías a personas de habla hispana?
6. ¿Continuarás estudiando español? ¿Estudiarás otro idioma?
7. ¿Qué tendrás que hacer para hablar español perfectamente? ¿Lo harás?
8. ¿Has visitado algún país de habla hispana? ¿Has viajado a otros estados?
9. ¿En qué país de habla hispana te gustaría vivir? ¿Cuál te gustaría visitar?
10. ¿Qué ciudades importantes de los Estados Unidos has visitado? ¿Cuál te ha gustado más?
11. ¿Qué te gustaba hacer cuando estabas en la escuela secundaria? ¿Trabajabas o solamente estudiabas?
12. ¿Qué películas has visto últimamente? ¿Has ido al teatro recientemente?
13. ¿Qué tuviste que hacer hoy antes de venir a la clase? ¿Adónde fuiste ayer? ¿Qué hiciste?
14. ¿A qué hora te levantaste hoy? ¿Qué tuviste que hacer antes de venir a clase?

[1] Optional material. See pages 363–368.

3 The imperfect subjunctive (*El imperfecto de subjuntivo*)

Forms

> To form the imperfect subjunctive of all Spanish verbs —regular and irregular—drop the **-ron** ending of the third-person plural of the preterit and add the following endings to the stem.

Imperfect Subjunctive Endings	
-ra	-´ramos
-ras	-rais
-ra	-ran

¡Atención! Notice that an accent mark is required in the **nosotros(as)** form:

… que nosotros **habláramos**

… que nosotros **fuéramos**

	Forms of the Imperfect Subjunctive		
Verb	**Third-Person Preterit**	**Stem**	**First-Person Sing. Imperf. Subjunctive (-ra form)**
hablar	habla**ron**	habla-	**hablara**
aprender	aprendie**ron**	aprendie-	**aprendiera**
vivir	vivie**ron**	vivie-	**viviera**
dejar	deja**ron**	deja-	**dejara**
ir	fue**ron**	fue-	**fuera**
saber	supie**ron**	supie-	**supiera**
decir	dije**ron**	dije-	**dijera**
poner	pusie**ron**	pusie-	**pusiera**
pedir	pidie**ron**	pidie-	**pidiera**
estar	estuvie**ron**	estuvie-	**estuviera**

¡Atención! The imperfect subjunctive of **hay** (impersonal form of **haber**) is **hubiera**.

🌐 Práctica

14. Conjugación Supply the imperfect subjunctive forms of the following verbs.

1. *que yo:* llenar, comer, vivir, decir, ir, admitir
2. *que tú:* dejar, atender, abrir, poner, estar, elegir
3. *que él:* volver, dormir, pedir, tener, alquilar, traer
4. *que nosotros:* ver, ser, entrar, saber, hacer, pedir
5. *que ellas:* leer, salir, llegar, sentarse, aprender, poder

Uses

> The imperfect subjunctive is always used in a subordinate clause when the verb of the main clause calls for the subjunctive and is in the past or the conditional.

Mamá me dijo que pusiera la mesa, pero no me dijo dónde...

—¿Por qué no compraste los billetes?   *"Why didn't you buy the tickets?"*

—**Temía** que no **pudiéramos** viajar hoy.   *"I was afraid we would**n't be able** to travel today."*

> When the verb of the main clause is in the present, but the subordinate clause refers to the past, the imperfect subjunctive is often used.

—Oscar es un muchacho muy simpático.   *"Oscar is a very charming young man."*

—¡Sí! **Me alegro** de que **viniera** a vernos ayer.   *"Yes! **I'm glad** (that) **he came** to see us yesterday."*

🌐 Práctica y conversación

15. Instrucciones Indicate what Dr. Peña told some of her patients to do. Follow the model.

Modelo Sra. Paz, descanse.
Le dijo a la Sra. Paz que descansara.

1. Sr. Mena, tome un jarabe para la tos.
2. Elena y Sara, pidan turno para mañana.
3. Srta. Rivas, vaya a ver a un oculista.
4. Sra. Ruiz, hable con la recepcionista.
5. Sr. López, esté aquí mañana a las ocho. Venga en ayunas *(fasting)*.
6. Miguel y Pablo, pídanle la receta a la enfermera.
7. Señores, espérenme unos minutos.
8. Señora, abra la boca y diga "ah".
9. Señor, súbase a la balanza.
10. Señora, dele un calmante a su papá.

16. Mi primera cita In groups of three, talk about what your parents told you to do and what not to do when you went out on your first date.

4 *If*-clauses *(Cláusulas que comienzan con si)*

> When a clause introduced by **si** refers to a situation that is hypothetical or contrary to fact, **si** is always followed by the imperfect subjunctive.

Contrary-to-fact

—**Si** yo **tuviera** dinero, le daría   *"**If I had** money, I would give*
  1 000 dólares a mi hijo.   *my son a thousand dollars."*

—**Si** yo **fuera** tú, no le   *"**If I were** you, I wouldn't give*
  daría nada.   *him anything."*

¡Atención! Note that the imperfect subjunctive is used in the *if*-clause, while the conditional is used in the main clause.

Si yo **tuviera** dinero, le **daría**   *If **I had** money, **I would give***
  1 000 dólares a mi hijo.   *a thousand dollars to my son.*

> When the *if*-clause refers to something that is likely to happen or possible, the indicative is used.

—¿**Puedes** llevar a mi papá al cardiólogo?   *"**Can you** take my dad to the cardiologist?"*
—Lo llevaré si **tengo** tiempo.   *"I will take him if **I have** time."*

¡Atención! The present subjunctive is never used in an *if*-clause.

> The imperfect subjunctive is always used after the expression **como si** *(as if)* because it implies a condition that is contrary to fact.

—Marcos dice que necesito un antibiótico.   *"Marcos says that I need an antibiotic."*
—Sí, él habla **como si supiera**   *"Yes, he talks **as if he knew** something*
  algo de medicina.   *about medicine."*

---

17. ¿Promesas o excusas? Complete each of the following statements with the correct form of the verb in parentheses. Use the imperfect subjunctive or the present indicative.

1. Si yo (tener) _____ tiempo, te llevaré al médico.
2. Si nosotros (poder) _____, compraríamos las medicinas.
3. Si Elba (comprar) _____ las tijeras, podemos ponerlas en el botiquín.
4. Si mis padres me (dar) _____ dinero, yo podría pagar el seguro médico.
5. Si tú (venir) _____ temprano, podremos llevar a los niños al pediatra.
6. Si Uds. (traer) _____ a Nora, el doctor podría examinarla.

18. Si... Referring to the pictures on the next page for ideas, tell what the following people would do if circumstances were different.

Modelo Yo no tengo dinero. Si...
    Si yo tuviera dinero, viajaría.

1. Ellos no tienen hambre. Si…

_____

2. Nosotros no podemos estudiar hoy. Si…

_____

3. Tú tienes que trabajar. Si no…

_____

4. Uds. no van a la fiesta. Si…

_____

5. Hoy es sábado. Si…

_____

6. El coche funciona. Si…

_____

7. Laura no está enferma. Si…

_____

8. La señora Soto no tiene el periódico. Si…

_____

19. Si las cosas fueran diferentes In groups of three or four, discuss what you would do if circumstances in your lives were different. Include place of residence, schooling, work, and so on.

Summary of the Uses of the Subjunctive *(Resumen de los usos del subjuntivo)* *Subjunctive vs. Infinitive*	
Use the subjunctive…	Use the infinitive…
1. After verbs of volition (when there is a change of subject). **Yo** quiero que **él salga.**	**1.** After verbs of volition (when there is no change of subject). **Yo** quiero **salir.**
2. After verbs of emotion (when there is a change of subject). **Me** alegro de que **tú estés** aquí.	**2.** After verbs of emotion (when there is no change of subject). **Me** alegro de **estar** aquí.
3. After impersonal expressions (when there is a subject). Es necesario que **él estudie.**	**3.** After impersonal expressions (when speaking in general). Es necesario **estudiar.**

Subjunctive vs. Indicative	
Use the subjunctive…	Use the indicative…
1. To refer to something indefinite or nonexistent. Busco una casa que **sea** grande. No hay nadie que lo **sepa.**	**1.** To refer to something that exists or is specific. Tengo una casa que **es** grande. Hay alguien que lo **sabe.**
2. If the action is to occur at some indefinite time in the future as a condition of another action. Cenarán cuando él **llegue.**	**2.** If the action has been completed or is habitual. Cenaron cuando él **llegó.** Siempre cenan cuando él **llega.**
3. To express doubt, disbelief, and denial. Dudo que **pueda** venir. Niego que él **esté** aquí. No creo que él **venga.**	**3.** When there is no doubt, disbelief, or denial. No dudo que **puede** venir. No niego que él **está** aquí. Creo que él **viene.**
4. In an *if*-clause, to refer to something contrary to fact, impossible, or very improbable. Si **pudiera,** iría. Si el presidente me **invitara** a la Casa Blanca, yo aceptaría.	**4.** In an *if*-clause, when referring to something that is factual, probable, or very possible. Si **puedo,** iré. Si Juan me **invita** a su casa, aceptaré.

🌐 Práctica y conversación

20. El correo electrónico de Marisa Marisa wrote this e-mail to her parents from Sevilla. Complete it, using the subjunctive, indicative, or infinitive of the verbs that appear in parentheses.

DE: Marisa

A: Mamá y papá

ASUNTO: Sevilla

Queridos papá y mamá:

Recibí la tarjeta que me mandaron de Acapulco. Me alegro de que se (estar) _____ divirtiendo; cuando (volver) _____ a México el año próximo, yo quiero (ir) _____ con Uds. También me gustaría que Uds. (poder) _____ visitar Sevilla, porque es una ciudad magnífica.

Ana y yo encontramos un piso que (estar) _____ en el centro, cerca de la universidad. Si Uds. (decidir) _____ venir a visitarme, tenemos un dormitorio extra. No creo que los padres de Ana (poder) _____ venir, como nos habían dicho, porque no les dan vacaciones.

Mamá, es verdad que la comida de aquí (ser) _____ muy buena, pero no hay nadie que (cocinar) _____ tan bien como tú, así que en cuanto yo (llegar) _____ a California, quiero que me (hacer) _____ tu famoso pollo con mole[1].

Ayer fuimos con unos amigos a visitar la mezquita y después fuimos a un café en el barrio Santa Cruz. ¡Me estoy enamorando de Sevilla! Si (poder) _____, me quedaría a vivir aquí. ¡No se rían! Ya sé que no puedo vivir lejos de ustedes.

Díganle a Héctor que quiero que me (escribir) _____ y me (contar) _____ cómo le va en la universidad.

Besos,

Marisa

21. **¿Qué recuerdan Uds.?** With a classmate, prepare five or six questions about Marisa's e-mail. Then join two classmates and ask them your questions and answer theirs.

22. **Preguntas** In groups of three, prepare three questions to ask your instructor. Use the subjunctive, the indicative, or the infinitive as appropriate. The class will then interview the professor. Ask follow-up questions whenever possible.

[1] **Mole**, a sauce made with many spices and unsweetened chocolate, is used in Mexican cuisine.

💬 Vamos a conversar

23. Para conocernos mejor Get to know a classmate better by asking each other the following questions.

1. ¿Necesitas que el (la) médico(a) te examine?
2. ¿El consultorio de tu médico(a) está cerca de tu casa?
3. ¿Eres alérgico(a) a alguna medicina o comida?
4. ¿Qué tomas cuando tienes dolor de cabeza? ¿Te duele la cabeza frecuentemente?
5. ¿Has tenido que tomar un sedante alguna vez? ¿Tu presión es alta, baja o normal?
6. ¿Qué haces cuando tienes gripe? ¿Has tenido pulmonía alguna vez?
7. ¿Has tenido que ir al oculista últimamente? ¿Al dermatólogo?
8. La última vez que fuiste a tu médico, ¿te hizo un buen chequeo? ¿Qué te recetó?
9. ¿Cuándo tendrás que volver a ver al médico? ¿Ya pediste turno?
10. Si tuvieras una enfermedad contagiosa, ¿vendrías a la universidad?

24. Una encuesta Interview your classmates to identify who fits the following descriptions. Include your instructor, but remember to use the **Ud.** form when addressing him/her.

	Nombre
1. No tiene seguro médico.	_____
2. Tiene un termómetro en su botiquín.	_____
3. Tiene turno para ver al médico la próxima semana.	_____
4. Siempre obedece las órdenes del médico.	_____
5. Odia ir al médico.	_____
6. No es alérgico(a) a ningún antibiótico.	_____
7. Se pesa todos los días.	_____
8. Toma antiácidos frecuentemente.	_____
9. Espera poder descansar este fin de semana.	_____
10. Da consejos como si fuera médico(a).	_____

25. Y ahora... Write a brief summary about what you have learned about your classmates.

26. ¿Cómo lo decimos? What would you say in the following situations? What might the other person say? Act out the scenes with a classmate.

1. You have the flu. Tell the doctor what your symptoms are.
2. You are giving advice to someone who has a cold and a bad cough.
3. Tell someone what your mother wants you to do when you are sick.

27. **¿Qué dice aquí?** Read the ad, and answer the questions that follow.

1. Si una persona necesita perder peso *(weight)*, ¿a qué médico debe ir?
2. ¿Cuál es la especialidad del Dr. Luis Díaz?
3. Una amiga mía está embarazada. ¿Por qué debe ver a la Dra. Vega?
4. ¿Qué servicios ofrece el Dr. Vargas?
5. Hace tiempo que no voy al médico. ¿Por qué debo ver a la Dra. López?
6. ¿Puedo ir al Centro Médico Regional el sábado? ¿Por qué?

CENTRO MÉDICO REGIONAL

Para el cuidado de la salud de toda la familia

Alonso Cano 192, Madrid • TE.: 3-27-93-84

Dra. Rita López
Medicina general
 Exámenes físicos completos
 Programas para controlar el peso
 Alergias

Dr. Rafael Vargas
Oculista
 Examen completo de la vista
 Anteojos y lentes de contacto
 Cirugía con láser

Dr. Luis Díaz
Dermatólogo
 Enfermedades de la piel
 Acné

Dra. Marta Vega
Ginecóloga Obstetra
 Pruebas de embarazo
 Mamografías

Horas de consulta:
Lunes a viernes, de 8 a 5.

Aceptamos todo tipo de seguro

© Cengage Learning 2014

Llamadas de emergencia las 24 horas

✎ Vamos a escribir

28. **Con el doctor** Write a dialogue between you and your doctor. Among the things you might discuss are: symptoms, general questions the doctor might ask, any questions you have, the advice and/or treatment the doctor offers.

■ **Un dicho** ■

Es mejor prevenir que curar.
What does this mean? Have you thought of an English equivalent?

Hospital Universitario Río Hortega, Valladolid.

▶ Vamos a ver

Uno nunca sabe

> ▶ **ESTRATEGIA** **Checking structures and vocabulary** Before you do the first activity with a classmate, be aware of the uses of the imperfect subjunctive and the uses of the *if* clauses in the questions asked. Notice also all words and phrases that refer to health issues. Read the **Avance** to see what the video is about, and try to determine what is going to happen.

Antes de ver el video

 29. Preparación You and a classmate take turns asking and answering the following questions.

1. Cuando diste una fiesta, ¿le pediste a alguien que trajera bebidas?
2. ¿Hay bebidas en tu refrigerador o no hay nada que tomar?
3. Si alguien tiene dolor, náusea y fiebre, ¿tiene síntomas de apendicitis o de gripe?
4. ¿Tú te preocupas demasiado o no te preocupas por nada?
5. ¿Qué tomarías tú si te doliera la cabeza? ¿Eres alérgico(a) a las aspirinas?
6. ¿Tú has tenido problemas de salud últimamente?
7. Si estuvieras enfermo(a), ¿irías al médico o descansarías en tu casa?
8. ¿Conoces a alguien que sea hipocondríaco(a)?
9. ¿Quién estará siempre a tu lado cuando tú necesites ayuda?
10. ¿Te gustaría ser enfermero(a)?

El video

Pablo

Marisa

Avance Marisa y Pablo están estudiando juntos. Él se queja de un montón de problemas físicos y ella le dice que es hipocondríaco. Continúan hablando y los dos admiten que se necesitan el uno al otro *(each other).* ¿Continuarán siendo solamente amigos?

Después de ver el video

👥 **30.** **¿Quién lo dice?** With a classmate, take turns indicating who said the following.

Pablo   Marisa

1. Sí, porque tú necesitarás tener una enfermera a tu lado constantemente.
2. Sí, ¡cuando tenía noventa años! Tú te preocupas demasiado. Volvamos a los libros.
3. Bueno, pero antes me gustaría que me tomaras un poco la temperatura. Creo que tengo fiebre.
4. Porque… bueno… porque yo haría todo lo posible por ayudarte, porque…
5. ¿Me llevarías al médico? ¿Por qué?
6. Y cuando tú me necesites… yo estaré a tu lado también… siempre…

👥 **31.** **¿Qué pasa?** You and a classmate take turns asking and answering the following questions. Base your answers on the video.

1. ¿Qué le pidió Marisa a Victoria?
2. ¿Dónde le pidió que los pusiera?
3. ¿Qué le pide Pablo a Marisa?
4. ¿Qué le pregunta Pablo a Marisa?
5. ¿Qué duda Marisa?
6. A Pablo le duele el pecho. ¿Por qué está preocupado?
7. ¿Cuántos años tenía su abuelo cuando murió?
8. ¿Qué dice Pablo que Marisa tendrá que darle?
9. ¿A qué dice Pablo que es alérgico?
10. ¿Qué haría Marisa si Pablo estuviera enfermo?
11. ¿Pablo piensa que él y Marisa son solamente amigos?
12. ¿Qué dice Marisa que Pablo necesitará tener constantemente?

👥 **32.** **Más tarde** You and a classmate use your imagination to talk about what happens later.

1. ¿Pablo y Marisa continúan siendo amigos o deciden ser novios?
2. ¿Pablo continúa hablando de problemas de salud?
3. ¿Marisa continúa siendo muy paciente con él o pierde la paciencia?
4. ¿Pablo y Marisa continúan saliendo con sus amigos o prefieren salir solos?
5. ¿Pablo le pide a Marisa que se case con él o se enamora *(falls in love)* de otra chica?
6. ¿Los dos terminan sus estudios?
7. ¿Qué pasa en la vida de Pablo y Marisa?
8. ¿Les gustaría conocerlos? ¿Qué les dirían si algún día se encontraran con ellos?

El mundo hispánico

 **España**

Moneda de 1 euro, con la imagen del rey Juan Carlos.

> España forma con Portugal la Península Ibérica, y es el tercer país europeo en cuanto a extensión. Allí se mezclaron° y fundieron° diversos grupos étnicos provenientes° de una gran variedad de civilizaciones; entre ellas, las más importantes fueron la romana, la judía y la árabe°.

mixed / melted
coming

Arabic

> El relieve de España varía desde las cordilleras hasta los valles, llanuras° y extensas mesetas. En los Pirineos, que sirven de frontera con Francia, se encuentran algunos de los picos más altos de Europa.

plains

> Por su clima y sus magníficas playas, España es uno de los países de más turismo en el mundo.

> El sistema de gobierno español es una monarquía constitucional. El actual rey° es Juan Carlos de Borbón. España pertenece a la Unión Europea y su moneda es el euro.

King

> Madrid, la capital, es una ciudad moderna, y hoy en día es uno de los centros de negocios más importantes del mundo. Es una ciudad de gran movimiento y se dice que "Madrid nunca duerme". Sus grandes avenidas, centros culturales, plazas y museos son puntos de atracción turística. A pesar de ser una gran metrópoli, Madrid conserva grandes extensiones de áreas verdes, como el Parque del Buen Retiro, La Rosaleda, el Parque del Oeste y el Prado. En Madrid está el Museo del Prado, uno de los mejores del mundo. Allí se conserva la colección más grande de las obras de pintores españoles como Murillo, Velázquez, El Greco y Goya, entre otros.

> En el norte de España están Barcelona, la segunda ciudad más grande del país, y Pamplona, conocida por sus encierros y sus corridas de toros el día de San Fermín.

Galería del Museo del Prado, Madrid.

> En el sur de España se encuentran Granada, Sevilla y Córdoba, ciudades de gran belleza donde se ve la influencia árabe. La Alhambra de Granada, la Giralda de Sevilla y la Mezquita° de Córdoba son verdaderas joyas arquitectónicas. Sevilla tiene además el maravilloso Parque de María Luisa, donde se encuentra la gran Plaza de España. En esta plaza, construida enteramente de azulejos° de tipo andaluz, están representadas escenas históricas de las cincuenta provincias de España.

Mosque

ceramic tiles

> Las playas de Andalucía, conocidas como la "Costa del Sol", están entre las más famosas atracciones turísticas del país, y son visitadas todo el año gracias a su clima cálido, aun en invierno.

Parque de María Luisa, Sevilla.

> España es rica en tradiciones. Cada provincia tiene sus propios trajes regionales, música, artesanía y cocina típicas.

> Aunque no hay ninguna región española que no produzca su propio vino, Andalucía es la gran tierra del vino, por su gran calidad y variedad. Andalucía es famosa, además, por el cultivo del olivo y, en la música y en la danza, por el flamenco.

exerted > España ha aportado° su influencia al mundo tanto en el campo de la ciencia como en el de la cultura, y ha obtenido Premios Nobel en ambos campos. Entre sus numerosos escritores está Miguel de Cervantes, creador de *Don Quijote*, una de las obras literarias que más ha influido en todo el mundo. Tres grandes pintores del siglo XX, conocidos mundialmente, son españoles: Salvador Dalí, Joan Miró y Pablo Picasso.

"Bailaoras" y "cantaores" de flamenco.

Guernica, del pintor Pablo Picasso.

33. El mundo hispánico y tú With a classmate, take turns asking and answering the following questions.

1. ¿Cuáles son las tres civilizaciones más importantes que se mezclaron en España? ¿Qué sirve de frontera entre España y Francia? ¿Qué sistema de gobierno tiene? ¿Qué sistema de gobierno hay en los Estados Unidos?

2. ¿Qué se dice de Madrid? ¿Qué museo importante hay en Madrid? ¿Los cuadros de qué pintores importantes encontramos allí? ¿Cuál es el museo más famoso de tu país?

3. ¿Qué tiene cada provincia de España? ¿Por qué es famosa Andalucía? ¿Quién es el creador de *Don Quijote*? ¿Qué escritores famosos de tu país conoces?

COMPRUEBE CUÁNTO SABE

Lección 13

A. Subjunctive to express doubt Complete the following sentences, using the subjunctive or the indicative of the verbs in parentheses.

1. Estoy seguro de que ellos (ser) _____ alérgicos a las fresas.
2. Dudo que ella (estar) _____ en el hospital.
3. No estoy seguro de que él (poder) _____ llevarnos al hospital.
4. Estamos seguros de que ellos (venir) _____ hoy.
5. No dudo que ellos (servir) _____ el almuerzo a esa hora.
6. Mis padres dudan que ella (saber) _____ el nombre del médico.
7. Elsa está segura de que los análisis (estar) _____ listos.
8. Ellos dudan que Luis (tener) _____ las muletas.

B. Subjunctive to express disbelief and denial Rewrite each sentence, using the subjunctive or the indicative, as appropriate.

1. Están llamando la ambulancia. (No es cierto que…)
2. Ellos se quedan en el hospital. (No creo que…)
3. Ella prefiere venir con nosotros. (Es verdad que ella…)
4. Cobran 50 dólares por las radiografías. (Creo que…)
5. Raúl tiene una fractura. (No es verdad que…)
6. Ella está en el hospital. (Luis niega que…)
7. El doctor Rojas nos atiende. (Es cierto que…)
8. Yo continúo tomando la medicina. (No es verdad que…)

C. Subjunctive with certain conjunctions Complete each sentence with the Spanish equivalent of the word(s) in parentheses.

1. Voy a llamar al médico en cuanto ellos _____. (finish)
2. No vamos a menos que _____ ir con él. (we can)
3. Voy a llamar a la enfermera para que nos _____ la radiografía. (bring)
4. Vamos a ir tan pronto como ellos _____ a servir la comida. (begin)
5. Siempre voy a ese hospital cuando _____. (I need a doctor)
6. En cuanto yo _____ a casa, voy a llamar a mis padres. (arrive)
7. Aunque _____, vamos al comedor. (I'm not hungry)
8. Mañana vamos a ir al cine aunque _____. (it may rain)

D. First-person plural commands Answer the following questions, using the information provided in parentheses and first-person plural (**nosotros**) commands.

1. ¿Dónde nos quedamos? (aquí)
2. ¿A quién se lo decimos? (a nadie)
3. ¿A qué hora nos levantamos? (a las siete)
4. ¿Qué preguntamos? (el precio de los análisis)
5. ¿A quién se lo damos? (a la enfermera)
6. ¿Adónde vamos? (a la sala de rayos X)

E. **¿Qué? and ¿cuál? with ser** Complete the following, using **qué** or **cuál**.

1. ¿ _____ es tu dirección?
2. ¿ _____ es tu número de teléfono?
3. ¿ _____ es el béisbol?
4. ¿ _____ es una enchilada?
5. ¿ _____ es su opinión?

F. **Vocabulary** Write the vocabulary words from **Lección 13** that correspond to the following words or descriptions.

1. Trabaja con el médico.
2. parte del brazo
3. perder el conocimiento
4. Tenemos diez en las manos.
5. Tenemos treinta y dos en la boca.
6. suceder
7. tener dudas
8. seguir
9. La usamos para subir y bajar.
10. Las uso para caminar.
11. Los necesitamos para ver.
12. Está dentro de la boca.
13. quebrarse
14. instrumento musical

G. **More vocabulary** Match the questions in column A with the answers in column B.

A	B
1. ¿Qué te duele? _____	a. Sí, y está hinchado.
2. ¿Trabajaste ayer? _____	b. Sí, y el médico me desinfectó la herida.
3. ¿Cuánto le diste? _____	c. Sí, y me duele mucho.
4. ¿Te duele el tobillo? _____	d. Diez.
5. ¿Qué pasó ayer? _____	e. Sí, como siempre.
6. ¿Te cortaste la cara? _____	f. No, la trajeron en una camilla.
7. ¿Cuántos puntos necesitó? _____	g. Sí, pero no se lastimó.
8. ¿Elsa vino caminando? _____	h. La espalda.
9. ¿Se cayó? _____	i. Nada, fue un día como cualquier otro.
10. ¿Te golpeaste el hombro? _____	j. Casi mil dólares.

H. **Culture** Complete the following sentences, based on the **Detalle cultural** you have read.

1. En la mayoría de los países hispanos, los hospitales son _____.
2. En las casas de _____ se ofrecen cuidados médicos urgentes.

COMPRUEBE CUÁNTO SABE

Lección 14

A. Future tense Change the verbs in these sentences to indicate what will take place.

1. Van al consultorio y hablan con el médico.
2. Tú la pesas y le tomas la presión.
3. Rosa compra la medicina y la pone en el botiquín.
4. Yo vengo al hospital y pido turno.
5. La enfermera me pone una inyección y me trae el jarabe.
6. El doctor me da la receta y después tiene que ver a otro paciente.

B. Conditional tense Complete the following sentences, using the conditional form of the verbs in parentheses.

1. Nosotros no (hablar) _____ con ellos, pero (llamar) _____ a sus padres.
2. Yo (salir) _____ temprano, y (venir) _____ a la universidad.
3. ¿Tú (hacer) _____ eso? ¿Le (decir) _____ la verdad?
4. Ella no (saber) _____ qué hacer, pero yo la (ayudar) _____.
5. ¿Adónde (ir) _____ Ud. hoy? ¿(Poder) _____ ir al médico?
6. Ellos le (pedir) _____ turno, y después (volver) _____ a su casa.

C. Imperfect subjunctive Give the imperfect subjunctive, using the cues provided.

1. nosotros / poder
2. tú / entender
3. ellos / poner
4. yo / querer
5. Ud. / traer
6. Uds. / tener
7. nosotras / saber
8. ella / decir
9. yo / ir
10. tú / ser
11. Luis / conducir
12. Eva y yo / estar
13. los chicos / dar
14. yo / traducir
15. tú / venir
16. Ud. / llegar
17. Sergio / volver
18. Ana y yo / esperar
19. Uds. / salir
20. ellas / preferir

D. Uses of the imperfect subjunctive Complete the following sentences using the imperfect subjunctive of the verbs given.

1. Ella me pidió que (traer) _____ la receta.
2. Yo esperaba que mis padres (venir) _____ hoy.
3. Ellos dudaban que yo (estar) _____ enfermo.
4. No había nadie que (saber) _____ dónde estaba el médico.
5. Te dije que no era verdad que ella (tener) _____ esa enfermedad.
6. Mi esposo quería que yo (pedir) _____ turno para hoy.
7. Yo les sugerí que (ir) _____ al hospital.
8. Ella nos aconsejó que (poner) _____ el dinero en el banco.

E. *If-clauses* Complete each sentence with the equivalent of the words in parentheses.

1. Yo compraría el antibiótico... *(if I had money)*
2. Vamos a ir a verte... *(if we have time)*
3. Nosotros iríamos a Barcelona... *(if we could)*
4. *(If you see her)...*, dígale que venga mañana.
5. Ella le habla a su esposo... *(as if she were his mother)*

F. Vocabulary Complete the following sentences, using vocabulary from **Lección 14.**

1. Tiene una temperatura de treinta y nueve _____.
2. El médico me recetó un jarabe para la _____.
3. Espero que Ud. se _____ con estas medicinas.
4. El médico le va a _____ un antibiótico.
5. Necesita un _____ porque tiene mucho dolor.
6. Si tienes acné, ve a un _____ y si tienes problemas con el corazón, ve a un _____.
7. Necesito las _____ para cortar las vendas.
8. No se mejoró; se _____.
9. Elsa _____ 110 libras *(pounds).*
10. No tuvo que pagar el hospital porque tiene _____ médico.
11. Puse el esparadrapo en el _____.
12. Por _____ no tiene pulmonía.

G. Vocabulary Match the questions in column A with the answers in column B.

A	B
1. ¿Qué te dijo el médico? _____	a. No tengo balanza.
2. ¿Tienes gripe? _____	b. Sí, va a tener el bebé en mayo.
3. ¿Tú quieres a Toto? _____	c. Un compañero de trabajo.
4. ¿Por qué no te pesas? _____	d. Sí, y por suerte lo conseguí.
5. ¿Quién es Fernando? _____	e. A la fuerza.
6. ¿Qué querías que el médico hiciera? _____	f. Que me cuidara mucho.
7. ¿La Sra. Paz está embarazada? _____	g. Hoy mismo.
8. ¿Cómo llevaste a Eva al médico? _____	h. No, ¡pulmonía!
9. ¿Pediste un turno? _____	i. Que me examinara.
10. ¿Cuándo vas al hospital? _____	j. ¡No! ¡Lo odio!

H. Culture Circle the correct answer, based on the **El mundo hispánico** section.

1. (Barcelona / Madrid) es la capital de España.
2. Barcelona es la (segunda / tercera) ciudad más grande del país.
3. En el sur de España se encuentra (Sevilla / Valencia).
4. La música típica de Andalucía es el (tango / flamenco).

1. Compound tenses of the indicative

Future perfect (El futuro perfecto)

◆ Forms

The future perfect tense in Spanish corresponds closely in formation and meaning to the same tense in English. The Spanish future perfect is formed with the future tense of the auxiliary verb **haber** + past participle of the main verb.

Formation of the Future Perfect Tense			
	Future of + **Past** **haber** **Participle**		
yo	**habré**	**terminado**	I will have finished
tú	**habrás**	**vuelto**	you (fam.) will have returned
Ud., él, ella	**habrá**	**comido**	you (form.), he, she will have eaten
nosotros(as)	**habremos**	**escrito**	we will have written
vosotros(as)	**habréis**	**dicho**	you (fam.) will have said
Uds., ellos, ellas	**habrán**	**salido**	you (form., fam.), they will have left

◆ Use

Like its English equivalent, the Spanish future perfect tense is used to express an action that will have taken place by a certain time in the future.

—¿Tus padres estarán aquí para el dos de junio?	"Will your parents be here by June second?"
—Sí, para esa fecha ya **habrán vuelto** de Madrid.	"Yes, by that date **they will have returned** from Madrid."

Práctica y conversación

Online Study Center

For more practice with lesson topics, see the related activities on the *¡Hola, amigos!* website at college.hmco.com/PIC/holaamigos8e.

A. Complete each sentence with the corresponding form of the future perfect tense.

1. Para junio nosotros (volver) _____ del viaje, pero Carlos no (llegar) _____ de México todavía.

2. Para las nueve yo (servir) _____ la cena y ellos (comer) _____ .

3. ¿A qué hora (terminar) _____ tú el trabajo?

4. ¿Ya (leer) _____ Uds. la novela para la próxima semana?

5. Para las doce la secretaria (escribir) _____ todas las cartas.

B. Interview a partner, using the following questions.

1. ¿Habremos terminado esta lección para la semana que viene?
2. ¿Las clases habrán terminado para el 15 de junio?
3. ¿Te habrás graduado *(graduated)* para el año que viene?
4. ¿Tú habrás vuelto a tu casa para las 10 de la noche?
5. ¿Tú y tu familia habrán terminado de cenar para las siete de la noche?
6. ¿Te habrás acostado para las once de la noche?

C. Use your imagination to complete each statement, using the future perfect tense.

1. Para el próximo año yo...
2. Para diciembre mis padres...
3. Para el sábado mi mejor amigo(a)...
4. Para la próxima semana el (la) profesor(a)...
5. Para el verano nosotros(as)...
6. Para esta noche tú...

Conditional perfect *(El condicional perfecto)*

◆ Forms

The conditional perfect tense is formed with the conditional of the verb **haber** + *past participle* of the main verb.

Formation of the Conditional Perfect Tense

	Conditional of haber	+ Past Participle	
yo	habría	hablado	I would have spoken
tú	habrías	comido	you *(fam.)* would have eaten
Ud., él, ella	habría	vuelto	you *(form.)*, he, she would have returned
nosotros(as)	habríamos	dicho	we would have said
vosotros(as)	habríais	roto	you *(fam.)* would have broken
Uds., ellos, ellas	habrían	hecho	you *(form., fam.)*, they would have done, made

◆ Uses

The conditional perfect (expressed in English by *would have* + past participle of the main verb) is used:

◆ To indicate an action that *would have taken place (but didn't),* if a certain condition had been true.

> De haber sabido[1] que venía, lo **habría llamado.**
>
> Had I known that he was coming, *I would have called* him.

◆ To refer to a future action in relation to the past.

> Él dijo que para mayo **habrían terminado** la clase.
>
> He said that by May *they would have finished* the class.

[1]**De haber sabido** is an impersonal expression.

Práctica y conversación

Online Study Center

For more practice with lesson topics, see the related activities on the *¡Hola, amigos!* website at college.hmco.com/PIC/holaamigos8e.

A. Complete each sentence, using the conditional perfect tense of the verbs given in parentheses.

1. De haber sabido que él no estaba aquí, yo no (venir) _____.
2. De haber sabido que yo no tenía dinero, él me lo (comprar) _____.
3. Él dijo que para mayo nosotros (volver) _____.
4. Carlos nos dijo que para septiembre tú (terminar) _____.
5. De haber sabido que Uds. tenían los libros, ellos se los (pedir) _____.
6. Él me dijo que para esta noche ellos (llamar) _____.

B. Using the conditional perfect tense and the cues provided, tell what you and the other people would have done differently.

♦ MODELO: Tú fuiste de vacaciones a México.   (yo)
   Yo habría ido a España.

1. Ellos comieron hamburguesas.   (yo)
2. Teresa salió con Ernesto.   (tú)
3. Yo preparé pollo para la cena.   (ellos)
4. Uds. estuvieron en México por una semana. (nosotras)
5. Nosotros invitamos a muchas personas.   (Marta)
6. Yo escribí las cartas en español.   (Uds.)

 C. With a classmate, discuss what you did last summer. Say whether you would have done the same thing as your partner or if you would have done something different.

2. Compound tenses of the subjunctive

Present perfect subjunctive *(El pretérito perfecto de subjuntivo)*

♦ Forms

The present perfect subjunctive tense is formed with the present subjunctive of the auxiliary verb **haber** + *past participle* of the main verb.

Formation of the Present Perfect Subjunctive		
Present Subjunctive of haber	+	*Past Participle*
yo	haya	hablado
tú	hayas	comido
Ud., él, ella	haya	vivido
nosotros(as)	hayamos	hecho
vosotros(as)	hayáis	ido
Uds., ellos, ellas	hayan	puesto

Práctica

Conjugation   For each subject below, conjugate the following verbs in the present perfect subjunctive.

1. *que yo:*   escuchar, oír, divertirse, decir
2. *que tú:*   llenar, despertarse, volver, pedir
3. *que ella:*   celebrar, poner, estacionar, escribir
4. *que nosotros:*   hacer, decidir, vestirse, ayudar
5. *que ellos:*   conversar, abrir, morir, irse

◆ Uses

The Spanish present perfect subjunctive tense is used in the same way as the present perfect tense in English, but only in sentences that call for the subjunctive in the subordinate clause.

—Espero que Eva **haya traído** la comida.	*"I hope (that) Eva **has brought** the food."*
—Sí, y también ha traído las bebidas.	*"Yes, and she has also brought the drinks."*
—Álvaro prometió llevar a los niños al cine.	*"Álvaro promised to take the children to the movies."*
—Dudo que lo **haya hecho.**	*"I doubt that he **has done** it."*

Práctica y conversación

A. Rewrite the following sentences, using the cues in parentheses. Make any necessary changes.

◆ MODELO: Ha llevado el coche al taller de mecánica.
Espero que haya llevado el coche al taller de mecánica.

1. Ha estado aquí sólo un momento.   (Dudo)
2. Han comprado una casa nueva.   (Espero)
3. Ha podido celebrar su aniversario.   (No creo)
4. Has perdido parte del interés.   (Es posible)
5. No hemos comprado la alfombra.   (Siento)
6. Me he divertido mucho en la fiesta.   (No es verdad)
7. Han pasado unos días felices.   (Me alegro de)
8. Le han dado la dirección del teatro.   (Espero)
9. Le han mandado el dinero.   (No creo)
10. Han ido al concierto.   (No es cierto)

B. Complete the following dialogues by supplying the present perfect subjunctive of the verbs given. Then act them out with a partner.

1. —Espero que los chicos (volver) _____.
   —Dudo que ya (regresar) _____ porque es muy temprano.
   —Temo que (tener) _____ un accidente.
   —Tú te preocupas demasiado.
2. —¿Hay alguien que (estar) _____ en Madrid alguna vez?
   —No, aquí no hay nadie que (ir) _____ a España.

3. —Siento que Uds. no (poder) _____ terminar el trabajo.

—No es verdad que no lo (terminar) _____.

4. —¿Ellos van a vivir en San Diego?

—Sí, pero no creo que ya (alquilar) _____ un apartamento.

5. —Me alegro de que tú (conseguir) _____ el puesto.

—Yo también.

C. Use your imagination to complete each statement, using the present perfect subjunctive tense.

1. Me alegro mucho de que mis padres...

2. Siento mucho que los invitados...

3. Espero que la clase de español...

4. No creo que los estudiantes...

5. No es cierto que yo...

6. Me sorprende que el concierto...

7. Dudo que el (la) profesor(a)...

8. No es verdad que él...

Pluperfect subjunctive *(El pluscuamperfecto de subjuntivo)*

◆ Forms

The Spanish pluperfect subjunctive is formed with the imperfect subjunctive of the auxiliary verb **haber** + *past participle* of the main verb.

Formation of the Pluperfect Subjunctive Tense

	Imperfect Subjunctive of haber	+	Past Participle
yo	hubiera		hablado
tú	hubieras		comido
Ud., él, ella	hubiera		vivido
nosotros(as)	hubiéramos		visto
vosotros(as)	hubierais		hecho
Uds., ellos, ellas	hubieran		vuelto

◆ Use

The Spanish pluperfect subjunctive tense is used in the same way the past perfect is used in English, but in sentences in which the main clause calls for the subjunctive.

Yo dudaba que ellos **hubieran llegado.**	*I doubted that they **had arrived.***
Yo esperaba que tú **hubieras pagado** tus cuentas.	*I was hoping that you **had paid** your bills.*

Online Study Center

For more practice with lesson topics, see the related activities on the *¡Hola, amigos!* website at college.hmco.com/PIC/holaamigos8e.

Práctica

A. Rewrite the following sentences, using the cues in parentheses. Make any necessary changes.

◆ MODELO: Él se alegra de que ellos hayan hecho el trabajo. (Él se alegró)
Él se alegró de que ellos hubieran hecho el trabajo.

1. Nosotros sentimos que hayas estado solo en Lima. (Nosotros sentíamos)
2. Yo espero que Uds. hayan hecho el trabajo. (Yo esperaba)
3. Siente que yo no haya podido venir el sábado. (Sintió)
4. No creo que hayas comprado esas sábanas. (No creí)
5. Me sorprende que no hayas cambiado el pasaje. (Me sorprendió)
6. Me alegro de que hayamos conseguido la reservación. (Me alegré)
7. Es probable que ellos hayan tenido que transbordar. (Era probable)
8. No es verdad que él haya llegado tarde. (No era verdad)

B. Write the following sentences in Spanish.
1. We were hoping that they had done the work.
2. I was sorry you had been sick.
3. They were glad that he had bought the tickets for the trip.
4. I didn't think that they hadn't gotten a discount.
5. We were glad that you had brought your driver's license.

C. Use the pluperfect subjunctive to finish the following in an original manner.
1. Mis padres se alegraron de que yo...
2. Yo esperaba que mis amigos...
3. Ellos sintieron que nosotros...
4. Aquí no había nadie que...
5. ¿Había alguien en esa familia que...?
6. Mi compañero de cuarto dudaba que yo...

SPANISH SOUNDS

Vowels

There are five distinct vowels in Spanish: **a, e, i, o, u.** Each vowel has only one basic, constant sound. The pronunciation of each vowel is constant, clear, and brief. The length of the sound is practically the same whether it is produced in a stressed or unstressed syllable.[1]

While producing the sounds of the English stressed vowels that most closely resemble the Spanish ones, the speaker changes the position of the tongue, lips, and lower jaw, so that the vowel actually starts as one sound and then *glides* into another. In Spanish, however, the tongue, lips, and jaw keep a constant position during the production of the sound.

> **English:** banana   **Spanish:** banana

The stress falls on the same vowel and syllable in both Spanish and English, but the English stressed *a* is longer than the Spanish stressed **a.**

> **English:** banana   **Spanish:** banana

Note also that the English stressed *a* has a sound different from the other *a*'s in the word, while the Spanish **a** sound remains constant.

a   in Spanish sounds similar to the English *a* in the word *father.*

> alta   casa   palma   Ana   cama   Panamá   alma   apagar

e   is pronounced like the English *e* in the word *eight.*

> mes   entre   este   deje   ese   encender   teme   prender

i   has a sound similar to the English *ee* in the word *see.*

> fin   ir   sí   sin   dividir   Trini   difícil

o   is similar to the English *o* in the word *no,* but without the glide.

> toco   como   poco   roto   corto   corro   solo   loco

u   is pronounced like the English *oo* sound in the word *shoot* or the *ue* sound in the word *Sue.*

> su   Lulú   Úrsula   cultura   un   luna   sucursal   Uruguay

Diphthongs and triphthongs

When unstressed **i** or **u** falls next to another vowel in a syllable, it unites with that vowel to form what is called a *diphthong.* Both vowels are pronounced as one syllable. Their sounds do not change; they are only pronounced more rapidly and with a glide. For example:

> tra**i**ga   Lid**ia**   tre**i**nta   s**ie**te   **oi**go   ad**ió**s
> **Au**rora   ag**ua**   b**ue**no   antig**uo**   c**iu**dad   L**ui**s

A triphthong is the union of three vowels, a stressed vowel between two unstressed ones (**i** or **u**) in the same syllable. For example: Parag**uay,** estud**iéi**s.

NOTE: Stressed **i** and **u** do not form diphthongs with other vowels, except in the combinations **iu** and **ui**. For example: **rí**-o, sa-**bí**-ais.

---

[1]In a stressed syllable, the prominence of the vowel is indicated by its loudness.

In syllabication, diphthongs and triphthongs are considered a single vowel; their components cannot be separated.

Consonants

p   Spanish **p** is pronounced in a manner similar to the English *p* sound, but without the puff of air that follows after the English sound is produced.

pesca	pude	puedo	parte	papá
postre	piña	puente	Paco	

k   The Spanish **k** sound, represented by the letters **k** and **c** before **a, o, u,** or a consonant, and **qu,** is similar to the English *k* sound, but without the puff of air.

casa	comer	cuna	clima	acción	que
quinto	queso	aunque	quiosco	kilómetro	kilo

t   Spanish **t** is produced by touching the back of the upper front teeth with the tip of the tongue. It has no puff of air as in the English *t*.

todo	antes	corto	Guatemala	diente
resto	tonto	roto	tanque	

d   The Spanish consonant **d** has two different sounds depending on its position. At the beginning of an utterance and after **n** or **l,** the tip of the tongue presses the back of the upper front teeth.

día	doma	dice	dolor	dar
anda	Aldo	caldo	el deseo	un domicilio

In all other positions the sound of **d** is similar to the *th* sound in the English word *they,* but softer.

medida	todo	nada	nadie	medio
puedo	moda	queda	nudo	

g   The Spanish consonant **g** is similar to the English *g* sound in the word *guy* except before **e** or **i.**

goma	glotón	gallo	gloria	lago	alga
gorrión	garra	guerra	angustia	algo	Dagoberto

j   The sound of Spanish **j** (or **g** before **e** and **i**) is similar to a strongly exaggerated English *h* sound.

gemir	juez	jarro	gitano	agente
juego	giro	bajo	gente	

b, v   There is no difference in sound between Spanish **b** and **v.** Both letters are pronounced alike. At the beginning of an utterance or after **m** or **n, b** and **v** have a sound identical to the English *b* sound in the word *boy.*

vivir	beber	vamos	barco	enviar
hambre	batea	bueno	vestido	

When pronounced between vowels, the Spanish **b** and **v** sound is produced by bringing the lips together but not closing them, so that some air may pass through.

sábado   autobús   yo voy   su barco

y, ll   In most countries, Spanish **ll** and **y** have a sound similar to the English sound in the word *yes.*

el llavero	un yelmo	el yeso	su yunta	llama	yema
oye		trayecto	trayectoria	mayo	milla	bella

NOTE: When it stands alone or is at the end of a word, Spanish **y** is pronounced like the vowel **i.**

rey hoy y doy buey muy voy estoy soy

r   The sound of Spanish **r** is similar to the English *dd* sound in the word *ladder.*

crema	aroma	cara	arena	aro
harina	toro	oro	eres	portero

rr   Spanish **rr** and also **r** in an initial position and after **n, l,** or **s** are pronounced with a very strong trill. This trill is produced by bringing the tip of the tongue near the alveolar ridge and letting it vibrate freely while the air passes through the mouth.

rama	carro	Israel	cierra	roto
perro	alrededor	rizo	corre	Enrique

s   Spanish **s** is represented in most of the Spanish world by the letters **s, z,** and **c** before **e** or **i.** The sound is very similar to the English sibilant *s* in the word *sink.*

sale	sitio	presidente	signo
salsa	seda	suma	vaso
sobrino	ciudad	cima	canción
zapato	zarza	cerveza	centro

In Spain, the **z** and **c** before **e** or **i** is pronounced as the *th* in the English word *thick.*

h   The letter **h** is silent in Spanish.

hoy	hora	hilo	ahora
humor	huevo	horror	almohada

ch   Spanish **ch** is pronounced like the English *ch* in the word *chief.*

hecho	chico	coche	Chile
mucho	muchacho	salchicha	

f   Spanish **f** is identical in sound to the English *f.*

difícil	feo	fuego	forma
fácil	fecha	foto	fueron

l   Spanish **l** is similar to the English *l* in the word *let.*

dolor	lata	ángel	lago	sueldo
los	pelo	lana	general	fácil

m   Spanish **m** is pronounced like the English *m* in the word *mother.*

mano	moda	mucho	muy
mismo	tampoco	multa	cómoda

n   In most cases, Spanish **n** has a sound similar to the English *n.*

nada   nunca   ninguno   norte
entra   tiene   sienta

The sound of Spanish **n** is often affected by the sounds that occur around it. When it appears before **b, v,** or **p,** it is pronounced like an **m.**

tan bueno   toman vino   sin poder
un pobre   comen peras   siguen bebiendo

ñ   Spanish **ñ** is similar to the English *ny* sound in the word *canyon.*

señor   otoño   ñoño   uña
leña   dueño   niños   años

x   Spanish **x** has two pronunciations depending on its position. Between vowels the sound is similar to English *ks.*

examen   exacto   boxeo   éxito
oxidar   oxígeno   existencia

When it occurs before a consonant, Spanish **x** sounds like *s.*

expresión   explicar   extraer   excusa
expreso   exquisito   extremo

NOTE: When **x** appears in **México** or in other words of Mexican origin, it is pronounced like the Spanish letter **j.**

Rhythm

Rhythm is the variation of sound intensity that we usually associate with music. Spanish and English each regulate these variations in speech differently, because they have different patterns of syllable length. In Spanish the length of the stressed and unstressed syllables remains almost the same, while in English stressed syllables are considerably longer than unstressed ones. Pronounce the following Spanish words, enunciating each syllable clearly.

es-tu-dian-te   bue-no   Úr-su-la
com-po-si-ción   di-fí-cil   ki-ló-me-tro
po-li-cí-a   Pa-ra-guay

Because the length of the Spanish syllables remains constant, the greater the number of syllables in a given word or phrase, the longer the phrase will be.

Linking

In spoken Spanish, the different words in a phrase or a sentence are not pronounced as isolated elements but combined together. This is called *linking.*

Pepe come pan.      Pe-pe-co-me-pan
Tomás toma leche.   To-más-to-ma-le-che
Luis tiene la llave.   Luis-tie-ne-la-lla-ve
La mano de Roberto.   La-ma-no-de-Ro-ber-to

1. The final consonant of a word is pronounced together with the initial vowel of the following word.

Carlos anda		Car-lo-san-da
un ángel		u-nán-gel
el otoño		e-lo-to-ño
unos estudios interesantes		u-no-ses-tu-dio-sin-te-re-san-tes

2. A diphthong is formed between the final vowel of a word and the initial vowel of the following word. A triphthong is formed when there is a combination of three vowels (see rules for the formation of diphthongs and triphthongs on page A-1).

su hermana		suher-ma-na
tu escopeta		tues-co-pe-ta
Roberto y Luis	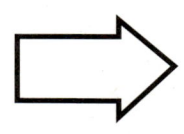	Ro-ber-toy-Luis
negocio importante		ne-go-cioim-por-tan-te
lluvia y nieve		llu-viay-nie-ve
ardua empresa		ar-duaem-pre-sa

3. When the final vowel of a word and the initial vowel of the following word are identical, they are pronounced slightly longer than one vowel.

Ana alcanza	A-nal-can-za	tiene eso	tie-ne-so
lo olvido	lol-vi-do	Ada atiende	Ada-tien-de

   The same rule applies when two identical vowels appear within a word.

crees	cres
Teherán	Te-rán
coordinación	cor-di-na-ción

4. When the final consonant of a word and the initial consonant of the following word are the same, they are pronounced like one consonant with slightly longer than normal duration.

el lado	e-*l*a-do	tienes sed	tie-ne-*s*ed
Carlos salta	Car-lo-*s*al-ta		

Intonation

Intonation is the rise and fall of pitch in the delivery of a phrase or sentence. In general, Spanish pitch tends to change less than English, giving the impression that the language is less emphatic.

As a rule, the intonation for normal statements in Spanish starts in a low tone, rises to a higher one on the first stressed syllable, maintains that tone until the last stressed syllable, and then goes back to the initial low tone, with still another drop at the very end.

Tu amigo viene mañana.	José come pan.
Ada está en casa.	Carlos toma café.

Syllable formation in Spanish

Below are general rules for dividing words into syllables:

Vowels

1. A vowel or a vowel combination can constitute a syllable.

   a-lum-no   a-bue-la   Eu-ro-pa

2. Diphthongs and triphthongs are considered single vowels and cannot be divided.

   bai-le   puen-te   Dia-na   es-tu-diáis   an-ti-guo

3. Two strong vowels (**a, e, o**) do not form a diphthong and are separated into two syllables.

   em-ple-ar   vol-te-ar   lo-a

4. A written accent on a weak vowel (**i** or **u**) breaks the diphthong, separating the vowels into two syllables.

   trí-o   dú-o   Ma-rí-a

Consonants

1. A single consonant forms a syllable with the vowel that follows it.

   po-der   ma-no   mi-nu-to

   Note: **ch, ll,** and **rr** are considered single consonants: **a-ma-ri-llo, co-che, pe-rro.**

2. When two consonants appear between two vowels, they are separated into two syllables.

   al-fa-be-to   cam-pe-ón   me-ter-se   mo-les-tia

   Exception: When a consonant cluster composed of **b, c, d, f, g, p,** or **t** with **l** or **r** appears between two vowels, the cluster joins the following vowel: **so-bre, o-tros, ca-ble, te-lé-gra-fo.**

3. When three consonants appear between two vowels, only the last one goes with the following vowel.

   ins-pec-tor   trans-por-te   trans-for-mar

   Exception: When there is a cluster of three consonants in the combinations described in rule 2, the first consonant joins the preceding vowel and the cluster joins the following vowel: **es-cri-bir, ex-tran-je-ro, im-plo-rar, es-tre-cho.**

Accentuation

In Spanish, all words are stressed according to specific rules. Words that do not follow the rules must have a written accent to indicate the change of stress. The basic rules for accentuation are as follows.

1. Words ending in a vowel, **n**, or **s** are stressed on the next-to-the-last syllable.

   hi-jo   **ca**-lle   **me**-sa   fa-**mo**-sos
   flo-**re**-cen   **pla**-ya   **ve**-ces

2. Words ending in a consonant, except **n** or **s,** are stressed on the last syllable.

   ma-**yor**   a-**mor**   tro-pi-**cal**   na-**riz**   re-**loj**   co-rre-**dor**

3. All words that do not follow these rules must have a written accent.

   ca-**fé**   sa-**lió**   rin-**cón**   fran-**cés**   sa-**lón**
   án-gel   **lá**-piz   **dé**-bil   a-**zú**-car   **Víc**-tor
   sim-**pá**-ti-co   **lí**-qui-do   **mú**-si-ca   e-**xá**-me-nes   de-**mó**-cra-ta

4. Pronouns and adverbs of interrogation and exclamation have a written accent to distinguish them from relative pronouns.

¿**Qué** comes?	*What are you eating?*
La pera que él no comió.	*The pear that he did not eat.*
¿**Quién** está ahí?	*Who is there?*
El hombre a quien tú llamaste.	*The man whom you called.*
¿**Dónde** está él?	*Where is he?*
En el lugar donde trabaja.	*At the place where he works.*

5. Words that have the same spelling but different meanings take a written accent to differentiate one from the other.

el	*the*	él	*he, him*	te	*you*	té	*tea*
mi	*my*	mí	*me*	si	*if*	sí	*yes*
tu	*your*	tú	*you*	mas	*but*	más	*more*

VERBS

Regular Verbs

Model -*ar*, -*er*, -*ir* verbs

	INFINITIVE	
amar *(to love)*	comer *(to eat)*	vivir *(to live)*
	PRESENT PARTICIPLE	
amando *(loving)*	comiendo *(eating)*	viviendo *(living)*
	PAST PARTICIPLE	
amado *(loved)*	comido *(eaten)*	vivido *(lived)*

SIMPLE TENSES

Indicative Mood

Present

(I love)		*(I eat)*		*(I live)*	
amo	amamos	como	comemos	vivo	vivimos
amas	amáis	comes	coméis	vives	vivís
ama	aman	come	comen	vive	viven

Imperfect

(I used to love)		*(I used to eat)*		*(I used to live)*	
amaba	amábamos	comía	comíamos	vivía	vivíamos
amabas	amabais	comías	comíais	vivías	vivíais
amaba	amaban	comía	comían	vivía	vivían

Preterit

(I loved)		*(I ate)*		*(I lived)*	
amé	amamos	comí	comimos	viví	vivimos
amaste	amasteis	comiste	comisteis	viviste	vivisteis
amó	amaron	comió	comieron	vivió	vivieron

Future

(I will love)		*(I will eat)*		*(I will live)*	
amaré	amaremos	comeré	comeremos	viviré	viviremos
amarás	amaréis	comerás	comeréis	vivirás	viviréis
amará	amarán	comerá	comerán	vivirá	vivirán

Conditional

(I would love)		*(I would eat)*		*(I would live)*	
amaría	amaríamos	comería	comeríamos	viviría	viviríamos
amarías	amaríais	comerías	comeríais	vivirías	viviríais
amaría	amarían	comería	comerían	viviría	vivirían

Subjunctive Mood

Present

([that] I [may] love)		*([that] I [may] eat)*		*([that] I [may] live)*	
ame	amemos	coma	comamos	viva	vivamos
ames	améis	comas	comáis	vivas	viváis
ame	amen	coma	coman	viva	vivan

Imperfect

([that] I [might] love)	([that] I [might] eat)	([that] I [might] live)
amara(-ase)	comiera(-iese)	viviera(-iese)
amaras(-ases)	comieras(-ieses)	vivieras(-ieses)
amara(-ase)	comiera(-iese)	viviera(-iese)
amáramos(-ásemos)	comiéramos(-iésemos)	viviéramos(-iésemos)
amarais(-aseis)	comierais(-ieseis)	vivierais(-ieseis)
amaran(-asen)	comieran(-iesen)	vivieran(-iesen)

Imperative Mood

(love)	(eat)	(live)
ama (tú)	come (tú)	vive (tú)
ame (Ud.)	coma (Ud.)	viva (Ud.)
amemos (nosotros)	comamos (nosotros)	vivamos (nosotros)
amad (vosotros)	comed (vosotros)	vivid (vosotros)
amen (Uds.)	coman (Uds.)	vivan (Uds.)

COMPOUND TENSES

PERFECT INFINITIVE

haber amado	haber comido	haber vivido

PERFECT PARTICIPLE

habiendo amado	habiendo comido	habiendo vivido

Indicative Mood

Present Perfect

(I have loved)		(I have eaten)		(I have lived)	
he amado	hemos amado	he comido	hemos comido	he vivido	hemos vivido
has amado	habéis amado	has comido	habéis comido	has vivido	habéis vivido
ha amado	han amado	ha comido	han comido	ha vivido	han vivido

Past Perfect (Pluperfect)

(I had loved)	(I had eaten)	(I had lived)
había amado	había comido	había vivido
habías amado	habías comido	habías vivido
había amado	había comido	había vivido
habíamos amado	habíamos comido	habíamos vivido
habíais amado	habíais comido	habíais vivido
habían amado	habían comido	habían vivido

Future Perfect

(I will have loved)	(I will have eaten)	(I will have lived)
habré amado	habré comido	habré vivido
habrás amado	habrás comido	habrás vivido
habrá amado	habrá comido	habrá vivido
habremos amado	habremos comido	habremos vivido
habréis amado	habréis comido	habréis vivido
habrán amado	habrán comido	habrán vivido

Conditional Perfect

(I would have loved)	(I would have eaten)	(I would have lived)
habría amado	habría comido	habría vivido
habrías amado	habrías comido	habrías vivido
habría amado	habría comido	habría vivido
habríamos amado	habríamos comido	habríamos vivido
habríais amado	habríais comido	habríais vivido
habrían amado	habrían comido	habrían vivido

Subjunctive Mood

Present Perfect

([that] I [may] have loved)	([that] I [may] have eaten)	([that] I [may] have lived)
haya amado	haya comido	haya vivido
hayas amado	hayas comido	hayas vivido
haya amado	haya comido	haya vivido
hayamos amado	hayamos comido	hayamos vivido
hayáis amado	hayáis comido	hayáis vivido
hayan amado	hayan comido	hayan vivido

Past Perfect (Pluperfect)

([that] I [might] have loved)	([that] I [might] have eaten)	([that] I [might] have lived)
hubiera(-iese) amado	hubiera(-iese) comido	hubiera(-iese) vivido
hubieras(-ieses) amado	hubieras(-ieses) comido	hubieras(-ieses) vivido
hubiera(-iese) amado	hubiera(-iese) comido	hubiera(-iese) vivido
hubiéramos(-iésemos) amado	hubiéramos(-iésemos) comido	hubiéramos(-iésemos) vivido
hubierais(-ieseis) amado	hubierais(-ieseis) comido	hubierais(-ieseis) vivido
hubieran(-iesen) amado	hubieran(-iesen) comido	hubieran(-iesen) vivido

Stem-Changing Verbs

The *-ar* and *-er* stem-changing verbs

Stem-changing verbs are those that have a spelling change in the root of the verb. Verbs that end in **-ar** and **-er** change the stressed vowel **e** to **ie,** and the stressed **o** to **ue**. These changes occur in all persons, except the first- and second-persons plural of the present indicative, present subjunctive, and imperative.

Infinitive	Indicative	Imperative	Subjunctive
cerrar *(to close)*	cierro cierras cierra cerramos cerráis cierran	———— cierra cierre cerremos cerrad cierren	cierre cierres cierre cerremos cerréis cierren
perder *(to lose)*	pierdo pierdes pierde perdemos perdéis pierden	———— pierde pierda perdamos perded pierdan	pierda pierdas pierda perdamos perdáis pierdan
contar *(to count;* *to tell)*	cuento cuentas cuenta contamos contáis cuentan	———— cuenta cuente contemos contad cuenten	cuente cuentes cuente contemos contéis cuenten
volver *(to return)*	vuelvo vuelves vuelve volvemos volvéis vuelven	———— vuelve vuelva volvamos volved vuelvan	vuelva vuelvas vuelva volvamos volváis vuelvan

Verbs that follow the same pattern are:

acordarse	*to remember*	despertar(se)	*to wake up*	pensar	*to think; to plan*
acostar(se)	*to go to bed*	empezar	*to begin*	probar	*to prove; to taste*
almorzar	*to have lunch*	encender	*to light; to turn on*	recordar	*to remember*
atravesar	*to go through*	encontrar	*to find*	rogar	*to beg*
cocer	*to cook*	entender	*to understand*	sentar(se)	*to sit down*
colgar	*to hang*	llover	*to rain*	soler	*to be in the habit of*
comenzar	*to begin*	mover	*to move*	soñar	*to dream*
confesar	*to confess*	mostrar	*to show*	tender	*to stretch; to*
costar	*to cost*	negar	*to deny*		*unfold*
demostrar	*to demonstrate,* *show*	nevar	*to snow*	torcer	*to twist*

The *-ir* stem-changing verbs

There are two types of stem-changing verbs that end in **-ir**: one type changes stressed **e** to **ie** in some tenses and to **i** in others, and stressed **o** to **ue** or **u**; the second type changes stressed **e** to **i** only in all the irregular tenses.

Type 1: -ir: e > ie or i; o > ue or u

These changes occur as follows.

Present Indicative: all persons except the first- and second-persons plural change **e** to **ie** and **o** to **ue**. *Preterit:* third person, singular and plural, changes **e** to **i** and **o** to **u**. *Present Subjunctive:* all persons change **e** to **ie** and **o** to **ue**, except the first- and second-persons plural, which change **e** to **i** and **o** to **u**. *Imperfect Subjunctive:* all persons change **e** to **i** and **o** to **u**. *Imperative:* all persons except the first- and second-persons plural change **e** to **ie** and **o** to **ue**; first-person plural changes **e** to **i** and **o** to **u**. *Present Participle:* changes **e** to **i** and **o** to **u**.

Infinitive	Indicative		Imperative	Subjunctive	
sentir *(to feel)*	**PRESENT**	**PRETERIT**		**PRESENT**	**IMPERFECT**
PRESENT PARTICIPLE sintiendo	siento sientes siente	sentí sentiste sintió	 siente sienta	sienta sientas sienta	sintiera(-iese) sintieras sintiera
	sentimos sentís sienten	sentimos sentisteis sintieron	sintamos sentid sientan	sintamos sintáis sientan	sintiéramos sintierais sintieran
dormir *(to sleep)* **PRESENT PARTICIPLE** durmiendo	duermo duermes duerme	dormí dormiste durmió	 duerme duerma	duerma duermas duerma	durmiera(-iese) durmieras durmiera
	dormimos dormís duermen	dormimos dormisteis durmieron	durmamos dormid duerman	durmamos durmáis duerman	durmiéramos durmierais durmieran

Other verbs that follow the same pattern are:

advertir	*to warn*	divertir(se)	*to amuse (oneself)*	preferir	*to prefer*
arrepentirse	*to repent*	herir	*to wound, hurt*	referir	*to refer*
consentir	*to consent; to pamper*	mentir	*to lie*	sugerir	*to suggest*
convertir(se)	*to turn into*	morir	*to die*		

Type II: -ir: e > i

The verbs in the second category are irregular in the same tenses as those of the first type. The only difference is that they have just one change: **e > i** in all irregular persons.

Infinitive	Indicative		Imperative	Subjunctive	
pedir					
(to ask for, request)	**PRESENT**	**PRETERIT**		**PRESENT**	**IMPERFECT**
PRESENT PARTICIPLE pidiendo	pido pides pidepidió	pedí pediste pida	pide pida	pida pidas pidiera	pidiera(-iese) pidieras
	pedimos pedís piden	pedimos pedisteis pidieron	pidamos pedid pidan	pidamos pidáis pidan	pidiéramos pidierais pidieran

Verbs that follow this pattern:

competir	to compete	impedir	to prevent	repetir	to repeat
concebir	to conceive	perseguir	to pursue	seguir	to follow
despedir(se)	to say good-bye	reír(se)	to laugh	servir	to serve
elegir	to choose	reñir	to fight	vestir(se)	to dress

Orthographic-Changing Verbs

Some verbs undergo a change in the spelling of the stem in some tenses in order to maintain the sound of the final consonant. The most common ones are those with the consonants **g** and **c**. Remember that **g** and **c** in front of **e** or **i** have a soft sound, and in front of **a**, **o**, or **u** have a hard sound. In order to keep the soft sound in front of **a**, **o**, or **u**, **g** and **c** change to **j** and **z**, respectively. In order to keep the hard sound of **g** or **c** in front of **e** and **i**, **u** is added to the **g** (**gu**) and the **c** changes to **qu**. The following are the most important verbs of this type that are regular in all tenses but change in spelling.

1. Verbs ending in **-gar** change **g** to **gu** before **e** in the first-person singular of the preterit and in all persons of the present subjunctive.

   pagar to pay
   Preterit: pagué, pagaste, pagó, etc.
   Pres. Subj.: pague, pagues, pague, paguemos, paguéis, paguen

   Verbs that follow the same pattern: **colgar, jugar, llegar, navegar, negar, regar, rogar.**

2. Verbs ending in **-ger** or **-gir** change **g** to **j** before **o** and **a** in the first-person singular of the present indicative and in all the persons of the present subjunctive.

   proteger to protect
   Pres. Ind.:   protejo, proteges, protege, etc.
   Pres. Subj.: proteja, protejas, proteja, protejamos, protejáis, protejan

   Verbs that follow the same pattern: **coger, corregir, dirigir, elegir, escoger, exigir, recoger.**

3. Verbs ending in **-guar** change **gu** to **gü** before **e** in the first-person singular of the preterit and in all persons of the present subjunctive.

averiguar   *to find out*
Preterit: averi**gü**é, averiguaste, averiguó, etc.
Pres. Subj.: averi**gü**e, averi**gü**es, averi**gü**e, averi**gü**emos, averi**gü**éis, averi**gü**en

The verb **apaciguar** follows the same pattern.

4. Verbs ending in **-guir** change **gu** to **g** before **o** and **a** in the first-person singular of the present indicative and in all persons of the present subjunctive.

conseguir   *to get*
Pres. Ind.:   consi**g**o, consigues, consigue, etc.
Pres. Subj.: consi**g**a, consi**g**as, consi**g**a, consi**g**amos, consi**g**áis, consi**g**an

Verbs that follow the same pattern: **distinguir, perseguir, proseguir, seguir.**

5. Verbs ending in **-car** change **c** to **qu** before **e** in the first-person singular of the preterit and in all persons of the present subjunctive.

tocar   *to touch; to play (a musical instrument)*
Preterit: to**qu**é, tocaste, tocó, etc.
Pres. Subj.: to**qu**e, to**qu**es, to**qu**e, to**qu**emos, to**qu**éis, to**qu**en

Verbs that follow the same pattern: **atacar, buscar, comunicar, explicar, indicar, pescar, sacar.**

6. Verbs ending in **-cer** or **-cir** preceded by a consonant change **c** to **z** before **o** and **a** in the first-person singular of the present indicative and in all persons of the present subjunctive.

torcer   *to twist*
Pres. Ind.:   tuer**z**o, tuerces, tuerce, etc.
Pres. Subj.: tuer**z**a, tuer**z**as, tuer**z**a, tor**z**amos, tor**z**áis, tuer**z**an

Verbs that follow the same pattern: **convencer, esparcir, vencer.**

7. Verbs ending in **-cer** or **-cir** preceded by a vowel change **c** to **zc** before **o** and **a** in the first-person singular of the present indicative and in all persons of the present subjunctive.

conocer   *to know, be acquainted with*
Pres. Ind.:   cono**zc**o, conoces, conoce, etc.
Pres. Subj.: cono**zc**a, cono**zc**as, cono**zc**a, cono**zc**amos, cono**zc**áis, cono**zc**an

Verbs that follow the same pattern: **agradecer, aparecer, carecer, entristecer** (to sadden), **establecer, lucir, nacer, obedecer, ofrecer, padecer, parecer, pertenecer, reconocer, relucir.**

8. Verbs ending in **-zar** change **z** to **c** before **e** in the first-person singular of the preterit and in all persons of the present subjunctive.

rezar   *to pray*
Preterit: re**c**é, rezaste, rezó, etc.
Pres. Subj.: re**c**e, re**c**es, re**c**e, re**c**emos, re**c**éis, re**c**en

Verbs that follow the same pattern: **abrazar, alcanzar, almorzar, comenzar, cruzar, empezar, forzar, gozar.**

9. Verbs ending in **-eer** change the unstressed **i** to **y** between vowels in the third-person singular and plural of the preterit, in all persons of the imperfect subjunctive, and in the present participle.

creer   *to believe*
Preterit: creí, creíste, cre**y**ó, creímos, creísteis, cre**y**eron
Imp. Subj.: cre**y**era(-ese), cre**y**eras, cre**y**era, cre**y**éramos, cre**y**erais, cre**y**eran
Pres. Part.: cre**y**endo
Past Part.:   creído

Verbs that follow the same pattern: **leer, poseer.**

10. Verbs ending in **-uir** change the unstressed **i** to **y** between vowels (except **-quir,** which has the silent **u**) in the following tenses and persons.

huir *to escape; to flee*
Pres. Part.: hu**y**endo
Pres. Ind.: hu**y**o, hu**y**es, hu**y**e, huimos, huís, hu**y**en
Preterit: huí, huiste, hu**y**ó, huimos, huisteis, hu**y**eron
Imperative: hu**y**e, hu**y**a, hu**y**amos, huid, hu**y**an
Pres. Subj.: hu**y**a, hu**y**as, hu**y**a, hu**y**amos, hu**y**áis, hu**y**an
Imp. Subj.: hu**y**era(-ese), hu**y**eras, hu**y**era, hu**y**éramos, hu**y**erais, hu**y**eran

Verbs that follow the same pattern: **atribuir, concluir, constituir, construir, contribuir, destituir, destruir, disminuir, distribuir, excluir, incluir, influir, instruir, restituir, sustituir.**

11. Verbs ending in **-eír** lose the **e** in all but the first- and second-persons plural of the present indicative, in the third-person singular and plural of the preterit, in all persons of the present and imperfect subjunctive, and in the present participle.

reír *to laugh*
Pres. Ind.: río, ríes, ríe, reímos, reís, ríen
Preterit: reí, reíste, rió, reímos, reísteis, rieron
Pres. Subj.: ría, rías, ría, riamos, riáis, rían
Imp. Subj.: riera(-ese), rieras, riera, riéramos, rierais, rieran
Pres. Part.: riendo

Verbs that follow the same pattern: **sonreír, freír.**

12. Verbs ending in **-iar** add a written accent to the **i,** except in the first- and second-persons plural of the present indicative and subjunctive.

fiarse *to trust*
Pres. Ind.: (me) fío, (te) fías, (se) fía, (nos) fiamos, (os) fiáis, (se) fían
Pres. Subj.: (me) fíe, (te) fíes, (se) fíe, (nos) fiemos, (os) fiéis, (se) fíen

Verbs that follow the same pattern: **ampliar, criar, desviar, enfriar, enviar, guiar, telegrafiar, vaciar, variar.**

13. Verbs ending in **-uar** (except **-guar**) add a written accent to the **u,** except in the first- and second-persons plural of the present indicative and subjunctive.

actuar *to act*
Pres. Ind.: actúo, actúas, actúa, actuamos, actuáis, actúan
Pres. Subj.: actúe, actúes, actúe, actuemos, actuéis, actúen

Verbs that follow the same pattern: **acentuar, continuar, efectuar, exceptuar, graduar, habituar, insinuar, situar.**

14. Verbs ending in **-ñir** lose the **i** of the diphthongs **ie** and **ió** in the third-person singular and plural of the preterit and all persons of the imperfect subjunctive. They also change the **e** of the stem to **i** in the same persons and in the present indicative and present subjunctive.

teñir *to dye*
Pres. Ind.: tiño, tiñes, tiñe, teñimos, teñís, tiñen
Preterit: teñí, teñiste, **tiñó,** teñimos, teñisteis, tiñeron
Pres. Subj.: tiña, tiñas, tiña, tiñamos, tiñáis, tiñan
Imp. Subj.: tiñera(-ese), tiñeras, tiñera, tiñéramos, tiñerais, tiñeran

Verbs that follow the same pattern: **ceñir, constreñir, desteñir, estreñir, reñir.**

Some Common Irregular Verbs

Only tenses with irregular forms are given below.

adquirir *to acquire*

Pres. Ind.:	adquiero, adquieres, adquiere, adquirimos, adquirís, adquieren
Pres. Subj.:	adquiera, adquieras, adquiera, adquiramos, adquiráis, adquieran
Imperative:	adquiere, adquiera, adquiramos, adquirid, adquieran

andar *to walk*

Preterit:	anduve, anduviste, anduvo, anduvimos, anduvisteis, anduvieron
Imp. Subj.:	anduviera (anduviese), anduvieras, anduviera, anduviéramos, anduvierais, anduvieran

avergonzarse *to be ashamed, embarrassed*

Pres. Ind.:	me avergüenzo, te avergüenzas, se avergüenza, nos avergonzamos, os avergonzáis, se avergüenzan
Pres. Subj.:	me avergüence, te avergüences, se avergüence, nos avergoncemos, os avergoncéis, se avergüencen
Imperative:	avergüénzate, avergüéncese, avergoncémonos, avergonzaos, avergüéncense

caber *to fit; to have enough room*

Pres. Ind.:	quepo, cabes, cabe, cabemos, cabéis, caben
Preterit:	cupe, cupiste, cupo, cupimos, cupisteis, cupieron
Future:	cabré, cabrás, cabrá, cabremos, cabréis, cabrán
Conditional:	cabría, cabrías, cabría, cabríamos, cabríais, cabrían
Imperative:	cabe, quepa, quepamos, cabed, quepan
Pres. Subj.:	quepa, quepas, quepa, quepamos, quepáis, quepan
Imp. Subj.:	cupiera (cupiese), cupieras, cupiera, cupiéramos, cupierais, cupieran

caer *to fall*

Pres. Ind.:	caigo, caes, cae, caemos, caéis, caen
Preterit:	caí, caíste, cayó, caímos, caísteis, cayeron
Imperative:	cae, caiga, caigamos, caed, caigan
Pres. Subj.:	caiga, caigas, caiga, caigamos, caigáis, caigan
Imp. Subj.:	cayera (cayese), cayeras, cayera, cayéramos, cayerais, cayeran
Past Part.:	caído

conducir *to guide; to drive* (All verbs ending in **-ducir** follow this pattern.)

Pres. Ind.:	conduzco, conduces, conduce, conducimos, conducís, conducen
Preterit:	conduje, condujiste, condujo, condujimos, condujisteis, condujeron
Imperative:	conduce, conduzca, conduzcamos, conducid, conduzcan
Pres. Subj.:	conduzca, conduzcas, conduzca, conduzcamos, conduzcáis, conduzcan
Imp. Subj.:	condujera (condujese), condujeras, condujera, condujéramos, condujerais, condujeran

convenir *to agree* (see **venir**)

dar *to give*

Pres. Ind.:	doy, das, da, damos, dais, dan
Preterit:	di, diste, dio, dimos, disteis, dieron
Imperative:	da, dé, demos, dad, den
Pres. Subj.:	dé, des, dé, demos, deis, den
Imp. Subj.:	diera (diese), dieras, diera, diéramos, dierais, dieran

decir *to say, tell*

Pres. Ind.:	digo, dices, dice, decimos, decís, dicen
Preterit:	dije, dijiste, dijo, dijimos, dijisteis, dijeron
Future:	diré, dirás, dirá, diremos, diréis, dirán
Conditional:	diría, dirías, diría, diríamos, diríais, dirían
Imperative:	di, diga, digamos, decid, digan
Pres. Subj.:	diga, digas, diga, digamos, digáis, digan
Imp. Subj.:	dijera (dijese), dijeras, dijera, dijéramos, dijerais, dijeran
Pres. Part.:	diciendo
Past Part.:	dicho

detener(se)   *to stop; to hold; to arrest* (see **tener**)

entretener   *to entertain, amuse* (see **tener**)

errar *to err; to miss*
Pres. Ind.:	yerro, yerras, yerra, erramos, erráis, yerran
Imperative:	yerra, yerre, erremos, errad, yerren
Pres. Subj.:	yerre, yerres, yerre, erremos, erréis, yerren

estar *to be*
Pres. Ind.:	estoy, estás, está, estamos, estáis, están
Preterit:	estuve, estuviste, estuvo, estuvimos, estuvisteis, estuvieron
Imperative:	está, esté, estemos, estad, estén
Pres. Subj.:	esté, estés, esté, estemos, estéis, estén
Imp. Subj.:	estuviera (estuviese), estuvieras, estuviera, estuviéramos, estuvierais, estuvieran

haber *to have*
Pres. Ind.:	he, has, ha, hemos, habéis, han
Preterit:	hube, hubiste, hubo, hubimos, hubisteis, hubieron
Future:	habré, habrás, habrá, habremos, habréis, habrán
Conditional:	habría, habrías, habría, habríamos, habríais, habrían
Pres. Subj.:	haya, hayas, haya, hayamos, hayáis, hayan
Imp. Subj.:	hubiera (hubiese), hubieras, hubiera, hubiéramos, hubierais, hubieran

hacer *to do, make*
Pres. Ind.:	hago, haces, hace, hacemos, hacéis, hacen
Preterit:	hice, hiciste, hizo, hicimos, hicisteis, hicieron
Future:	haré, harás, hará, haremos, haréis, harán
Conditional:	haría, harías, haría, haríamos, haríais, harían
Imperative:	haz, haga, hagamos, haced, hagan
Pres. Subj.:	haga, hagas, haga, hagamos, hagáis, hagan
Imp. Subj.:	hiciera (hiciese), hicieras, hiciera, hiciéramos, hicierais, hicieran
Past Part.:	hecho

imponer *to impose; to deposit* (see **poner**)

ir *to go*
Pres. Ind.:	voy, vas, va, vamos, vais, van
Imp. Ind.:	iba, ibas, iba, íbamos, ibais, iban
Preterit:	fui, fuiste, fue, fuimos, fuisteis, fueron
Imperative:	ve, vaya, vayamos, id, vayan
Pres. Subj.:	vaya, vayas, vaya, vayamos, vayáis, vayan
Imp. Subj.:	fuera (fuese), fueras, fuera, fuéramos, fuerais, fueran

jugar *to play*
Pres. Ind.:	juego, juegas, juega, jugamos, jugáis, juegan
Imperative:	juega, juegue, juguemos, jugad, jueguen
Pres. Subj.:	juegue, juegues, juegue, juguemos, juguéis, jueguen

obtener *to obtain* (see **tener**)

oír *to hear*
Pres. Ind.:	oigo, oyes, oye, oímos, oís, oyen
Preterit:	oí, oíste, oyó, oímos, oísteis, oyeron
Imperative:	oye, oiga, oigamos, oíd, oigan
Pres. Subj.:	oiga, oigas, oiga, oigamos, oigáis, oigan
Imp. Subj.:	oyera (oyese), oyeras, oyera, oyéramos, oyerais, oyeran
Pres. Part.:	oyendo
Past Part.:	oído

oler *to smell*
Pres. Ind.:	huelo, hueles, huele, olemos, oléis, huelen
Imperative:	huele, huela, olamos, oled, huelan
Pres. Subj.:	huela, huelas, huela, olamos, oláis, huelan

poder   *to be able to*
Preterit: pude, pudiste, pudo, pudimos, pudisteis, pudieron
Future: podré, podrás, podrá, podremos, podréis, podrán
Conditional: podría, podrías, podría, podríamos, podríais, podrían
Imperative: puede, pueda, podamos, poded, puedan
Imp. Subj.:   pudiera (pudiese), pudieras, pudiera, pudiéramos, pudierais, pudieran
Pres. Part.:   pudiendo

poner   *to place, put*
Pres. Ind.:   pongo, pones, pone, ponemos, ponéis, ponen
Preterit: puse, pusiste, puso, pusimos, pusisteis, pusieron
Future: pondré, pondrás, pondrá, pondremos, pondréis, pondrán
Conditional: pondría, pondrías, pondría, pondríamos, pondríais, pondrían
Imperative: pon, ponga, pongamos, poned, pongan
Pres. Subj.:   ponga, pongas, ponga, pongamos, pongáis, pongan
Imp. Subj.:   pusiera (pusiese), pusieras, pusiera, pusiéramos, pusierais, pusieran
Past Part.:   puesto

querer   *to want, wish; to like, love*
Preterit: quise, quisiste, quiso, quisimos, quisisteis, quisieron
Future: querré, querrás, querrá, querremos, querréis, querrán
Conditional: querría, querrías, querría, querríamos, querríais, querrían
Imp. Subj.:   quisiera (quisiese), quisieras, quisiera, quisiéramos, quisierais, quisieran

resolver   *to decide on, to solve*
Past Part.:   resuelto

saber   *to know*
Pres. Ind.:   sé, sabes, sabe, sabemos, sabéis, saben
Preterit: supe, supiste, supo, supimos, supisteis, supieron
Future: sabré, sabrás, sabrá, sabremos, sabréis, sabrán
Conditional: sabría, sabrías, sabría, sabríamos, sabríais, sabrían
Imperative: sabe, sepa, sepamos, sabed, sepan
Pres. Subj.:   sepa, sepas, sepa, sepamos, sepáis, sepan
Imp. Subj.:   supiera (supiese), supieras, supiera, supiéramos, supierais, supieran

salir   *to leave; to go out*
Pres. Ind.:   salgo, sales, sale, salimos, salís, salen
Future: saldré, saldrás, saldrá, saldremos, saldréis, saldrán
Conditional: saldría, saldrías, saldría, saldríamos, saldríais, saldrían
Imperative: sal, salga, salgamos, salid, salgan
Pres. Subj.:   salga, salgas, salga, salgamos, salgáis, salgan

ser   *to be*
Pres. Ind.:   soy, eres, es, somos, sois, son
Imp. Ind.:   era, eras, era, éramos, erais, eran
Preterit: fui, fuiste, fue, fuimos, fuisteis, fueron
Imperative: sé, sea, seamos, sed, sean
Pres. Subj.:   sea, seas, sea, seamos, seáis, sean
Imp. Subj.:   fuera (fuese), fueras, fuera, fuéramos, fuerais, fueran

suponer   *to assume* (see **poner**)

tener   *to have*
Pres. Ind.:   tengo, tienes, tiene, tenemos, tenéis, tienen
Preterit: tuve, tuviste, tuvo, tuvimos, tuvisteis, tuvieron
Future: tendré, tendrás, tendrá, tendremos, tendréis, tendrán
Conditional: tendría, tendrías, tendría, tendríamos, tendríais, tendrían
Imperative: ten, tenga, tengamos, tened, tengan
Pres. Subj.:   tenga, tengas, tenga, tengamos, tengáis, tengan
Imp. Subj.:   tuviera (tuviese), tuvieras, tuviera, tuviéramos, tuvierais, tuvieran

traducir   *to translate* (see **conducir**)

traer   *to bring*

Pres. Ind.:	traigo, traes, trae, traemos, traéis, traen
Preterit:	traje, trajiste, trajo, trajimos, trajisteis, trajeron
Imperative:	trae, traiga, traigamos, traed, traigan
Pres. Subj.:	traiga, traigas, traiga, traigamos, traigáis, traigan
Imp. Subj.:	trajera (trajese), trajeras, trajera, trajéramos, trajerais, trajeran
Pres. Part.:	trayendo
Past Part.:	traído

valer   *to be worth*

Pres. Ind.:	valgo, vales, vale, valemos, valéis, valen
Future:	valdré, valdrás, valdrá, valdremos, valdréis, valdrán
Conditional:	valdría, valdrías, valdría, valdríamos, valdríais, valdrían
Imperative:	vale, valga, valgamos, valed, valgan
Pres. Subj.:	valga, valgas, valga, valgamos, valgáis, valgan

venir   *to come*

Pres. Ind.:	vengo, vienes, viene, venimos, venís, vienen
Preterit:	vine, viniste, vino, vinimos, vinisteis, vinieron
Future:	vendré, vendrás, vendrá, vendremos, vendréis, vendrán
Conditional:	vendría, vendrías, vendría, vendríamos, vendríais, vendrían
Imperative:	ven, venga, vengamos, venid, vengan
Pres. Subj.:	venga, vengas, venga, vengamos, vengáis, vengan
Imp. Subj.:	viniera (viniese), vinieras, viniera, viniéramos, vinierais, vinieran
Pres. Part.:	viniendo

ver   *to see*

Pres. Ind.:	veo, ves, ve, vemos, veis, ven
Imp. Ind.:	veía, veías, veía, veíamos, veíais, veían
Preterit:	vi, viste, vio, vimos, visteis, vieron
Imperative:	ve, vea, veamos, ved, vean
Pres. Subj.:	vea, veas, vea, veamos, veáis, vean
Imp. Subj.:	viera (viese), vieras, viera, viéramos, vierais, vieran
Past Part.:	visto

volver   *to return*

Past Part.:	vuelto

GLOSSARY OF GRAMMATICAL TERMS

adjective: A word that is used to describe a noun: *tall* girl, *difficult* lesson.

adverb: A word that modifies a verb, an adjective, or another adverb. It answers the questions "How?" "When?" "Where?": She walked *slowly*. She'll be here *tomorrow*. She is *here*.

agreement: A term applied to changes in form that nouns cause in the words that surround them. In Spanish, verb forms agree with their subjects in person and number (**yo** habl**o**, **él** habl**a**, etc.). Spanish adjectives agree in gender and number with the noun they describe. Thus, a feminine plural noun requires a feminine plural ending in the adjective that describes it (cas**as** amarill**as**), and a masculine singular noun requires a masculine singular ending in the adjective (libr**o** negr**o**).

auxiliary verb: A verb that helps in the conjugation of another verb: I *have* finished. He *was* called. She *will* go. He *would* eat.

command form: The form of the verb used to give an order or direction: *Go! Come back! Turn* to the right!

conjugation: The process by which the forms of the verb are presented in their different moods and tenses: I *am*, you *are*, he *is*, she *was*, we *were*, etc.

contraction: The combination of two or more words into one: *isn't, don't, can't*.

definite article: A word used before a noun indicating a definite person or thing: *the* woman, *the* money.

demonstrative: A word that refers to a definite person or object: *this, that, these, those*.

diphthong: A combination of two vowels forming one syllable. In Spanish, a diphthong is composed of one *strong* vowel (**a, e, o**) and one *weak* vowel (**u, i**) or two weak vowels: **ei, au, ui**.

exclamation: A word used to express emotion: *How* strong! *What* beauty!

gender: A distinction of nouns, pronouns, and adjectives, based on whether they are masculine or feminine.

indefinite article: A word used before a noun that refers to an indefinite person or object: *a* child, *an* apple.

infinitive: The form of the verb generally preceded in English by the word *to* and showing no subject or number: *to do, to bring*.

interrogative: A word used in asking a question: *Who? What? Where?*

main clause: A group of words that includes a subject and a verb and that by itself has complete meaning: *They saw me. I go now.*

noun: A word that names a person, place, or thing: *Ann, London, pencil,* etc.

number: Number refers to singular and plural: *chair, chairs*.

object: Generally a noun or a pronoun that is the receiver of the verb's action. A direct object answers the question "What?" or "Whom?": We know *her*. Take *it*. An indirect object answers the question "To whom?" or "To what?": Give *John* the money. Nouns and pronouns can also be objects of prepositions: The letter is *from Rick*. I'm thinking *about you*.

past participle: Past forms of a verb: *gone, worked, written,* etc.

person: The form of the pronoun and of the verb that shows the person referred to: *I* (first-person singular), *you* (second-person singular), *she* (third-person singular), etc.

possessive: A word that denotes ownership or possession: This is *our* house. The book isn't *mine*.

preposition: A word that introduces a noun or pronoun and indicates its function in the sentence: They were *with* us. She is *from* Nevada.

pronoun: A word that is used to replace a noun: *she, them, us,* etc. A **subject pronoun** refers to the person or thing spoken of: *They* work. An **object pronoun** receives the action of the verb: They arrested *us* (direct object pronoun). She spoke to *him* (indirect object pronoun). A pronoun can also be the object of a preposition: The children stayed with *us*.

reflexive pronoun: A pronoun that refers back to the subject: *myself, yourself, himself, herself, itself, ourselves,* etc.

subject: The person, place, or thing spoken of: *Robert* works. *Our car* is new.

subordinate clause: A clause that has no complete meaning by itself but depends on a main clause: They knew *that I was here*.

tense: The group of forms in a verb that show the time in which the action of the verb takes place: *I go* (present indicative), *I'm going* (present progressive), *I went* (past), *I was going* (past progressive), *I will go* (future), *I would go* (conditional), *I have gone* (present perfect), *I had gone* (past perfect), *that I may go* (present subjunctive), etc.

verb: A word that expresses an action or a state: We *sleep*. The baby *is* sick.

ANSWER KEY TO COMPRUEBE CUÁNTO SABE

Lección 1

A. 1. los 2. la 3. las 4. la 5 la 6. los 7. el 8. las 9. el 10. las 11. las 12. los 13. la 14. las 15. el 16. los 17. la 18. la 19. el 20. los

B. 1. una 2. un 3. unos 4. unos 5. unas 6. una 7. una 8. unas 9. un 10. unos 11. una 12. unos

C. 1. eres / soy / es 2. son / somos 3. son / es / es 4. son / somos

D. 1. muy difíciles 2. español / inglesas 3. una chica muy inteligente 4. una chica alta y delgada 5. un hombre muy viejo 6. antipáticas 7. azules / rojos 8. mexicanas

E. 1. efe / equis 2. ka / ene / te 3. doble u (doble ve) / ele / ese / ene 4. be / ce / ka 5. ce / de 6. hache / ene / te / erre 7. jota / ele / ese 8. eme / ele / ese 9. pe / erre / erre / ye (y griega)

F. 1. seis 2. diecisiete 3. veinte 4. once 5. diecinueve 6. treinta 7. veintiséis 8. doce 9. treinta y ocho 10. diez 11. trece 12. catorce 13. veintiuno 14. quince 15. veintitrés 16. treinta y cuatro 17. dieciocho 18. veinticinco

G. 1. f 2. j 3. m 4. b 5. h 6. n 7. a 8. d 9. c 10. e 11. g 12. i 13. l 14. k

H. 1. María 2. hola

Lección 2

A. 1. trabajas / trabajo 2. estudian (toman) / estudiamos (tomamos) 3. desean / deseo / desea 4. terminan / Terminan

B. 1. a. ¿Hablan ellos inglés con los estudiantes? b. Ellos no hablan inglés con los estudiantes. 2. a. ¿Es ella de México? b. Ella no es de México. 3. a. ¿Terminan Uds. hoy? b. Uds. no terminan hoy.

C. 1. tu / mi 2. Nuestra 3. Su 4. tus / Mis 5. Su 6. su

D. 1. las 2. los 3. el 4. las 5. los 6. el 7. la 8. la

E. 1. ochenta bolígrafos 2. cuarenta y seis mochilas 3. setenta y dos relojes 4. treinta y tres ventanas 5. doscientos libros 6. ciento quince cuadernos 7. sesenta y ocho estudiantes 8. cincuenta mapas 9. noventa y cinco computadoras

F. 1. Es la una 2. a las nueve y media de la mañana 3. por la tarde 4. Son 5. a las tres menos cuarto

G. martes / miércoles / viernes / sábado 1. el primero (uno) de marzo 2. el diez de junio 3. el trece de agosto 4. el veintiséis de diciembre 5. el tres de septiembre 6. el veintiocho de octubre 7. el diecisiete de julio 8. el cuatro de abril 9. el dos de enero 10. el cinco de febrero

H. 1. invierno 2. primavera 3. otoño 4. verano

I. 1. e 2. k 3. g 4. a 5. l 6. i 7. c 8. d 9. j 10. b 11. h 12. f

J. 1. 50 / mexicano 2. español 3. son

Lección 3

A. 1. beben / Comen 2. dividimos / barre / sacudo 3. crees / deben 4. corremos 5. abres 6. lee / Escribe / Recibe

B. 1. la ropa de mis hermanos 2. la casa de mi mamá 3. el cuarto de mis padres 4. la hermana de Silvia

C. tenemos / vienen / tengo / tiene / viene / vengo / vienes

D. 1. tiene diez años 2. no tengo hambre / tengo mucha sed 3. tienen mucho sueño 4. tienes frío / tenemos calor 5. tiene miedo 6. tiene razón

E. 1. esta / este 2. ese / esa 3. estas / estos 4. aquel / aquella

F. 1. trescientos quince 2. novecientos veinte 3. cuatrocientos ochenta 4. ochocientos sesenta 5. setecientos cincuenta 6. quinientos noventa 7. seiscientos treinta 8. quinientos 9. trescientos setenta y cinco 10. ochocientos dieciséis 11. novecientos cuarenta y siete 12. mil

G. 1. césped 2. descansar 3. plato 4. vivir 5. plancha 6. basura 7. tocar a la puerta 8. todo 9. desastre 10. conmigo

H. 1. Los hombres ayudan con los trabajos de la casa. 2. La comida mexicana es popular en todo el mundo. 3. Además de en Latinoamérica, son populares en los Estados Unidos, Rusia y Japón.

Lección 4

A. *Verb forms:* 1. salgo   2. conduzco   3. traigo   4. traduzco   5. hago   6. conozco   7. sé   8. veo   9. pongo

B. 1. sabemos   2. conozco / sé   3. conoce / sabe   4. saben   5. conoces   6. sabes   7. conoce   8. conocen

C. 1. Yo conozco a la tía de Julio.   2. Luis tiene tres tíos y dos tías.   3. Ana lleva a su prima a la fiesta.   4. Uds. conocen San Salvador.   5. El profesor tiene veinte estudiantes.   6. Aurora conoce a Rita, a Carlos y a María.   7. Nosotros invitamos a Teresa y a su familia.   8. Ellas llaman un taxi.

D. 1. No conocemos al Sr. Vega.   2. Es la hermana del profesor.   3. Venimos de la fiesta.   4. Voy al laboratorio.   5. Vengo de la playa.   6. Yo conozco a los hijos del Dr. Mena.   7. ¿Van a la cafetería?   8. ¿Vas al concierto?

E. 1. das / doy / da   2. van / voy / va   3. Estoy   4. dan / damos   5. están / estamos   6. vas / voy / vamos

F. 1. ¿Dónde vas a estudiar?   2. ¿Qué van a comer Uds.?   3. ¿Con quién va a ir Roberto?   4. ¿A qué hora va a terminar Ud.?   5. ¿Cuándo van a trabajar ellos?

G. 1. discos   2. algo   3. castaños   4. pelirroja   5. estatura   6. cumpleaños   7. soltera   8. pareja   9. torta   10. salsa   11. levantan   12. éxito / pasan

H. 1. nieta   2. esposo   3. suegra   4. tío   5. nuera   6. primo

I. 1. mexicano   2. momias   3. primavera   4. más

Lección 5

A. 1. está diciendo   2. estoy leyendo   3. estás bebiendo   4. está sirviendo   5. estamos estudiando   6. está durmiendo   7. están desayunando   8. está pagando

B. 1. son   2. es   3. están   4. es   5. está   6. está   7. es   8. somos   9. es   10. están

C. 1. Yo prefiero comer panqueques.   2. No, nosotros no entendemos la lección cinco.   3. La fiesta empieza a las ocho.   4. Nosotros queremos comer pescado.   5. Las clases comienzan en agosto.   6. Mis padres piensan ir a México.

D. 1. el mejor de   2. el más inteligente de   3. tan alta como   4. mayor o menor que   5. el peor de   6. más de

E. 1. No, no son para ti.   2. No, no estoy hablando de ella.   3. No, no tiene(s) que trabajar con nosotros(as).   4. No, no son para ellos.   5. No, no voy a estudiar contigo.

F. 1. arroz con leche   2. cuenta   3. dejar   4. a la parrilla   5. habitación   6. pescado   7. papas   8. mantequilla   9. El desayuno   10. chuletas   11. taza   12. un cuchillo

G. leche / almuerzo

Lección 6

A. 1. recordamos / recuerdan   2. encuentro   3. dormimos / duerme / duermes   4. almuerzan / cuesta   5. vuelves / vuelven   6. llueve   7. podemos / puedes

B. 1. consiguen / conseguimos / consigue   2. sirven / servimos / sirves / sirvo   3. dice / dices / digo / dicen   4. pides / pido / piden / pedimos

C. 1. No, no voy a leerlos. (No, no los voy a leer.)   2. No, no lo (la) conoce.   3. No, no me llevan.   4. No, ella no te llama mañana.   5. No, no lo necesito.   6. No, no la tengo.   7. No, ellos no nos conocen.   8. No, no las conseguimos.

D. 1. No, yo nunca almuerzo en la cafetería.   2. No, no hay nadie.   3. No, no necesito nada.   4. No, no conozco a ninguna persona de Honduras.   5. No, no bebo ni café ni té.   6. No, nosotros tampoco vamos.

E. 1. Hace cinco años que (yo) vivo en Honduras.   2. ¿Cuánto tiempo hace que (Ud.) estudia español, Sr. Smith?   3. Hace dos horas que (ellos) escriben.   4. Hace dos días que (ella) no come.

F. 1. chuleta   2. ají   3. carne   4. pimiento   5. papel higiénico   6. plátano   7. decir   8. qué más   9. azúcar   10. zanahoria

G. 1. e   2. h   3. j   4. g   5. a   6. i   7. b   8. d   9. c   10. f

H. 1. San José   2. Las operaciones del Canal.   3. no tiene   4. la agricultura

Lección 7

A. 1. llegué / busqué / encontré   2. visitaste / merendaste   3. comió / estudió / volvió
    4. escribí / hablé / salí   5. bebimos / bebieron / bebió   6. empecé / empezaron
B. 1. fui   2. fueron   3. dieron   4. fuiste   5. fui   6. dio   7. fuimos   8. di   9. diste   10. dimos
C. 1. les digo   2. nos mandó   3. le pregunta   4. me dieron   5. no le importa a él   6. comprarles
D. 1. A Elena le gusta más ir al cine.   2. (A mí) me gusta más la comida italiana.   3. ¿(A ti) te gustan
    más las galletas?   4. (A nosotros) nos gustan más las películas españolas.   5. A mis padres les gustan
    más las ciudades grandes.   6. ¿A Uds. les gusta más ir a un partido de fútbol?
E. 1. me levanto / me acuesto   2. te lavas / te bañas   3. se afeita   4. se pone   5. nos divertimos
    6. se sientan   7. se aburren   8. se queja
F. 1. g   2. j   3. l   4. a   5. c   6. k   7. b   8. f   9. d   10. i   11. h   12. e
G. 1. dobladas   2. Quique

Lección 8

A. 1. trajeron / traje   2. Tuve   3. hizo   4. dijiste / dijeron   5. vino / viniste   6. estuvimos / estuvieron
    7. hicieron   8. supe   9. condujeron / conduje   10. quiso   11. pudo   12. puse / pusiste
B. 1. Mi hermano me la presta.   2. Se la alquilo al Sr. Díaz.   3. Sí, ella nos los da.   4. Sí, yo te lo
    compro.   5. Rafael nos lo manda.   6. Sí, se las podemos traer. / Sí, podemos traérselas.
C. 1. sirvieron / servimos   2. conseguiste / conseguí   3. durmieron / dormimos   4. pidieron / pidió /
    pedí   5. se divirtieron / se divirtió / nos divertimos
D. 1. ibas   2. era   3. hablaban   4. veíamos   5. pescaban   6. comía   7. jugaban   8. acabábamos
    9. hacías   10. salías
E. 1. especialmente   2. Generalmente   3. raramente   4. frecuentemente   5. Posiblemente
    6. lenta / claramente
F. 1. aire   2. cazar   3. avión   4. acampar / bolsa / tienda   5. cabaña / bajo   6. experiencia
    7. hospedamos   8. acuático   9. tomar   10. tabla   11. hacer   12. encanta   13. prometo / serio
    14. juntamos (juntábamos)   15. prestar / caña   16. acaso   17. salvavidas   18. agradezco
G. 1. Cuba   2. cumbia / esmeraldas   3. bosque / Puerto   4. Simón / Libertador   5. merengue

Lección 9

A. 1. para   2. por   3. por / para / por   4. por   5. para   6. para   7. para / por / por   8. por
B. 1. lloviendo   2. Hace / calor / grados / temperatura   3. hay / niebla   4. hace / sol
    5. hace / frío / nieva
C. 1. celebraron   2. Eran / salimos / Llegamos   3. dijo / era / pedí   4. eran / vivían   5. estabas / vi
    6. fue / estaba / Prefirió   7. hizo   8. estábamos / llamaste
D. 1. Hace tres horas que llegué.   2. Hace cuatro meses que ellos vinieron.   3. Hace media hora que
    empecé a trabajar.   4. Hace cinco días que (ellos) terminaron.   5. Hace quince años que tú llegaste.
E. 1. Los suyos (Los de ellos)   2. mías / suyas (de ella)   3. mía   4. los tuyos   5. nuestras   6. el tuyo
F. 1. oro   2. nada   3. talla   4. descalza   5. vez   6. cara   7. cuanto   8. regalar / ramo   9. Número
    10. tacaño   11. cortas   12. zapatería   13. Facultad   14. húmedo
G. 1. 3,28   2. cuello / centímetros

Lección 10

A. 1. cerradas   2. abierta   3. roto   4. dormidos   5. escritas   6. hecha   7. parados   8. estacionado
    9. puestas   10. dicho
B. 1. ha llegado   2. he roto   3. han traído   4. han vuelto / hemos podido   5. han muerto
    6. has dicho   7. han almorzado   8. se han puesto   9. he visto   10. han leído
C. 1. habían vuelto   2. había firmado   3. habías hecho   4. habíamos escrito   5. había puesto
    6. habían ido   7. se habían acostado   8. había hablado
D. 1. Llame   2. Camine   3. Salgan   4. Esté   5. venga   6. Vayan   7. lo haga   8. dé   9. sean
    10. Póngala
E. 1. firmar/ fechar   2. depositar   3. abierto / feriado   4. saldo / cuenta   5. desgracia / repuesto
    6. talonario   7. cajero   8. préstamo   9. efectivo   10. caja   11. estampillas   12. gratis
    13. pinchada / taller / arreglarla   14. batería   15. correos / tintorería
F. 1. Galápagos   2. Cuzco   3. Sucre   4. planta

Lección 11

A. 1. ir / vayamos / viajen 2. haga / esperar 3. compren / den 4. esté / estar 5. hacer / venir / sean / digan
B. 1. que ellos se vayan pronto. 2. que el pasaje sea muy caro. 3. estar aquí. 4. irse de vacaciones. 5. que mamá se sienta bien hoy. 6. que tú no puedas ir a la fiesta. 7. que pueda ir. 8. que ellos tengan un coche nuevo.
C. 1. a / de / a / en / en / en / a 2. a / a / de / a 3. de / de 4. a / a / en / de / en
D. 1. asiento / ventanilla 2. mano / compartimiento 3. agencia 4. embarque (embarco) / auxiliar 5. exceso 6. salida 7. incluyen / excursiones 8. cambio 9. cancelar 10. viajero 11. crucero 12. lugares / capital
E. 1. f 2. j 3. h 4. a 5. i 6. b 7. d 8. g 9. c 10. e
F. 1. vos 2. tango 3. separación

Lección 12

A. 1. hable español. 2. incluya el hotel. 3. no son caros. 4. salen a las seis. 5. pueda reservar los pasajes? 6. es barato. 7. esté cerca de la puerta. 8. dé un préstamo.
B. 1. Ve / cómprame / Tráemelos / no se los des 2. Pon / no lo pongas 3. Ven / haz / No vuelvas 4. Dile / no le des / Acuérdate 5. Levántate / sal / No te olvides
C. 1. se enamoró de / se casó con 2. insiste en 3. no te olvides de / Acuérdate de 4. no me di cuenta de / no confiaban en 5. pensar en 6. contar conmigo 7. tratamos de 8. te fijas en
D. segundo / séptimo / quinto / primero / octavo / cuarto / noveno / tercero / sexto / décimo
E. 1. g 2. k 3. a 4. i 5. m 6. c 7. b 8. e 9. o 10. d 11. f 12. h 13. n 14. l 15. j
F. 1. mucha fruta 2. Buenos Aires 3. Argentina 4. portugués 5. Casa de Gobierno

Lección 13

A. 1. son 2. esté 3. pueda 4. vienen 5. sirven 6. sepa 7. están 8. tenga
B. 1. estén llamando la ambulancia. 2. ellos se queden en el hospital. 3. prefiere venir con nosotros. 4. cobran 50 dólares por las radiografías. 5. Raúl tenga una fractura. 6. ella esté en el hospital. 7. el doctor Rojas nos atiende. 8. yo continúe tomando la medicina.
C. 1. terminen 2. podamos 3. traiga 4. empiecen 5. necesito un médico 6. llegue 7. no tengo hambre 8. llueva
D. 1. Quedémonos aquí. 2. No se lo digamos a nadie. 3. Levantémonos a las siete. 4. Preguntemos el precio de los análisis. 5. Démoselo a la enfermera. 6. Vamos a la sala de rayos X.
E. 1. Cuál 2. Cuál 3. Qué 4. Qué 5. Cuál
F. 1. enfermero(a) 2. codo 3. desmayarse 4. dedos 5. dientes 6. pasar 7. dudar 8. continuar 9. escalera 10. piernas 11. ojos 12. lengua 13. romperse 14. piano
G. 1. h 2. e 3. j 4. a 5. i 6. b 7. d 8. f 9. g 10. c
H. 1. gratis 2. socorro

Lección 14

A. 1. Irán / hablarán 2. pesarás / tomarás 3. comprará / pondrá 4. vendré / pediré 5. pondrá / traerá 6. dará / tendrá
B. 1. hablaríamos / llamaríamos 2. saldría / vendría 3. harías / dirías 4. sabría / ayudaría 5. iría / Podría 6. pedirían / volverían
C. 1. pudiéramos 2. entendieras 3. pusieran 4. quisiera 5. trajera 6. tuvieran 7. supiéramos 8. dijera 9. fuera 10. fueras 11. condujera 12. estuviéramos 13. dieran 14. tradujera 15. vinieras 16. llegara 17. volviera 18. esperáramos 19. salieran 20. prefirieran
D. 1. trajera 2. vinieran 3. estuviera 4. supiera 5. tuviera 6. pidiera 7. fueran 8. pusiéramos
E. 1. si tuviera dinero. 2. si tenemos tiempo. 3. si pudiéramos. 4. si Ud. la ve. 5. como si (ella) fuera su madre.
F. 1. grados 2. tos 3. mejore 4. recetar 5. calmante 6. dermatólogo / cardiólogo 7. tijeras 8. empeoró 9. pesa 10. seguro 11. botiquín 12. suerte
G. 1. f 2. h 3. j 4. a 5. c 6. i 7. b 8. e 9. d 10. g
H. 1. Madrid 2. segunda 3. Sevilla 4. flamenco

The number following each vocabulary item indicates the lesson in which it first appears.
The following abbreviations are used:

abbr.	abbreviation	*form.*	formal	*prep.*	preposition
adj.	adjective	*indir. obj.*	indirect object	*pron.*	pronoun
adv.	adverb	*inf.*	infinitive	*refl. pron.*	reflexive pronoun
aux. v.	auxiliary verb	*m.*	masculine	*rel. pron.*	relative pronoun
conj.	conjunction	*Mex.*	Mexico	*sing.*	singular
dir. obj.	direct object	*neut. pron.*	neuter pronoun	*subj.*	subjunctive
f.	feminine	*obj.*	object	*v.*	verb
fam.	familiar	*pl.*	plural		

Spanish-English

A

a at (with time of day), to, 2; **— eso de…** *(time)* at about…, 3; **— la fuerza** by force, 14; **— la parrilla** grilled, 5; **— menos que** unless, 13; **— menudo** often, 10; ¿**— qué hora?** at what time?, 2; ¿**— quién(es)?** to whom?, 4; **— veces** sometimes, 2; **— ver** let's see, 6

abierto(a) open, 10

abogado(a) *(m., f.)* lawyer, 2

abordar to board, 11

abrazo *(m.)* hug, 8

abrigo *(m.)* coat, 9

abril April, 2

abrir to open, 3

abrochar: abrocharse el cinturón de seguridad to fasten the seat belt, 11

abuela *(f.)* grandmother, 4

abuelo *(m.)* grandfather, 4

abuelos *(m. pl.)* grandparents, 4

aburrido(a) boring, 2; **encontrar —** find boring, 7

aburrirse to be bored, 7; **— como una ostra** to be bored to death, 7

acabar de + *inf.* to have just (done something), 8

acampar to camp, 8

accidente *(m.)* accident, 13

acerca de about, 11

acondicionador *(m.)* conditioner *(hair)*, 6

aconsejar to advise, 11

acordarse (de) (o > ue) to remember, 10, 12

acostumbrado(a) be accustomed or used to, 8

actividad *(f.)* activity, 8; **— al aire libre** outdoor activity, 8

actualmente at present, 4

acumulador *(m.)* battery, 10

además *(adv.)* besides, 2; **— de** *(prep.)* in addition to, 4

adiós good-bye, 1

administración administration, 2; **— de empresas** *(f.)* business administration, 2

admitir to admit, 14

¿adónde? where (to)?, 4

aerolínea *(f.)* airline, 11

aeropuerto *(m.)* airport, 11

afeitarse to shave, 7

afortunadamente luckily, 14

agencia *(f.)* agency, 11; **— de viajes** *(f.)* travel agency, 11

agente *(m., f.)* agent, 11

agosto August, 2

agradecer to thank, to be grateful, 8

agua (el) *(f.)* water, 2; **— con hielo** *(f.)* ice water, 2; **— mineral** mineral water, 2; **— oxigenada** hydrogen peroxide, 14

aguacate *(m.)* avocado, 6

ahora now, 4; **— mismo** right now, 11

ahorrar to save *(money)*, 10

aire *(m.)* air; 12, **— acondicionado** *(m.)* air conditioning, 12

ají *(m.)* pepper, 6

al (a + el) to the, 4; **— día** a day, per day, 6; **— día siguiente** (on) the following day, 5

alberca *(f.) (Mex.)* swimming pool, 12

albergar to house, 12

albóndiga *(f.)* meatball, 5

alegrarse (de) to be glad (about), 12

alemán *(m.)* German *(language)*, 7

alérgico(a) allergic, 13

alfabeto *(m.)* alphabet, 1

algo something, 4; anything, 1; **comer —** eat something, 10

algodón *(m.)* cotton, 14

alguien someone, anyone, 6

algún, alguno(s), alguna(s) any, some, 6; **alguna vez** ever, 6; **algunas veces** sometimes, 6; **en alguna parte** somewhere, 8

allá there, 8

allí there, 12

almorzar (o > ue) to have lunch, 5

almuerzo *(m.)* lunch, 5

alquilar to rent, 8

alrededor around, 9

alto(a) high, tall, 9

alumno(a) *(m., f.)* student, 1

amarillo(a) yellow, 1

ambulancia *(f.)* ambulance, 13

amenaza *(f.)* threat, 14

amigo(a) *(m., f.)* friend, 2; **mejor —** best friend, 1

amor love, 13; **mi —** darling, my love, 11; **un —,** 13

analfabeto(a) *(m., f.)* illiterate, 6

análisis *(m.)* test, 13
anaranjado(a) orange, 1
ancianos(as) old people, 6
andar descalzo(a) to go barefoot, 9
anfitrión *(m.)* host, 1
anfitriona *(f.)* hostess, 1
animado(a) enthused, 4
aniversario *(m.)* anniversary, 9; **— de bodas** *(m.)* wedding anniversary, 9
anoche last night, 5, 7
antes before; **— de** *(prep.)* before, 6; **— de que** *(conj.)* before, 13
antiácido *(m.)* antacid, 14
antibiótico *(m.)* antibiotic, 14
antiguo(a) old, 8
antipático(a) unpleasant, 1
antropología *(f.)* anthropology, 2
año *(m.)* year, 2; **el — pasado** last year, 7
apariencia *(f.)* appearance, 7
apartamento *(m.)* apartment, 6
apellido *(m.)* last name, 1
apendicitis *(m.)* appendicitis, 13
apio *(m.)* celery, 6
aportar to exert, 14
aprender (a) to learn (to), 11
apretar (e > ie) to be tight, 9
aquel(los), aquella(s) *(adj.)* that, those *(distant)*, 3
aquel, aquellos, aquella(s) *(pron.)* that (one), those *(distant)*, 3
aquello *(neut. pron.)* that, 3
aquí here, 3
árabe *(m.)* Arabic, 14
árbol *(m.)* tree, 13
arena *(f.)* sand, 8
aretes *(m. pl.)* earrings, 9
argentino(a) Argentinian, 12
armar to pitch (a tent), to put together, 8
arrancar to start *(motor)*, 10
arreglar to fix, 10
arroz *(m.)* rice, 5; **— con leche** rice pudding, 5
arrugado(a) wrinkled, 9
arte *(m.)* art, 2
asado(a) baked, roasted, 5
ascensor *(m.)* elevator, 12
aseguranza *(f.) (Mex.)* insurance, 14
así que so, 14

asiento *(m.)* seat, 11; **— de pasillo** *(m.)* aisle seat, 11; **— de ventanilla** *(m.)* window seat, 11
asignatura *(f.)* course, subject, 2
asistir to attend, 9
aspiradora *(f.)* vacuum cleaner, 3
aspirina *(f.)* aspirin, 14
atender (e > ie) to see *(a patient)*, 13
atracar to hold up, 11
atravesar(se) to go across/ through, 12
aunque although, 4
auto *(m.)* automobile, 10
autobús *(m.)* bus, 10
automático(a) automatic, 10
automóvil *(m.)* automobile, 10
auxiliar de vuelo *(m., f.)* flight attendant, 11
avena *(f.)* porridge, 9
averiguar to find out, 11
avión *(m.)* plane, 8
ayer yesterday, 7
ayuda *(f.)* assistance, 3; help, 8
ayudar to help, 3
azafata *(f.)* flight attendant, 11
azúcar *(m.)* sugar, 6
azul blue, 1

B

bailar to dance, 4; **¿Bailamos?** Shall we dance?, 4
bajo *(prep.)* under, 8
bajo(a) short, low; short *(height)*, 1; **presión baja** low blood pressure, 14
balanza *(f.)* scale *(weight)*, 14
balneario *(m.)* beach resort, 11
banco *(m.)* bank, 4
bañadera *(f.)* bathtub, 12
bañador *(m.)* bathing suit, 8
bañarse to bathe, 7
baño *(m.)* bathroom, 3, **el cuarto de —,** 3
barato(a) inexpensive, 9
barrer to sweep, 3
barrio *(m.)* neighborhood, 2
basura *(f.)* garbage, 3
bata *(f.)* robe, 9
batería *(f.)* battery, 9
batería de cocina *(f. sing.)* kitchen utensils, 3
batido *(m.)* milkshake, 3
beber to drink, 3
bebida *(f.)* drink, 4; **pedir —s** to order drinks, 2
béisbol *(m.)* baseball, 7

bendecir to bless, 13
biblioteca *(f.)* library, 1
bien fine, well, P; **muy —** very well, 1; **está —** all right, okay, 6
bienvenido(a) welcome, 8
belleza *(f.)* beauty, 8
billete *(m.)* ticket, 11
billetera *(f.)* wallet, 9
biología *(f.)* biology, 2
bistec *(m.)* steak, 5
blanco(a) white, 1
blanquillo *(m.) (Mex.)* egg, 5
blusa *(f.)* blouse, 9
boca *(f.)* mouth, 13
bocina horn *(car)* *(f.)*, 10
boda *(f.)* wedding, 7; **aniversario de bodas** *(m.)* wedding anniversary, 9
bolígrafo *(m.)* pen, 1
bolsa: — de aire *(f.)* air bag, 10; **— de dormir** *(f.)*; **saco de dormir** *(m.)* sleeping bag, 8
bolso: — de mano *(m.)* carry-on bag, 11
bonito(a) pretty, 1
borrador *(m.)* eraser, 1
bosque *(m.)* forest, 8
bostezar to yawn, 3
bota *(f.)* boot, 9
bote de vela *(m.)* sailboat, 8
botella *(f.)* bottle, 2
botiquín *(m.)* medicine cabinet, 14
botones *(m. sing.)* bellhop, 12
brazo *(m.)* arm, 13
breve brief, 7
brindar to toast, 4
brindis *(m.)* toast *(at a celebration)*, 4
brócoli *(m.)* broccoli, 6
bromear to joke, to kid, 7
bucear to scuba dive, 8
¡Buen viaje! Have a good trip!, 11
Buenas noches good evening, good night, P; **buenas tardes** good afternoon, P
bueno… well…, okay, 1
bueno(a) good, 5; **buenas noches** good evening, good night, 1; **buenas tardes** good afternoon, 1; **buenos días** good morning, P
bufanda *(f.)* scarf, 9
buscar to look for, to get, 9; to look (it) up, 6

C

cabaña *(f.)* cabin, 8
cabello *(m.)* hair, 7
caber to fit, 4
cabeza *(f.)* head, 13
cacerola *(f.)* saucepan, 3
cadáver *(m.)* cadaver, 9
cadena *(f.)* chain, 9
caer(se) to fall down, 13
café *(m.) (adj.)* brown, 1; coffee, 2; — **con leche** coffee with milk, 5
cafetera *(f.)* coffeepot, 3
cafetería *(f.)* cafeteria, 1
caja de seguridad *(f.)* safe-deposit box, 10
cajero(a) *(m., f.)* teller, 5; — **automático** *(m.)* automatic teller (ATM), 10
cajuela *(f.)* trunk (car), 10
calcetines *(m.)* socks, 10
cálculo *(m.)* calculus, 2
caldo *(m.)* broth, 5; soup *(Mex.)*, 5
calefacción *(f.)* heating, 12
calendario *(m.)* calendar, 2
calidad *(f.)* quality, 8
cálido(a) hot, 9
caliente hot, 12
calle *(f.)* street, 1
calmante *(m.)* tranquilizer, painkiller, 14
calvo(a) bald, 7
calzar to wear *(a certain shoe size)*, 9
calzoncillos *(m. pl.)* undershorts, 9
cama *(f.)* bed, 12; — **chica (pequeña)** *(f.)* twin bed, 12; — **doble** *(f.)* double bed, 12
cámara *(f.)* chamber, 12
camarera *(f.)* waitress, 5; **camarero** *(m.)* waiter, 5
camarones *(m. pl.)* shrimp, 5
cambiar to change, 7
cambio *(m.)* change; **en cambio** on the other hand, 7
cambio de moneda *(m.)* rate of exchange, 11; **¿a cómo está el —?** what's the rate of exchange?, 11
cambios mecánicos *(m. pl.)* standard shift, 10
camilla *(f.)* gurney, stretcher, 13
caminar to walk, 5
camisa *(f.)* shirt, 9
camiseta *(f.)* T-shirt, 9
camisón *(m.)* nightgown, 9

campo *(m.)* country *(as opposed to city)*, 9; field *(subject)*, 14
canas *(f. pl.)* white hairs, 7
cancelar to cancel, 11
cangrejo *(m.)* crab, 6
cansado(a) tired, 4
cansarse to get tired, 11
cantar to sing, 4
caña de pescar *(f.)* fishing rod, 8
capital *(f.)* capital *(city)*, 5
capó *(m.)* hood *(car)*, 10
cara *(f.)* face, 13
¡Caramba! gee!, 1
cardiólogo(a) *(m., f.)* cardiologist, 14
carne *(f.)* meat, 6
carnicería *(f.)* meat market, 6
caro(a) expensive, 6
carpa *(f.)* tent, 8
carro *(m.)* automobile, 10
carta *(f.)* letter, 10
cartera *(f.)* purse, 9
casa *(f.)* house, 3; **en —** at home, 3
casado(a) married, 4; **recién casados** *(m. pl.)* newlyweds, 6
casarse (con) to marry, 7; to get married (to), 12
casi almost, 13
caso *(m.)* case, 14; **en ese —** in that case, 11; **en — de que** in case, 13
castaño brown *(hair or eyes)*, 4
castellano *(m.)* Spanish, 1
catorce fourteen, 2
cazar to hunt, 8
cebolla *(f.)* onion, 6
cédula de identidad *(f.)* I.D. card, 12
celebrar to celebrate, 4
celular *(m.)* cell phone, 10
cena *(f.)* dinner, 5
cenar to have dinner (supper), 3
céntrico(a) central, 12
cepillo de dientes *(m.)* toothbrush, 6
cerca (de) near, 6; — **de aquí** near here, 12
cerdo *(m.)* pork, 6
cereza *(f.)* cherry, 6
cero zero, P
cerrado(a) closed, 10
cerrar (e > ie) to close, 5
cerveza *(f.)* beer, 2

césped *(m.)* lawn, 3
cesto de papeles *(m.)* wastebasket, 1
chaleco *(m.)* vest, 9
champán *(m.)* champagne, 4
champú *(m.)* shampoo, 6
chapa *(f.)* license plate, 10
chaqueta *(f.)* jacket, 9
chau bye, P
cheque *(m.)* check, 10; — **de viajero** *(m.)* traveler's check, 11
chequeo *(m.)* checkup, 14
chequera *(f.)* checkbook, 10
chica *(f.)* young girl, 1
chico *(m.)* young man, 1
chico(a) little, 8; **quedan chicos(as)** they're too small, 10
chocar (con) to collide, 13
chocolate *(m.)* chocolate, 5; — **caliente** *(m.)* hot chocolate, 2
chorizo *(m.)* sausage, 5
chuleta *(f.)* chop *(of meat)*, 5; — **de cerdo** pork chop, 6; — **de ternera** veal chop, 6; — **de cordero** lamb chop, 6
cielo *(m.)* sky, 8; **el — está despejado** the sky is clear, 9; **el — está nublado** the sky is cloudy, 9
cien (ciento) one hundred, 2
ciencias políticas *(f. pl.)* political science, 2
cierto(a) true; **es cierto** it's true, 13
cinco five, P
cincuenta fifty, 2
cine *(m.)* movies, movie theater, 7
cinto *(m.)* belt, 9
cinturón *(m.)* belt, 9
cirujano(a) *(m., f.)* surgeon, 14
cita *(f.)* appointment; **pedir una —** make an appointment, 14
ciudad *(f.)* city, 3
claramente clearly, 8
claro(a) clear, 8
clase *(f.)* class, 1; — **de español** Spanish class, 1; — **turista** tourist class, 11; **primera —** first class, 2
clima *(m.)* climate, 9
club *(m.)* club, 4; — **nocturno** *(m.)* nightclub, 7

cobrar to charge, 12; **— un cheque** to cash a check, 10

cocina *(f.)* kitchen, 3

cocinar to cook, 6

cocinero(a) *(m., f.)* cook, 6

coche *(m.)* automobile, 4

codo *(m.)* elbow, 13

colador *(m.)* strainer, 3

colar (o > ue) to strain, 3

colectivo *(m.)* bus, 10

colesterol *(m.)* cholesterol, 5

colombiano(a) Colombian, 8

color *(m.)* color, 1

comedia *(f.)* comedy, 7

comedor *(m.)* dining room, 3

comenzar (e > ie) to start, to begin, 5

comer to eat, 3; **— algo** to have something to eat, 4

comestibles *(m. pl.)* groceries *(food items)*, 6

comida *(f.)* food, meal, 3

comido(a) eaten, 10

como like, as, 9; **— si** as if, 14; **— siempre** as usual, 13

¿Cómo? Pardon?, 1; how? 1; **¿— es...?** what is... like?, 1; **¿— está usted?** how are you? *(form.)*, 1; **¿— están ustedes?** how are you? *(pl.)*, 1; **¿— estás?** how are you? *(fam.)*, 1; **¿— se dice...?** how do you say...?, 1; **¿— se llama usted?** what is your *(form.)* name?, 1; **¿— te llamas?** what is your *(fam.)* name?, P; **— siempre** as usual, 13

cómodo(a) comfortable, 9

compañero(a) de clase *(m., f.)* classmate, 1; **— de cuarto** *(m., f.)* roommate, 1; **— de trabajo** *(m., f.)* coworker, 14

comparativo *(m.)* comparative, 5

compartimiento de equipajes *(m.)* luggage compartment, 11

compartir to share, 11

complicado(a) complicated, 11

comprar to buy, 6

comprometerse (con) to get engaged (to), 12

computadora *(f.)* computer, 1; **— portátil** laptop computer, 11

con with, 1; **¿— quién(es)?** with whom?, 2; **— tal (de) que** provided that, 13; **— vista a** overlooking (with a view of), 12

concierto *(m.)* concert, 7

conducir to drive, to conduct, 4

conferencia *(f.)* lecture, 14

confiar en to trust, 12

confirmar to confirm, 11

conmigo with me, 3

conocer to know, to be acquainted with, 4; to meet for the first time, 9; **¿conoces...?** do you know?, 2

conocido(a)(os)(as) known (people), P

conocimiento *(m.)* consciousness, 13; **perder el —** lose consciousness, 13

conseguir (e > i) to obtain, to get, 6

consultorio *(m.)* doctor's office, 14

contabilidad *(f.)* accounting, 2

contagioso(a) contagious, 14

contagiar to transmit *(disease)*, 14

contagioso(a) contagious, 14

contar con to count on, 12

contento(a) happy, content, 4

contigo with you *(fam.)*, 5

continuar to continue, 13

convencer to convince, 11

convención convention, 12

conversan, they talk, 1

conversar to talk, to converse, 1

convertirse (e > ie) en to turn into, 14

copa *(f.)* wineglass, 2

corazón *(m.)* heart, 13

corbata *(f.)* tie, 9

cordero *(m.)* lamb, 6

cordillera *(f.)* mountain range, 12

correo *(m.)*: **la oficina de —** post office *(f.)*, 10

correo electrónico *(m.)* e-mail, 8

correr to run, 3

cortar to cut, 3; **— el césped** to mow the lawn, 3; **—se** to cut (oneself), 13

corto(a) short, 9

cosa *(f.)* thing, 3; **cosas que hacer** things to do, 3

cosechar to harvest, 13

costar (o > ue) to cost, 6; **—un ojo de la cara** to cost an arm and a leg, 9

costumbre *(f.)* custom, 6

creer to think, to believe, 13; **— que no** to think not, 4; **— que sí** to think so, 13

crema *(f.)* cream, 5; **— para las manos** hand cream, 6

criado(a) servant, 6

crucero *(m.)* cruise, 11

cuaderno *(m.)* notebook, 1

cuadra *(f.)* block, 12

¿cuál? *(pl. ¿cuáles?)* which?, what?, 1; **¿— es tu número de teléfono?** what's your phone number?, 1; **¿— es tu dirección?** what's your address?, 1

cualquier(a) any, 13

cuando when, 3

¿cuándo? when?, 2

¿cuánto(a)? how much?, 3; **¿cuánto cuesta?** how much does it cost?, 3; **¿por cuánto tiempo?** how long?, 13

¿cuántos(as)? how many?, 2

cuarto *(m.)* room, 3; **— de baño** *(m.)* bathroom, 3; **menos —** quarter to, 2; **y —** quarter past or after, 2; **cuarto(a)** *(adj.)* fourth, 12

cuatro four, 1

cuatrocientos(as) four hundred, 3

cubano(a) *(m., f.)* Cuban, 1

cubanoamericano(a) Cuban American, 2

cuchara *(f.)* spoon, 5

cucharita *(f.)* teaspoon, 5

cuchillo *(m.)* knife, 5

cuello *(m.)* neck, 13; collar, 9

cuenta *(f.)* account, 10; bill, 6, check *(at a restaurant)*, 5; **— de ahorros** savings account, 10; **— conjunta** joint account, 10; **— corriente** checking account, 10

cuerpo *(m.)* body, 9

cuidado *(m.)* care, 13

cuidar(se) to take care (of oneself), 14

cumpleaños *(m. sing.)* birthday, 4

cumplir to keep (a promise), 10

cuñada *(f.)* sister-in-law, 4

cuñado *(m.)* brother-in-law, 4
curita *(f.)* adhesive bandage, 14

D
danza *(f.)* dance, 14
dar to give, 4; — **una película** show a movie, 7
darse cuenta (de) to realize, 12
de from, of, 1; of, about, in, 2; — **cortesía** polite, 1; ¿— **dónde eres?** where are you from? *(fam.)*, 1; ¿— **dónde es Ud.?** where are you from? *(form.)*, 1; — **estatura mediana** of medium height, 4; — **modo (manera) que** so, 6; — **nada** you're welcome, 1; — **ojos castaños** with brown eyes, 4; — **vacaciones** on vacation, 5
debajo de under, 8
deber to have to, must, 3
débil weak, 14
decidir to decide, 4
décimo(a) tenth, 12
decir (e > i) to say, to tell, 6; **dime** tell me *(fam.)*, 5; **dime una cosa** tell me something, 12
dedo *(m.)* finger, 13; — **del pie** toe, 13
dejar to leave (behind), 5; to let, 11; — **de…** to stop doing, not to do, 11
del (de + el) of the, 4
deletrear to spell, 1
delgado(a) slender, thin, 1
demasiado(a) too much, 7
demostrativo(a) demonstrative, 3
dentro de within, 12
departamento *(m.)* apartment, 6
deporte *(m.)* sport, 4
depositar to deposit, 10
dermatólogo(a) *(m., f.)* dermatologist, 14
desastre *(m.)* disaster, 3
desayunar to have breakfast, 5
desayuno *(m.)* breakfast, 5
desbarrancar(se) to go over a cliff, 11
descalzo(a) barefoot; **andar —** to go barefoot, 9
descansar to rest, 3

descomponer(se) to break down, 10
desconocido(a) unknown *(person)*, 11
describir to describe, 1
descubrir to discover, 8
desde from, 5
desear to wish, to want, 2
deseo *(m.)* wish, 11
desgraciadamente unfortunately, 10
desinfectante *(m.)* disinfectant, 14
desinfectar to disinfect, 13
desmayarse to lose consciousness, to faint, 13
desocupar to vacate, 12
desodorante *(m.)* deodorant, 6
despedida *(f.)* farewell, P
despejado(a) clear *(sky)*, 9
despertarse (e > ie) to wake (up), 7
después after, afterwards, later, 2, 3; — **de** after, 2
desventaja *(f.)* disadvantage, 7
detergente *(m.)* detergent, 6
día *(m.)* day, 1; **al —** a *(per)* day, 6; **al — siguiente** next day, 5; **Día de Acción de Gracias** *(m.)* Thanksgiving, 6; — **feriado** holiday, 10; — **libre**, day off, 6
diario(a) *(adj.)* daily, 7; **rutina diaria** daily routine, 7
dicho(a) said, 10
diciembre December, 2
diecinueve nineteen, 1
dieciocho eighteen, 1
dieciséis sixteen, 1
diecisiete seventeen, 1
diente(s) *(m.)* tooth, 13; teeth, 6
dieta *(f.)* diet, 5
diez ten, P
difícil difficult, 2
diligencia *(f.)* errand, 9; **hacer —s** run errands, 10
dinero *(m.)* money, 2
diputado(a) representative, 12
dirección *(f.)* address, 1
directo(a) direct, 11
disco: — compacto *(m.)* compact disc (CD), 4; — **duro** hard drive, 11
discoteca *(f.)* club, disco, 7
disponible vacant, available, 12
divertirse (e > ie) to have fun, 7
dividir to divide, 3

doblada dubbed, 7
doce twelve, 1
docena *(f.)* dozen, 6
doctor (Dr.) *(m.)* doctor, P; MD, 13
doctora (Dra.) *(f.)* doctor, 1; MD, 13
documento *(m.)* document, 10
dólar *(m.)* dollar, 2
doler (o > ue) to hurt, to ache, 13
dolor *(m.)* pain, 13; — **de cabeza** *(m.)* headache, 4; — **de garganta** sore throat, 14
domicilio *(m.)* address, 1
domingo *(m.)* Sunday, 2
dominicano(a) Dominican *(from the Dominican Republic)*, 1
don title of respect, used with a man's first name, 6
¿dónde? where?, 1
doña title of respect, used with a woman's first name, 6
dormir (o > ue) to sleep, 4
dormitorio *(m.)* bedroom, 3
dos two, P
doscientos(as) two hundred, 2
ducha *(f.)* shower, 12
dudar to doubt, 13
dueño(a) *(m., f.)* owner, proprietor, 12
dulce *(n.)* *(m.)*, sweet, 5
durante during, 11
durazno *(m.)* peach, 6

E
edad *(f.)* age, 3; — **mediana** middle age, 7
efectivo *(m.)* cash, 10
ejercicio *(n.)* *(m.)* exercise, 4
el *(m. sing.)* the, 1
él he, 1; *(obj. of prep.)* him, 5
elegir (e > i) to choose, 6
elevador *(m.)* elevator, 12
ella she, 1; *(obj. of prep.)* her, 5
ellas *(f.)* they, 1; *(obj. of prep.)* them, 5
ellos *(m.)* they, 1; *(obj. of prep.) them, 5*
embarazada pregnant, 14
emergencia *(f.)* emergency, 11; **salida de —** *(f.)* emergency exit, 11
empeorar(se) to get worse, 14
empezar (e > ie) to start, to begin, 5

empleado(a) *(m., f.)* clerk, 9; **— bancario(a)** bank employee, 10

en in, on, at, 1; inside, over, 11; **— cambio** on the other hand, 7; **— casa** at home, 3; **— caso de que** in case, 13; **— cuanto** as soon as, 9; **— efectivo** in cash, 10; **— español** in Spanish, 1; **— estado** pregnant, 14; **— parte** in part, 11; **¿— qué puedo servirle?** how may I help you?, 9; **— seguida** right away, 14; **— serio** seriously, 8; **— vez de** instead of, 7

enamorado(a) in love, 4

enamorarse (de) to fall in love (with), 12

encantador(a) charming, 4

encantar to love, to like very much, 8

encaje *(m.)* lace, 9

encargado(a) (de) in charge of, 10

encinta pregnant, 14

encontrar (o > ue) to find, 6

encuesta *(f.)* survey, 1

enero January, 2

enfermedad *(f.)* disease, sickness, 14

enfermero(a) *(m., f)* nurse, 13

enfermo(a) sick, 11

ensalada *(f.)* salad, 3; **— mixta** *(f.)* mixed salad, 5

enseguida (en seguida) right away, 14

enseñar to teach, 2; to show, 12

entender (e > ie) to understand, 5

entonces then, in that case, 9

entrar (en) to enter, to go in, 7

entre between, 2; among, 5

entregar(se) surrender, 7

entrevista *(f.)* interview, 2

entusiasmo *(m.)* enthusiasm, 11

enviar to send, 7

equipaje *(m.)* luggage, 11

es it is, 1, **— hora,** it's time, 8

escalar montañas to climb mountains, 7

escalera *(f.)* stairs, 13; **— mecánica (automática),** escalator, 13

escapar(se) to escape, 8

esclavitud *(f.)* slavery, 7

escoger to choose, 6

esconder to hide, 10

escopeta *(f.)* shotgun, 8

escribir to write, 3

escrito(a) written, 10

escritor(a) writer, 9

escritorio *(m.)* desk, 1

escuela *(f.)* school, 9; **— secundaria** high school, 9

ese, esos, esa(s) *(adj.)* *that, those (nearby)*, 3

ese, esos, esa(s) *(pron.)* that (one), those, 3

eso *(neut. pron.)* that, 3;

espaguetis *(m. pl.)* spaghetti, 6

Esopo Aesop, 7

espalda *(f.)* back, 13

español *(m.)* Spanish *(language)*, 1; **clase de —** Spanish class, P

español(a) *(m., f.)* Spanish *(person)*, 1

esparadrapo *(m.)* adhesive tape, 14

especial special, 5

especialidad *(f.)* specialty, 5

especialización *(f.)* major (education), 1

especialmente especially, 3

espejo *(m.)* mirror, 7

esperar to wait, 10; to hope, 11

esposa *(f.)* wife, 4

esposo *(m.)* husband, 4

esquí acuático *(m.)* water ski, 8

esquiar to ski, 4

esquina *(f.)* corner, 10

esta *(adj.)* this, 3; **— noche** tonight, 1

está bien all right, okay, 6

esta noche tonight, 1

estacionar to park, 10

estación *(f.)* season, 2

estadio *(m.)* stadium, 12

estado *(m.)* state, 2; **en —** pregnant, 14

estadounidense *(m., f.)* U.S. *(used to denote citizenship)*, 1

estampilla *(f.)* stamp, 10

estar to be, 4; **está bien** all right, okay, 6; **— de moda** to be in style, 9; **— en la gloria** to be in heaven *(ecstatic)*, 4; **— muerto(a) de hambre** to be starving, 6; **— seguro(a)** to be sure, 8

estatura *(f.)* height, 4; **de — mediana** of medium height, 4

este... er... *(uh...)*, 10

este, estos, esta(s) *(adj.)* this, these, 3

este, estos, esta(s) *(pron.)* this (one), these, 3

este semestre this semester, 2

esto *(neut. pron.)* this, 3

estómago *(m.)* stomach, 13

estrecho(a) narrow, 12; close *(relationship)*, 4

estrella *(f.)* star, 8

estudiante *(m., f.)* student, 1

estudiar to study, 2

exactamente exactly, 9

examen exam, test, 4

examinar to examine, to check, 14

excepto except, 6

exceso *(m.)* excess, 11; **— de equipaje** *(m.)* excess luggage *(charge)*, 11

excursión *(f.)* tour, excursion, 11

excusa *(f.)* excuse, 3

éxito *(m.)* success, 4; **todo un —** quite a success, 4

experiencia *(f.)* experience, 8

expresión *(f.)* expression, 1

exterior *(m.)* exterior, 12

extra extra, 2

extranjero *(m.)* abroad, 8

extrañar to miss, 8

extraño(a) *(m., f.)* stranger, P

F

fácil easy, 2

fácilmente easily, 8

facultad *(f.)* college, 9

falda *(f.)* skirt, 9

fallar to fail, 13

falso(a) false, 1

familia *(f.)* family, 3

famoso(a) famous, 6

farmacéutico(a) *(m., f.)* pharmacist, 14

farmacia *(f.)* pharmacy, 14

favorito(a) favorite, 3

faz *(f.)* face, 13

febrero February, 2

fecha *(f.)* date *(calendar)*, 2

fechar to date *(a document)*, 10

feliz happy, 4

feo(a) ugly, 1

fiebre *(f.)* fever, 14

fiesta *(f.)* party, 4

fijarse en to check, to notice, 12

fila *(f.)* row, 11
fin *(m.)* end, 4; **— de semana**
(m.) weekend, 7
firma *(f.)* signature, 10
firmar to sign, 10; **firmado(a)**
signed, 10
física *(f.)* physics, 2
flan *(m.)* caramel custard, 5
flor *(f.)* flower, 9
florero *(m.)* vase, 7
fogata *(f.)* bonfire, 8
folleto *(m.)* brochure, 12
fortaleza *(f.)* fortress, 7
fractura *(f.)* fracture, 13
francés *(m.)* French
(language), 7
frecuentemente often, 10
frenos *(m. pl.)* brakes, 10
fresa *(f.)* strawberry, 6
fresco(a) fresh, 6
frijol *(m.)* bean, 6
frío(a) cold, 9
frito(a) fried, 5
fruncir el ceño to frown, 9
fruta *(f.)* fruit, 5
frutilla *(f.)* strawberry, 6
fuente de ingresos *(f.)* source
of income, 4
fumar to smoke, 5
funcionar to work, to
function, 10; **no funciona** it
doesn't work, 12
fundado(a) founded, 4
fundir to melt, 14
fútbol *(m.)* soccer, 2

G
galleta (galletita) *(f.)* cookie, 5
gamba *(f.)* shrimp, 5
ganadería *(f.)* livestock, 12
ganar to win, 2
garaje *(m.)* garage, 3
garganta *(f.)* throat, 14
gasolina *(f.)* gasoline, 10
gasolinera *(f.)* gas station, 10
gastar to spend *(e.g.,*
money), 9
gato *(m.)* cat, 3; jack *(car)*, 10
gemelos(as) *(m., f. pl.)* twins
(identical), 7
general general, 8
generalmente generally, 8
género *(m.)* gender, 1
gente *(f.)* people, 2;
— de negocios business-
people, 2; **— mayor** elderly
people, 6
geografía *(f.)* geography, 2

geología *(f.)* geology, 2
gerente *(m., f.)* manager, 10
ginecólogo(a) *(m., f.)*
gynecologist, 14
gobierno *(m.)* government, 6
golpear(se) to hit (oneself), 13
gordo(a) fat, 1
gracias thanks, P; **muchas —**
thank you very much, 1
grado *(m.)* degree
(temperature), 14; **hay…**
grados it's… degrees, 14
grande big, 1; **gran**
big, great, 2
gratis free *(of charge)*, 10
grave serious, 14
gripe *(f.)* flu, 14
gris gray, 1
gritar to shout, 4
grupo *(m.)* group, 2
guante *(m.)* glove, 9
guapo(a) handsome, 1
guatemalteco(a) *(m.,f.)*
Guatemalan, 4
guerra *(f.)* war, 7
gustar to like, to appeal, 7;
me gusta I like it, **te gusta**
you *(fam.)* like it, 7
gusto *(m.)* pleasure, P;
el — es mío the pleasure
is mine, P; **mucho —** it's a
pleasure to meet you, P; how
do you do?, P

H
Habana *(f.)* Havana, 8
haber *(aux. v.)* to have, 10;
va a — there is going to
be, 12
había una vez once upon a
time, 9
habitación *(f.)* room, 12
hablar to speak, 2; **hablado**
spoken, 2
hacer to do, to make, 3;
hace… … ago, 9; **hace…**
que it has been… since, 6;
— buen (mal) tiempo to be
good (bad) weather, 9;
— calor to be hot, 9;
— diligencias to run
errands, 10; **— ejercicio**
to exercise, 4; **— escala**
to make a stopover, 11;
— frío to be cold, 9; **— sol**
to be sunny, 9; **— surfing**
to surf, 8; **— una caminata**
to go hiking, 8; **— una**

radiografía to take an
X-ray, 13; **— viento** to be
windy, 9
hambre *(f.)* hunger, 3;
tener — to be hungry, 3
hamburguesa *(f.)* hamburger, 5
hasta until, 7; **— la vista** see
you around, 1; **— luego** see
you later, 1; **— mañana** see
you tomorrow, P; **— que**
(conj.) until, 13
hay there is, there are, 1, 2;
—… grados it's… degrees,
9; **¿— algo para comer?** is
there something to eat?, 4
hecho(a) made, done, 10
heladera *(f.)* refrigerator, 3
helado *(m.)* ice cream, 5
helado(a) frozen, 2
herida *(f.)* wound, 13
hermana *(f.)* sister, 3
hermano *(m.)* brother, 3
hermoso(a) beautiful, 3
hiel *(f.)* bile, 13
hielo *(m.)* ice, 2
hierba *(f.)* lawn, 3
hija *(f.)* daughter, 3,
— única only child, 7
hijo *(m.)* son, 4, **— único**
only child, 7
hijos *(m. pl.)* children, 3
hilo: — dental *(m.)* dental
floss, 6
hinchado(a) swollen, 13
historia *(f.)* history, 2
hogar *(m.)* home, 3
hola hello, hi, P
hombre *(m.)* man, 1
hombro *(m.)* shoulder, 13
hora *(f.)* hour, time, 2;
¿qué — es? what time is
it?, 2; **¿a qué —?** at what
time?, 2; **es —** it's time, 8
horario *(m.)* schedule, 2
horno *(m.)* oven, 3; **al —**
baked, 5; **— de microondas**
(m.) microwave oven, 3
hospedarse to stay, to lodge
(e.g., at a hotel), 8
hospital *(m.)* hospital, 13
hotel *(m.)* hotel, 5
hoy today, 2; **— mismo** this
very day, 14
hubo there was, there were, 8
huevo *(m.)* egg, 5;
— revuelto scrambled
egg, 5
húmedo(a) humid, 9

I

ida *(f.):* **de —** one-way, 11; **de — y vuelta** round-trip, 11
idea idea *(f.);* **buena —** good idea *(f.),* 6
identificación *(f.)* identification, 13
idioma *(m.)* language, 2
iglesia *(f.)* church, 4
impermeable *(m.)* raincoat, 9
importante important, 2
importar(le) (a uno) to matter, 7; **no importa** it doesn't matter, 8
imposible impossible, 2
impresora *(f.)* printer, 11
incluir to include, 11
inculcar to instill, 7
individual individual, 10
infección *(f.)* infection, 14
información *(f.)* information, 11
informática *(f.)* computer science, 2
inglés *(m.)* English *(language),* 2
inglés(esa) *(m., f.)* English *(person),* 1
ingreso *(m.)* income, 2
inmediatamente immediately, 14
inodoro *(m.)* toilet, 12
insistir en to insist on, 12
inteligente intelligent, 1
interés *(m.)* interest, 4
interesante interesting, 2
interior interior, 12
internacional international, 2
interrogativo(a) interrogative, 2
invierno *(m.)* winter, 2
invitación *(f.)* invitation, 7
invitado(a) *(m., f.)* guest, 4
invitar to invite, 4
inyección *(f.)* shot, injection, 13; **— antitetánica** tetanus shot, 13
ir to go, 4; **— a +** *inf.* to be going to, 4; **— a acampar** to go camping, 8; **— de compras** to go shopping, 9; **— (se) de vacaciones** to go on vacation, 8; **— se** to go away, 12; **— a patinar** to go skating, 7
istmo *(m.)* isthmus, 6
italiano *(m.)* Italian *(language),* 6

J

jabón *(m.)* soap, 7
jamás never, 6
jamón *(m.)* ham, 5
jarabe *(m.)* (cough) syrup, 14
jardín *(m.)* garden, 12; **— botánico** botanical garden, 7
joven young, 1
joyas *(f. pl.)* jewelry, 13
judías verdes *(f. pl.)* peas, 6
judío(a) *(m. f.)* Jewish, 14
juego *(m.)* game, 7
jueves *(m.)* Thursday, 2
jugador(a) *(m., f.)* player, 8
jugar (u > ue) to play *(i.e., a game)* 8; **— al golf** to play golf, 8; **— al tenis** to play tennis, 8
jugo *(m.)* juice, 2; **— de manzana** *(m.)* apple juice, 2; **— de naranja** *(m.)* orange juice, 2; **— de tomate** *(m.)* tomato juice, 2; **— de toronja** *(m.)* grapefruit juice, 2; **— de uvas** *(m.)* grape juice, 2
julio July, 2
junio June, 2
juntarse to get together, 8
junto(a) (a) next (to), 2
juntos(as) together, 2
justo(a) fair, 7

L

la *(f. sing.)* the, 1; *(pron.)* her, you, it, 6
laboratorio *(m.)* laboratory, 2; **— de lenguas** *(m.)* language lab, 4
ladera *(f.)* hillside, 10
lago *(m.)* lake, 8
langosta *(f.)* lobster, 5
lápiz *(m.)* pencil, 1
largo(a) long, 9
las *(f. pl.)* the, 1; *(pron.)* them, you, 6
lastimar(se) to hurt (oneself), 13
Latinoamérica *(f.)* Latin America, 1
lavabo *(m.)* washbasin, 12
lavadora *(f.)* washing machine, 3
lavandina *(f.)* bleach, 6
lavaplatos *(m. sing.)* dishwasher, 3

lavar to wash, 3; **—se** to wash (oneself), 7; **—se la cabeza** to wash one's hair, 12
le (to/for) him, (to/for) her, (to/for) you *(form.),* 7
lección *(f.)* lesson, 1
leche *(f.)* milk, 2
lechuga *(f.)* lettuce, 6
lector: lector MP3 *(m.)* MP3 player, 4
leer to read, 3
lejía *(f.)* bleach, 6
lejos far *(away),* 8
lengua *(f.)* tongue, 13; language, 4
lentamente slowly, 8
lento(a) slow, 8
les (to/for) them, (to/for) you *(pl. form.),* 7
letrero *(m.)* sign, 10
levantar to raise, 4; **levantarse** to get up, 7
libertad *(f.)* liberty, 2
libre: día — day off, 6; vacant, available, 12
libro *(m.)* book, 1
licencia de manejar (conducir) *(f.)* driver's license, 10
licuadora *(f.)* blender, 3
limonada *(f.)* lemonade, 3
limpiaparabrisas *(m.)* windshield wipers, 10
limpiar to clean, 3; **— el polvo** to dust, 3
limpio(a) clean, 12
liquidación *(f.)* sale, 9
lista *(f.)* list, 5; **— de espera** *(f.)* waiting list, 11
listo(a) ready, 9
literatura *(f.)* literature, 2
llamada *(f.)* call, 11
llamar to call, 5; **— a la puerta** to knock at the door, 3
llanta tire, 10, **— pinchada** flat tire, 10
llamar(se) to be named, P; **¿cómo se llama?** what is your *(form.)* name?, 1; **¿cómo te llamas?** what is your *(fam.)* name?, 1; **me llamo…** my name is…, P
llave *(f.)* key, 4
llegar to arrive, 3
llenar to fill, to fill out, 10
lleno(a) full, 12

llevar to take *(someone or something someplace)*, 4; to wear, 9
llorar to cry, 13
llover (o > ue) to rain, 9
lluvia *(f.)* rain, 9
lo him, you, it, 6; — **mejor** the best thing, 3; — **mismo** the same thing, 11; — **primero** the first thing, 12; — **que** what, that which, 5, 9; — **siento** I'm sorry, 1
los *(m. pl.)* the, 1; *(pron.)* them, you *(form.)*, 6; — **(las) dos** both, 2
luego later, 1
lugar *(m.)* place, 12; **en — de** in place of, 11
lujo *(m.)* luxury, 12
lunes *(m.)* Monday, 2
luz *(f.)* light, 1; headlight, 10

M
madera *(f.)* wood, 5
madre *(f.)* mom, 1; mother, 4
madrina *(f.)* godmother, 4
magnífico(a) great, 5
mal badly, 5
maleta *(f.)* suitcase, 11
maletero *(m.)* trunk *(car)*, 10
maletín *(m.)* hand luggage, small suitcase, 11
malo(a) bad, 5
malla *(f.)* bathing suit, 8
mamá *(f.)* mom, 3; mother, 4
mandar to send, 7; to order, 11; **¿mande?** *(Mex.)* pardon?, 1
mandón(ona) bossy, 3
manejar to drive, 10
manga *(f.)* sleeve, 9
mano *(f.)* hand, 1
mantel *(m.)* tablecloth, 5
mantequilla *(f.)* butter, 5
manzana *(f.)* apple, 2
mañana tomorrow, 2; morning, 2
mapa *(m.)* map, 1
mar *(m.)* ocean, 8
marca *(f.)* brand, 6
marcador *(m.)* marker, 1
marisco *(m.)* shellfish, 6
marrón brown, 1
martes *(m.)* Tuesday, 2
marzo March, 2
más more, 5; — **de** more than (number), 5;

— **despacio** more slowly, 1; — **o menos** more or less, 1; — **grande** bigger, 2, biggest, 5; —**... que** more... than, 5
matemáticas *(f. pl.)* mathematics, 2
materia *(f.)* course, subject, 2
matrimonio *(m.)* marriage, 9
mayo May, 2
mayor older, 5; **(el, la)** — oldest, 5; elderly, 6
me *(obj. pron.)* me, 6; (to/for) me, 7; *(refl. pron.)* (to/for) myself, 7; — **gusta...** I like..., 7; — **llamo...** my name is..., P; — **voy** I'm leaving, 1
mecánico(a) *(m., f.)* mechanic, 10
mediano(a) medium, 9
medianoche *(f.)* midnight, 7
medicina *(f.)* medicine, 9
médico(a) *(m., f.)* doctor, MD, 11
medida *(f.)* measurement, 9
medio(a) half, 2; **media hora** half an hour, 10; **y media** half past, 2
mediodía *(m.)* noon, 2; **al —** at noon, 10
mejor better, 5; best, 2; — **amigo(a)** best friend, 1
mejorar improve, 7; **—se** to get better, 14
mellizos(as) *(m., f. pl.)* (fraternal) twins, 7
melocotón *(m.)* peach, 6
melón de agua *(m.)* watermelon, 6
mencionar to mention, 3
menor younger, 5; **(el, la) —** youngest, 5
menos to, till, 2; less, 5; **—... que** less... than, 5; minus, 1
mensaje *(m.)* message; — **electrónico** e-mail, 4
mentir (e > ie) to lie, 11
menú *(m.)* menu, 5
mercado *(m.)* market, 6; — **al aire libre** *(m.)* outdoor market, 6
merendar (e > ie) to have an afternoon snack, 7
mermelada *(f.)* jam, marmalade, 5
mes *(m.)* month, 2

mesa *(f.)* table, 3
mesero(a) *(m., f.) (Mex.)* waiter, 5
mexicano(a) *(m., f.)* Mexican, 1
mexicoamericano(a) *(m., f.)* Mexican American, 1
mezcla *(f.)* mixture, 6
mezclar to mix, 14
mezquita *(f.)* mosque, 14
mi(s) my, 2
mí *(obj. of prep.)* me, 5
microcomputadora *(f.)* laptop, 11
miel *(f.)* honey, 13
mientras while, 3
miércoles *(m.)* Wednesday, 2
mil one thousand, 3
millonario(a) *(m., f.)* millionaire, 9
minuto *(m.)* minute, 2
mío(a), míos(as) *(pron.)* mine, 9
mirar to watch, to look at, 3
mismo(a) same, same thing, 6
mochila *(f.)* backpack, 1
moda *(f.)* fashion, 6
moderno(a) *(m., f.)* modern, 7
modo *(m.)* way; **de — que** so, 6
mohín *(m.)* pout, 11
momento *(m.)* moment, 3
moneda *(f.)* coin, 4
monitor *(m.)* monitor, 11
montar: — a caballo to go horseback riding, 7; — **en bicicleta** to ride a bike, 7
montón: un — de many, 3; a bunch of, 12
morado(a) purple, 1
moraleja *(f.)* moral *(of a story)*, 7
moreno(a) dark, brunet(te), 4
morir (o > ue) to die, 10
mosquito *(m.)* mosquito, 8
mostrar (o > ue) to show, 12
móvil *(m.) (Spain)* cell phone, 10
mozo *(m.)* waiter, 5
muchacha *(f.)* young girl, 1
muchacho *(m.)* young man, 1
muchas gracias thank you very much, 1
mucho(a) much, 3; — **gusto** it's a pleasure to meet you, 1; **no mucho** not much, 1
mudarse to move *(relocate)*, 9
muebles *(m. pl.)* furniture, 3
muerto(a) dead, 10; **estar — de hambre** to be starving, 6

mujer *(f.)* woman; 1
muletas *(f. pl.)* crutches, 13
muñeca *(f.)* wrist, 13
museo *(m.)* museum, 7
música *(f.)* music, 2
muy very, 1; — **bien** very well, P

N
nacionalidad *(f.)* nationality, 1
nada nothing, 6; **de (por)** — you're welcome, 1
nadar to swim, 7
nadie nobody, no one, 6
naranja *(f.)* orange, 2
nariz *(f.)* nose, 13
náusea *(f.)* nausea, 13
navegar to sail, 7
Navidad *(f.)* Christmas, 10
neblina *(f.)* fog, 9
necesitar to need, 2
negar (e > ie) to deny, 13
negativo(a) negative, 12
negocio *(m.)* business, 2
negro(a) black, 1
nervios nerves, 11
nervioso(a) nervous, 11
neumático tire, 10
nevar (e > ie) to snow, 9
nevera *(f.)* refrigerator, 3
ni… ni neither… nor, 6
niebla *(f.)* fog, 9
nieta *(f.)* granddaughter, 4
nieto *(m.)* grandson, 4
ningún, ninguno(a) none, not any, 6; no, 6
niño(a) *(m., f.)* child, 8
no no, not, 1; — **funciona** it doesn't work, 12; — **mucho** not much, 1; — **importa** it doesn't matter, 8; — **tener nada que ponerse** not to have anything to wear, 9
noche *(f.)* night, 2; **esta** — tonight, 1
nombre *(m.)* name, 1; noun, 1; **segundo** — middle name, 1
nocturno(a) *(m., f.)* night *(adj.)*, 10
norteamericano(a) *(m., f.)* North American, 1
nos *(obj. pron.)* us, 6; (to/for) us, 7; (to/for) ourselves, 7; — **vemos** I'll see you, P
nosotros(as) we, 1; *(obj. of prep.)* us, 5
nota *(f.)* grade, 5; note, 3

novecientos(as) nine hundred, 3
noveno(a) ninth, 12
noventa ninety, 2
novia *(f.)* girlfriend *(steady)*, 1
noviembre November, 2
novio *(m.)* boyfriend *(steady)*, 1, 4
nublado(a) cloudy, 9
nuera *(f.)* daughter-in-law, 4
nuestro(s), nuestra(s) *(adj.)* our, 2; *(pron.)* ours, 9
nueve nine, P
nuevo(a) new, 1
número *(m.)* number, P; — **de teléfono** phone number, 1
nunca never, 6

O
o or, 2; **o… o** either… or, 6
obedecer to obey, 14
obra *(f.)* work *(e.g., of art)*, 13
ochenta eighty, 2
ocho eight, P
ochocientos(as) eight hundred, 3
octavo(a) eighth, 12
octubre October, 2
oculista *(m., f.)* oculist, 14
ocupación *(f.)* occupation, 3
ocupado(a) busy, 3; occupied, 12
odiar to hate, 14
odio *(m.)* hate, 9
oficina *(f.)* office, 2; — **de admisión** admission office, 2; — **de correos** post office, 10
ojalá I hope, 11; **¡— que no!** I hope not!, 4
ojos *(m. pl.)* eyes, 4; **de — castaños** with brown eyes, 4
olvidar(se) (de) to forget, 12
ómnibus *(m.)* bus, 10
once eleven, 1
optimista *(m., f.)* optimist, 12
ordenador *(m.) (Spain)* computer, 1
oreja *(f.)* (external) ear, 13
oriental *(adj.)* eastern, 12
oro *(m.)* gold, 9
os *(fam. pl. obj. pron.)* you, 6; (to/for) you, 7; (to/for) yourselves, 7
oso *(m.)* bear, 9
otoño *(m.)* autumn, 2

otro(a) other, another, 5; **otra cosa** something else, 10; **otra vez** again, 5
¡oye! listen!, 1, 2

P
paciente *(adj.)* patient, 1
paciente *(m., f.)* patient, 13
padre *(m.)* dad, 1; father, 4
padres *(m. pl.)* parents, 2
padrino *(m.)* godfather, 4
pagar to pay, 5
país *(m.)* country, nation, 11
pájaro *(m.)* bird, 4
palabra *(f.)* word, 1; **malas —s** bad words, 1
palo de golf *(m.)* golf club, 8
palta *(f.)* avocado, 6
pan *(m.)* bread, 5; — **tostado** toast, 5
panadería *(f.)* bakery, 6
panqué *(m.) (Mex.)* pancake, 5
panqueque *(m.)* pancake, 5
pantalla *(f.)* screen, 11
pantalón *(m. sing.)*, **pantalones** *(m. pl.)* pants, 9
papa *(f.)* potato, 5; — **al horno** baked potato, 5; **—s fritas** french fries, 9; **puré de papas** *(m. sing.)* mashed potatoes, 5
papá *(m.)* dad, 1; father, 4
papel *(m.)* paper, 1; — **higiénico** toilet paper, 6
paquete *(m.)* package, 11
par *(m.)* pair, 9; **un — de días** a couple of days, 14
para in order to, for, 3; by, 10; — **que** in order that, so that, 13
parabrisas *(m. sing.)* windshield, 10
parado(a) standing, 10
paraguas *(m. sing.)* umbrella, 9
paramédico(a) *(m., f.)* paramedic, 13
parar to stop, 10
parecer to seem, 12
pareja *(f.)* couple, 4
pariente(a) *(m., f.)* relative, 4
parque *(m.)* park, 4; — **de atracciones** *(Spain)*, — **de diversiones** amusement park, 7
parrilla *(f.)* grill; **a la** — grilled, 5
parte *(f.):* **en** — in part, 11
partido *(m.)* game *(sport)*, 2, 7

pasado(a) last, 7
pasaje *(m.)* ticket, 11;
— **de ida** one-way ticket,
11; — **de ida y vuelta**
round-trip ticket, 11
pasajero(a) *(m., f.)* passenger,
11
pasaporte *(m.)* passport, 11
pasar to happen, 13; to
spend time, 8; — **la aspiradora** to vacuum, 3; **pasarlo
bien** to have a good time,
4; **pase** come in, 1
paso *(m.)* step, 9
pasta de dientes *(f.)*
(dentífrica) toothpaste, 6
pastel *(m.)* pastry, cake, 4,
pie, 5
pastilla *(f.)* pill, 11
patata *(f.) (Spain)* potato, 5
patinar to skate, 7; **ir a —** to
go skating, 7
patio *(m.)* patio, 12
pecho *(m.)* chest, 13
pediatra *(m., f.)* pediatrician, 14
pedir (e > i) to ask for, to
order, 5; — **bebidas** to
order drinks, 2; — **una cita**,
— **un turno** to make an
appointment, 14; — **un
préstamo** to apply for
a loan, 6
peine *(n.) (m.)* comb, 6
película *(f.)* movie, film, 7;
— **de guerra** war film, 7
peligroso(a) dangerous, 11
pelirrojo(a) red-haired, 4
pelo *(m.)* hair, 6
pelota *(f.)* ball, 8
pena *(f.)* sorrow, 13
pendientes *(m. pl.)* earrings, 9
pensar (e > ie) to think, 5;
— **+ inf.** to plan to *(do
something)*, 5; — **en** to
think about, 12
pensión *(f.)* boarding house,
12; — **completa** *(f.)* room
and board, 12
peor worse, 5; **(el, la) —**
worst, 5
pepino *(m.)* cucumber, 6
pequeño(a) small, 5; **más
pequeño** smaller, 4
pera *(f.)* pear, 6
**perder (e > ie): — el cono-
cimiento** to lose consciousness, to faint, 13
perdón sorry, 1; pardon me, 1

perfecto(a) perfect, 1
periódico *(m.)* newspaper, 14
permiso excuse me, 1
permiso *(m.)* permission, 7
pero but, 1
perro(a) *(m., f.)* dog, 3;
caminar al — walk the dog, 3
persona *(f.)* person, 12
personaje *(m.)* character, 7
peruano(a) Peruvian, 12
pesar to weigh, 14
pescadería *(f.)* fish market, 6
pescado *(m.)* fish, 5
pescar to fish, to catch a fish, 7
pesimista *(m., f.)* pessimist, 12
peso *(m.)* weight, 14
petróleo *(m.)* oil, 4
piano *(m.)* piano, 13
picar to sting, 8
picnic *(m.)* picnic, 7
pie *(m.)* foot, 13
piedra *(f.)* stone, 11
pierna *(f.)* leg, 13
pieza *(f.) (Argentina)* room, 3
pieza de repuesto *(f.)* spare
part *(e.g., car part)*, 10
pijama *(m. sing.)*, **pijamas**
(m. pl.) pajamas, 7
piloto *(m.)* pilot, 11
pimienta *(f.)* pepper, 6
pimiento *(m.)* green, red,
yellow pepper, 6
pintor(a) *(m., f.)* painter, 1
piña *(f.)* pineapple, 6
piscina *(f.)* swimming pool, 12
piso *(m.)* floor, 12; apartment
(Spain), 6
pizarra *(f.)* chalkboard, 1
pizarrón *(m.)* chalkboard, 1
placa *(f.)* license plate, 10
placer *(m.)* pleasure, 7
plan *(m.)* plan, 7
plancha *(f.)* iron, 3
planchar to iron, 3
planear to plan, 4
planilla *(f.)* form, 10
plata *(f.)* silver; money, 2
plátano *(m.)* banana, 6
platicar to talk, chat, 2
platillo *(m.)* saucer, 5
plato *(m.)* dish, plate, 3;
platos sucios dirty dishes, 3
playa *(f.)* beach, 7
pluma *(f.)* pen, 1
pobre poor, 7
poco(a) a little, 4; **un — (de)**
a little (of), 6
pocos(as) few, 5

poder (o > ue) to be able to,
can, 6
poema *(m.)* poem, 2
pollo *(m.)* chicken, 5
polvo *(m.)* dust, 3
ponche *(m.)* punch
(beverage), 5
poner to put, to place, 3;
— **la mesa** to set the table,
3; —**se** to put on, 7; — **una
inyección** to give a shot, 13;
— **una película** to show a
movie, 7; —**se de acuerdo** to
come to an agreement, 11;
—**se gris** to turn gray, 7
por per, 2, 12; through,
along, by, via; because of,
on account of, on behalf of;
in exchange for; during, in,
for, 9; — **ciento** percent, 2;
— **eso** therefore, 2;
— **desgracia** unfortunately,
10; — **favor** please, 1;
— **fin** finally, 11; — **la
mañana** in the morning,
2; — **la noche** at night,
2; — **qué?** why?; — **la
tarde** in the afternoon, 2;
— **nada** you're welcome,
1; — **noche** per night, 9;
— **si acaso** just in case, 8;
— **suerte** luckily, 14;
— **semana** per week, 2;
— **toda la ciudad** all
through the city, 5
poroto *(m.)* bean, 6
porque because, 2
¿por qué? why?, 2
posesivo(a) possessive, 2
portugués *(m.)* Portuguese
(language), 7
posible possible, 12
postre *(m.)* dessert, 5;
de — for dessert, 5
práctica *(f.)* practice, 1
practicar to practice, 1
precio *(m.)* price, 12
preferir (e > ie) to prefer, 5
pregunta *(f.)* question, P
preguntar to ask
(a question), 7
preparar to prepare, 3
presentarse to introduce
oneself, 11
presión *(f.)* pressure, (blood)
pressure, 14
préstamo *(m.)* loan, 10
prestar to lend, 8

prevenir   to prevent, 14
primavera *(f.)*   spring, 2
primer(o)(a) *(adj.)*   first *(in a sequence)*, 2; **primer orden** *(n.)* *(m.)*   first-class, 2; **primera clase** *(f.)*   first class *(travel)*, 2; **primera vez** *(f.)*   first time, 12
primero *(adv.)*   first, 12; **lo —**   the first thing, 12
primeros auxilios *(m. pl.)*   first aid, 13
primo(a) *(m., f.)*   cousin, 4
privado(a)   private, 12
probablemente   probably, 12
probador *(m.)*   fitting room, 9
probar(se) **(o > ue)**   to try (on), 7
problema *(m.)*   problem, 2
profesor(a) *(m., f.)*   professor, P, 1
programa *(m.)*   program, 2
prometer   to promise, 8
pronombre *(m.)*   pronoun, 1
pronto   soon, 8
propietario(a) *(m., f.)*   owner, 12
propina *(f.)*   tip *(for service)*, 5
propio(a)   own, 9
próximo(a)   next, 12
psicología *(f.)*   psychology, 2
pueblo *(m.)*   town, 11
puerta *(f.)*   door, 1; **— de salida** *(f.)*   boarding gate, 11
puertorriqueño(a) *(m., f.)*   Puerto Rican, 2
pues   well…, 13
puesto(a)   put, placed, 10
puesto de revistas *(m.)*   magazine stand, 12
pulgada *(f.)*   inch, 5
pulmonía *(f.)*   pneumonia, 14
punto *(m.)*   stitch, 13
puré de papas *(m. sing.)*   mashed potatoes, 5

Q
que   who, 6; that, 6; than, 5; **— viene**   next, 4
¿qué?   what?, 2; **¿en — puedo servirle?**   how may I help you?, 9; **¿— día es hoy?**   what day is today?, 2; **¿— fecha es hoy?**   what is today's date?, 2; **¿— hay de nuevo?**   what's new?, 1; **¿— hora es?**   what time is it?, 2; **¡— lástima!**   what a pity!, 1; **¿— necesitamos?**   what do we need?, 1; **¿— pasa?**   what's happening?, 7; **¡— sorpresa!**   what a surprise, 4; **¿— tal?**   how is it going?, P; **¿— temperatura hace?**   what's the temperature?, 9; **¿— tiempo hace hoy?**   what's the weather like today?, 9; **¿— más?**   what else?, 6
quebrar   to break, 7; **—se** *(Mex.)*   to break, 13
quedar   to fit, to suit, 9; **— le grande/chico(a) (a uno o una)**   to be too big/small (on someone), 9
quedarse   to stay, to remain, 8; **— en un hotel**   to stay in a hotel, 8
quejarse   to complain, 7
quemar(se)   to burn (oneself), 13
querer (e > ie)   to want, to wish, 5; **¿quieres?**   will you?, 12
querer   to love, 14
querido(a)   dear, 11
¿quién(es)?   who?, 3; **¿a — ?**   whom?, 4; **¿con —?**   with whom?, 2; **¿— lo dice?**   who says it?, 2
¿Quieres?   Will you?, 12
química *(f.)*   chemistry, 2
quince   fifteen, 1
quinientos   five hundred, 3
quitarse   to take off, 7
quinto(a)   fifth, 12
quizás   maybe, perhaps, 9

R
radiografía *(f.)*   X-ray, 13
ramo *(m.)*   bouquet (of flowers), 9
rápidamente   rapidly, 8
rápido(a)   rapid, 8; fast, 9
raqueta *(f.)*   racket, 8
rasurarse   to shave, 7
rato *(m.)*   while, 3; **un —**   a while, 3
ratón *(computadora)* *(m.)*   mouse, 10
reacción *(f.)*   reaction, 13; **— alérgica**   allergic reaction, 13
recámara *(f.)* *(Mex.)*   bedroom, 3
receta *(f.)*   recipe, 6; prescription, 14

recetar   to prescribe, 14
recibir   to receive, 3
recién casados *(m. pl.)*   newlyweds, 6
reciente   recent, 8
recientemente   recently, 8
recomendar (e > ie)   to recommend, 11
recordar (o > ue)   to remember, 6
refresco *(m.)*   soft drink, 5
refrigerador *(m.)*   refrigerator, 3
regadera *(f.)* *(Mex.)*   shower, 12
regalar   to give *(a gift)*, 9
regalo *(m.)*   present, 3; gift, 9
regatear   to bargain, 6
regazo *(m.)*   lap, 9
régimen *(m.)*   diet, 5
regresar   to return, 9
reírse   to laugh, 7
relámpago *(m.)*   lightning, 11
reloj *(m.)*   clock, watch, 1
remar   to row, 8
rentar   to rent, 8
reservación *(f.)*   reservation, 12
reservar   to reserve, 12
residencia universitaria *(f.)*   dormitory, 2
respuesta *(f.)*   answer, reply, P
resta *(f.)*   subtraction, 1
restaurante *(m.)*   restaurant, 5
revisar   to check, 10, 13
revista *(f.)*   magazine, 12
rey *(m.)*   king, 14
Ricitos de oro   Goldilocks, 9
rico(a)   rich, 1; tasty, 5
río *(m.)*   river, 8
risa *(f.)*   laughter, 11
rodeado(a)   surrounded, 8
rodilla *(f.)*   knee, 13
rojo(a)   red, 1
romántico(a)   romantic, 7
romper   to break, 7; **romperse**   to break (a bone), 13
ropa *(f.)*   clothes, 3
rosado(a)   pink, 1; rosé *(wine)*, 2
roto(a)   broken, 10
rubio(a)   blond, 4
rudo(a)   rough, 3
ruso *(m.)*   Russian *(language)*, 7
rutina *(f.)*   routine, 7; **— diaria**   daily routine, 7

S
sábado *(m.)*   Saturday, 2
saber   to know *(a fact, how to do something)*, 4

sabiduría *(f.)*   wisdom, 7
sabroso(a)   tasty, 5
sacar   to take out, 3
saco de dormir *(m.)*   sleeping bag, 8
sacudir   to dust, 3
sabroso(a)   tasty, 5
sal *(f.)*   salt, 5
sala *(f.)*   living room, 3; sala ward (in a hospital), 13; **— de emergencia** *(f.)* emergency room, 13; **— de rayos X (equis)** *(f.)* X-ray room, 13
saldo *(m.)*   balance, 10
salida *(f.)*   exit, 11; **— de emergencia**   emergency exit, 11
salir   to go out, 4
salonero(a) *(m., f.) (Costa Rica)*   waiter/waitress, 5
salsa *(f.)*   sauce, 6; salsa *(music)*, 4
¡Salud!,   Cheers!, 4
salud *(f.)*   health, 14
saludar   to greet, P
saludo *(m.)*   greeting, P; **saludos a...**   say hi to..., 1
salvavidas *(m., f. sing.)*   lifeguard, 8
sandalia *(f.)*   sandal, 9
sandía *(f.)*   watermelon, 6
sándwich *(m.)*   sandwich, 5
sartén *(f.)*   frying pan, 3
se *(to)*   herself, himself, itself, themselves, yourself, yourselves, 7; **— debe a...** it is due to, 4; **— destaca** stands out, 4; **— dice...**   you say..., 1
secadora *(f.)*   dryer, clothes dryer, 3
secar   to dry, 3
sección *(f.)*   section, 5
seco(a)   dry, 9
secreto *(m.)*   secret, 5
sedante *(m.)*   sedative, 14
sedativo *(m.)*   sedative, 14
seguir (e > i)   to continue, 5; to follow, 6
según   according to, 9
segundo(a)   second, 12; **— nombre**   middle name, 1
seguro(a)   sure, 13
seguro *(m.)*   insurance, 14; **— médico** *(m.)*   medical insurance, 14
seis   six, P

seiscientos(as)   six hundred, 3
sello *(m.)*   stamp, 10
selva *(f.)*   rain forest; jungle, 4; **selvas tropicales** *(f. pl.)*   tropical rain forests, 4
semana *(f.)*   week, 7; **fin de —** weekend, 47
semestre *(m.)*   semester, 2
senador(a) *(m., f.)*   senator, 12
sentado(a)   seated, 9
sentar(se) (e > ie)   to sit down, 7
sentir (e > ie)   to feel, 8; to regret, 11; **lo siento**   I'm sorry, 1
seña *(f.)*   gesture, 11
señor (Sr.) *(m.)*   Mr., sir, mister, P; **los señores** Mr. and Mrs., 5
señora (Sra.) *(f.)*   Mrs., ma'am, P
señorita (Srta.) *(f.)*   Miss, young lady, P
septiembre   September, 2
séptimo(a)   seventh, 12
ser   to be, 1; **— de**   to be from, 1; **— la(s)...**   to be... *(time)*, 2
ser(es) humano(s) *(m.)* human being, 13
serio(a)   serious, 14
servicio de habitación (cuarto) *(m.)*   room service, 5, 12
servilleta *(f.)*   napkin, 5
servir (e > i)   to serve, 6; **¿en qué puedo —le?** how may I help you?, 6
sesenta   sixty, 2
setecientos(as)   seven hundred, 3
setenta   seventy, 2
sexto(a)   sixth, 12
si   if, 12
sí   yes, 1
siempre   always, 3
siete   seven, 1
sigla *(f.)*   acronym, 1
siglo *(m.)*   century, 11
siguiente   following, 3; **al día —**   the next day, 5
silla *(f.)*   chair, 1
símil *(m.)* **símiles** *(pl.)* simile, 13
simpático(a)   charming, nice, fun to be with, 1
sin   without, 7; **— falta** without fail, 7; **— que** without, 13
sino   but, 5
síntoma *(m.)*   symptom, 14

sistema *(m.)*   system, 2; **— de educación**   educational system, 2
sobre   about 11
sobrina *(f.)*   niece, 3
sobrino *(m.)*   nephew, 3
sociología *(f.)*   sociology, 2
sofá *(m.)*   sofa, 5; **—-cama** *(m.)* sleeper sofa, 12
solamente   only, 2
solicitar   to apply for, to ask for, to request, 10; **— un préstamo**   to apply for a loan, 10
sollozar   to sob, 9
solo   only, 2
solo(a), solos(as)   alone, 3
soltero(a)   single, 4
solución *(f.)*   solution, 10
sombrero *(m.)*   hat, 9
sonrisa *(f.)*   smile, 11
soñar (o > ue)   to dream, 9
sopa *(f.)*   soup, 5
sorprendido(a)   surprised, 7
sorpresa *(f.)*   surprise, 4; **¡qué —!**   what a surprise!, 4
soy   I am, 1; **— de...**   I am from..., 1
su(s)   his, her, its, their, your *(form.)*, 2
subir   to go up, 11; to board *(a vehicle)*, 11; **subirse**   to get on, 14
subtítulo *(m.)*   subtitle, 7
subvencionado(a)   funded (subsidized), 13
suceder   to occur, 7; to happen, 13
sucio(a)   dirty, 3; **platos sucios** dirty dishes, 3
sucursal *(f.)*   branch *(of a bank)*, 10
suegra *(f.)*   mother-in-law, 4
suegro *(m.)*   father-in-law, 4
sueño *(m.)*   dream, 9
suerte *(f.)*   luck; **por —** luckily, 14
suéter *(m.)*   sweater, 1
sugerencia *(f.)*   suggestion, 14
sugerir (e > ie)   to suggest, 11
sujetar(se)   to hold, 9
suma *(f.)*   addition, sum, 1
superlativo *(m.)*   superlative, 5
supermercado *(m.)*   supermarket, 6
suponer   to suppose, 8
suyo(s), suya(s) *(pron.)*   his, hers, theirs, yours *(form.)*, 9

T

tabla de mar *(f.)* surfboard, 8
tablilla de anuncios *(f.)* bulletin board, 1
tacaño(a) stingy, 9
tacón *(m.)* heel, 9
tal vez maybe, perhaps, 9
talla *(f.)* size *(of clothing)*, 9
taller de mecánica *(m.)* repair shop *(car)*, 10
también also, 1; too, 2
tampoco neither, 6
tan as, 5; so, —... **como** as... as, 5; — **pronto como** as soon as, 13
tanque *(m.)* tank *(car)*, 10
tanto(a) so much, as many as, 5; **tantos(as)** so many, 6
tarde late, 5
tarde *(f.)* afternoon, 2; **esta —** this afternoon, 3; **más —** later, 2; **por la —** in the afternoon, 2
tarea *(f.)* homework, 4; **tareas domésticas** housework, 3
tarjeta *(f.)* card, 10; **— de crédito** *(f.)* credit card, 12; **— de embarque** *(f.)* boarding pass, 11; **— postal** *(f.)* postcard, 7
tarta *(f.)* cake, 4
taxi *(m.)* taxi, 10, 12
taza *(f.)* cup, 2
tazón *(m.)* bowl, 3
te *(pron. fam.)* you, 6; (to/for) you, 7; (to/for) yourself, 7; **— gusta** you *(fam.)* like, 7
té *(m.)* tea, 2; **— helado, frío** iced tea, 2
teatro *(m.)* theater, 7
teclado *(m.)* keyboard, 11
tele *(f.)* television, 2
teléfono *(m.)* telephone, 1; **llamar por —** to phone, 9
telenovela *(f.)* soap opera, 3
televisión *(f.)* television, 2
televisor *(m.)* TV set, 12
tema *(m.)* topic, 1; theme, 2
temer to be afraid, to fear, 11
temperatura *(f.)* temperature, 14; **¿qué — hace?** what is the temperature?, 9
templado(a) warm, 9
temprano early, 7
tenedor *(m.)* fork, 5
tener to have, 2; **—... años (de edad)** to be... years old, 3; **— (feel) calor** to be warm, 3; **— frío** to be cold, 3; **— (mucha) hambre** to be (very) hungry, 3; **— miedo** to be afraid, scared, 3; **no — nada que ponerse** not to have anything to wear, 9; **— prisa** to be in a hurry, 3; **— que** to have to, 3; **— razón** to be right, 3; **no — razón** to be wrong, 3; **— (mucha) sed** to be (very) thirsty, 3; **— (mucho) sueño** to be (very) sleepy, 3; **¿tiene(s)...?** do you have...?, 2
teñir(se) (e > i) to dye, 7; **—se el pelo** to dye one's hair, 7
terco(a) stubborn, 14
terminar to end, to finish, to get through, 2
termómetro *(m.)* thermometer, 14
ternera *(f.)* veal, 6
tercero(a) third, 12
tez *(f.)* complexion, 11
ti *(obj. of prep.)* you, 5
tía *(f.)* aunt, 4
tiempo *(m.)* time, 3; weather, 9
tienda *(f.)* store, shop, 9; **— de campaña** *(f.)* tent, 8; **— de regalos** *(f.)* souvenir shop, 12
tiene he / she has, 1
tierra *(f.)* earth, land, 4
tijeras *(f. pl.)* scissors, 14
timbre *(m.) (Mex.)* stamp, 10
tímido(a) shy, 1
tinto red *(wine)*, 2
tintorería *(f.)* dry cleaner's, 10
tío *(m.)* uncle, 4
tipo *(m.)* type, 5; **mi —** my type, 2
título *(m.)* title *(courtesy)*, P; *(book)* title, 13
tiza *(f.)* chalk, 1
tobillo *(m.)* ankle, 13
tocar to play *(music, an instrument)*, 4; **— a la puerta** to knock at the door, 3
tocino *(m.)* bacon, 6
todavía still *(adv.)*, 3; yet, 10
todo, todo(a) all, 3; **todo un éxito** quite a success, 4
todos(as) all, 3
tomar to take *(a class)*, 2; to drink, 2; **— el sol** to sunbathe, 8; **tome asiento** have a seat, 1; **— una decisión** to make a decision, 11
tomate *(m.)* tomato, 2
torcedura *(f.)* sprain, 13
toronja *(f.)* grapefruit, 2
torta *(f.)* cake, 4, 5
tos *(f.)* cough, 14
toser to cough, 14
tostadora *(f.)* toaster, 3
trabajar to work, 2
trabajo *(m.)* work, 3; **los trabajos de la casa** housework, 3
traducir to translate, 4
traer to bring, 4; **tráigame** *(form.)* bring me, 5
tráfico *(m.)* traffic, 10
tráigame bring me, 5
traje *(m.)* suit, 9; **— de baño** *(m.)* bathing suit, 8
tratar de to try to, 8
trece thirteen, 1
treinta thirty, 1
tres three, P
trescientos(as) three hundred, 3
trigueño(a) dark, brunet(te) *(Cuba, Par.)*, 4
trusa *(f.) (Cuba)* bathing suit, 8
tu(s) your *(fam. sing.)*, 1
tú you *(fam. sing.)*, P
turista *(m., f.)* tourist, 12; **clase —** tourist class, 11
turno *(m.)* appointment, 14
tus your, 2
tuyo(s), tuya(s) *(pron.)* yours, *(fam. sing.)*, 9

U

última vez the lást time, 14
últimamente lately, 10
último(a) last *(in a series)*, 7
un(a) a, an, 1
un montón de a bunch of, many, 12
un poco (de) a little, 6
un rato a while, 3, 12
universidad *(f.)* university, 1
universitario(a) (related to) college, 1
uno one, P; **— al otro** to each other, 1
unos(as) some, 1
uruguayo(a) *(m., f.)* Uruguayan, 12

usar to use, 8; to wear, 9
usted (Ud.) *(form. sing.)* you, P; *(obj. of prep.)* you, 5
ustedes (Uds.) *(form. pl.)* you, 2; *(obj. of prep.)* you, 5
útil useful, 1
uva *(f.)* grape, 2

V
va a haber there is going to be, 12
vacaciones *(f. pl.)* vacation, 5; **estar de —** to be on vacation, 5; **ir(se) de —** to go on vacation, 5
valija *(f.)* suitcase, 11
valor *(m.)* value, 9
vamos let's..., let's go, 1; **no —** we are not going, 4; **— a comer** let's eat, 4; **— a ver** let's see, 2; **— a...** we're going to..., 4
varios(as) several, 8
vaso *(m.)* glass, 2
vegetal *(m.)* vegetable, 5
veinte twenty, 1
velero *(m.)* sailboat, 8
venda *(f.)* bandage, 14
vendedor(a) *(m., f.)* merchant, 6
vender to sell, 12
venezolano(a) Venezuelan, 8
venir to come, 3
ventaja *(f.)* advantage, 7
ventana *(f.)* window, 1

ventanilla *(f.)* window *(e.g., car)*, 10
ver to see, 4; **se ve(n)** is/are seen, 3
verano *(m.)* summer, 2
verdad *(f.)* truth, 7; **es —** it's true, 13; **no es —** it's not true, 13; **¿—?** right?, true?, 4, 11
verdadero(a) true, 1
verde green, 1
verdura *(f.)* vegetable, 5
vestíbulo *(m.)* lobby, 12
vestido *(m.)* dress, 9
vestir(se) (e > i) to dress (oneself), to get dressed, 7
vez *(f.)* time, 7; **a veces** sometimes, 3; **en — de** instead of, 7; **la última —** the last time, 7; **otra —** again, 5
viajar to travel, 11
viaje *(m.)* journey; trip, 11; **¡buen —!** have a nice trip!, 11
viajero(a) *(m., f.)* traveler, 13
vida *(f.)* life, 2
viejo(a) old, 1
viento *(m.)* wind, 9
viernes *(m.)* Friday, 2
vino *(m.)* wine, 2; **— blanco,** 2; **— rosado** rosé wine, 2; **— tinto** red wine, 2
visa *(f.)* visa, 2

visita *(f.)* visit, 7
visitar to visit, 7
vista *(f.)* view, 12; **— al mar** ocean view, 12
visto(a) seen, 10
vitamina *(f.)* vitamin, 14
vivir to live, 3
vocabulario *(m.)* vocabulary, 1
vocal *(f.)* vowel, 1
volver (o > ue) to return, to go (come) back, 6
vosotros(as) you *(fam. pl.)*, 1; you *(obj. of prep.)*, 5
vuelo *(m.)* flight, 11
vuelto returned, 10
vuestro(s), vuestra(s) *(adj.)* your *(fam. pl.)*, 2; yours, 9

Y
y and, 1; **— media** half past, 2; **¿— tú?** and you?, 1
ya already, 4; **— sé que...** I already know, 8
yerno *(m.)* son-in-law, 4
yo I, 1; **— soy...** I am..., 1

Z
zacate *(m.) (Mex.)* lawn, 3
zanahoria *(f.)* carrot, 6
zapatería *(f.)* shoe store, 9
zapatilla *(f.)* slipper, 9
zapato *(m.)* shoe, 9
zoológico *(m.)* zoo, 7
zumo *(m.) (Spain)* juice, 2

English-Spanish

A

a, an un(a), 1; **— day** al día, 6
a bunch of un montón de, 12
a little un poco (de), 6
about de, 2; sobre, 11; acerca de, 11
abroad extranjero (m.), 8
accident accidente (m.), 13
according to según, 9
account cuenta (f.), 10; **on — of** por, 9
accounting contabilidad (f.), 2
accustomed (to) acostumbrado(a), 8
ache (v.) doler (o > ue), 13
acronym sigla (f.), 1
activity actividad (f.), 8; **outdoor —** actividad al aire libre, 8
addition suma (f.), 1
address dirección (f.), 1; domicilio (m.), 1
adhesive bandage curita (f.), 14; **— tape** esparadrapo (m.), 14
administration administración (f.), 2; **business —** — de empresas, 2
admission admisión (f.), 2
admit admitir, 14
advantage ventaja (f.), 7
advise aconsejar, 11
Aesop Esopo, 7
after después, 2; después de, 5; **—wards,** 2
afternoon tarde (f.), 2; **this —** esta tarde, 3; **in the —** por la tarde, 2
again otra vez, 5
age edad, 3; **middle —** edad mediana (f.), 7
agency agencia (f.), 11
agent agente (m., f.), 11
ago hace…, 9
agree on convenir en, 12
air aire (m.), 12; **— bag** bolsa de aire, 10; **— conditioning** aire acondicionado, 12
airline aerolínea (f.), 11
airport aeropuerto (m.), 11
all todo(a)(os)(as), 3
all right está bien, 6
allergic alérgico(a), 13
almost casi, 13

alone solo(a), solos(as), 3
along por, 9
alphabet alfabeto (m.), 1
already ya, 4; **I — know** ya sé que…, 8
also también, 1
although aunque, 4
always siempre, 3
ambulance ambulancia (f.), 13
among entre, 5
amusement park parque de diversiones (m.), 7
and y, 1; **and you** (fam.)? ¿— tú?, 1
ankle tobillo (m.), 13
anniversary aniversario (m.), 9; **wedding —** aniversario de bodas (m.), 9
another otro(a), 5
answer (n.) respuesta (f.), P
antacid antiácido (m.), 14
anthropology antropología (f.), 2
antibiotic antibiótico (m.), 14
any algún, alguno(a), algunos(as), 6; cualquier(a), 13
anyone alguien, 6
anything algo, 1
anywhere en alguna parte, 8
apartment apartamento, departamento, piso (m.), 6
appearance apariencia (f.), 7
appendicitis apendicitis (m.), 13
apple manzana (f.), 2
apply for a loan solicitar (pedir) un préstamo, 10
appointment turno (m.), cita (f.), 14; **make an —** pedir un turno (una cita), 14
April abril, 2
Arabic árabe (m.), 14
Argentinian argentino(a), 12
arm brazo (m.), 13
arrive llegar, 3
around (prep.) alrededor, 9
art arte (m.), 2
as como, 9; tan, 5; **—…
— tan… como**, 5;
— if como si, 14;
— soon as en cuanto, 9, tan pronto como, 13;
— usual como siempre, 13
ask (for) pedir (e > i), 5;

solicitar, 10; **— (a question)** preguntar, 7
aspirin aspirina (f.), 14
assistance ayuda (f.), 3
at en, 1; a, 2;**— home** en casa, 3; (time) at **about…** — eso de…, 3; **— present** actualmente, 4; **— what time…?** ¿a qué hora…?, 2
attend asistir, 9
August agosto, 2
aunt tía (f.), 4
automatic automático(a), 10
automatic teller (ATM) cajero automático (m.), 10
automobile coche (m.), automóvil (m.), auto (m.), carro (m.), 10
autumn otoño (m.), 2
available libre, disponible, 12
avocado aguacate (m.), 6; palta, 6

B

back espalda (f.), 13
backpack mochila (f.), 1
bacon tocino (m.), 6
bad malo(a), 5
badly mal, 5
baked al horno, 5
bakery panadería (f.), 6
balance (n.) saldo (m.), 10
bald calvo(a), 7
ball pelota (f.), 8
banana plátano (m.), 6
bandage venda (f.), 14
bank banco (m.), 4
barefoot descalzo(a), 9; **to go —** andar descalzo(a), 9
bargain (v.) regatear, 6
baseball béisbol (m.), 7
bathe bañarse, 7
bathing suit traje de baño (m.), 8; malla (f.), 8; bañador (m.), 8; trusa (f.), 8
bathroom baño (m.), 3; cuarto de baño (m.), 3
bathtub bañadera (f.), 12
battery acumulador (m.), batería (f.), 9
be ser, 1; estar, 4; **— able to** poder (o > ue), 6; **— acquainted with** conocer, 4; **— afraid,**

scared tener miedo, 3, temer, 11; — **bored** aburrirse, 7; — **cold** tener *(feel)* frío, 3, hacer frío, 9; — **from** ser de, 1; — **going to** ir a + *inf.*, 4; — **good (bad) weather** hacer buen (mal) tiempo, 9; — **hot** tener *(feel)* calor, 3, hacer calor, 9; — **(very) hungry** tener (mucha) hambre, 3; — **in a hurry** tener prisa, 3; — **in heaven (ecstatic)** estar en la gloria, 4; — **in style** estar de moda, 9; — **pleasing** gustar, 7; — **right** tener razón, 3; — **(very) sleepy** tener (mucho) sueño, 3; — **sorry, regret** sentir (e > ie), 1; — **starving** estar muerto(a) de hambre, 6; — **sunny** hacer sol, 9; — **sure** estar seguro(a), 8; — **(very) thirsty** tener (mucha) sed, 3; — **tight** apretar (e > ie), 9; — **too big/small (on someone)** quedarle grande/chico(a) (a uno o una), 9; — **windy** hacer viento, 9; — **wrong** no tener razón, 3; —**... years old** tener... años de edad, 3

beach playa *(f.)*, 7; — **resort** balneario *(m.)*, 11

bean frijol *(m.)*, 6; poroto *(m.)*, 6

bear oso *(m.)*, 9

beautiful hermoso(a), 3

beauty belleza *(f.)*, 8

because porque, 2; — **of** por, 9

bed cama *(f.)*, 12; **double —** cama doble *(f.)*, 12; **twin —** cama chica (pequeña) *(f.)*, 12

bedroom dormitorio *(m.)*, recámara *(Mex.)* *(f.)*, 3

beer cerveza *(f.)*, 2

before antes; antes de *(prep.)*, 2, antes de que *(conj.)*, 13

begin comenzar (e > ie), empezar (e > ie), 5

behalf: on — of por, 9

believe creer, 13

bellhop botones *(m. sing.)*, 12

belt cinto *(m.)*, cinturón *(m.)*, 9

besides además *(adv.)*, 2

best (el, la) mejor, 2; — **friend** mejor amigo(a), 1; **the — thing** lo mejor, 3

better mejor, 5; **get —** mejorarse, 14

between entre, 2

big grande, 1; gran, 2

bigger más grande, 5

biggest (el, la) más grande, 2

bile hiel *(f.)*, 13

bill cuenta *(f.)*, 6

biology biología *(f.)*, 2

bird pájaro *(m.)*, 4

birthday cumpleaños *(m. sing.)*, 4

black negro(a), 1

blackboard pizarra *(f.)*, 1; pizarrón *(m.)*, 1

bleach lejía *(f.)*, 6; lavandina *(f.)*, 6

blender licuadora *(f.)*, 3

bless bendecir, 13

block cuadra *(f.)*, 12

blond rubio(a), 4

blouse blusa *(f.)*, 9

blue azul, 1

board *(v.)* abordar, 11; subir (a), 12

boarding gate puerta de salida *(f.)*, 11

boarding house pensión *(f.)*, 12

boarding pass tarjeta de embarque *(f.)*, 11

body cuerpo *(m.)*, 9

bonfire fogata *(f.)*, 8

book libro *(m.)*, 1

boot bota *(f.)*, 9

bored to death, to be — aburrirse como una ostra, 7

boring aburrido(a), 2; **find —** encontrar aburrido(a), 7

bossy mandón(ona), 3

botanical garden jardín botánico *(m.)*, 7

both los (las) dos, 2

bottle botella *(f.)*, 2

bouquet ramo (de flores) *(m.)*, 9

bowl tazón *(m.)*, 3

boy chico *(m.)*, muchacho *(m.)*, 1

boyfriend *(steady)* novio *(m.)*, 4

brakes frenos *(m. pl.)*, 10

branch *(of a bank)* sucursal *(f.)*, 10

brand marca *(f.)*, 6

bread pan *(m.)*, 5

break romper, quebrar, 7; — **(a bone)** romperse, 13; — **down** descomponer(se), 10; **(for something) to break** quebrarse, 13

breakfast desayuno *(m.)*, 5; **have —** desayunar, 5

brief breve, 7

bring traer, 4; — **me** tráigame *(form.)*, 5

broccoli brócoli *(m.)*, 6

brochure folleto *(m.)*, 12

broken quebrado(a), 7; roto(a), 10

broth caldo *(m.)*, sopa *(f.)* *(Mex.)*, 5

brother hermano *(m.)*, 3

brother-in-law cuñado *(m.)*, 4

brown marrón, café, 1; *(hair or eyes)* castaño, 4

brunet(te) moreno(a), 4; trigueño(a) (dark) *(Cuba)*, 4

bulletin board tablilla de anuncios *(f.)*, 1

bunch: a — of un montón de, 12

burn (oneself) quemarse, 13

bus autobús *(m.)*, 10; ómnibus *(m.)*, 10; colectivo *(m.)*, 10

business negocio *(m.)* — **administration** administración de empresas *(f.)*, 2

busy ocupado(a), 3

but pero, 2; sino, 5

butter mantequilla *(f.)*, 5

buy comprar, 3

by por, 9

bye chau, P

C

cabin cabaña *(f.)*, 8

cadaver cadáver *(m.)*, 9

cafeteria cafetería *(f.)*, 1

calendario *(m.)* calendar, 2

cake torta *(f.)*, pastel *(m.)*, tarta *(f.)*, 4

calculus cálculo *(m.)*, 2

call *(v.)* llamar, 5; *(n.)* llamada *(f.)*, 11

camp (v.) acampar, 8;
  to go —ing ir a acampar, 8
can (v.) poder (o > ue), 6
cancel cancelar, 11
capital (city) capital (f.), 5
car coche (m.), 4; carro (m.),
  10; auto (m.), 10; automóvil
  (m.), 10
caramel custard flan (m.), 5
card tarjeta (f.), 10;
  credit — tarjeta de crédito
  (f.), 12; **I.D. —** cédula de
  identidad (f.), 12
cardiologist cardiólogo(a)
  (m., f.), 14
care cuidado (m.), 13;
  take — (of oneself)
  cuidarse, 14
carrot zanahoria (f.), 6
carry-on bag bolso de mano
  (m.), 11
case caso (m.), 14; **in —**
  en caso de que, 13; **in that —**
  entonces, en ese caso, 11
cash efectivo (m.);
  — (a check) cobrar
  (un cheque), 10; **in —**
  en efectivo, 10
cat gato (m.), 3
CD disco compacto (m.), 4
celebrate celebrar, 4
celery apio (m.), 6
cell phone celular (m.), 10;
  móvil (m.), 10
central céntrico(a), 12
century siglo (m.), 11
ceramic tile azulejo (m.), 14
chain cadena (f.), 9
chair silla (f.), 1
chalk tiza (f.), 1
chalkboard pizarra (f.),
  pizarrón (m.), 1
chamber cámara (f.), 12
champagne champán (m.), 4
change (v.) cambiar, 7
character personaje (m.), 7
charge cobrar, 12
charming simpático(a), 1,
  encantador(a), 4
chat (v.) platicar, 2
check (n.) cheque (m.), 10;
  cuenta (f.), 5; **—up** chequeo
  (m.), 14; **traveler's —**
  cheque de viajero (m.), 11
check (v.) examinar, 14;
  revisar, 10; fijarse en, 12;
  **— out (of a hotel
  room)** desocupar, 12

checkbook chequera (f.), 10
checking account cuenta
  corriente (f.), 10
cheers! ¡salud!, 4
chemistry química (f.), 2
cherry cereza (f.), 6
chest pecho (m.), 13
chicken pollo (m.), 5
child niño(a) (m., f.), 8
children hijos (m. pl.), 3
chocolate chocolate (m.), 5;
  hot — chocolate caliente
  (m.), 2
cholesterol colesterol (m.), 5
choose elegir (e > i), 6;
  escoger, 6
chop: pork — chuleta de
  cerdo (f.), 6; **veal —** chuleta
  de ternera (f.), 6
Christmas Navidad (f.), 10
church iglesia (f.), 4
city ciudad (f.), 3
class clase (f.), 1; **first
  (in a sequence) —** primera
  clase, 2;
    first— de primer orden, 2;
    first — (travel) primera clase,
    11; **Spanish —** clase de
    español, P;
  tourist — clase turista, 11
classmate compañero(a) de
  clase (m., f.), 1
clean (v.) limpiar, 3; (adj.)
  limpio(a), 12
clear claro(a), 8; **— (sky)**
  despejado(a), 9
clearly claramente, 8
clerk empleado(a) (m., f.), 9
climate clima (m.), 9
climb mountains escalar
  montañas, 7
clock reloj (m.), 1
close (v.) cerrar (e > ie), 5;
  closed cerrado(a), 10
close (adj.) **estrecho(a)**
  (relationship), 4
clothes ropa (f.), 3
cloudy nublado(a), 9
club club (m.), 4; **(disco)**
  discoteca (f.), 7; **golf —**
  palo de golf (m.), 8
coat abrigo (m.), 9
coffee café (m.), 2; **— and
  milk** café con leche, 5
coffepot cafetera (f.), 3
coin moneda (f.), 4
cold frío(a), 9
collar cuello (m.), 9

college facultad (f.), 9;
  universidad (f.), 1
collide (with) chocar (con), 13
Colombian colombiano(a), 1
color color (m.), 1
comb peine (m.), 6
come venir, 3; **— in**
  (command) pase, 1; **— back**
  volver (o > ue), 6; **— to an
  agreement** ponerse de
  acuerdo, 11
comedy comedia (f.), 7
comfortable cómodo(a), 9
compact disc (CD) disco compacto (m.), 4
comparative comparativo
  (m.), 5
complain quejarse, 7
complexion tez (f.), 11
complicated complicado(a),
  11
computer computadora (f.),
  ordenador (m.) (Spain), 1;
  — science informática
  (f.), 2
concert concierto (m.), 7
conditioner (hair), acondicionador (m.), 6
conduct (v.) conducir, 4
confirm confirmar, 11
consciousness conocimiento
  (m.), 13; **lose —** perder el
  conocimiento, 13
contagious contagioso(a), 14
content contento(a), 4
continue seguir (e > i), 5;
  continuar, 13
convention convención (f.), 12
converse conversar, 1
convince convencer, 11
cook (v.) cocinar, 6
cook (n.) cocinero(a), 6
cookie galleta, galletita
  (f.), 5
corner esquina (f.), 10
cost costar (o > ue), 6;
  — an arm and a leg costar
  un ojo de la cara, 9
cotton algodón (m.), 14
cough (n.) tos (f.), 14; (v.)
  toser, 14
count on contar con, 12
country (as opposed to city)
  campo (m.); país (m.), 11
couple pareja (f.), 4; **a — of
  days** un par de días, 14
course asignatura (f.);
  materia (f.), 2

cousin primo(a) *(m., f.)*, 4
coworker compañero(a) de trabajo *(m., f.)*, 14
crab cangrejo *(m.)*, 6
cream crema *(f.)*, 5
cruise crucero *(m.)*, 11
crutches muletas *(f. pl.)*, 13
cry *(v.)* llorar, 13
Cuban cubano(a) *(m., f.)*, 1; — **American** cubanoamericano(a), 1
cucumber pepino *(m.)*, 6
cup taza *(f.)*, 2
custom costumbre *(f.)*, 6
cut cortar, 3; — **(oneself)** cortarse, 13

D
dad padre *(m.)* , 4; papá *(m.)*, 1
daily *(adj.)* diario(a), 7; — **routine** rutina diaria *(f.)*, 7
dance *(v.)* bailar, 4; danza *(n., f.)*, 14; **shall we dance?** ¿bailamos?, 4
dangerous peligroso(a), 11
dark moreno(a), trigueño(a), 4
darling mi amor, 11
date *(n.)* *(appointment)* cita *(f.)*, 14; *(calendar)* fecha, 2
date *(v.)* *(a document)* fechar, 10
daughter hija *(f.)*, 3
daughter-in-law nuera *(f.)*, 4
day día *(m.)*, 1; — **before yesterday** anteayer; — **off** día libre, 6; **per —** al día, 6; **(on) the following (next) —** al día siguiente, 5; **this very —** hoy mismo, 14
dead muerto(a), 10
dear querido(a), 11
December diciembre, 2
decide decidir, 4
degree *(temperature)* grado *(m.)*, 14; **it's ... —s** hay... grados, 9
demonstrative demostrativo(a), 3
dental floss hilo dental *(m.)*, 6
deny negar (e > ie), 13
deodorant desodorante *(m.)*, 6
department apartamento *(m.)*, 6

deposit *(v.)* depositar, 10
dermatologist dermatólogo(a) *(m., f.)*, 14
describe describir, 1
desk escritorio *(m.)*, 1
dessert postre *(m.)*, 5; **for —** de postre, 5
detergent detergente *(m.)*, 6
die morir (o > ue), 10
diet dieta *(f.)*, 5; régimen *(m.)*, 5
difficult difícil, 2
dining room comedor *(m.)*, 3
dinner cena *(f.)*, 5; **have —** cenar, 2
direct directo(a), 11
dirty sucio(a), 3; **dirty dishes** platos sucios, 3
disadvantage desventaja *(f.)*, 7
disaster desastre *(m.)*, 3
disco discoteca *(f.)*, 7
discover descubrir, 8
disease enfermedad *(f.)*, 14
dish plato *(m.)*, 3; **dirty —es** platos sucios, 3
dishwasher lavaplatos *(m. sing.)*, 3
disinfect desinfectar, 13
disinfectant desinfectante *(m.)*, 14
divide *(v.)* dividir, 3
do hacer, 3
doctor doctor(a) *(m., f.)*, 1; médico(a) *(m., f.)*, 11
doctor's office consultorio *(m.)*, 14
document documento *(m.)*, 10
dog perro(a) *(m.)*, 3; **walk the —** llevar a —, caminar al —, 3
dollar dólar *(m.)*, 2
Dominican *(from the Dominican Republic)* dominicano(a) *(m., f.)*, 1
done hecho(a), 10
door puerta *(f.)*, 1
dormitory residencia universitaria *(f.)*, 2
double bed cama doble *(f.)*, 12
doubt *(v.)* dudar, 13
dozen docena *(f.)*, 6
dream *(v.)* soñar (o > ue), 9; *(n.)* sueño *(m.)*, 9
dress vestido *(m.)*, 9; — **(oneself)** vestir(se) (e > i), 7
drink *(v.)* tomar, 2; beber, 3; bebida *(f.)*, 4

drive *(v.)* conducir, 4; manejar, 10; *(n.)* **hard —** disco duro *(m.)*, 11
driver's license licencia para conducir (manejar) *(f.)*, 10
dry *(v.)* secar, 3; *(adj.)* seco(a), 9; — **cleaner's** tintorería *(f.)*, 10
dryer *(clothes)* secadora *(f.)*, 3
dubbed doblada, 7
during por, 9; durante, 11
dust *(n.)* polvo *(m.)*, *(v.)* sacudir, limpiar el polvo, 3
dye *(v.)* teñir(se) (e > i), 7; — **one's hair** teñirse el pelo, 7

E
e-mail correo electrónico *(m.)*, 8
ear *(external)* oreja *(f.)*, 13
early temprano, 7
earrings aretes *(m. pl.)*, 9; pendientes *(m. pl.)*, 9
earth tierra *(f.)*, 4
easily fácilmente, 8
eastern oriental *(adj.)*, 12
easy fácil, 2
eat comer, 3; **is there something to —?** ¿hay algo para comer?, 4; **have something to —** comer algo, 4
eaten comido(a), 10
egg huevo *(m.)*, 5; blanquillo *(m.)* *(Mex.)*, 5; **scrambled —** huevo revuelto, 5
eight ocho, 1
eight hundred ochocientos(as), 3
eighteen dieciocho, 1
eighth octavo(a), 12
eighty ochenta, 2
either... or o... o, 6
elbow codo *(m.)*, 13
elderly mayor, 6
elevator ascensor *(m.)*, 12; elevador *(m.)*, 12
eleven once, 1
e-mail correo electrónico, 1; mensaje electrónico *(m.)*, 4
emergency emergencia *(f.)*, 11; — **exit** salida de emergencia *(f.)*, 11; — **room** sala de emergencia *(f.)*, 13
employee: bank — empleado(a) bancario(a), 10
end *(n.)* fin, 4; *(v.)* terminar, 2

English *(language)* inglés *(m.)*, 2; *(person)* inglés(esa) *(m., f.)*, 1
enter entrar (en), 7
enthused animado(a), 4
enthusiasm entusiasmo *(m.)*, 11
er… *(uh…)* este…, 10
eraser borrador *(m.)*, 1
errand diligencia *(f.)*, 9; **to run —s** hacer diligencias, 10
escalator escalera mecánica (automática) *(f.)*, 13
escape escapar(se), 8
especially especialmente, 3
even: — if aunque, 14
ever alguna vez, 6
exactly exactamente, 9
exam examen *(m.)*, 4
examine examinar, 14
except excepto, 6
excess exceso *(m.)*, 11; **— luggage (charge)** exceso de equipaje *(m.)*, 11
excursion excursión *(f.)*, 11
excuse *(n.)* excusa *(f.)*, 3; **— me** permiso, perdón 1
exercise *(n.)* ejercicio, 4; *(v.)* hacer ejercicio, 4
exert aportar, 14
exit salida *(f.)*, 11
expensive caro(a), 6
experience experiencia *(f.)*, 8
expression expresión *(f.)*, 1
exterior exterior *(m.)*, 12
extra extra, 2
eyes ojos *(m. pl.)*, 4; **brown —** ojos castaños, 4

F
face cara *(f.)*, 13; faz *(f.)*, 13
fail fallar, 13
faint perder el conocimiento, desmayarse, 13
fair justo(a), 7
fall otoño *(m.)*, 2; **— down** caer, 13; **— in love (with)** enamorarse (de), 12
false falso(a), 1
family familia *(f.)*, 3
famous famoso(a), 6
far (away) lejos, 8
farewell despedida *(f.)*, P
fashion moda *(f.)*, 6
fast rápido(a), 9

fasten the seat belt abrocharse el cinturón de seguridad, 11
fat gordo(a), 1
father padre *(m.)*, papá *(m.)*, 4
father-in-law suegro *(m.)*, 4
favorite favorito(a), 3
fear *(v.)* temer, 11
February febrero, 2
feel sentir(se) (e > ie), 8
fever fiebre *(f.)*, 14
few pocos(as), 5
field *(subject)* campo *(m.)*, 14
fifteen quince, 1
fifth quinto(a), 12
fifty cincuenta, 2
fill (out) llenar, 10
finally por fin, 10
find *(v.)* encontrar (o > ue), 6; **— out** averiguar, 11
fine bien, 1
finger dedo *(m.)*, 13
finish *(v.)* terminar, 2
first primero(a) *(adj.)*, 2; **— class** *(travel)* primera clase, 11; **— time** primera vez, 12; **— thing** lo primero
first aid primeros auxilios *(m. pl.)*, 13
fish pescado *(m.)*, 5; **— market** pescadería *(f.)*, 6; *(v.)* pescar, 7
fishing rod caña de pescar *(f.)*, 8
fit *(v.)* caber, 4; quedar, 9
fitting room probador *(m.)*, 9
five cinco, P
five hundred quinientos(as), 3
fix arreglar, 10
flight vuelo *(m.)*, 11; **— attendant** auxiliar de vuelo *(m., f.)*, 11, azafata *(f.)*, 11
floor piso *(m.)*, 12
flower flor *(f.)*, 9
flu gripe *(f.)*, 14
fog niebla *(f.)*, 9; neblina *(f.)*, 9
follow seguir (e > i), 6; **—ing** siguiente, 3
food comida *(f.)*, 3
foot pie *(m.)*, 13
for para, 3; por, 9
force fuerza; **by —** a la fuerza, 14
forest bosque *(m.)*, 8
forget olvidarse (de), 12

fork tenedor *(m.)*, 5
form planilla *(f.)*, 10
fortress fortaleza *(f.)*, 7
forty cuarenta, 2
founded fundado(a), 4
four cuatro, P
four hundred cuatrocientos(as), 3
fourteen catorce, 1
fourth cuarto(a), 12
fracture *(n.)* fractura *(f.)*, 13; *(v.)* romper(se), 13
free *(of charge)* gratis, 10
French *(language)* francés *(m.)*, 7; **— fries** papas fritas *(f. pl.)*, 9
fresh fresco(a), 6
Friday viernes *(m.)*, 2
fried frito(a), 5
friend amigo(a) *(m., f.)*, 2; **best —** mejor amigo(a), 1
from de, 1; desde, 5
frown *(v.)* fruncir el ceño, 9
frozen helado(a), 2
fruit fruta *(f.)*, 5
frying pan sartén *(f.)*, 3
full lleno(a), 12
fun *(to be with)* simpático(a), 1
function *(v.)* funcionar, 10
funded *(subsidized)* subvencionado(a), 13
furniture muebles *(m. pl.)*, 3

G
game juego *(m.)*; partido *(sport)* *(m.)*, 7
garage garaje *(m.)*, 3
garbage basura *(f.)*, 3
garden jardín *(m.)*, 12; **botanical —** jardín botánico, 7
gas station gasolinera *(f.)*, 10
gasoline gasolina *(f.)*, 10
gee! ¡caramba!, 1
gender género *(m.)*, 1
general general, 8
generally generalmente, 8
geography geografía *(f.)*, 2
geology geología *(f.)*, 2
German *(language)* alemán *(m.)*, 7
gesture seña *(f.)*, 11
get conseguir (e > i), 6; **— acquainted** conocer, 4; **— better** mejorarse, 14; **— dressed** vestirse (e > i), 7; **— engaged (to)** comprometerse (con), 12;

— **hurt** lastimarse, 13;
— **married (to)** casarse (con), 12; — **on** subirse, 14;
— **through** terminar, 2;
— **together** juntarse, 8;
— **up** levantarse, 7;
— **worse** empeorar(se), 14
gift regalo (m.), 9
girl (young) chica (f.), 1
girlfriend (steady) novia (f.), 4
give dar, 4; — **a shot** poner una inyección, 13;
— **a gift** regalar, 9
glad: to be glad (about) alegrarse (de), 12
glass (drink) vaso (m.), 2
glove guante (m.), 9
go ir, 4; — **across/through** atravesar(se), 12;
— **away** irse, 12;
— **back** volver (o > ue),
— **barefoot** andar descalzo, 6; — **down** bajar(se), 14; — **fishing** ir a pescar, 7; — **hiking** hacer una caminata, 8; — **in** entrar (en), 7; — **on vacation** ir(se) de vacaciones, 8; — **out** salir, 4; — **over a cliff** desbarrancar(se), 11;
— **shopping** ir de compras, 9; — **skating** ir a patinar, 7;
— **up** subir, 13
godfather padrino (m.), 4
godmother madrina (f.), 4
gold oro (m.), 9
Goldilocks Ricitos de oro, 9
golf club palo de golf (m.), 8
good bueno(a), 5;
— **afternoon** buenas tardes, P — **evening** buenas noches, P — **morning** buenos días, P — **night** buenas noches, P
good-bye adiós, 1
government gobierno (m.), 6
grade nota (f.), 5
granddaughter nieta (f.), 4
grandfather abuelo (m.), 4
grandmother abuela (f.), 4
grandparents abuelos (m.), 4
grandson nieto (m.), 4
grape uva (f.), 2
grapefruit toronja (f.), 2
gray gris, 1; **turn** — ponerse gris, 7
great magnífico(a), 5

green verde, 1
greet saludar, P
greeting (n.) saludo (m.), P
grill (n.) parrilla, 5; —**ed** a la parrilla, 5
groceries (food items) comestibles (m. pl.), 6
group grupo (m.), 2
guest invitado(a) (m., f.), 4
gurney camilla (f.), 13
gynecologist ginecólogo(a) (m., f.), 14

H
hair pelo (m.), 6; cabello (m.), 7
half medio(a), 2; — **past** y media, 2; — **an hour** media hora, 10
ham jamón (m.), 5
hamburger hamburguesa (f.), 5
hand mano (f.), 1; **on the other** — en cambio, 7
hand luggage maletín (m.), 11
handsome guapo(a), 1
hang colgar (o > ue), 3
happen pasar, suceder, 13
happy feliz, 4; contento(a), 4
harvest cosechar, 13
hard drive disco duro (m.), 11
hat sombrero (m.), 9
hate (n.) odio (m.), 9
Havana Habana (f.), 8
have tener, 2; (aux. v.) haber, 10; — **a good trip** buen viaje, 11; **do you** —**...?** ¿tiene(s)...?, 2; — **a good time** pasarlo bien, 4;
— **a seat** tomar (tome) asiento, 1; — **breakfast** desayunar, 5; — **dinner (supper)** cenar, 3;
— **fun** divertirse (e > ie), 7; — **just (done something)** acabar de + inf., 8; — **lunch** almorzar (o > ue), 5; **not to** — **anything to wear** no tener nada que ponerse, 9; — **to** deber, tener que, 3
he él, 1
head cabeza (f.), 13
headache dolor de cabeza (m.), 4
health salud (f.), 14
heart corazón (m.), 13
heating calefacción (f.), 12
heel (shoe) tacón (m.), 9

height estatura (f.), 4;
of medium — de estatura mediana, 4
hello hola, P
help (n.) ayuda, 8; (v.) ayudar, 3; **how may I — you?** ¿en qué puedo servirle?, 6
her su(s) (adj.), 2; ella (obj. of prep.), 5; la (dir. obj.) 6; **(to/for)** le (ind. obj.), 7
here aquí, 3
hers suyo(a), suyos(as), 9
herself se, 7
hi hola, P
hide esconder, 10
high alto(a), 1; — **blood pressure** presión alta (m.), 14
high school escuela secundaria (f.), 9
hillside ladera (f.), 10
him él (obj. of prep.), 5; lo (dir. obj.), 6; **(to/for)** le (ind. obj.), 7
himself se, 7
his su(s) (adj.), 2; suyo(a), suyos(as), 9
history historia (f.), 2
hit (oneself) golpear(se), 13
hold (v.) sujetar(se), 9; — **up** atracar, 11
holiday día feriado (m.), 10
home hogar (m.), 3; **at** — en casa, 3; — **appliances** aparatos electrodomésticos (m. pl.), 3
homework tarea (f.), 4
honey miel (f.), 13
hood (car) capó (m.), 10
hope (v.) esperar, 11;
I — ojalá, 11; **I hope not!** ¡— que no!, 4
horn (car) bocina (f.), 10
horseback riding montar a caballo, 7
hospital hospital (m.), 13
host anfitrión (m.), 1
hostess anfitriona (f.), 1
hot cálido(a), 9; caliente, 12; — **chocolate** chocolate caliente (m.), 2
hotel hotel (m.), 5
hour hora (f.), 2; **half an** — media hora, 3
house casa (f.), 3; —**work** trabajos de la casa, tareas domésticas, 3
house (v.) albergar, 12

how…? ¿cómo?, 1; **— are you?** ¿cómo está usted? *(form.)*, ¿cómo estás? *(fam.)*, ¿cómo están ustedes? *(pl.)*, 1; **— do you say…?** ¿cómo se dice…?, 1; **— is it going?** ¿qué tal?, P; **— long?** ¿por cuánto tiempo?, 13; **— many?** ¿cuántos(as)?, 2; **— may I help you?** ¿en qué puedo servirle?, 9; **— much?** ¿cuánto(a)?, 3; **— much does it cost?** ¿cuánto cuesta?, 3
hug abrazo *(m.)*, 8
human being(s) ser(es) humano(s) *(m.)*, 13
humid húmedo(a), 9
hunger hambre *(f.)*, 3
hungry: to be hungry tener hambre, 3
hunt *(v.)* cazar, 8
hurry tener prisa, 3
hurt doler (o > ue), 13; **— (oneself)** lastimar(se), 13
husband esposo *(m.)*, 4
hydrogen peroxide agua oxigenada, 14

I
I yo, 1; **I am** soy, 1; **am from…** soy de…, 1
ice hielo *(m.)*, 2; **— cream** helado *(m.)*, 5; **— water** agua con hielo *(f.)*, 2
iced tea té helado, té frío *(m.)*, 2
I.D. card cédula de identidad *(f.)*, 12
idea idea *(f.)*, ; **good —** buena idea *(f.)*, 6
identification identificación *(f.)*, 13
if si, 12
illiterate analfabeto(a) *(m., f.)*, 6
immediately inmediatamente, 14
important importante, 2
impossible imposible, 2
improve mejorar, 7
in en, 1; de, 11; por, 9; a, 11; **— addition to** además de, 4; **— case** en caso de que, 13; **— charge of** encargado(a) (de), 10; **— exchange for** por, 9;

— order that para que, 13; **— order to** para, 3; **— that case** entonces, 5
inch pulgada *(f.)*, 5
include incluir, 11
income ingreso *(m.)*, 2
individual *(adj.)* individual, 9
inexpensive barato(a), 9
infection infección *(f.)*, 14
information información *(f.)*, 11
injection inyección *(f.)*, 13
inside en, 11
insist on insistir en, 12
instead of en vez de, 6
instill inculcar, 7
insurance seguro *(m.)*, aseguranza *(f.)*, 14; **medical —** seguro médico, 14
intelligent inteligente, 1
interest interés *(m.)*, 4
interesting interesante, 2
interior interior, 12
international internacional, 2
interrogative interrogativo(a), 2
interview entrevista *(f.)*, 2
introduce *(oneself)* presentarse, 11
invitation invitación *(f.)*, 8
invite invitar, 4
invited invitado(a), 4
iron *(n., appliance)* plancha *(f.)*, 3; *(v.)* planchar, 3
isthmus istmo *(m.)*, 6
it *(dir. obj. pron.)* la, 6; lo, 6; **— is** es, 1; **— doesn't work** no funciona, 12; **— is due to** se debe a…, 4; **it's time** es hora, 8
Italian *(language)* italiano *(m.)*, 6
its su(s), 2
itself se, 7

J
jacket chaqueta *(f.)*, 9
jam mermelada *(f.)*, 5
January enero, 2
jewelry joyas *(f. pl.)*, 13
Jewish judío(a), 14
joint account cuenta conjunta *(f.)*, 10
joke *(v.)* bromear, 7
journey viaje *(m.)*, 11
juice jugo *(m.)*, zumo *(m.)* *(Spain)*, 2; **apple —** jugo de manzana *(m.)*, 2;

orange — jugo de naranja *(m.)*, 2; **tomato — ** jugo de tomate *(m.)*, 2; **grape —** jugo de uvas *(m.)*, 2; **grapefruit —** jugo de toronja *(m.)*, 2
July julio, 2
June junio, 2

K
keep *(a promise)* cumplir, 10
key llave *(f.)*, 4
keyboard teclado *(m.)*, 11
kid *(v.)* bromear, 7
king rey *(m.)*, 14
kitchen cocina *(f.)*, 3; **— utensils** batería de cocina *(f. sing.)*, 3
knee rodilla *(f.)*, 13
knife cuchillo *(m.)*, 5
knock (at the door) tocar (llamar) a la puerta, 3
know *(to know, to be acquainted with)* conocer, 4; *(a fact, how to do something)* saber 4; **do you —?** ¿conoces…?, 2
known *(people)* conocido(a) (os) (as), P

L
laboratory laboratorio *(m.)*, 2; **language lab** laboratorio de lenguas *(m.)*, 4
lace encaje *(m.)*, 9
lake lago *(m.)*, 8
lamb cordero *(m.)*, 6; **— chop** *(f.)* chuleta de cordero *(f.)*, 6
land tierra *(f.)*, 4
language idioma *(m.)*, 2; lengua *(f.)*, 4
lap *(n.)* regazo *(m.)*, 9
laptop computadora portátil *(f.)*, microcomputadora *(f.)*, 11
last *(adj.)* último(a) *(in a series)*, 2; pasado(a), 7; **— name** apellido *(m.)*, 1; **— night** anoche, 5; **— time** la última vez *(f.)*, 14; **— year** el año pasado *(m.)*, 7
late tarde, 5
lately últimamente, 10

later después, más tarde, 2; luego, 1; **(I'll) see you —** hasta luego, P
Latin America Latinoamérica (f.), 1
laugh (v.) reírse, 7; **laughter** risa (f.), 11
lawn césped (m.), zacate (m.) (Mex.), hierba (f.)
lawyer abogado(a) (m., f.), 2
learn aprender (a), 11
leave dejar, 5; **I'm leaving** me voy, 1
lecture conferencia (f.), 14
leg pierna (f.), 13
lemonade limonada (f.), 3
lend prestar, 8
less menos, 5; **—... than** menos... que, 5
lesson lección (f.), 1
let dejar, 11
let's: —eat vamos a comer, 4; **— go** vamos, 4; **— see** vamos a ver, 2
letter carta (f.), 10
lettuce lechuga (f.), 6
liberty libertad (f.), 2
library biblioteca (f.), 1
license licencia (f.); **— plate** placa, chapa (f.), 10
lie (v.) mentir (e > ie), 11
life vida (f.), 2
lifeguard salvavidas (m., f. sing.), 8
light luz (f.), 1; **head—** luz, 10
lightning relámpago (m.), 11
like gustar, 7; como (prep.), 9; **I — it** me gusta, **you — it** te gusta, 7
list lista (f.), 5; **waiting —** lista de espera (f.), 11
listen! ¡oye!, 1
literature literatura (f.), 2
little (adj.) chico(a), 8; **a —** un poco(a), 4; **a — (of)** un poco (de), 6
live vivir, 3
livestock ganadería (f.), 12
living room sala (f.), 3
loan préstamo (m.), 10
lobby vestíbulo (m.), 12
lobster langosta (f.), 5
lodge (v.) hospedarse, 8
long largo(a), 9
look at mirar, 3
look (for) buscar, 9; **— (it) up** buscar, 6

lose perder (e > ie): **— consciousness** perder el conocimiento, 13
love (n.) amor (m.), 13; (v.) encantar, 8; **in —** enamorado(a), 4; **(to) —** querer (e > ie), 14
low bajo(a); **— blood pressure** presión baja, 14
luck suerte (f.): **luckily** afortunadamente, por suerte, 14
luggage equipaje (m.), 11; **— compartment** compartimiento de equipaje (m.), 11
lunch (n.) almuerzo (m.), 5; **have —** (v.) almorzar (o > ue), 6
luxury lujo (m.), 12

M
ma'am señora (f.) (abbr. Sra.), P
made hecho(a), 10
magazine revista (f.), 12; **— stand** puesto de revistas (m.), 12
major (education) especialización (f.) 1
make hacer; 3; **— a decision** tomar una decisión, 11; **— an appointment** pedir un turno (una cita), 14
man hombre (m.), 1; **young —** chico (m.), 1
manager gerente (m., f.), 10
many muchos(as), 2; un montón de, 12
map mapa (m.), 1
March marzo, 2
marker marcador (m.), 1
market mercado (m.), 6; **outdoor —** mercado al aire libre, 6
marmalade mermelada (f.), 5
marriage matrimonio (m.), 9
married casado(a), 4
marry casarse (con), 12
mashed potatoes puré de papas (m. sing.), 5
mathematics matemáticas (f. pl.), 2
matter (v.) importar(le) (a uno), 7; **it doesn't —** no importa, 8

May mayo, 2
maybe quizás, tal vez, 9
MD médico(a) (m., f.) 11; doctor(a) (m., f.), 13
me mí (obj. of prep.), 5; me (dir. obj.), 6; me (indir. obj.), 7; me (refl. pron.), 7
meal comida (f.), 3
mean, to (v.) querer (e > ie) decir, 1
measurement medida (f.), 9
meat carne (f.), 6; **— market** carnicería (f.)
meatball albóndiga (f.), 5
mechanic mecánico(a) (m., f.), 10
medicine medicina (f.), 9; **— cabinet** botiquín (m.), 14
medium mediano(a), 9
meet (for the first time) conocer, 9
melt fundir, 14
mention mencionar, 3
menu menú (m.), 5
merchant vendedor(a) (m., f.), 6
message mensaje (m.), 4
Mexican mexicano(a) (m., f.), 1; **— American** mexicoamericano(a) (m., f.), 1
microwave oven horno de microondas (m.), 3
midnight medianoche (f.), 7
milk leche (f.), 2
milkshake batido (m.), 3
millionaire millonario(a) (m., f.), 9
mine (pron.) mío(a), míos(as), 9
minus menos, 1
minute minuto (m.), 2
mirror espejo (m.), 7
miss (v.) extrañar, 8
Miss señorita (f.) (abbr. Srta.), P
mix (v.) mezclar, 4
mixture mezcla (f.), 6
modern moderno(a) (m., f.), 7
mom madre (f.), mamá (f.), 3
moment momento (m.), 3
Monday lunes (m.), 2
money dinero (m.), plata (f.), 2
monitor (n.) monitor (m.), 1

month mes *(m.)*, 2
moral *(n.)* moraleja *(f.)*, 7
more más, 5; **—… than**
  más… que, 5; **— than**
  (number) más de, 5;
  — or less más o
  menos, 5
morning mañana *(f.)*, 2
mosque mezquita *(f.)*, 14
mosquito mosquito *(m.)*, 8
mother madre *(f.)*, 4; mamá
  (f.), 1
mother-in-law suegra *(f.)*, 4
mountain range cordillera
  (f.), 12
mouse *(computer)* ratón
  (m.), 10
mouth boca *(f.)*, 13
move *(v.)* *(relocate)*
  mudarse, 9
movie película *(f.)*, 7;
  — theater cine *(m.)*, 7
mow (the lawn) cortar el
  césped, 3
MP3 player lector MP3
  (m.), 4
Mr. señor *(m.)* *(abbr.* Sr.*)*, P
Mrs. señora *(f.)* *(abbr.*
  Sra.*)*, P
much mucho(a), 3;
  not — no mucho, 1
museum museo *(m.)*, 7
music música *(f.)*, 2
must deber, 3
my mi(s), 2; **— name**
  is… me llamo…, P
myself me, 7

N
name nombre *(m.)*, 1;
  my — is… me llamo…, P;
  middle — segundo nombre, 1; **what is your —?**
  (form.) ¿cómo se llama
  usted?, *(fam.)* ¿cómo te
  llamas?, 1; **to be named**
  llamarse, P
napkin servilleta *(f.)*, 5
narrow estrecho(a), 12
nation país *(m.)*, 1
nationality nacionalidad
  (f.), 1
nausea náusea *(f.)*, 13
near cerca (de), 6;
  — here cerca de aquí, 12
neck cuello *(m.)*, 13
need *(v.)* necesitar, 2
negative negativo(a), 12

neighborhood barrio
  (m.), 2
neither ni, 6, tampoco,
  6; **—… nor** ni…
  ni, 6
nephew sobrino *(m.)*, 3
nervous nervioso(a), 11
never jamás, nunca, 6
new nuevo(a), 1
newlyweds recién casados
  (m. pl.), 6
newspaper periódico
  (m.), 14
next próximo(a), 12; que
  viene, 14; **— day** al día
  siguiente, 5; **— to** junto a, 2
nice simpático(a), 1
nickname sobrenombre *(m.)*, 7
niece sobrina *(f.)*, 3
night noche *(f.)*, 1; *(adj.)*
  nocturno, 10
nightclub club nocturno *(m.)*, 7
nightgown camisón *(m.)*, 9
nine nueve, P
nine hundred
  novecientos(as), 3
nineteen diecinueve, 1
ninth noveno(a), 12
ninety noventa, 2
no no, 1; ningún,
  ninguno(a), 6;
  — one nadie, ninguno(a), 6
nobody nadie, 6;
  ninguno(a), 6
none ningún, ninguno(a),
  not any; no, 6
noon mediodía *(m.)*, 2;
  at — al mediodía, 10
no one nadie, ninguno(a), 6
North American
  norteamericano(a)
  (m., f.), 1
nose nariz *(f.)*, 13
not no, 1; **— any** ningún,
  ninguno(a), 6;
  — very well no muy bien, 4
note nota *(f.)*, 3
notebook cuaderno *(m.)*, 1
nothing nada, 6
notice *(v.)* fijarse en, 12
noun nombre *(m.)*, 1
November noviembre, 2
now ahora, 4;
  right — ahora mismo, 11
number número *(m.)*, P;
  phone — número de
  teléfono, 1
nurse enfermero(a) *(m., f.)*, 13

O
obtain conseguir (e > i), 6
obey obedecer, 14
occupation ocupación *(f.)*, 3
occupied ocupado(a), 12
occur suceder, 7
ocean mar *(m.)*, 8
October octubre, 2
oculist oculista *(m., f.)*, 14
of de, 2; **— the** del
  (de + el), 4
office oficina *(f.)*, 2; **post —**
  oficina de correos *(f.)*, 2
often frecuentemente, 10;
  a menudo, 10
oil petróleo *(m.)*, 4
okay bueno, 1; está bien, 6;
  pues, 8
old viejo(a), 1; antiguo(a), 8;
  — people ancianos(as), 6
older mayor, 5
oldest (el, la) mayor, 5
on en, 1; **— the other hand**
  en cambio, 7; **— vacation**
  de vacaciones, 5
once upon a time había una
  vez, 9
one uno, 1; un(a), P
one hundred cien (ciento), 2
one-way de ida, 11
onion cebolla *(f.)*, 6
only solamente, 2; solo, 2;
  — child único(a) hijo(a), 7
open *(v.)* abrir, 3; abierto(a),
  10
optimist optimist *(m., f.)*, 12
or o, 2
orange anaranjado(a), 1;
  naranja *(f.)*, 2
order *(v.)* pedir (e > i), 5;
  mandar, 11; **to — drinks**
  pedir bebidas, 2; **in —**
  that para que, 13
other otro(a), 5
our nuestro(s), nuestra(s), 2
ours nuestro(s), nuestra(s)
  (pron.), 9
ourselves nos, 7
outdoor: — market mercado
  al aire libre *(m.)*, 6
oven horno *(m.)*, 3
over en, 11
overlooking con vista a, 12
owe deber, 13
own *(adj.)* propio(a), 9
owner dueño(a)
  (m., f.), propietario(a)
  (m., f.), 12

P

package paquete *(m.)*, 11
pain dolor *(m.)*, 13
painkiller calmante *(m.)*, 14
painter pintor(a) *(m., f.)*, 1
pair par *(m.)*, 9
pajamas pijama *(m. sing.)*, pijamas *(m. pl.)*, 7
pancake panqueque *(m.)*, 5; panqué *(m.) (Mex.)*, 5
pants pantalón *(m.)*, pantalones *(m. pl.)*, 9
paper papel *(m.)*, 1; **toilet —** papel higiénico, 6
paramedic paramédico(a) *(m., f.)*, 13
pardon sorry, 1; **—?** ¿cómo?, ¿mande? *(Mex.)*, 1; **— me** perdón, 1
parents padres *(m. pl.)*, 2
park *(n.)* parque *(m.)*, 4; *(v.)* estacionar, 10; **amusement —** parque de diversiones, parque de atracciones *(Spain)*, 7
part: in — en parte, 11
party fiesta *(f.)*, 4
passenger pasajero(a) *(m., f.)*, 11
passport pasaporte *(m.)*, 11
pastry pastel *(m.)*, 4
patient *(adj.)* paciente, 1
patient paciente *(m., f.)*, 13
patio patio *(m.)*, 12
pay *(v.)* pagar, 5
pea(s) arveja *(f.)*, judías verdes *(f.)*, 6; guisantes *(m.)*
peach durazno *(m.)*, melocotón *(m.)*, 6
pear pera *(f.)*, 6
pediatrician pediatra *(m., f.)*, 14
pen bolígrafo *(m.)*, pluma *(f.)*, 1
pencil lápiz *(m.)*, 1
people gente *(f. sing.)*, 10; **business—** gente de negocios *(f.)*, 2; **elderly —** gente mayor *(f.)*, 6
pepper *(green)* pimiento *(m.)*, ají *(m.)*, 6; *(black)* pimienta *(f.)*, 6
per por, 2; **— day** al día, 6; **— night** por noche, 9; **— week** por semana, 2
percent por ciento, 2
perfect perfecto(a), 1

perhaps quizás, 9
permission permiso *(m.)*, 7
person persona *(f.)*, 12
Peruvian peruano(a), 12
pessimist pesimista *(m., f.)*, 12
pharmacist farmacéutico(a) *(m., f.)*, 14
pharmacy farmacia *(f.)*, 14
phone *(v.)* llamar por teléfono, 9
physics física *(f.)*, 2
piano piano *(m.)*, 13
picnic picnic *(m.)*, 7
pie pastel *(m.)*, 5
pill pastilla *(f.)*, 11
pilot piloto *(m.)*, 11
pineapple piña *(f.)*, 6
pink rosado(a), 1
pitch (a tent) armar (una tienda de campaña), 8
place *(v.)* poner, 3; *(n.)* lugar *(m.)*, 12; **in — of** en lugar de, 11
placed puesto(a), 10
plan *(n.)* plan *(m.)*, 7; *(v.)* planear, 4; **to — to (do something)** pensar (e > ie) + *infinitive*, 5
plane avión *(m.)*, 8
plate plato *(m.)*, 3
play *(a game) (v.)* jugar (u > ue), 8; *(music, an instrument)* tocar, 4; **— golf** jugar al golf, 8; **— tennis** jugar al tenis, 8
player jugador(a) *(m., f.)*, 8; **MP3 —** lector MP3, 4
pleasure gusto *(m.)*, P; placer *(m.)*, 7; **it's a — to meet you** mucho gusto, P; **the — is mine** el gusto es mío, P
pneumonia pulmonía *(f.)*, 14
poem poema *(m.)*, 2
polite de cortesía, 1
political science ciencias políticas *(f. pl.)*, 2
poor pobre, 7
pork cerdo *(f.)*, 5; **— chop** chuleta de cerdo *(f.)*, 5
porridge avena *(f.)*, 9
Portuguese *(language)* portugués *(m.)*, 7
possessive posesivo(a), 2
possible posible, 12
postcard tarjeta postal *(f.)*, 7
post office correo *(m.)*, oficina de correos *(f.)*, 10

potato papa *(f.)*, 5; patata *(f.) (Spain)*,; **mashed —es** puré de papas *(m.)*, 5
pout *(n.)* mohín *(m.)*, 11
practice *(n.)* práctica *(f.)*; *(v.)* practicar, 1
prefer preferir (e > ie), 5
pregnant embarazada, 14; encinta, 14; en estado, 14
prepare preparar, 3
prescribe recetar, 14
prescription receta *(f.)*, 14
present *(n.)* regalo *(m.)*, 3; *(adj.)* **at —** actualmente, 4
pressure (blood) presión *(f.)*, 14
pretty bonito(a), 1
prevent prevenir, 14
price precio *(m.)*, 12
printer impresora *(f.)*, 11
private privado(a), 12
probably probablemente, 12
problem problema *(m.)*, 2
professor profesor(a) *(m., f.)*, P
program programa *(m.)*, 2
promise prometer, 8
pronoun pronombre *(m.)*, 1
proprietor dueño(a) *(m., f.)*, 12
provided that con tal (de) que, 13
psychology psicología *(f.)*, 2
Puerto Rican puertorriqueño(a), 2
punch *(n., beverage)* ponche *(m.)*, 5
purple morado(a), 1
purse cartera *(f.)*, 9
put poner, 3; puesto(a), 10; **— on** ponerse, 7; **— together** armar, 8

Q

quality calidad *(f.)*, 8
quarter (time) cuarto *(m.)*; **— past (or after)…** … y cuarto, 2; **— to…** … menos cuarto, 2
question *(n.)* pregunta *(f.)*, P
quite a success todo un éxito, 4

R

racket raqueta *(f.)*, 8
rain *(v.)* llover (o > ue), 9; *(n.)* lluvia *(f.)*, 9
raincoat impermeable *(m.)*, 9

rain forest selva *(f.)*, 4;
 tropical — selvas tropicales
 (f. pl.), 4
raise levantar, 4
rapid rápido, 8
rapidly rápidamente, 8
rate of exchange cambio
 de moneda *(m.)*, 11
read leer, 3
ready listo(a), 9
realize darse cuenta (de), 12
receive recibir, 3
recent reciente, 8
recently recientemente, 8
recipe receta *(f.)*, 6
recommend recomendar
 (e > ie), 11
red rojo(a), 1; **— wine** vino
 tinto, 2
red-haired pelirrojo(a), 4
refrigerator refrigerador *(m.)*,
 3; heladera *(f.)*, 3; nevera
 (f.), 3;
regret sentir (e > ie), 11
relative *(n.)* pariente *(m., f.)*, 4
remain quedarse, 8
remember recordar
 (o > ue), 6; acordarse (o > ue)
 (de), 10
rent *(v.)* alquilar, 8; rentar, 8
repair shop *(car)* taller de
 mecánica *(m.)*, 10
reply *(n.)* respuesta, 1
representative diputado(a), 12
request *(v.)* pedir (e > i), 6;
 solicitar, 10
reservation reservación *(f.)*, 12
reserve *(v.)* reservar, 12
rest *(v.)* descansar, 3
restaurant restaurante *(m.)*, 5
return volver (o > ue), 6;
 regresar, 9
returned vuelto(a), 10
rice arroz *(m.)*, 5;
 — pudding arroz con
 leche *(m.)*, 5
rich rico(a), 1
ride a bike montar en
 bicicleta, 7
right: — away en seguida,
 14; **— now** ahora
 mismo, 11
river río *(m.)*, 8
roasted asado(a), 5
robe bata *(f.)*, 9
romantic romántico(a), 7
room cuarto *(m.)*, 3;
 habitación *(f.)*, 12;

— and board pensión
 completa *(f.)*, 12;
 — service servicio de
 habitación *(m.)*, 5
roommate compañero(a) de
 cuarto *(m., f.)*, 1
rosé *(wine)* rosado, 2
rough rudo(a), 3
round-trip de ida y
 vuelta, 11
routine rutina *(f.)*, 7;
 daily — rutina diaria, 7
row *(n.)* fila, 11; *(v.)* remar, 8
run correr, 3; **— errands**
 hacer diligencias, 10
Russian *(language)* ruso *(m.)*, 7

S
safe-deposit box caja de
 seguridad *(f.)*, 10
said dicho(a), 10
sail navegar, 7
sailboat velero *(m.)*, 8; bote
 de vela *(m.)*, 8
salad ensalada *(f.)*, 3;
 mixed — ensalada
 mixta, 5
sale liquidación *(f.)*, 9
salsa *(music)* salsa *(f.)*, 4;
 (sauce) salsa, 4
salt sal *(f.)*, 5
same: the — thing lo
 mismo, 6
sand arena *(f.)*, 8
sandal sandalia *(f.)*, 9
sandwich sándwich *(m.)*, 5
Saturday sábado *(m.)*, 2
sauce salsa, 4
saucepan cacerola *(f.)*, 3
saucer platillo *(m.)*, 5
sausage chorizo *(m.)*, 5
save *(money)* ahorrar, 10
savings: — account cuenta de
 ahorros *(f.)*, 10
say decir (e > i), 6; **say hi
 to…** saludos a…, 1; **how
 do you —…?** ¿cómo se
 dice…?, 1; **you —…**
 se dice…, 1
scale balanza *(f.)* *(weight)*, 14
scarf bufanda *(f.)*, 9
schedule horario *(m.)*, 2
school escuela *(f.)*, 9; **high —**
 escuela secundaria *(f.)*, 9
scissors tijeras *(f. pl.)*, 14
screen *(computer)* pantalla
 (f.), 11
scuba dive bucear, 8

season *(n.)* estación *(f.)*, 2
seat asiento *(m.)*, 11; **aisle —**
 asiento de pasillo, 11;
 window — asiento de
 ventanilla, 11
seated sentado(a), 9
second segundo(a), 12
secret secreto *(m.)*, 5
section sección *(f.)*, 5
sedative sedativo *(m.)*,
 sedante *(m.)*, 14
see ver, 4; **— (a patient)**
 atender (e > ie), 13;
 I'll — you nos vemos, 1;
 — you around hasta la
 vista, 1; **— you later** hasta
 luego, P; **— you tomor-
 row** hasta mañana, P
seem parecer, 12
seen visto(a), 10; **is/are seen**
 se ve(n), 3
sell vender, 12
semester semestre *(m.)*, 2
send mandar, enviar, 7
September septiembre, 2
serious serio(a), 14; **—ly** en
 serio, 8
servant criado(a), 6
serious grave, serio(a), 14
serve servir (e > i), 6
set the table poner la mesa, 3
seven siete, P
seven hundred
 setecientos(as), 3
seventeen diecisiete, 1
seventh séptimo(a), 12
seventy setenta, 2
several varios(as), 8
shall we dance? ¿bailamos?, 4
shampoo champú *(m.)*, 6
share *(v.)* compartir, 11
shave afeitarse, rasurarse, 7
she ella, 1
shellfish marisco *(m.)*, 6
shirt camisa *(f.)*, 9
shoe zapato *(m.)*, 9; **— store**
 zapatería *(f.)*, 9
short bajo(a) *(height)*, 1;
 corto(a), 9
shot *(injection)* inyección *(f.)*,
 13; **tetanus —** inyección
 antitetánica *(f.)*, 13
shotgun escopeta *(f.)*, 8
shoulder hombro *(m.)*, 13
shout gritar, 4
show *(v.)* enseñar, mostrar
 (o > ue), 12; **— a movie** dar
 una película, 7

shower   ducha *(f.)*, regadera *(Mex.) (f.)*, 12
shrimp   camarón *(m.)*, gamba *(Spain) (f.)*, 5
shy   tímido(a), 1
sick   enfermo(a), 11; **—ness** enfermedad *(f.)*, 14
sign *(v.)*   firmar, 10; **—ed** firmado(a), 10; *(n.)* letrero *(m.)*, 10
signature   firma *(f.)*, 10
silver   plata *(f.)*, 10
simile(s)   símil *(m.)*, símiles *(m. pl.)*, 13
sing   cantar, 4
single   soltero(a), 4
sir   señor *(m.)* *(abbr.* Sr.), P
sister   hermana *(f.)*, 3
sister-in-law   cuñada *(f.)*, 4
sit down   sentarse (e > ie), 7
six   seis, P
six hundred   seiscientos(as), 3
sixteen   dieciséis, 1
sixth   sexto(a), 12
sixty   sesenta, 2
size *(of clothing)*   talla *(f.)*, 9
skate *(v.)*   patinar, 7; **go skating**   ir a patinar, 7
ski *(v.)*   esquiar, 4
sky   cielo *(m.)*, 8; **the — is clear**   el cielo está despejado; **the sky is cloudy**   el cielo está nublado, 9
skirt   falda *(f.)*, 9
slavery   esclavitud *(f.)*, 7
sleep   dormir (o > ue), 4
sleeper sofa   sofá-cama *(m.)*, 12
sleeping bag   bolsa de dormir *(f.)*, 8; saco de dormir *(m.)*, 8
sleeve   manga *(f.)*, 9
slender   delgado(a), 1
slipper   zapatilla *(f.)*, 9
slow   lento(a), 8; **more —ly, please**   más despacio, por favor, 1
slowly   lentamente, 8
small   pequeño(a), 5; chico(a), 8; **they're too —**   quedan chicos(as), 10
smaller   más pequeño(a), 4
smile   sonrisa *(f.)*, 11
smoke *(v.)*   fumar, 5
snack: to have an afternoon —   merendar (e > ie), 7
snow *(v.)*   nevar (e > ie), 9
so   así que, 14; de modo que, 6; tan, 5; **— many**   tantos(as), 6;

— much   tanto(a), 5; **— that**   para que, 13
soap   jabón *(m.)*, 7; **— opera**   telenovela *(f.)*, 3
sob   sollozar, 9
soccer   fútbol *(m.)*, 2
sociology   sociología *(f.)*, 2
socks   calcetines *(m., pl.)*, 10
sofa   sofá *(m.)*, 5; **sleeper —**   sofá-cama *(m.)*, 12
soft drink   refresco *(m.)*, 5
solution   solución *(f.)*, 10
some   unos(as), 1; algún, alguno(a), algunos(as), 6
someone   alguien, 6
something   algo, 4; **— else**   otra cosa, 10; **— to eat (drink)**   algo para comer (tomar), 10
sometimes   a veces, 3; algunas veces, 6
somewhere   en alguna parte, 8
son   hijo *(m.)*, 4
son-in-law   yerno *(m.)*, 4
soon   pronto, 8; **as — as**   en cuanto, 9
sorrow   pena *(f.)*, 13
sorry   perdón, 1; **I'm —**   lo siento, 1
soup   sopa *(f.)*, 3; caldo *(Mex.)*, 5
source of income   fuente *(f.)* de ingresos, 4
souvenir shop   tienda de regalos *(f.)*, 12
spaghetti   espaguetis *(m. pl.)*, 6
Spanish *(language)*   español *(m.)*, castellano *(m.)*, 1; *(person)* español(a), 1; **in —**   en español, 1; **— class**   clase de español, 1
spare part *(e.g., car part)*   pieza de repuesto *(f.)*, 10
speak   hablar, 2
special   especial, 5
specialty   especialidad *(f.)*, 5
spell   deletrear, 1
spend *(e.g., money)*   gastar, 9; *(time)* pasar, 8
spoken   hablado, 2
spoon   cuchara *(f.)*, 5
sport   deporte *(m.)*, 4
sprain   torcedura *(f.)*, 13

spring *(season)*   primavera *(f.)*, 2
stadium   estadio *(m.)*, 12
stairs   escalera *(f.)*, 13
stamp   estampilla *(f.)*, 10; sello *(m.)*, 10, timbre *(m.) (Mex.)*, 10
standard shift   de cambios mecánicos *(m. pl.)*, 10
stand *(in line)*   hacer cola, 10; **— out**   destacarse, 4
standing   parado(a), 10
star   estrella *(f.)*, 8
start *(v.)*   comenzar (e > ie), empezar (e > ie), 5; **— *(a motor)***   arrancar, 10
starving   muerto(a) de hambre, 6
state   estado *(m.)*, 2
stay   quedarse, 8; *(e.g., at a hotel)* hospedarse, 8
steak   bistec *(m.)*, 5
step *(n.)*   paso, 9
still *(adv.)*   todavía, 3
sting *(v.)*   picar, 8
stingy   tacaño(a), 9
stitch   punto *(m.)*, 13
stomach   estómago *(m.)*, 13
stone   piedra *(f.)*, 11
stop *(v.)*   parar, 10; **— doing**   dejar de…, 11; **to — over**   hacer escala, 11
stopover   escala *(f.)*, 11; **make a —**   hacer escala, 11
store   tienda *(f.)*, 9
strain *(v.)*   colar (o > ue), 3
strainer   colador *(m.)*, 3
stranger   extraño(a) *(m., f.)*, P
strawberry   fresa *(f.)*, 6; frutilla *(f.)*, 6
street   calle *(f.)*, 1
stretcher   camilla *(f.)*, 13
stubborn   terco(a), 14
student   estudiante *(m., f.)*, 1; alumno(a) *(m., f.)*, 1
study *(v.)*   estudiar, 2
style: be in —   estar de moda, 9
subject *(academic)*   asignatura *(f.)*, materia *(f.)*, 2
subtitle   subtítulo *(m.)*, 7
subtraction   resta *(f.)*, 1
success   éxito *(m.)*, 4; **quite a —**   todo un éxito, 4
sugar   azúcar *(m.)*, 6

suggest   sugerir (e > ie), 11
suggestion   sugerencia (f.), 14
suit (n.)   traje (m.), 9; (v.) (fit) quedar, 9
suitcase   maleta (f.), valija (f.), 11; **small —**   maletín (m.), 11
summer   verano (m.), 2
sunbathe   tomar el sol, 8
Sunday   domingo (m.), 2
superlative   superlativo (m.), 5
supermarket   supermercado (m.), 6
supper   cena (f.), 3
suppose   suponer, 8
sure   seguro(a), 13
surf (v.)   hacer surfing, 8
surfboard   tabla de mar (f.), 8
surgeon   cirujano(a) (m., f.), 14
surprise   sorpresa (f.), 4;
  what a surprise!   ¡qué sorpresa!, 4; **surprised** sorprendido(a), 7
surrender   entregar(se), 7
surrounded   rodeado(a), 8
survey   encuesta (f.), 1
sweater   suéter (m.), 1
sweep   barrer, 3
sweet (n.)   dulce (m.), 5
swim (v.)   nadar, 7
swimming pool   piscina (f.), 12; alberca (f.) (Mex.), 12
swollen   hinchado(a), 13
symptom   síntoma (m.), 14
syrup (cough)   jarabe (m.), 14
system   sistema (m.), 2;
  educational —   sistema de educación, 2

T
table   mesa (f.), 3;
  set the —   poner la mesa, 3
tablecloth   mantel (m.), 5
take (v.)   tomar (una clase), 2;
  — (someone or something someplace)   llevar, 4;
  — care (of oneself) cuidar(se), 14;
  — out   sacar, 3;
  — off (clothes) quitarse, 7
talk (v.)   conversar, 2; platicar, 2
tall   alto(a), 1
tank (car)   tanque (m.), 10
tasty   rico(a), sabroso(a), 5
taxi   taxi (m.), 10
tea   té (m.), 2; **iced —** té helado, frío, 2

teach   enseñar, 1
teaspoon   cucharita (f.), 5
teeth   dientes (m. pl.), 6
telephone   teléfono (m.), 1;
  to phone   llamar por teléfono, 9
television   televisión (f.), 2; (set) televisor (m.), 12; tele (f.), 2
tell   decir (e > i), 6; **tell me**   dime (fam.), 5;
  — me something   dime una cosa, 12
teller   cajero(a) (m., f.), 5
temperature   temperatura (f.), 14; **what is the —** ¿qué temperatura hace?, 9
ten   diez, P
tent   tienda de campaña (f.), carpa (f.), 8
tenth   décimo(a), 12
test (n.)   análisis (m.), 13; examen (m.), 4
tetanus shot   inyección antitetánica (f.), 13
than   que, 9
thank (v.)   agradecer, 8;
thank you   gracias, P;
  — very much   muchas gracias, 1
thanks   gracias, P
Thanksgiving   Día de Acción de Gracias (m.), 6
that   que (rel. pron.), 3; ese, esa, eso, (distant) aquel, aquella, (adj.), 3; eso, aquello, (neut. pron.), 3; ese, esa, aquel, aquella, (pron.), 3; lo que, 5
the   el (m. sing.), la (f. sing.), los (m. pl.), las (f. pl.), 1
theater   teatro (m.), 7
their   su(s), 2
theirs   (pron.) suyo(a), suyos(as), 9
them   ellas (f.), ellos (m.) (obj. of prep.), 5; las (f.), los (m.), 6; **(to/for)**   les, 7
theme   tema (m.), 2
themselves   se, 7
then   entonces, 9
there   allí, 12; allá; **— is (are)**   hay 1; **— is going to be**   va a haber, 12;
  — was (were) hubo, 8
thermometer   termómetro (m.), 14

these   estos(as) (adj.), 3; estos(as) (pron.), 3
they   ellos(as) (m., f.), 1
thin   delgado(a), 1
thing   cosa (f.), 3;
  things to do   cosas que hacer, 3
think   pensar (e > ie), 5; creer, **— so (not)**   creer que sí (no), 13; **to — about** pensar en, 12
third   tercer(o)(a), 12
thirteen   trece, 1
thirty   treinta, 1
this   este, esta (adj.), 3; esto (neut. pron.), 3;
  — one   (pron.) éste, ésta, 3
those   esos(as), aquellos(as) (adj.), 3; esos(as), aquellos(as) (pron.), 3
thousand   mil, 3
threat   amenaza (f.), 14
three   tres, P
three hundred   trescientos(as), 3
throat   garganta (f.), 14;
  sore —   dolor de garganta (m.), 14
through   por, 9
Thursday   jueves (m.), 2
ticket   billete (m.), 11; pasaje (m.), 11 one-way —pasaje de ida, 11; round-trip — pasaje de ida y vuelta, 11
tie   corbata (f.), 9
tile (ceramic)   azulejo (m.), 14
till (until, time)   menos, 2
time   tiempo (m.), 3; hora (f.), 2; vez (f.), 7; **what — is it?** ¿qué hora es?, 2; **at what —?**   ¿a qué hora…?, 2; **it's time**   es hora, 8
tip (for service)   propina (f.), 5
tire   llanta (f.), neumático (m.), 10; **flat —**   llanta pinchada, 10
tired   cansado(a), 4; **to get —** cansarse, 11
title (courtesy)   título (m.), P; (e.g., book) título (m.), 13
to   a, 2
toast (n.)   pan tostado (m.), 5; brindis (m.) (at a celebration), 4
toast (v.)   brindar, 4
toaster   tostadora (f.), 3
today   hoy, 2

toe   dedo del pie *(m.)*, 13
together   juntos(as), 2;
   get —   juntarse, 8
toilet   inodoro *(m.)*, 12
tomato   tomate *(m.)*, 2
tomorrow   mañana, 2
tongue   lengua *(f.)*, 13
tonight   esta noche, 1
too   también, 2;
   — much   demasiado(a), 7
tooth   diente *(m.)*, 13
toothbrush   cepillo de dientes
   (m.), 6
toothpaste   pasta de dientes
   (f.) (dentífrica), 6
topic   tema *(m.)*, 1
tour   excursión *(f.)*, 11
tourist   turista *(m., f.)*, 12
town   pueblo *(m.)*, 11
traffic   tráfico *(m.)*, 10
tranquilizer   calmante
   (m.), 14
translate   traducir, 4
transmit (disease)   contagiar,
   14
travel   viajar, 11
travel agency   agencia de
   viajes *(f.)*, 11
traveler   viajero(a) *(m., f.)*, 13
traveler's check   cheque de
   viajero *(m.)*, 11
tree   árbol *(m.)*, 13
trip   viaje *(m.)*, 11; **have
   a nice —!**   ¡buen
   viaje!, 11
true   cierto(a), 13; verdadero,
   1; **it's —**   es verdad, es
   cierto, 13; **—?**   ¿verdad?, 2
trunk *(car)*   cajuela *(f.)*,
   maletero *(m.)*, 10, 10
trust *(v.)*   confiar en, 12
truth   verdad *(f.)*, 7
try (to)   tratar de, 8; **— (on)**
   probar(se) (o > ue), 7
T-shirt   camiseta *(f.)*, 9
Tuesday   martes *(m.)*, 2
turn into   convertirse (e > ie)
   en, 14
TV set   televisor *(m.)*, 12
twelve   doce, 1
twenty   veinte, 1
twins *(identical)*   gemelos(as)
   (m., f. pl.), 7; *(fraternal)*
   mellizos(as), 7
two   dos, P
two hundred   doscientos(as), 2
type   tipo *(m.)*, 5; **my —**   mi
   tipo, 2

U
ugly   feo(a), 1
umbrella   paraguas *(m. sing.)*, 9
uncle   tío *(m.)*, 4
under   bajo *(prep.)*, 8; debajo
   de, 8
undershorts   calzoncillos
   (m. pl.), 9
understand   entender
   (e > ie), 5
unfortunately   desgraciadamente, por desgracia, 10
university   universidad *(f.)*, 1
unknown (person)
   desconocido(a), 11
unless   a menos que, 13
unpleasant   antipático(a), 1
until   hasta, 2; hasta que
   (conj.) 13
Uruguayan   uruguayo(a), 12
us   nosotros(as)
   (obj. of prep.), 5; nos *(obj.
   pron.)*, 6; nos *(indir. obj.)*, 7
U.S.   estadounidense *(m., f.)*
   (used to denote citizenship), 1
use *(v.)*   usar, 9
used to   acostumbrado(a) a, 8
useful   útil, 1

V
vacant   libre, disponible, 12
vacate   desocupar, 12
vacation   vacaciones *(f. pl.)*, 5;
   to be on —   estar de vacaciones, 5; **to go on —**   ir(se)
   de vacaciones, 5
vacuum *(v.)*   pasar la aspiradora, 3
vacuum cleaner   aspiradora *(f.)*
value   valor *(m.)*, 9
vase   florero *(m.)*, 7
veal   ternera *(f.)*, 6;
   — chop   chuleta de ternera
   (f.), 6
vegetable   verdura *(f.)*,
   vegetal *(m.)*, 5
Venezuelan   venezolano(a), 8
very   muy, 1; **— well**   muy
   bien, 1
vest   chaleco *(m.)*, 9
via   por, 9
view   vista *(f.)*, 12;
   ocean —   vista al mar, 12
visa   visa *(f.)*, 2
visit *(n.)*   visita, 7; *(v.)* visitar, 7
vitamin   vitamina *(f.)*, 14
vocabulary   vocabulario *(m.)*, 1
vowel   vocal *(f.)*, 1

W
wait (for)   esperar, 10
waiter   camarero(a) *(m.)*;
   mozo *(m.)*, mesero(a) *(m.)*
   (Mex.), 5; salonero(a)
   (Costa Rica), 5
waiting list   lista de espera
   (f.), 11
waitress   camarera *(f.)*,
   mesera *(f.)* *(Mex.)*, 5;
   salonera *(Costa Rica)*, 5
wake (up)   despertarse
   (e > ie), 7
walk *(v.)*   caminar, 5; **take
   the… for a walk**   lleva al…
   a caminar, 3
wallet   billetera *(f.)*, 9
want   desear, 2; querer
   (e > ie), 5
war   guerra *(f.)*, 7
ward   sala *(f.)* (in a hospital),
   10
warm   templado(a), 9
wash *(v.)*   lavar, 3;
   — oneself   lavarse, 7;
   — one's hair   lavarse la
   cabeza, 12
washbasin   lavabo *(m.)*, 12
washing machine   lavadora
   (f.), 3
wastebasket   cesto de papeles
   (m.), 1
watch *(v.)*   mirar, 3; *(n.)* reloj
   (m.), 1
water   agua (el) *(f.)*, 2;
   — ski   esquí acuático *(m.)*,
   8; **ice —**   agua con
   hielo, 2; **mineral —**   agua
   mineral, 2
watermelon   sandía *(f.)*, 6;
   melón de agua *(m.)*, 6
way   modo *(m.)*, 6; **one —
   ticket**   pasaje de ida, 11
we   nosotros(as), 1
weak   débil, 14
wear   usar, llevar, 9; **— a
   certain shoe size**   calzar, 9;
   **not to have anything to
   wear**   no tener nada que
   ponerse, 9
weather   tiempo *(m.)*, 3; **to be
   good (bad) —**   hacer buen
   (mal) tiempo, 9
wedding   boda *(f.)*, 7;
   — anniversary   aniversario
   de bodas *(m.)*, 9
Wednesday   miércoles *(m.)*, 2
week   semana *(f.)*, 7

weekend   fin de semana (m.), 7
weep   sollozar, 9
weigh   pesar, 14
weight   peso (m.), 14
welcome   bienvenido(a), 8;
  you're — de nada, 1
well   bien, P; pues, 13; well…
  okay   bueno…, 1; very —
  muy bien, 1; not very — no
  muy bien, 1
what   lo que, 5
what?   ¿qué?, 2; ¿cuál?, 1;
  — a pity!   ¡qué lástima!, 1;
  — day is today?   ¿qué día
  es hoy?, 2; what do we
  need?   ¿— necesitamos?, 1;
  — is… like?   ¿cómo es…?,
  1; — is today's date?   ¿qué
  fecha es hoy?, 2; — is
  your   (form.) name?
  ¿— se llama usted?, — is
  your   (fam.) name?   ¿— te
  llamas?, P;
  —'s new?   ¿qué hay de
  nuevo?, 1;
  —'s your address?   ¿cuál
  es tu dirección?, 1; —'s your
  phone number?   ¿cuál es
  tu número de teléfono?, 1;
  — is the rate of (monetary)
  exchange?   ¿a cómo está el
  cambio de moneda?, 11;
  — is your name?   (form.)
  ¿cómo se llama usted?,
  (fam.) ¿cómo te llamas?,
  1; — time is it?   ¿Qué hora
  es?, 2
when   cuándo, 2; cuando, 13
where   ¿dónde?, 1; — are
  you from?   ¿de dónde
  eres (fam.)?, 1;
  — (to)?   ¿adónde?, 4
which   lo que, 5
which?   ¿cuál(es)?, 1
while   mientras, 3; a — un
  rato, 3
white   blanco(a), 1
white hairs   canas (f. pl.), 7
who   que, 6

who?   ¿quién(es)?, 3;
  — says it?   ¿quién lo
  dice?, 2
whom?   ¿a quién?, 4;
  with —?   ¿con
  quién?, 2
why?   ¿por qué?, 2
wife   esposa (f.), 4
will you?   ¿quieres?, 12
win   (v.)   ganar, 2
wind   (n.)   viento (m.), 9
window   ventana (f.), 1;
  (e.g., car) ventanilla
  (f.), 10
windshield   parabrisas
  (m. sing.), 10
windshield wipers
  limpiaparabrisas (m.) ,
  10
wine   vino (m.), 2;
  —glass   copa (f.), 2
winter   invierno (m.), 2
wisdom   sabiduría (f.), 7
wish   (v.)   desear, 2;
  querer (e > ie), 5; (n.)
  deseo (m.), 11
with   con, 1; de, 11;
  — a view of   con vista
  a 12; — me   conmigo,
  3; — you   contigo (fam.),
  5; — whom?   ¿con
  quién(es)?, 2
within   dentro de, 12
without   sin, 7; sin que, 13;
  — fail   sin falta, 7
woman   mujer (f.), 1
wood   madera (f.), 5
word   palabra (f.), 1;
  bad —s   malas
  palabras, 1
work   (n.)   trabajo (m.), 3;
  (of art) obra (f.), 13; (v.)
  trabajar, 2; (function)
  funcionar, 10; —work
  trabajos de la casa (m. pl),
  3; it doesn't — no
  funciona, 12
worse   peor, 5
worst   (el, la) peor, 5

wound   herida (f.), 13
wrinkled   arrugado(a), 9
wrist   muñeca (f.), 13
write   escribir, 3
writer   escritor(a), 9
written   escrito(a), 10

X
X-ray   radiografía (f.), 13;
  take an — hacer una
  radiografía, 13
X-ray room   sala de rayos X
  (equis) (f.), 13

Y
yawn   (v.)   bostezar, 3
year   año (m.), 2;
  last — el año pasado, 7
yellow   amarillo(a), 1
yes   sí, 1
yesterday   ayer, 7
yet   todavía, 3
you   tú, P; vosotros(as),
  usted(es) (pron.), 1; ti,
  usted(es), vosotros(as) (obj.
  of prep.), 5; la(s), lo(s), os, te
  (dir. obj.), 6; le(s), os, se, te
  (indir. obj.), 7;
  —'re welcome   de nada, 1;
  — (fam.) like   te gusta, 7
young   joven, 1; — girl   chica
  (f.), muchacha (f.), 1
young lady   señorita (f.), 1
young man   chico (m.),
  muchacho (m.), 1
younger   menor, 5
youngest   (el, la)   menor, 5
your   tu(s) (fam.), 2; su(s)
  (form.), P; vuestro(s),
  vuestras(s), 2
yours   suyo(a), suyos(as),
  tuyo(a), tuyos(as), vuestro(a),
  vuestros(as), 9
yourself   se, te, 7
yourselves   os, se, 7

Z
zero   cero, P
zoo   zoológico (m.), 7

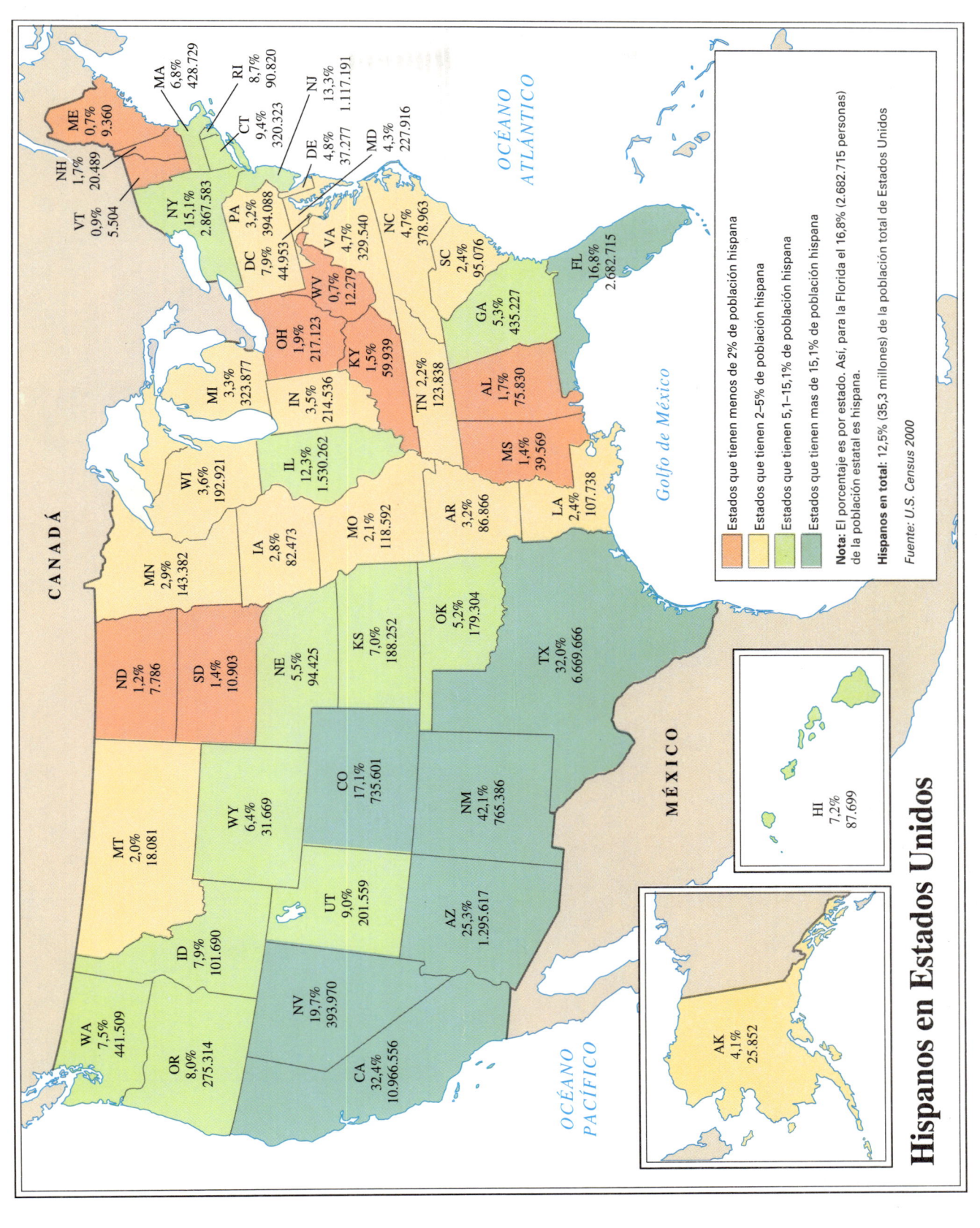

Hispanos en Estados Unidos

CANADÁ

OCÉANO ATLÁNTICO

Golfo de México

OCÉANO PACÍFICO

MÉXICO

ME
0,7%
9.360

NH
1,7%
20.489

MA
6,8%
428.729

RI
8,7%
90.820

CT
9,4%
320.323

NJ
13,3%
1.117.191

VT
0,9%
5.504

NY
15,1%
2.867.583

PA
3,2%
394.088

DE
4,8%
37.277

MD
4,3%
227.916

DC
7,9%
44.953

VA
4,7%
329.540

WV
0,7%
12.279

NC
4,7%
378.963

SC
2,4%
95.076

FL
16,8%
2.682.715

MI
3,3%
323.877

OH
1,9%
217.123

IN
3,5%
214.536

KY
1,5%
59.939

TN
2,2%
123.838

GA
5,3%
435.227

AL
1,7%
75.830

WI
3,6%
192.921

IL
12,3%
1.530.262

MO
2,1%
118.592

AR
3,2%
86.866

MS
1,4%
39.569

LA
2,4%
107.738

MN
2,9%
143.382

IA
2,8%
82.473

KS
7,0%
188.252

OK
5,2%
179.304

TX
32,0%
6.669.666

ND
1,2%
7.786

SD
1,4%
10.903

NE
5,5%
94.425

CO
17,1%
735.601

NM
42,1%
765.386

MT
2,0%
18.081

WY
6,4%
31.669

UT
9,0%
201.559

AZ
25,3%
1.295.617

WA
7,5%
441.509

OR
8,0%
275.314

ID
7,9%
101.690

NV
19,7%
393.970

CA
32,4%
10.966.556

HI
7,2%
87.699

AK
4,1%
25.852

Estados que tienen menos de 2% de población hispana

Estados que tienen 2–5% de población hispana

Estados que tienen 5,1–15,1% de población hispana

Estados que tienen mas de 15,1% de población hispana

Nota: El porcentaje es por estado. Así, para la Florida el 16,8% (2.682.715 personas) de la población estatal es hispana.

Hispanos en total: 12,5% (35,3 millones) de la población total de Estados Unidos

Fuente: U.S. Census 2000

Mar Caribe

OCÉANO □
ATLÁNTICO

Barranquilla
Cartagena
Maracaibo
Caracas
TRINIDAD Y □
TOBAGO
Puerto España
La Guaira
San Carlos
Ciudad Bolívar
VENEZUELA
Río Orinoco
Salto Ángel
GUYANA
Georgetown
Paramaribo
Cayena
SURINAM
GUAYANA □
FRANCESA
Medellín
Zipaquirá
Bogotá
Cali
COLOMBIA
Popayán
San Agustín
Otavalo
Pichincha
Santo Domingo
de los Colorados
Quito
ECUADOR
Chimborazo
Guayaquil
CORDILLERA DE LOS ANDES
Iquitos
Ecuador
Manaos
Río Negro
Río Amazonas
Belén
Recife
BRASIL
Sipán
Trujillo
PERÚ □
Callao
Lima
Machu Picchu
Cuzco
Lago □
Titicaca
Puno
La Paz
Cochabamba
Arequipa
Tiahuanaco
Sucre
BOLIVIA
Potosí
Arica
Iquique
Salvador
Brasilia
Bello
Horizonte
Río de Janeiro
Filadelfia
PARAGUAY
Asunción
San Pablo
Santos
Puerto Iguazú
Trópico de Capricornio
Antofagasta
Salta
San Miguel
de Tucumán
Resistencia
Puerto Alegre
CHILE
OCÉANO □
PACÍFICO
Córdoba
Aconcagua
Mendoza
Viña del Mar
Valparaíso
Santiago
Rosario
Buenos Aires
La Plata
URUGUAY
Montevideo
Punta del Este
Río de la Plata
Concepción
ARGENTINA
Mar del Plata
CORDILLERA DE LOS ANDES
Río Colorado
Bahía Blanca
Bariloche
Puerto Montt
PATAGONIA
Estrecho de □
Magallanes
Islas
Malvinas
Punta Arenas
TIERRA
DEL FUEGO
Cabo de Hornos

ISLAS GALÁPAGOS
San
Salvador
Ecuador
Santa Cruz
San Cristóbal
Isabela
ECUADOR
Quito
Guayaquil

América del Sur

0 250 500 Km.
0 250 500 Mi.